U0353982

本书得益于国家社会科学基金项目（课题编号：16BZS082）
和上海市教委“曙光计划”项目（课题编号：19SG54）的支持

上海地方志外文文献丛书
外侨回忆录系列
···
上海通志馆……………编

上海万国商团文献二种

徐涛　编译

生活·讀書·新知 三联书店

图书在版编目（CIP）数据

上海万国商团文献二种/徐涛编译. —北京：生活·读书·新知三联书店，2022.1
（上海地方志外文文献丛书. 外侨回忆录系列）
ISBN 978-7-108-07192-7

Ⅰ.①上… Ⅱ.①徐… Ⅲ.①帝国主义—侵华—军事—组织—史料—上海 Ⅳ.①K295.1

中国版本图书馆 CIP 数据核字（2021）第 130490 号

责任编辑 韩瑞华
封面设计 储 平
出版发行 生活·讀書·新知 三联书店
（北京市东城区美术馆东街 22 号）
邮 编 100010
印 刷 常熟市文化印刷有限公司
排 版 南京前锦排版服务有限公司
版 次 2022 年 1 月第 1 版
2022 年 1 月第 1 次印刷
开 本 880 毫米×1230 毫米 1/32 印张 16
字 数 360 千字
定 价 68.00 元

总序

鸦片战争至1949年新中国成立之前的一百多年间，曾经有数量相当可观的来自世界各地的外国人生活在中国。据研究，仅上海一地，数量最多时达15万人，国籍达58个。他们的身份有的是商人、传教士、医生、律师、会计师、教师、记者、职员以及小店主、港口的引水员等等。此处统称为“外侨”。

外侨在中国的生活和经历也各种各样。在近代中国，外侨是一个复杂的、多面的存在。一方面，他们多来自欧美国家，居住在中国上海、天津、汉口等口岸城市的租界，享有治外法权。他们的存在使得近代中外关系更加复杂化，同中国人之间的摩擦、矛盾，往往导致严重的外交事件。但是在另一方面，对于近代中国历史发展而言，外侨又具有独特的地位，他们是近代中国诸多重大事件的亲历者或见证者，对近代中国口岸城市的现代化乃至于近代中国社会的变迁，发生过潜移默化的影响。可以说，他们本身即是中国近代历史的一个构成部分，或者说他们也参与了近代中国的历史进程。不仅如此，他们还同近代中国加入全球化的进程紧密相关，他们的存在，本身即是中国加入全球化的一个表现。因此，外侨是中国特定历史时期出现、具有特殊地位和影响的一个群体，值得研究者重视。

自20世纪80年代以来，学界已有一些与外侨相关的学术研究成果问世，相关的研究资料，如日记、回忆录等，也相继整理出版，如顾长声先生关于马礼逊、李提摩太等传教士的研究，高晞教授关于医学传教士德贞的研究，以及陈绛先生关于晚清时期长期担任中国海关税务司的赫德的研究，均为其中具代表性的成果。但是已有的这些研究主要集中在那些有重要影响的或者是著名的外侨，而普通的外侨似乎还未受到足够多的关注。特别是1949年前后，外侨相继离开中国，流散到世界各地，他们似乎也就此从中国历史中消失了。

但是离开中国的并未就此完全断绝与中国的联系。在离开中国之后，不少外侨相互之间还保持联系，在美国、德国、法国、澳大利亚建立联谊会之类的组织，不时聚会。这些外侨多有几十年在中国的生活经历，有的就出生在中国，他们对自己出生和长期生活的地方，有强烈的归属感。有的在耄耋之年，重返中国，故地重游。2017年4月，部分尚健在的外侨就曾受邀来上海，参加上海社会科学院创新工程“城市史”研究团队主办的“近代中国口岸城市外文文献调查与研究”研讨会。会上，来自美国、加拿大和法国等国的外侨同与会学者分享了自己和家族的“中国故事”，还向与会学者提供了目前尚健在的部分外侨的相关信息。特别是在这次会上，作为会议主要召集者、时任上海社会科学院历史研究所研究员的本人获悉不少外侨在海外出版了自传或者回忆录，有的还留下了录音、录像等各种形式的口述资料，因此萌发了发掘近代外侨史料，并将其翻译、出版的想法。这就是“上海地方志外文文献丛书·外侨回忆录系列”的缘起。

“上海地方志外文文献丛书·外侨回忆录系列”收录已刊或未

刊的近代外侨的自传、回忆录和访谈（根据录音整理）等。这些作者有的是19世纪后期即来中国，有的是在20世纪初或二三十年代来中国，也有的外侨就出生在中国。他们都有长期的中国生活的经历，比一般的西方人更了解中国，但又拥有西方人的视角。因此，他们观察中国，自然具有另一种眼光。中国人习以为常的方面，他们往往会详加记载。他们对中国，对中国人、中国社会以及中国文化的各种观感与评论，可能常常比较直观，但往往具有旁观者的独到之处。因此，这套丛书具有其他中国近代史研究史料所不具备的独特价值。此外，无论是自传、回忆录，还是访谈，均为作者的亲身经历，故事性较强，具有可读性，因此本套丛书亦适合普通文史爱好者阅读。

王　敏

2020年7月27日

目录

万国商团 85 周年

上海白俄团（1927—1945）

万国商团85周年

库宁（I. I. Kounin） **主编**
徐 涛 **译**

卷首语

鉴于万国商团对上海租界稳定繁荣所做出的“卓越贡献”，在其85周年之际，很荣幸是由本社编纂出版此册，以资纪念。

1853年4月8日，在英国人和美国人的支撑下，上海外侨第一次集会，讨论如何以武力防御租界。四天后，大不列颠、美利坚和法兰西——通商口岸三大力量同时出席第二次会议。不久，第一支义勇军（万国商团雏形）组成，由英国孟加拉军（Bengal Army）第二步枪团特郎逊（Tronson）陆军上尉统领。

成立之初，万国商团历经波折，分分合合。1870年，在正式归属工部局管理后，万国商团发展才有了坚实的基础，日渐壮大。在1900年之前，万国商团人数一直保持在二三百人。在义和团运动中，危急之下，万国商团人数首次激增，在此后约20年中，一直保持在1 000至1 500人的规模。

如今，万国商团由正式的英国陆军军官担任司令官。他们都在强调这支军队最小规模应保持在2 000人，后来这个人数增至2 500人。

万国商团现已能维系2 000人的规模。我们相信，用不了多久，万国商团还将扩军。

上海（公共租界）的纳税人们一直以来都以拥有万国商团为

傲。特别在 20 世纪 20 年代之后，他们总是愿意投票将大笔的金钱投入到万国商团的建设当中。在他们心中，万国商团是“公共租界最好的安全政策”。

多年来，在英国陆军高层官员从无缺席的年度检阅中，万国商团为自己赢得了许多赞誉。1937 年淞沪会战期间，万国商团再次以关键性表现为其 85 年的历史传统写下浓墨重彩的一笔。

我们确信，万国商团能一以贯之，在未来的日子中不断提升自身威望，并延续上海外国租界的“荣耀”。

感谢万国商团所有分队的指挥官们，皮彻（H. W. Pilcher）少校、博萨斯托（J. C. Bosustow）上尉，万国商团最年长的团员——雷伯恩（P. D. Raeburn）先生、博赛克（S. B. Bossack）先生，以及许许多多的万国商团团员、工部局官员。没有你们的配合和帮助，就没有本书的出版。

本社已竭尽全力确保全书准确无误。读者一旦发现错误，请不吝指正，以待日后修正之，本社将不胜感激。

——万国印刷所

万国商团历任司令表（1853—1938年）

中文译名	英文姓名	任职时间	备注
特郎逊[1]	Tronson	1853年	英国孟加拉军第二步枪团陆军上尉
威妥玛	T. F. Wade	1854年	爵士（Sir）
尼　尔[2]、韦伯、安卓布	Neale，Webb，Antrobus	1854—1864年	三人具体任期均不详
安卓布	R. C. Antrobus	1864—1865年	
巴夏礼	Harry Parkes	1865年	爵士
洪卑	Edmund Hornby	1865—1867年	爵士、骑士（Knt.）
不详		1867—1870年	万国商团作为“步枪团”存在，团长不详
布鲁尔	T. Brewer	1870—1874年	陆军上尉
赫得	J. Hart	1874—1879年	陆军少校
霍利迪	J. F. Holliday	1879—1881年	陆军少校
达拉斯［代理］	Barnes Dallas	1881年	陆军上尉

① 另有中译名为“屈隆生”。（注：本书注释除特殊说明外均为译注。）

② 另有中译名为“倪尔”。

续 表

中文译名	英文姓名	任职时间	备注
何利德	C. J. Holliday	1881—1882年	陆军少校
达拉斯[代理]		1882—1883年	陆军上尉
何利德		1883—1886年	陆军少校
达拉斯[代理]		1886年	陆军上尉
毛礼逊	G. J. Morrison	1886—1891年	陆军少校
霍利德①	C. J. Holliday	1891—1892年	陆军少校
克拉克[代理]	Brodie Clarke	1893年	陆军上尉
毛礼逊		1894—1896年	陆军少校
克拉克[代理]		1896年	陆军上尉
麦肯齐	Donald Mackenzie	1896—1897年	陆军上尉，兼任“捕房总巡”②
霍利德		1898—1900年	陆军少校
克拉克[代理]		1900年	陆军上尉
麦肯齐		1900—1903年	陆军上尉，兼任“捕房总巡”
华生	W. M. Watson	1903—1908年	陆军中校

① 霍利迪、何利德、霍利德为三亲兄弟，其中何利德（Chas. J. Holliday）、霍利德（Cecil J. Holliday）英文缩写皆为C. J. Holliday，为原书作者混淆为一人，译者研究过程中发现此问题，并在原文中加以厘清。

② Chief of Police，后改称为警务处处长。

续 表

中文译名	英文姓名	任职时间	备注
彭司①	A. A. S. Barnes	1908—1913年	陆军中校
白雷②	R. N. Bray	1914—1915年	陆军中校
屠鲁门③	T. E. Trueman	1915—1920年	陆军中校，获授“官佐勋章”（O. B. E.）④
曼埃强生⑤	R. Marr Johnson	1920—1922年	陆军上校，获授“三等勋章”（C. M. G.）⑥、“杰出服务勋章”（D. S. O.）⑦

---

① 另有中译名为“巴内斯”。

② 另有中译名为“布雷”。

③ 另有中译名为“朱满”。

④ “大英帝国最优秀勋章”（Most Excellent Order of the British Empire），简称Order of the British Empire，或译为“不列颠帝国勋章”，是英国授勋及嘉奖制度中的一种骑士勋章，由英皇乔治五世于1917年6月4日创立。勋章分民事和军事两类，共设5种级别，分别为：爵级大十字勋章（Knight/Dame Grand Cross，男女皆简称G. B. E.），爵级司令勋章（Knight/Dame Commander，男性简称K. B. E.，女性简称D. B. E.），司令勋章（Commander，简称C. B. E.），官佐勋章（Officer，简称O. B. E.），员佐勋章（Member，简称M. B. E.）。

⑤ 另有中译名为“简森”。

⑥ “最卓越的圣米迦勒及圣乔治勋章”（The Most Distinguished Order of Saint Michael and Saint George），简称“圣米迦勒及圣乔治勋章”（Order of St. Michael and St. George），是英国荣誉制度中的一种骑士勋章，于1818年4月28日由威尔士亲王乔治（即后来的乔治四世）设立，当时他正代替其父王乔治三世，摄理君职。本勋章分为三等，依等第如下：爵级大十字勋章/一等勋爵士（Knight/Dame Grand Cross） （G. C. M. G.）；爵级司令勋章/二等勋爵士（Knight/Dame Com-mander）（K. C. M. G. /D. C. M. G.）；三等勋章/三等勋爵士（Companion）（C. M. G.）。

⑦ “杰出服务勋章”（Distinguished Service Order，缩写为D. S. O.），设立于1886年9月6日，是英国与英联邦成员国用以奖励在军事任务中有功的军职人员而设置的勋章。受勋者通常必须在实战中有功，和平时期的非作战军事任务表现不在授勋范围内。

续 表

中文译名	英文姓名	任职时间	备注
皮彻	H. W. Pilcher	1923 年	陆军少校
戈登	W. F. L. Gordon	1923—1928 年	陆军上校，获授“三等勋章”、“司令勋章”(C. B. E.)①、“杰出服务勋章”
亚本派曼②	H. B. Orpen-Palmer	1928—1931 年	陆军上校，获授“三等勋章”“杰出服务勋章”
汤慕思③	N. W. B. B. Thoms	1931—1934 年	陆军上校，获授“官佐勋章”、“杰出服务勋章”、“军功十字勋章”(M. C.)④
葛利安⑤	F. R. M. Graham	1934—1937 年	陆军上校，获授“杰出服务勋章”“军功十字勋章”；任期截止到10月
洪璧	J. W. Hornby	1937 年	陆军上校，获授“军功十字勋章”

① “大英帝国最优秀勋章”之司令勋章等级。

② 另有中译名为“亚本包满”“奥芬帕默”。

③ 另有中译名为“汤姆士”“汤士”。

④ “军功十字勋章”(Military Cross)，设立于 1914 年 12 月 28 日，是英国一款三等军事勋章，以往只适用于军官职级的人员，但自 1993 年起扩充至适用于英国三军所有职级军员。军功十字勋章专门嘉许与敌军交战时表现英勇者。

⑤ 另有中译名为“葛雷亨”“格拉汉”。

拜上帝教的信徒们——以作序文

1837年，广东省一个名叫洪秀全的乡村教师，此时依旧籍籍无名、穷困潦倒。这一年，他第三次赶赴科考，第三次以失败告终。失败不能归因于知识的缺乏，因为很久之前他已熟读经书，但他仍是不断失败。童试（中国的科举考试分为四个阶段：童试、乡试、会试、殿试）中，一开始他还名列前茅，但总是愈考到后来，他的名字就愈沉愈低。

最初的日子里，功名（literati - degree）是面向所有民众的，而如今却需要花费一大笔银两。这笔考试的收入顺理成章地被当作俸禄由政府发给了科举考官，以维持运作。俸禄的多少，虽远达不到奢侈的程度，但足以让人维持一种有尊严的生活。

但洪秀全很难认同这种做法。在中国，通过考试取得功名被认为是入仕的唯一正途。面对人生理想只是因为几两银子而无法达成的窘境，洪秀全比其他一般文人更感愤懑难耐！

洪秀全出身于前朝的名门望族。在保护南京城和明朝太子的最后一战中，他的祖先曾作为中国军队的大将军出生入死。这就可以理解，为什么洪秀全会如此渴望出人头地。为重振家门，这个家族几乎倾其所有支持洪秀全读书、学习。为取得功名奔忙一生的他，在面对科考一途接连受挫的消息时，精神已然崩溃。

他疯了，生活在幻象的世界里。这些幻象是那么诡异！他看到一个黑衣金须的老人坐在金銮大殿的王座上，一大群高贵庄严的人环绕在他身边。洪秀全认得他们，这些人都是古代圣贤。一看到洪秀全，这位老人就止不住泪掉了下来，说："这个世界所有的人类都是照我而造、因我而生，他们吃我的饭、穿我的衣，却无一人感念和尊敬我！不仅如此，他们还自我处取物，献给魔鬼！你绝不能效仿他们！"随即，老人给了洪秀全一把剑，命令他驱妖斩魔。

洪秀全此时神志失常、歇斯底里，说出了好多诸如此类的幻象。当彻底醒来的时候，他变成了全然不同的一个人。他继续着日常劳作，却对俗世之乐没了半点兴致。他好像是年长了许多，却又精神百倍，看似年轻。

一日，他的堂兄弟李（Lee）浏览洪的书柜，偶然得见中国基督教徒所撰的几卷小册。洪秀全前些时日曾在广州盘桓，这些书就是那时街头一位路人散发给他的。当时，这几卷小册并未引起洪的注意，很快即被抛诸脑后了。李发现这书中所写与他堂兄弟之前描述的"异象"惊人地一致。他赶紧跑去告诉了洪这个消息，洪秀全大喜过望。在翻阅完这几卷小册后，洪秀全感知到了命运的指引，重新认识了自己！他不再是一个儒生，抛弃了孔孟之道，开始一村接一村地传教，将自己新近获得的信仰告知他人。

这个名为"拜上帝教"的宗派很快就发展到了 2 000 多人。洪秀全大胆地宣教，没多久就引起了当地衙门的警觉。洪秀全不仅胆敢诋毁四书五经，而且他的信徒越聚越多，在"蛊惑"之下已经严重危及到了公共安全，当地衙门决定在"邪教"造成更大危害之前，出兵铲除这一"祸害"。

此时的洪秀全已经厌倦了失败，决心反抗到底。认识到现有信徒所组成的军队兵力不足，他四处寻求联盟。无论什么原因，所有那些对清政府不满的人们很快都皈依了拜上帝教，成为起义军的一员。1850 年，长期被当地人压制的客家人，也在“保护穷人”的旗帜下，加入了洪秀全的军队。

拜上帝教开始声名远播：谣言如野火燎原，教义中的预言与奇效，在教徒们的现身说法下，迅速迷惑了更多本就“十分迷信”的中国人。拜上帝教的教徒人数也随之陡增。教徒日众，使洪秀全对自己是唯一真神上帝之子的信念日益坚定起来：他不仅要给中国人带来新的信仰，他还坚信自己能救万民于水火，推翻清朝的暴政，重现昔日大明的光辉与荣耀。本来简单的名为拜上帝教的宗教运动发展成为一场正式的政治革命，危及到了清王朝的根基。

时光追溯到“老佛爷”——慈禧太后的生命之初。1834 年，她诞生于一个满族官员家庭，16 岁选秀入宫后成为咸丰皇帝最喜爱的嫔妃。1851 年，她生下皇子，因为皇后慈安未有子嗣，母凭子贵，慈禧晋封为懿贵妃，地位仅次于皇后。后来，正是依凭慈禧的过人聪慧和远见卓识，“太平天国”（Heavenly Kingdom）——拜上帝教信徒的战斗目标，因洪秀全本人自称“天王”（Heavenly Prince）——最终归于灭亡。

对于太平天国运动，在华的外国人存在不同的看法。太平天国运动中存在破除偶像崇拜的倾向，造成了大量古代寺庙被彻底破坏，其中也包括一些天主教教堂。一些“愚昧无知”的太平军士兵甚至将圣母玛利亚当成了观世音菩萨，一并予以销毁。这就是为什么一些耶稣会教父将他们归类为蛮匪强盗。

尽管天王竭尽全力希望管理好自己的军队，对违反教义者严惩不贷。然而，对于战争期间的抢劫或其他失控行为，天王也是束手无策。

革命提供了契机，彰显了人性之恶。人在和平时期对社会无害，在战乱之时却变成恶魔。太平天国运动初期进展一切顺利，1853 年他们已经控制了今天湖南、江西、湖北、浙江和江苏省的大部分地区。各式各样的盲流匪寇也在此时揭竿起义，参加太平天国运动，虽然他们几乎与拜上帝教无甚关联，但在反清复明的托词下，奸淫掳掠，无恶不作。

刚刚起步的上海租界外侨社团此时还略显稚嫩。太平天国的势力已然抵达上海近郊，为了避免陷入这场恐怖的“暴乱”，抵御太平军或者说是“暴徒们”的杀戮，他们决定召开集会，讨论该如何自我保护。1853 年 4 月 8 日的那场集会后，上海万国商团诞生了。

第一部分　万国商团之历史

1921年，由工部局出版发行的《上海史》[1] 中这样记述："截至1843年12月31日，上海登记的英国国民仅有25人。"两年后，这里才有了第一部完整的法律，即《土地章程》（*The Land Regulations*）。在书中，题为"万国商团诞生与泥城之战"的章节，位居"工部局成立"一章之前。

那是1853年4月8日，上海租界此时还似襁褓里的婴儿。由英国人和美国人分别牵头，租界外侨举行了两次集会，讨论成立正式防御力量的事宜。在第一次会议上，英国人搭建起来一个连队的框架。英国义勇军（British Volunteer Corps）其中一条规则是："没有领事的裁定，任何人一旦登记入伍，则不准私自退出。"那个时候还没有工部局，他们成立了一个"合作委员会"（Committee of Co-operation）协调租界各方：外侨社团、官员、领事和海军之间的关系。美国人也任命了一个委员会。随后，一个囊括上海租界三方——英国、美国、法国的更大规模的会议召开，三国领事与海军军官悉数到场。

新成立的商团首位司令官名叫特郎逊。他是英国孟加拉军第二

---

① George Lanning, S. Couling, *The History of Shanghai*, Vol. Ⅰ, Shanghai: Kelly & Walsh Limited, 1921.

步枪团的陆军上尉。但他在司令官位置上仅待了几个月而已，后来因为离开上海而卸任了。武器和弹药很快到位，每一名商团成员都装备了步枪（rifle）[①] 和刺刀，刺刀随后又被佩刀取代。万国商团最终成军，沪上侨民展示出极大的热忱。虽然 1853 年 4 月 30 日的《北华捷报》（*The North - China Herald*）写道“下午的军事练习总是被赶去寄信这事儿打断”，其实商团的军事训练时段确定下来之后，大家都很乐意参与其中。没过多久，万国商团就有了用武之地。那时，沪上侨民出门行走已不安全，常常受到攻击。1854 年 4 月 3 日，一男一女正在“新公园”（New Park）[②] 附近散步，再次遇袭。当时的英国驻沪领事官员、退役中尉威妥玛（之后的威妥玛爵士）率领万国商团援军赶到现场，将遇袭的两人解救出来。此时，威妥玛已身兼万国商团司令官一职。为此，上海租界向中国方面发出最后通牒，命其撤离跑马场附近所驻扎的几个军营，整条防线退至虞洽卿路（今西藏南路）以东。1854 年 4 月 4 日下午 3 时，租界军队开始在江西路大教堂集结。英国、美国海军的驻沪部队赶来，加强了万国商团的力量。军队人数总计在 300 至 400 人之间，其中大部分人是正规军。中国方面拒绝了来自外国租界最后通牒的要求。外侨军队沿着南京路进军，行至今日之浙江路路口时，发生交

① 另有中译名“来复枪”，是步兵使用的制式长管枪械，前身为鸟铳（musket）、线膛鸟铳（rifled musket），步枪初期是前膛枪，后期至今是后膛枪。步枪主要发射步枪弹，有效射程通常为 500 米左右（依种类和性能分别会有所不同），可以配备瞄具、激光、手电、脚架等战术配件，也可装配刺刀以便近身格斗。有的步枪还可以发射枪榴弹，具有一定的面杀伤和反装甲的能力。

② 上海的第二跑马厅兴建时，在道契上注明的用途就是“公游之所”，即公共游乐场所。第二跑马厅建成以后，被称为“新公园”，先前所建的第一跑马厅被称为“老公园”。

火。美国人在正面、英国人从侧翼，同时向清军军营发动进攻。交火发生在 4 点钟，半个小时后，根据一篇报道所写，“清军即全面撤退”。丢盔卸甲后的清军军营被一把火烧完。租界方面共计有 4 人死亡，13 人受伤。全部的战斗在两个小时内结束。以上就是“泥城之战”（The Battle of Muddy Flat）——万国商团接受了“圣灵和火的洗礼”。此次事件之后，更高权力层“警告”上海租界当局应该管理好自己的防御力量——有此暗示，万国商团更是师出有名，而租界防御也真正有了保障。彼时至今，过去与现在，万国商团拥有着事实上不间断的服役历史，这让每位团员都深感自豪。这些年中，上海不知经历多少“事变”、多少“麻烦”，而这种精神就是万国商团的旗帜不倒的理由。

太平天国那些日子

1854 年至 1859 年，上海的日子在平静中度过。1859 年 9 月，几个苦力引发过一场冲突，但这并不足以引动万国商团集结。1860 年，太平军来了，真正的麻烦随之而来。太平军第一次尝试进入上海，被英国炮艇的几发炮弹轻易击退。1862 年 12 月，太平军攻占宁波，这直接促成了上海万国商团一支“骑巡队”的成立。这支骑兵队由 20 名志愿团员组成，肩负巡逻任务，在 1862 年至 1863 年抵御太平军的战斗中发挥了重要作用。但因为正规军承担起对抗太平军的主要工作，故在 1864 年至 1865 年，万国商团经历了一段灰暗的时期。为了避免遣散，商团选择洪卑爵士作为司令官，希望能走出困境。但事实上并未如愿，洪卑爵士领导下的万国商团继续被削弱。1867 年之后，万国商团虽没有消亡，却毫无建树可言，以一支“步枪团”的名义得以保留，直到1870年被工部局接管，才又焕发生机。1854年至1865年间，万国商团的司令官分别是尼尔、韦伯、安卓布和巴夏礼爵士。

至今还保存着一本手写的小册子，记录着1865年1月1日至1867年9月底的万国商团各项活动。根据这个文献，安卓布先生在1865年当上万国商团团长。安卓布是一个租界所有外侨都应知悉的名字。他不仅是万国商团的司令官，还是上海租界能够征得土地修筑“公共运动场”① 的领军人物。

安卓布先生主持了1865年的年会，会议记录显示：万国商团账面结余42.34两银，而不必要的债务已达600两银；本年的招募工作很成功，兵员数量已经超过200人。“欢呼声中”，安卓布先生再次当选为司令官，古尔德（R. F. Gould）先生当选副官。

1865年3月29日，一场万国商团大会在上海总会开幕，超过250人出席，包括英国、美国、俄国的驻沪领事和上海滩上最有头脸的商人。巴夏礼爵士是本场会议的主席。会上众人对万国商团是否有必要继续存在，意见不一。巴夏礼爵士和安卓布先生都表示，要全力支持万国商团继续存在下去。大会最终全体一致通过决议：“万国商团扩军，符合租界的利益。”1865年5月3日，因为要返回英国，安卓布先生辞去商团团长一职。为表彰安卓布先生的贡献，万国商团的官佐、团员于上海英国领事馆前集会游行，仪式中颁发

① Recreation Ground. 1860年，4位英国侨民，分别是麟瑞洋行大班安卓布、宝顺洋行大班典题（又有译为颠地，H. W. Dent）、琼记洋行大班希尔德（A. F. Heard）、怡和洋行大班惠托尔（J. Whittall），通过向寓沪西侨公开招股的方式组织集资，集得股份138股，每股50元，得股金6 900元（合银5 365.5两）。他们用其中4 421两银子购得“新公园”中空地34.5亩，建立了一个开展各种体育活动的运动场，称之为公共运动场。

给安卓布先生一份纪念品。1865 年 5 月 10 日的一场会议上，大家一致通过“二级骑士团荣誉勋章”获得者[1]——巴夏礼爵士，当选为新一届万国商团司令官。说来也奇怪，这次会议还提及万国商团欲成立一个“虹口”连队，“海关大楼连队也将复活”。美国驻沪领事熙华德（Seward）写道，成立一个“虹口”连队的想法最终没有通过。本次会议还表示要成立一家“万国商团总会”，并为达此目标，应成立一个委员会筹措准备。

1865 年 7 月，万国商团团员们不得不处理一个金融问题。相关文件太过复杂和烦琐，简而言之一句话，就是在 1861 年至 1865 年间，韦伯先生一共花费了万国商团 32 959. 91 两银，主要用来购置制服和装备、步枪、炮和弹药、靶垛、马驹等。有趣的是，信用账户（Credit account）表明，截止到此时，万国商团仍然还是一个私营组织，其中捐助所得共计 14 300 两银，销售步枪、炮和马驹所得约 6 500 两银，协防委员会（Defence Committee）入股 231. 98 两银，而借方余额（Debit balance）为 11 892. 73 两银。

这个数据来自宝顺洋行的几本账簿，发生在那个“万国商团要不要认账?”的会议之前。那次会议由马克汉（Markham）上尉主持，他不认为应该让万国商团团员们承担许多年前发生的债务。经过复杂精密的计算，在韦伯先生的“帮助”下，借方余额减至 3 000 两银。但正如会议记录所记的，这事“对谁也不能说”。

韦伯先生是之前万国商团的司令官。有个团员曾表示，鉴于韦

① Order of Bath 是英国的骑士团荣誉勋章，成立于 1725 年。名字来源于中世纪骑士授予仪式中的“洗礼”（Bathing，有净化、圣洁之意味）环节，勋章共分为三级：Knight Grand Cross、Knight Commander、Companion。K. C. B. 为其中第二级 Knight Commander 荣誉勋章的缩写。

伯先生对上海外侨社团的贡献，这里没有人愿意看到韦伯先生变作一个失败者。

这份会议记录还记载了韦伯先生其他一些内容，如他“是万国商团第一任司令官，并组织了商团”（这显然是错的），并建议整个外侨社团应该付清这笔账单。商讨之后，最终出台的解决方案是：承认账单；但万国商团的团员们，无论作为一个整体，还是仅作为个人，都无承担这个账单的义务；“公开表明，韦伯先生必须个人偿还这笔债务”。

洪卑爵士是英国法院的一名法官，不仅如此，他还曾参加过英格兰本土的义勇军，是著名的“致命突击队”（Devil's Own）的一员，这让他毫无争议地当选为万国商团团长。即便早在此时，万国商团也已配备了随军牧师和军医，布彻（C. H. Butcher）牧师和罗布森（Robson）大夫分别承担此职。显然是为了避免再度陷入前文所述的混乱的财务窘境，万国商团还任命了萨瑟兰（Sutherland）中士和萨摩维尔（Somerville）列兵担任审计员一职。

洪卑爵士主持了1865年、1866年的万国商团集会。1866年1月11日，洪卑爵士对向他提出辞呈的商团官佐们“大发雷霆”（read the riot act），他说道：“除非你们真的对操练有热情，否则不必在此假装履职。”他还对上海洋行大班们此时对万国商团所表现出的冷漠态度极度不满。在他的努力下，万国商团最终还是招募到了86名团员，其中25人为骑兵，另外61人为陆军士兵。

洪卑爵士再度当选万国商团司令官。他说道，针对韦伯先生的债务问题，我们已对社会各界呼吁予以帮助，结果没有取得任何进展。万国商团不幸陷入如此窘境：虽然他们可能有这个意愿，但没有这个能力偿还这笔债务。对此，洪卑爵士也很困惑，不知如何解决。

为克服眼前的困难，解决之道是提议将靶垛和主要的防御设施都移交，并报价给韦伯先生；万国商团如果想继续使用，需要交付相应价格的租金。

1866 年 7 月的一次会议上记录了一段（与万国商团来往相关的）上海银行业的历史。“呵加喇马士打文银行（Agra Bank）[①] 倒闭后”，万国商团需要寻找另一家银行负责其财务。会议决议，万国商团将资金存入汇丰银行（Hongkong and Shanghai Bank），交其打理。此时，韦伯先生的债务又一次成为讨论的中心议题，但只是“一些断断续续的谈话”而已。

1867 年 3 月 4 日，又一场会议召开。洪卑爵士依然是司令官。万国商团的账面情况此时已有转好。总的贷方余额（Credit balance）和奖金账户（Prize Accounts）的贷方余额分别达到 650 两银、230 两银。万国商团写信给韦伯先生，明晰告知彼此之间的责任义务，并报知在减轻债务过程中万国商团还拥有的资产（数额），但没有得到他的回复。

1867 年 7 月又一次开会讨论所面临的财务危机，洪卑爵士向全体团员报告：万国商团此时在银行中的贷方余额有 580 两银，但有 960 两银的未付账单。会议提出了解散万国商团的这一极端处理方案。围绕超出 380 两银的资金该如何处置的问题，冗长的争论过后，会议决议成立一个专门的清算委员会，由其处理。

洪卑爵士缺席了 1867 年 9 月 30 日的会议。会上通告了部分万国商团资产已被变卖。韦伯先生的债务又被提及，但仍未有定论。虽然只有少部分团员与会，清算委员会的报告在会上还是通过了。

---

① 全称 Agra & Masterman's Bank Ltd.，该银行在 1866 年因为全球性金融风暴倒闭。

会议达成共识：万国商团不会被解散，留下资金以支付利息，另成立一个三人委员会管理万国商团的日常事务。

这就是那本 1865 年至 1867 年会议记录手册的结尾。

工部局接管万国商团

及至 1870—1871 年，我们看到了特别任命的协防委员会的一份报告。1870 年 7 月 2 日，洪卑爵士主席召集洋泾浜——这条臭河幸遭掩埋，今日大部分人都未曾见过——北首租界的外侨社团集会，会议决议工部局正式接管万国商团。万国商团随后分为三个部门，分别是炮兵、骑兵和步兵。工部局的总董和董事们实际控制万国商团，并承担相关责任，直至今日。

布鲁尔上尉被任命为整支商团的副司令官，而万国商团的行政事务则第一次由麦克连（Maclean）上尉和桑恩（Thorne）上尉共同承任，在他们退休后，布鲁尔上尉又接手该职责。万国商团购得 500 支施耐德步枪[①]和 2 门 12 磅榴弹炮用于炮兵连队。自 1870 年 4 月 1 日至 1871 年 3 月 31 日，为装备万国商团总共花费了 15 000 两银，这在当时而言是个不小的数字。但是考虑到这笔钱采购到了 2 门完整的榴弹炮，包括自行炮架、前车、四轮马车和马，计 4 300 两银；50 柄剑，配有剑带、鞍布、手枪皮套，计 800 两银；475 支

---

① 施耐德步枪，全称为“施耐德-恩菲尔德”（Snider - Enfield）步枪，是由英国皇家轻武器工厂（RSAF Enfield）配合雅各布·施耐德（Jacob Snider）设计的按侧面装弹式枪机研制的一种后装式单发步枪。本枪为英国历史上第一种发射类似现代定装弹的制式步枪。为了节省成本，加快大量装备，英军透过转换工具把 1853 年型恩菲尔德前装线膛步枪改装成施耐德样式的步枪，并一直服役到 1871 年，最后被“马提尼-亨利”（Martini - Henry）步枪所取代。

施耐德步枪，配有弹药、子弹带、行装等，计 8 750 两银，还是物有所值的。万国商团发展如今有了坚实的基础。在账单所记的杂项支出中，可能是有 50 元用于购入副司令官的坐骑，154. 41 元用于购买饮料——在这么炎热的天气中毫无疑问是非常必要的。1872 年的首次年度预算中，万国商团的总支出达到 3 000 两银。

1872 年，万国商团副司令官布鲁尔上尉向工部局提交的报告中写道，万国商团总兵力有 333 人，其中军官 11 名，士官 16 名，骑兵、炮兵、列兵共有 306 名。他强调应设置一个主管教官，负责新兵培训。在此之后，万国商团兵力增减浮动不大，总体保持这个规模好多年。就经费而言，1875 年工部局认为："1 500 两银应该足够整支商团的日常支出。" 1874 年 12 月，迫于生意上的压力，布鲁尔上尉向工部局提交了辞呈，工部局答应了他的请求，并对他表示感谢，布鲁尔上尉许诺会继续在万国商团服役。1874 年 12 月 14 日，赫得少校正式当选为万国商团团长。此时的商团兵力降至 257 人，但它拥有了一支军乐队，并向香港英国皇家军队提出申请，让其选派一位教官，指导操练。顺便说一句，兵力减少也意味着成本支出的减少，如今的模拟战（sham fights）中，万国商团有了之前不常见——1871 年曾为此花费 150 元——的饮料费，比如 1874—1875 年这项支出是 97. 7 元。来自香港的警员[①]加斯维特(Garthwaite)，是前英国皇家第 80 军团（H. M. 's 80th Regiment）的士兵，成为第一个前来上海指导万国商团操练的教官。

另外值得注意的是，1876 年万国商团第一次有成立德国队的

① Police - Constable，是香港警察职级（参照英国警衔）中最低级员佐级职级，为初级警务人员的级别，位阶在高级警员之下。

提议（德国队在随后岁月中发展成为万国商团最好的连队之一）。“7月，某些德国绅士上报工部局，提醒注意一个完全由德国人组成的商团连队正在集合中，并希望能够加入万国商团，以期分配到必要的武器和装备。”工部局遗憾此一提议最终未能落地。

与英国政府的关系

1877年年度报告中，万国商团和英国政府之间一直存在的那种亲密、愉悦关系是主旋律。英国代理驻沪副领事在给工部局总董的信中，引用香港总督和驻港英军总司令所发布的政府公文中的话说道：“我们自始至终都非常乐意与上海工部局保持合作，以便帮助他们实现既定的重要的商业目标。”

1878年，万国商团历史上又一次出现危机。也许是因为上海及周边之前几年毫无波澜，工部局“不得不遗憾地宣称，因为这一年中（大家）对万国商团活动的兴趣渐无……除非立即采取一些措施，万国商团作为一个实体将不复存在”。如此悲观的预言当然未能成真。多次公众会议被再度召集，并通过决议：万国商团改革为2个连队。原来的骑兵队实际上不复存在，炮兵队并未削减，而是保持全部战力。1879年中约计有4 000两银投入万国商团的发展建设中，这说明工部局（对万国商团）并没有过度悲观，因为之前几年，除了特别支出外，万国商团的投入一般是在2 000两—2 500两银的规模。

1879年，177名团员收到全新的制服。赫得少校辞职。当年4月7日，霍利迪继任，被选为司令官，定军衔为陆军少校。正是由于这些全新制服的支出（共2 000两银），当年工部局4 000两银的预算超支了456.60两银。1880年，万国商团的预算只有2 800两银，这说明工部局会计师（Municipal Accountant）对此笔支出是非常在意的。1880 年，危机已然过去，工部局高兴地宣称“（外侨社团）对万国商团的关注超过预期”，参与者对万国商团的列队行军和军事操练也“非常满意”。有人相信，这都是那套全新的猩红色军装“提升增色了军容军貌”的结果。

万国商团几次夜间行军前往静安寺，检验提升了自己在乡村地区的战斗力。

1881 年，吴淞行军

恢复骑兵队的建议在此年被提出。后世上海滩上一些知名的人物，如葛司会（J. J. Keswick）、克拉克在此时出现在报告中。葛司会出任万国商团骑兵队的上尉；克拉克出任该队中尉，日后多年服役于万国商团，并投身赛马运动，成绩卓越。“鲍勃”立德禄（“Bob” Little）为工部局总董，他的批准令骑兵队起死回生。他还决定了“（骑兵队）使用其偏好的蓝色，作为该队正式制服的底色，配之以黄色或猩红条的绶带（stripes），加之以白色的马裤和马靴”。为了配备这些新军装，甚至又一次引发了万国商团的生存危机。即便在新军装的虚饰上花费了那么多钱，工部局彼时的司库（财务主管）也没有打算增加一分一毫，1881 年只愿意批复给万国商团 3 500 两银的预算。万国商团总计花了 5 142. 55 两银，不得不又一次面对预算大幅超标的尴尬。但不得不说，这些钱中有 532. 29 两银是用在了“向吴淞行军”的项目中。当然，这是一项特别活动，事先也通过了工部局的评议。该次行军发生在 1881 年 4 月 23 日，为了获取野外营地的战斗经验，整支商团动员前往吴淞口扎营两日。工部局收到申请，并最终批准了万国商团购买军粮等这些必备物品的开支。整个行军扎营的日程如下：

1881 年 4 月 23 日下午 1 时半，集合；

下午 5 时左右，到达吴淞口（行军为乘坐火车前往）；

4 月 24 日早晨 8 时，检查；

下午 2 时半，总检阅和野外作战演习；

4 月 25 日早晨 6 时至 9 时，行军回沪。

本次行军扎营是在团长达拉斯上尉指挥下进行的。

另外，一个上海历史上鼎鼎有名的人物——里地（C. Oswald Liddell）提议，由他发起组织一支附属于骑兵队的“马拉炮兵分队”。工部局批复同意了这一分支连队的建制。

1881 年，万国商团司令官又发生了人员变动，霍利迪少校于 4 月辞职，资深的达拉斯上尉暂任商团的总指挥。是年 11 月，何利德先生当选为万国商团团长，配以陆军少校军衔。

1882 年，万国商团第一次大检阅

1882 年有这样几件有趣的大事发生。为了提高战力，万国商团新成立了 2 个步兵连队，将骑兵队的马拉炮兵分队撤销，并第一次提及为各个辖属连队配备军医官。工部局批准委任一名副官，协助司令官处理万国商团的日常行政事务。第一任副官由毛礼逊中尉出任，他日后被证明是万国商团不可或缺的重要人物。何利德少校辞去了万国商团团长，达拉斯上尉取而代之。记录显示，正是这一年，工部局总董和董事们第一次正式检阅了万国商团：“4 月 4 日，

那是一个星期二，恰逢邮寄日，因此选择4月5日星期三——泥城之战28周年的纪念日举行首次阅兵，尤为合适。”约有160名商团团员耀武扬威地向跑马厅列队行军，在跑马厅进行了各种各样的大队活动（Battalion movements），然后他们列队走向“大看台”（Grand Stand），在此台前接受了领导的检阅。总董代表工部局表示“一切都进行得十分令人满意”。亨德森大夫（Dr. E. Henderson）是这支军队第一位拥有少校军衔的外科医生，麦克劳德大夫（Dr. N. Mcleod）是“上海轻骑队”配备的军医官，斯隆大夫（Dr. Sloan）则被派往炮兵队。上海轻骑队是骑兵队的一个新称呼，克拉克中尉仍然是该连队的队长。如今，为户外操练供应的饮食开销明显更多（这是因为更高的成本，还是团员们更觉口渴，抑或仅是更多人，报告中没有具体说明），财政报告中此项支出是243.72两银，而万国商团1883年的总开支约是4 000两银。

达拉斯上尉从1882年9月起至1883年3月止，代理万国商团指挥官。至1883年4月，何利德又被选为万国商团团长。

1883年期间，万国商团组织一个委员会，为了更好地指导各项工作，起草了一整套规章和制度，并经过工部局批准实施。同年，上海决定邀请香港的陆军校级军官（Field Officer）来检阅万国商团。香港当局同意后，委派了一位来自巴福斯东肯特郡团（the Buffs East Kent Regt.）二营、名叫哈拉汉（Halahan）的陆军少校来沪，作为第一任检阅军官。1883年，万国商团总人数约为260人。“老兵连队”正在组建中，年度总支出为5 430.29两银。工部局将1884年的年度预算定在了4 500两银，结果还是不够花，这一年万国商团共计支出了6 361.43两银。

万国商团所花的每一分钱都被证明是用在了刀刃上的。1884

年，万国商团迎来了非常蓬勃的发展，召集时候的在册人数达到330人，游行与操练有条不紊地进行。万国商团引进实行了一套全新的练兵系统，规定整支军队动员连续出勤四周。作为一种全新尝试，这套练兵系统起初也只是试运行，结果发现是如此成功，获得了团员们一致好评，因此决定“永久”实施下去。由香港当局委派检阅军官的结果是，香港当局答应向英国陆军部（War Office）建议，拨给万国商团一组四门野战炮（4 - gun battery）和相关装备。诺里斯（Knollys）少校是本年香港派来的检阅军官，他建议万国商团骑兵武装左轮手枪。但驻扎香港的英国少将司令官不同意这一看法，他认为“这支兵力（指万国商团）如果使用卡宾枪①代替军刀，或者卡宾枪加上军刀来武装，则武力将大大增强，非可等闲视之”。

尽管他在香港的指挥官（O. C. ②）不同意他配置左轮手枪的看法，认为卡宾枪更为实用，诺里斯少校在检阅完万国商团后，还是给驻香港的司令官提交了一份全面且实用的报告。在诺里斯少校看来，万国商团的骑兵、炮兵和步兵都训练有素，“人员精明，具有军人气概……军官熟悉自己的工作职责，士兵配合得体……由在沪优秀的英国商业雇员组成的‘一’队是商团中最好的一个连队”。他亦毫不留情地指出问题所在，并提出了改进意见。他的“总结建言”值得全文录入如下：“上海不是殖民地，甚至也不可称之为租借地，而是英国商人自治的意外之集合地……（他们）用自卫的方

---

① 卡宾枪，音译自英文 carbine，原意骑兵步枪，又称卡宾枪、马枪、骑枪，是构造和普通步枪基本相同，但枪管短于一般步枪、射程略近的轻便步枪。该枪起源于19世纪拿破仑战争中法国卡拉宾骑兵（法语：carabinier）所使用的一种短铳。多数情况下，卡宾枪只是同型普通步枪的缩短型，以牺牲精度和威力来换取机动性。

② 此处 O. C. 是 Officer Commanding 的缩写。

式树立了大胆、独立和果断的好榜样。商团每年在团员身上花费5 500两银左右（大约1 330英镑），而不向帝国（指英国）财政部支取一先令的钱。商人、侨民不辞辛劳，欣然地把时间、金钱用在改进这支武装力量上面。他们步调是那么一致，因此一旦发生突发之事变，能在香港援兵到来之前，准备好保护自己的生命财产安全，若不是如此，仅仅想着涌到兵舰上去避难，事实上远非可能。故而，我拟请少将司令官阁下认真考虑，是否应向英国政府提议，按照附件所列装备明细，免费赠予万国商团一门全新的野战排炮。这样一件‘礼物’大概会被认为是对万国商团所取得成绩应得的公开的认可。万国商团无疑也将感激不尽，将之视作对他们最大的鼓舞与赞扬。”

1885—1886年，英国政府赠炮

英国政府陆军部同意馈赠一组四门野战炮，1885年10月从英格兰起运。1885年这一年，万国商团花费了5 499.34两银，工部局同意在1886年年度预算中拨付万国商团5 500两银。1886年是这些年中局势最为明朗的一年，中法战争已告结束，喧闹重归平静，租界当局称这是上海“月白风清”的年头。因此“（沪上外侨）对万国商团的热情大大降低”，当时仍任团长的何利德少校也离开了上海，但他仍有可能回沪，故而不另行委任团长，由达拉斯上尉再次垫缺。至11月25日，因何利德少校仍未归来，遂选举毛礼逊上尉指挥整个商团。是年，驻华兼驻海峡殖民地的英军少将卡梅伦（W. G. Cameron）亲自检阅了万国商团，他从军事专业角度出发，针对如何利用这支武装力量专门写了一篇评论文章。省略诸多细节，他在文章结论部分中写道：“我都清楚所有的困难，努力不要

期望太高——但在与辅助军队长期打交道过往中，我总觉得指出欠缺之处，使其在环境许可条件下尽全力逐渐发展到所要求的标准，方为上策。”

“在我看来，再没有哪里像上海那么需要万国商团了。万国商团真是一块好料子，又具备激励各个阶层的为公的精神。我深信，必要之标准一旦明晰，万国商团官兵将完全能够胜任。”

英国政府所赠予的野战排炮于 1886 年 3 月 6 日由英国驻沪代理总领事阿查利（Chal. Alabaster）移交给万国商团。从阿查利的演讲中，我们可以看见那时租界侨民已然对他们这座城市深感自豪，他说道，虽然自上海开埠还未及 50 年，但持续运作的工部局“已然帮助上海从泥淖中崛起，横扫东方，使之成为最杰出、最美丽的城市之一……你们已经不止一次经历炮火，但从未停止履职，鼓足勇气迎接了一次次的胜利”。

英国政府另外还答应每年免费发给 30 000 发炮弹，表示对万国商团工作的赞赏。

另外值得一书的是，1870 年的“工部局杯”（the Municipal Challenge Cup）由布莱特（W. Bright）上尉赢得。据载，他还在 1885 年、1886 年再次赢得此项赛事。工部局答应颁发一只新奖杯，并同意在 1887 年的年度预算中给万国商团增加 500 两银，用作购买奖杯。因此，万国商团 1887 年的预算为 6 000 两银。

1887 年的商团记录并不值得称道，团员人数大大下降；在年度检阅时，有 48 人准假缺席，22 人未准假缺席，参加检阅的团员人数只有 201 人。尽管这一年万国商团总支出为 6 800 两银上下，但 1888 年的预算仍然保持在 6 000 两银。

达拉斯：34 年的服役记录

达拉斯上尉的名字经常出现在万国商团的记录中，但是直到我们翻阅到 1888 年的官方记录才知道他在万国商团历史上是如此著名的人物。达拉斯上尉拥有非凡的服役记录，他自 1854 年万国商团成立伊始或是之后不久即入伍，多年来是炮兵连队的指挥官。如前所述，他在团长空缺的多次紧急关头出任商团的代理司令官。34 年之后，我们于该年又一次看到了他的名字，如很多人所预料，这次记录的是他的退役情形。毋庸置疑，他的离去对于万国商团而言是个巨大的损失。我们看到这一段话："炮兵队事务繁杂，第一任当选的指挥官履职时，曾几度认为任何人都无法保证能够胜任；但正因为达拉斯上尉的呕心沥血，让人在这许多年间甚至没有意识到这项工作其实是要花费大量时间，克服许多困难的。"工部局为了嘉奖他的贡献，在其退役时授予他陆军少校军衔。1888 年的年度检阅报告对万国商团有很多批评。作为报告方的香港当局希望工部局和万国商团从善意的出发点看待这份报告，也希望其司令官（G. O. C.）不仅只是为服务于外侨社团的利益而工作，"而是应该抱持着一种精神——致力于以促成外侨社团的整体进步，为此，他可以在任何时候，愿意做任何事情，并将为之自豪、深感荣耀"。此后，达拉斯的名字再也没有出现在万国商团的记录中，而与他地位相当的几个重要人物却依旧活跃，如两位诺埃尔（G. W. and E. W. Noel）、列德（W. D. Little）、里地、霍夫（T. F. Hough）、克拉克、伊利亚斯·大卫·沙逊（E. D. Sassoon）、布莱登（M. B. Bredon）、兰宁（George Lanning）在 1888 年记录中都有出现，而毛礼逊少校仍是万国商团的指挥官。

1888 年的年度总支出出现了一次高峰，数字达到了 9 907.12 两银，但来年的预算又一次仅有 6 000 两银。1889 年，万国商团几无要事发生，今日（指 1938 年，译者按）颇闻名的两个人物——温格罗夫（G. R. Wingrove）和屠鲁门——的名字第一次出现在军官名录中。两位先生皆长期服役于万国商团，并做出卓越贡献。“老兵连队”若不是没有正式组队成功，就是未能存在许久，因为在 1889 年又有一支名为“外侨乡团”的小规模武装力量成军。万国商团团长提醒工部局注意，需要一支武装专事租界外侨妇女和儿童的保护。他的理由是一旦“动乱”突然发生，很多团员即使明白前往万国商团报到履职就整体而言对我们最有利，却往往因为担心自己家中妇幼的安危，选择留在家中，而非到户外前线去。在这个“外侨乡团”项目中，英国驻沪领事馆、中央捕房、虹口捕房和乡下总会被确定为紧急避难所，外侨社团中超过 120 个人（大多数是万国商团的老兵）加入“外侨乡团”。一旦有需要，他们将护送租界中妇女和儿童前往这些紧急避难所，如此一来，团员们将无后顾之忧，全力投入到平靖“动乱”中。英国驻沪领事馆和乡下总会都明确表示同意，表示愿意被作为紧急避难所。

1889 年，万国商团支出达 10 000 两银

由于在靶子场上不幸误杀了一个中国人，万国商团急急忙忙以 2 758.69 两银新建了一个“跳弹垛”（ricochet mound），因此 1889 年的总支出超过了 10 000 两银，计有 10 142.67 两银。除在早期曾经第一次为了炮兵购炮、步兵置枪、骑兵买剑外，这是万国商团历史上首次有如此高的开支。工部局司库不欲使万国商团的预算增加太快，1890 年拨给商团 6 000 两银，另增加靶子场费用 600 两银。

1890 年又是万国商团的低潮时期。据资料记载："公共租界及其临近地方的安宁环境与良好秩序让新来上海的移民们有了这样的想法，即万国商团是多余的。这些人都不打算加入万国商团。但是万国商团仍有足够的团员保持实力，一旦号召，足以成为维持秩序的极为重要的因素。"这种道德说教，自从泥城之战以来，一直在租界外侨中被反复宣传。炮兵队在周家嘴（The Point）开展枪炮射击练习，这一活动持续多年。

1890 年，英国公爵康脑脱（Connaught）夫妇访问上海时，万国商团又多了一个作为"仪仗队"（the Guard of Honour）的任务。

关于靶子场，1890 年还有一条记录。上海（公共租界）在空间上正在扩充，"虽然之前几乎没有报道，但现今的靶子场已被'侵蚀'，环绕在众多建筑物之中"。不过，当地中国政府表示愿意帮助建造一个新靶子场，这被认为是中国省级当局的明确表态，已不再反对此举。万国商团的账面上乏善可陈，支出 7 014 两银，1891 年预算为 6 600 两银。

1891 年，上海公共租界在"扬子江河谷"[①] 与当地人产生许多矛盾，因为这一"骚动"，外侨参团服役的热情再度高涨，万国商团的力量自然又得以加强。德国和葡萄牙两个国家的步兵连队首次成立，这使万国商团总人员增加了近 100 人。团长毛礼逊辞职，由霍利德上尉（1938 年仍有人记得他）当选团长，接任之。

有趣的是，"外侨乡团"又一次出现在记录中，最迟在 1891 年的工部局年度报告中，明确了"外侨乡团"负责的几个区域：虹口

① 据译者考证，1891 年公共租界工部局在杨树浦一带越界筑路，扩充租界，引起当地农民纷纷起来反抗。

区、英租界（北区）、英租界（南区）和静安寺区。

万国商团原来配备的加特林多管枪（Gatling Gun）[①] 被认为是过时的武器，现在购买了诺登飞多管枪（Nordenfeldt machine）装备部队。账上依然乏善可陈。公共租界的纳税人似乎不再愿意为团员们野地扎营时支付饮料费用，这笔支出不见于账面上，另有一种可能是被纳入“杂项”一类。万国商团整年的支出为 8 275 两银，1892 年的预算是 7 000 两银。工部局司库似乎仍然坚信，只要预算做低，那么花费就会减少。

“扬子江河谷”的“骚乱”已归于平静，随后 1892 年万国商团的花名册中有些人再度“消失”了（官方记录中对此反应是“可以理解，合乎预期”）。来自香港的英军总司令白加（Digby Barker）少将亲自检阅了万国商团，虽然注册总人数为 339 人，但只有 313 人出席此次检阅。白加少将对新组成的德国队大加赞赏，他说：“德国队之操练特优，见之不胜喜悦。”此外，他还建议万国商团吸收一批工程师参加。直到 1892 年，工部局决定授予万国商团团长，服役多年、现已退休的毛礼逊，以荣誉少校军衔。1892 年，万国商团的花费为 9 686 两银，工部局司库增加 1893 年的年度预算为 8 000 两银。

1892 年 12 月 27 日，霍利德少校辞去团长职务。担任商团各级指挥的军官们，除了万国商团的工作外，往往还有其他一些职务，

① 多管枪是欧美国家在 19 世纪 60 至 80 年代用于作战的高射速军用枪，是单发枪向机枪过渡的速射枪。它的创制和使用，是轻武器发展史上的一次飞跃。传入中国的多管枪，包括美国加特林（Richard Jordan Gatling）少校在 1862 年创制的手摇 6 管枪，美国人诺登飞（Nordenfeldt）制造的 10 管枪，以及法国枪械师哈齐开斯（Hotchkiss）在 1871 年创制的 5 管枪。由于多管枪枪体笨重，在战场上不便机动，不久便被射速更快、机动性更好的机枪所取代。

因此他们认为有必要雇用一个专职副官，协助团长的日常工作。这件事提交给了纳税人会议讨论，并获得通过。何利德遂答应继续担任团长，但后来他在是否任用“军人”（Military Man）担任副官这个问题上，与一个特别委员会的委员们意见相左。霍利德再次辞任，克拉克上尉担任代理团长，直至是年底。

白加少将先前建议的“工程师连队”建立起来，约计有30余人。该队制服色彩鲜艳，紧身短上衣（tunic）饰以黄色穗带，肩带上绣着字母“S. V. C.”（即万国商团英文首字母缩写），列兵为黄色，士官为金色，军帽和军裤都是以红色宽纹带状修饰。1893年的检阅官注意到公共租界的“防御计划”（Defence Scheme）已有10年历史了，他提议未来要做一些修改，因为该计划原定与6艘军舰合作，已经完全不适用1893年的实际情况——“草拟任何计划，要以仅有2艘兵舰可以依赖为前提”。

公共租界50周年庆典，1843—1893年

1893年11月17日，为了庆祝成立50周年，公共租界在跑马厅举行特别纪念阅兵式。港口内的英、法军舰的水兵和万国商团共计648人参加了阅兵式，其中商团团员249人。有趣的是，当年万国商团的总人数是336人，与20年前1872年的333人几乎相同。阅兵式最后，英国海军上将斐利曼特（Sir E. Fremantle）发表演讲，虽然没有直接提及万国商团，如今读来尤感其兴致昂扬：“1853年，也就是40年前，我作为英国海军候补军官，第一次来到上海。那时的上海与今天的上海有天壤之别。这些年来，公共租界所取得的成就几乎是不可思议的。……作为亲历者，目睹过租界最

初期在泥沼中的举步维艰，现在能够见证其 50 周年的辉煌，尤感愉悦。今天你若周游世界，只能在美国和西欧才能感受如此的繁华……”

在他眼中，上海繁华没有任何衰退的迹象，对此他深感欣慰。他深信，若足够幸运，能再活 50 年的人，亲眼见证庆祝公共租界 100 周年，他们会发现上海的面积会比现在更大，各方面会比今天更繁荣。

百年庆典算下来是 1943 年 11 月份，当时在座能够聆听海军上将演讲的人们若不说没有，应该也是很少有人能活到那时，亲眼验证他的预言是否能够成真。但在 1938 年本书中再次重复海军上将的这段话，可有助于我们在 5 年之后的百年庆典时记得有此一事。

1893 年，老靶子场造成了一场纷争。担文（W. V. Drummond）先生率领一个英国律师精英团，代表几个英国外侨，要求工部局拆除老靶子场周边的围栏。他还强硬宣称，因为靶子场中有枪炮练习，对居民是一种普遍危险和妨害行为，所以此地已经不能作为靶子场继续使用。

工部局对靶子场的看法与担文先生截然不同。这项诉讼提交到领事法庭，但实际上该案在年底仍悬而未决。

1893 年，万国商团总开支是 10 677 两银。工部局财务处突然间表示了慷慨，对万国商团 1894 年的预算竟然同意增加至 11 000 两银。这个数目相较头几年 2 000 两银的年度预算和商团成立时最先 20 年中总共花费的 40 000 两银而言，是个极大的转变。

1894 年爆发了中日战争，万国商团再次得到重用。在公共租界中为数并不算多的日侨陆续撤离回国，与此同时，英国要求日本把上海视作中立商埠。不过，万国商团仍成立了一支“后备商团”。这支武装大概是先前的老兵连队和外侨乡团的继续与传承，其立军目的仍是为了保卫租界中妇幼老少，以解放年轻人的手脚，使他们更多地参与到万国商团的履职之中。克拉克上尉依然代理团长，直到一次重新选举后，由毛礼逊少校重新当选为万国商团司令官。来自香港当局的检阅军官再次致敬万国商团团长，认为他对于各类军事知识无不掌握娴熟，同时建议万国商团增强步兵力量。当年参与检阅的万国商团总人数达到了 371 人。

建设一个新靶子场的问题依然在租界当局的考量中。与此同时，领事法庭受理的要求工部局停止使用老靶子场作为射击练习地一案也没有取得任何进展。

1895 年，李-梅特福步枪①配备给了万国商团的步兵连队。是年初，麦肯齐上尉来到上海，出任公共租界巡捕房副督察长，并兼任万国商团副官。德国队训练出色，射术精良，名不虚传，又一次获得了检阅军官的数度赞扬。

兰宁在今年退役，在退役名单上被正式委任为陆军上尉，与达拉斯少校和安德森（W. H. Anderson）上尉一同，名列万国商团正常退役名单上的前三位。

用于建造新靶子场（即现在使用的靶子场）的土地已获得，有把握预期在 1896 年开放运营。

---

① 李-梅特福步枪（Lee - Metford rifle）出现于 1889 年，该枪起名缘于采用了詹姆斯·李（James Paris Lee）旋转后拉式枪机和可卸式弹匣，辅之以威廉·梅特福（William Ellis Metford）所创新设计的七条槽道的步枪枪管。它的出现取代了“马提尼-亨利”步枪，但仅服役了很短时间，即被相似的“李-恩菲尔德”（Lee - Enfield）步枪所取代。

报告中添加了一条信息，提及这样一个事实：上海向重庆（Chungking）提供了 12 把步枪和 3 000 发子弹。

专职副官的薪水支出第一次出现在账面上，计有 953.85 两银。1895 年商团总支出为 11 700 两银。

1896 年，万国商团团员人数大减，至年底总人数仅为 271 人。因此，一个官方记录者抓住机会，发表了些滥调陈词："随着外国侨民增多，本可预期万国商团团员也会随着增加，但不幸的是，情况并非如此。在不列颠，义勇军运动之所以受到欢迎，是因为大多数人将之视为主要的消遣活动；而上海的情形大相径庭，这里有那么多娱乐场所可供选择，对于大多数人而言，加入义勇军，承担种种艰苦的差事，成了一种职责。……商团团员应当不少于 500 人。"

葡萄牙"丁"队因人数太少，已不复存在。该队仅存在 4 年时间。与此同时，德国队依然是其他连队的标杆，香港来的检阅军官说道："这个连队相当聪明，纪律上亦非常严明，列队与操练动作都很准确、很漂亮。"

维多利亚女王登基 60 周年庆典

1897 年举行的英国维多利亚女王登基 60 周年庆典在很多方面都不同以往，这不仅因为维多利亚女王拥有英国王室最长的统治记录，还因为此事表明了广大民众的愿望已发生巨大变化。上一次登基周年庆典还是在英国乔治三世国王时期，这显示了英国全体国民喜于欢庆一位国王的健康长寿。纵使英王乔治三世有很多缺点，但他仍然赢得了英国民众的爱戴。维多利亚女王第一次庆典又一次印证了英国民众这种拥戴之情，第二次庆典则使整个民族都意识到了一个强大帝国的新生。30 年前，我们的政治家还没有意识到四海之中一个强大的不列颠帝国已经诞生。10 年前，除了一些敏锐的思想家外，这种想法还未能传递到底层民众，很难得到大众的认可。1897 年，帝国的本能不断发展。此时许多海外殖民地，不仅是作为英帝国的子民，而且已经作为成熟的民族，抱持国家的宏伟蓝图，作为英帝国的合作者，纷纷表达了它们对于英帝国由衷的敬意。“国王万岁！皇后万岁！上帝，请保佑维多利亚！”①

1896 年，毛礼逊少校因为离沪而辞职，克拉克再次负责领导整支商团。是年 6 月、12 月，麦肯齐上尉分别被委任为工部局警务处处长、万国商团团长；克拉克晋升为陆军少校军衔，任副团长。

新靶子场在今年虽未完成建设，但所需之地皮已经获得。宝山县当局（Paoshan Authorities）放弃了该地块的所有权利。万国商团取得了一些发展，1897 年的预算是 10 000 两银，包括划定新靶子场、竖立靶垛等。1896 年，万国商团总支出增加至 14 000 两银，以后不复再有每年仅 2 000 两银开支的紧日子了。在万国商团账户上，制服支出此时是最多一项，1896 年不少于 6 500 两银用于此项。其他的重要支出如租赁、喂养马匹，付薪给仓库保管员、苦力、马具匠和记分员，以及弹药消耗等。

霍利德少校作为司令官，是 1898 年万国商团年度报告的最后签署人。工部局认为，警务处处长兼任万国商团团长，两职由一

---

① 原文“VIVAT REGINA：VIVAT IMPERATRIX. DOMINE SALVAM FAC VICTORIAM”为拉丁文，这句话来源于中世纪欧洲的经文歌。魁北克征服之后，天主教徒开始为英国君主祈祷，由此传播到英格兰的天主教徒中间，他们会在周日弥撒结束时演唱此曲。

人担任不甚适宜，遂决定麦肯齐少校[①]辞去团长之职，后由霍利德顶替。与此同时，工部局又任命克洛斯（C. A. G. Close）为商团副官，此人曾在英国新南威尔士炮兵队（the New South Wales Artillery）服役。此时，万国商团总人数已增至339人，而1896年只有271人。1897年小车夫反抗工部局加捐斗争中“无甚大规模冲突发生，但仍旧检验了万国商团的战斗力”。

这一年，万国商团解散了工程队和机枪队，由步兵“丙”队代替。操练厅在1897年被提及。上海在苏州河旁搭建了一个40×20码的芦席棚子，作为万国商团团员的操练场。该场地配置明亮电灯，功能齐备，完全可用于练兵。

1897年，新靶子场

新靶子场按照规划于1897年10月25日建成，开放使用，（至1938年时）算来已近40年之久。

达拉斯少校于是年去世。自1853年至1897年，这么多年来，达拉斯无论是作为志愿兵、商团军官、代理团长，还是退役后作为坚定的万国商团拥趸，他一直是该组织最活跃的人之一。正是因为有一批像达拉斯这样的人，如毛礼逊少校、克拉克少校、霍利迪和何利德少校、兰宁，以及其他领袖的亲身示范，才使得万国商团在上海租界成立初期扮演了如此重要的角色。

1897年5月，公董局通知公共租界工部局，法租界已经组成了一支“法国商团”，并遵照法国驻沪总领事的指示，希望与公共租界万国商团通力合作，共同保卫外国租界。

---

① 原文为“Major”，疑误，为“上尉”。

新靶子场决定设在宝山县时，原来打算筑一条马路，连接虹口与新靶子场。后来因遇到无数困难，让修筑单独直达马路的议题暂时被搁置，改为利用那条老的铁道马路（old Railway Road）。可以想见，因为铁道马路承担有铁路之用途，这个决议也是行不通的，因此工部局后来想方设法又新修一条30英尺宽的马路，以连接吴淞路和新靶子场。这条马路长四分之三英里多一点，总面积约需20亩。据1897年的年度报告，至该年年底，新靶子场总共花去了42 808.06两银。

附带提一句，人们可能会注意到，1897年担任公共租界工部局总办达20年之久的韬朋（R. F. Thorburn）先生辞去了这一职务。他得到了每年500英镑的津贴，总办由濮兰德（J. O. P. Bland）先生接任。

义和团运动爆发之前的几年，万国商团的财务情况良好。1897年，万国商团总支出达到17 500两银，其中一场"军官年度晚宴"就花了200两银。与此同时，工部局司库也允许万国商团1898年的预算跃升至12 500两银。

1898年，万国商团人数比较稳定，计有341人，而前一年为339人。在"外国商船船员联合会"（Mercantile Marine officers' Association）的赞助下，一支"义勇海军队"成军，以便在船上或岸上使用机枪。该队的制服是根据英国海军制服改良而来。另外，万国商团吸收了一批运动家（sportsmen），以扩大后备队，用鸟枪（12 Bore - Irregular）武装之。

通往新靶子场的道路问题以一种出乎意料的方式解决了——当地的中国政府主动修筑了一条质量上乘的马路。如此一条通衢，在1898年时可令各方皆感满意，而因为工部局未能参与修筑，后续亦为租界带来不少的“麻烦”。

德国队的出色表现

万国商团德国队成立以来，年复一年，一直受到不同检阅军官的高度赞赏。相比之下，1898 年更为特别，值得纪念。德国队本年接受了普鲁士亨利亲王（Prince Henry of Prussia）检阅，此后他特许德国队团员军服的肩带上可以配上亲王名字的缩写字母“P. H. Von P. ”。1898 年，万国商团的费用支出近 16 500 两银，1899 年的年度预算定为 16 000 两银。

上个世纪（指 19 世纪，译者按）最后几年对万国商团而言十分重要。后备队得到再次重组，此时状态良好。香港当局派来的检阅军官认为德国队之所以战力强，部分原因是“全队官佐和一半士兵都曾在德国军队中服役过”。因为炮兵装备需要现代化，他还打算请求英国政府提供万国商团一组马克沁机枪（maxim gun）①，免费赠予更多的弹药。

1900 年，一座新的操练厅和总会

一座新的操练厅，其中开设万国商团总会，并附设体育馆，在 1900 年 1 月 1 日正式对外开放。两件大事，一起解决。

---

① 马克沁机枪由英国爵士马克沁（Hiram Stevens Maxim）发明的第一种全自动式的机枪，被认为是“英帝国全球扩张最得力的武器”。马克沁因在射击步枪时肩膀所受到的后坐力冲击获得灵感，开始研究以后坐力来让自身子弹上膛的自动枪械，于 1883 年 6 月至 7 月注册专利。马克沁机枪成名是在 1893—1894 年的第一次马塔贝勒战争中，英军以 50 人操作 4 挺马克沁机枪击退了 5 000 祖鲁人的进攻。

庚子年与克拉克

庚子年（Boxer Year）无疑是万国商团历史上最重要的一年。万国商团在霍利德辞职团长后，再由麦肯齐上尉负责指挥；而当麦肯齐上尉放长假时，司令官由克拉克暂时代理。“对克拉克而言，这时代理万国商团团长，承担历任团长都未曾碰到过如此艰苦之困境，实在是他的天选之命”，麦肯齐上尉在1900年年终总结时，谈及庚子年上海恐慌蔓延时写道：“因为遭遇威胁，万国商团的规模达到早该应有的数量，大家希望即便是危险解除，这一人数也不要下降。”这是痴心妄想，还是有望落实，还要走一步看一步。在义和团运动期间，万国商团隶属于“中国远征军”（China Expeditionary Force）第二步兵旅，受“维多利亚十字勋章”（V. C.）① 获勋者——奥穆尔·克雷（O'Moore Greagh）② 准将节制。万国商团应对事变，编制了两个新连队——海关队和日本队，另外组织了一个“后勤队”，担负非战斗任务，如担任临时警察、帮助消防员、运送弹药和食物、救护伤病员等，计有164人。尽管是年“麻烦”不断，年度检阅依旧按例进行。奥高曼（O'Gorman）中校担任检阅军官，从职业军人的角度写了一篇很有价值的检阅报

① “维多利亚十字勋章”（The Victoria Cross），是英联邦中的最高级军事勋章，奖励给对敌作战中最英勇的人。它可以授予军中担任任何职务、处于任何级别者，以及在军事命令下担责的平民。“乔治十字勋章”则只授予平民，程度较低一级。在英国，它一般由国王或女王在白金汉宫亲自颁给获勋者或其直系亲属。在其他英联邦国家或者地区，则由总督颁发。最初在1856年由维多利亚女王提出，以奖励克里米亚战争中的战斗英雄。

② 英文原文为 O. Moore Creagh，是书写错误。

告。他描述了当时的新操练厅是怎样宏伟，总会也很实用，在总结处强调万国商团再招募 200 名团员的必要性。义和团运动发生确保人们参加万国商团的服役热情，到 1900 年底商团总人数不少于 855 人，小规模武装力量的日子一去不返。此外，万国商团还临时编凑了一个美国连队，哈斯格尔（F. H. Haskell）、贾考特（F. S. Jacott）和华纳（M. Warner）3 位先生作为指挥官，其中哈斯格尔先生已有服役万国商团 13 年之久的个人历史。这支美国队计有五六十人，复在同年 10 月即宣告解散，但哈斯格尔仍旧保持个人服役万国商团的连续记录。日本队和海关队是永久性编制，在许多年以后，海关队才告解散。当时还有人提出组建一支葡萄牙队，限于工部局的某些规定，这个计划只能暂时放弃。

今年另有一事可载入史册。上海 7 位中国商人和买办提出申请，计划在万国商团中成立华人队，希望工部局批准。但是工部局认为此时情势已不再危急，不愿利用这支力量，故而没有批准成立华人队。

1900 年还展开了一项创新性工作。英国政府给离沪休假（回到英国，译者按）的万国商团军官提供专门的军事训练课程。为保证此项工作顺利开展，参与课程者享有一笔津贴。屠鲁门和柯毕特（L. J. Cubitt）是这一项目最早的两位受益者。其实他们决定参与培训时，所谓资助还未被正式批准，不过他们的（义勇）热情最终还是得到了相应的津贴回报。两人都长期服役并效忠于万国商团。

1900 年，关于“长期服役奖章”一系列相关规章制度也已草拟出来。27 名外侨“骑师”（riding men）自称对上海周围的乡村地区非常熟悉，愿意自付制服费用，自备坐骑，组织一个侦察队伍。这个连队的两个带头军官，一个叫斐伦（J. S. Fearon），另一个叫伯基尔（A. W. Burkill）。两人都是成名的“骑师”，该队由他们担纲，一点都不令人意外。

1900 年，为了防御可能的进攻威胁，工部局做了一些准备，放松了苏州河上各个桥面的桥板，并在洋泾浜所有桥上布置铁丝网，同时制有 26 张用于救护车的担架。万国商团账日也显示该年活动之多史无前例。万国商团总共花费 30 000 两银，这是成立以来最高的支出数字，其中有 14 000 两银用于各种制服和装备。对 1901 年的津贴定格在了 24 000 两银这个数字上。可以说，万国商团在一个新的世纪，也如获新生一般。当初万国商团最热情支持者最美的梦中也未曾想到，这支武力可以达到 800 人之多。即便是来自工部局的官方顾问（official mentor）也不认为团员人数会到 500 人。如今，这个数字显然已经在抬高至 1 000 人。

但随着义和团运动已经平息，租界侨民对万国商团又一次老调重弹，不再重视。1901 年，万国商团总人数降至 535 人，后备队减到 118 人。1901 年 3 月 30 日，全团人数尚有 760 名。万国商团义勇海军队正式解散。奥高曼上校再度出任是年检阅军官，对于万国商团的评价一如往常。

奥高曼建议授予麦肯齐少校以中校军衔，但被工部局否决。不过有趣的是，香港当局规定万国商团军官由上海工部局任命，他们的军衔只是一个头衔而已，并不赋予他们任何军衔的实质。

“长期服役奖章”实施第一年就引发许多争议。很多（或者说大部分）万国商团军官认为“6 年服役作为起点”太低了些，应该将年限提高至 10 到 15 年才算合理。一个军官写道：“我们并不希望得到什么奖章。”工部局不认可这些军官的看法，却也改定等到后来时机成熟后再行发放奖章。

1901 年，上海仍有外国军队驻扎，所以靶子场显得特别热闹、拥挤，工部局为此起草了一份靶子场使用章程，明确标示出入场地所要收取的费用，以弥补开支，另外添置了 50 个“别自雷靶”(Bisley target)。1901 年，万国商团总支出是 35 000 两银。

1902 年，万国商团人数减到 467 人，后备队 112 人。全团分为两大翼—— 一是炮兵队和骑兵队，一是步兵队。有人提议万国商团需要建造一处军械库。据商团年报称，这一年无惊人之事发生，开支减少至 25 000 两银。

1903 年，万国商团组建一支“马克沁队”。复活节时，（工部局）另拨付 500 两银用作野外扎营练兵。“英国北华奖章”授予万国商团中为镇压义和团运动而参加的英籍官兵，这一数字约在 500 人。麦肯齐中校（此时已获晋升）辞职。英国西雷丁团（West Riding Regt.）出身的华生少校出任万国商团团长，并兼任检阅军官，他写道：“万国商团是一支作战有力的武装力量，全团官兵配受最好的训练、教导和装备。因此，我的个人观点是需要引入一套全新制度，以 3 年为时限，不断更新司令官，这样不仅特别有利于万国商团的发展，亦有益于整个上海市政的建设。”是年，万国商团总人数为 568 人。

上海开始计划建造一栋万国商团总部大楼，“建成后的总部大楼将与巡捕房大楼分开”，总造价估计为 13 500 两银。

德国政府授予万国商团德国队团员每人一枚奖章，授勋者约有 140 人。万国商团与美国政府也有打交道，但没有人同意发奖章给美国连队的团员。

1903 年，英国定期指导商团

1902 年底，公共租界工部局要求英国陆军部派常备军军官，来充任万国商团团长，陆军部应诺了这一要求。当时工部局总董贝恩（W. G. Bayne）写给英国陆军大臣约翰·布罗德里克（John Brodrick）爵士一封信，其中一段写道："阁下深知，以往多年英国政府积极支援上海万国商团……这种支援深受上海全体外国侨民的感激。"信中列举万国商团团长应得享用的一些特别的物质待遇后，继续写道："而且，团长的工作除了常规的训练季节外，十分轻松，故而工部局要求团长负责万国商团之外，另领导和管理工部局监狱。通常约有 300 名华人罪犯关押在那里，从事极为繁重的劳役。团长薪俸相当于每年 600 英镑，外加提供免费的住宿、制服、车辆、医药护理，另有烤火津贴。"伯克（A. R. Burkill）和毛礼逊两人此时正在伦敦，若有意团长一职者，可前往咨询相关事宜。卜雷德（R. W. Brade）代表英国陆军大臣回信给工部局，信中批准上海公共租界工部局正式雇用西雷丁团的华生少校出任万国商团团长。英国陆军部常备军军官充任万国商团司令官的制度从此开始。

1903 年，万国商团总支出跃至 36 000 两银，其中 12 000 两银由中外人士共同支付。1904 年，工部局批准万国商团的年度预算为 27 000 两银。

1904 年，万国商团举行一场盛大舞会，庆祝所谓的"泥城之战"50 周年。这一年全团军官为 40 人，士官和士兵总共是 571 人。万国商团向中国方面申请，其炮兵队将打炮练习地从周家嘴改为吴淞口，结果遭到拒绝，理由是此举可能同中国的吴淞驻军发生摩擦。1905 年，万国商团总人数达到 643 人。是年 12 月 18 日，万国商团出动镇压了当地的一场“骚乱”[①]。其中外国军舰的水兵负责卫戍（公共租界）北区和东区，万国商团负责保卫中区和西区，此外意大利领事馆另有意大利水兵保卫。两天后，事态才告平息，万国商团撤防，但继续巡逻5天。报道中写道：“感谢‘骚乱’的发生，万国商团的参与热情再度高涨了。”

1905年，英国陆军部同意万国商团司令官为当地“陆军中校”军衔，华生中校继续担任团长2年。

万国商团在弹压上海人民的这次反抗运动中花费5 000两银，该年总支出将近40 000两银。

这场民众“暴动”发生在1905年，其结果是1906年万国商团的军力为44名军官及930名士官和士兵。美国队和葡萄牙队——2个新连队在这一年组建成功。德国后备队在更稳固的基础上改组。另外还组成2个非正式连队——骑马侦察队和射击俱乐部队（都是一些老朋友）。万国商团美国队达到60人，队长由上海当地名医兰塞姆（S. A. Ransom）大夫担任。此时编制最大的是“甲队”，有4个军官、120个军士。

1905年12月18日，大闹会审公堂案

因为工部局巡捕关押了一些[②]中国官员的妻子，很多中国人从浦东渡河而来造成了租界的一场“骚乱”，这就是历史上著名的大闹会审公堂案（Mixed Court Riots）。

是日，有大批中国民众围攻关押女犯的老闸巡捕房，表达自己

---

① 即1905年的“大闹会审公堂案”。

② 此处不确，事实上所关押的只有一位，是已经去世的广东籍官员的妻子——黎黄氏。

的不满，终于有人点火烧了这间捕房。万国商团奉令紧急出动，有的团员未及穿上制服，即赶往现场，协同在场的印度巡捕进行弹压，对中国民众开放排枪数发，“取得很好效果”①。

冲突一起，事态非常严峻，以保护公共租界侨民安全为由，外国军舰的水兵登陆上海外国租界，维持“法律与秩序”。侨民中妇女和儿童都被护送到安全场所，直到事态缓和、再有和平后，才敢出来。

1906年，中华队成立

1906年，万国商团中华队正式成立，此事定是让1900年曾尝试成立华人连队的那7位上海华商、买办感到特别欣慰。今天仍是工部局华董元老的虞洽卿（Yu Ya Ching）先生是这个中华连队得以成军的领袖人物之一。彼时环境十分有趣。上海道台是年5月检阅了250名仍没有武装的华队公会会员举行的成军仪式。11月，工部局批准华人商团可以加入万国商团，但设有许多限制条件。1907年初，双方达成协议，万国商团中华队正式组军成功。

英国陆军部发来上海4门可以发射15磅炮弹的快射炮②，1908年万国商团装备了这批武器。

1907年，万国商团总人数有军官50人、军士997人。中华队于是年3月招募成军，定员为83人。司令官华生告假离沪，在此

① 万国商团与巡捕开枪镇压抗议之中国民众，造成多人死伤。

② 快射炮（Quick－firing gun），顾名思义，特点在连续快射，于19世纪八九十年代引入战场。英国传统上习惯以所用炮弹的最大重量来指称小型武器。据评估，该枪能够发射最大重量为15磅（6.8千克）的弹丸，而实际上该枪使用弹丸的重量在14磅（6.4千克）。

期间万国商团由克拉克少校负责指挥。经英国陆军部批准，华生少校一直留任万国商团团长至1909年。另外值得记录的是，刚刚成立几年的总部办公室，随着万国商团不断扩军，已然无法负荷，于是有人提议将操练厅与万国商团总部办公室合并于一处。

1908年，彭司取代华生

1908年，华生中校在万国商团服役期满。此时，万国商团团员已近千人，达到991人之多。在离任时，华生中校表达了他对万国商团的信念，他认为万国商团是上海外侨社会拥有的一支极为可靠的武装力量，与捕房配合完全能对付一切内乱，保护租界。接替华生的是彭司少校，他来自英国维尔特郡团（Wiltshire Regt.）。当年的武器归还等事宜（文件）是由彭司最后签署的。工部局监狱的领导与管理权移交给了公共租界捕房总巡官（Capt. - Supt. Of Police），万国商团团长不再身兼此职。另外一个变化是，工部局警务处处长也换人了，由原来在英国军队服役的布鲁斯（C. D. Bruce）中校出任。上海若遇到“暴动”事件，公共租界的一切所谓“防卫武装力量”，包括万国商团，归布鲁斯一人统率指挥。彭司少校的薪俸是年薪6 000两银，相当于当时英镑725镑。工部局总办致信位于香港的英军总司令，为华生中校对万国商团建设所做出的贡献，表达了感激之情，信中称其为“足智多谋而又成功的军官”。

1908年，万国商团军官们正式提议上海应建造一栋结合操练厅的万国商团总部大楼。1900年以来，万国商团总指挥部一直位于南京路上的上海老市政厅。此时，军官们认为他们需要在公共租界中区内，建造一处面积200英尺×1 000英尺，足以容纳1 000人，配备有一个小型靶场的总部大楼，作为新的指挥场所。工部局决定将这一提案放在1909年的纳税人会议上详加讨论。

1908年，万国商团费用有显著上升，达到70 000两银。1909年的年度预算批复为50 000两银。

1909年，彭司中校准备了一份长长的颇有趣味的年度报告，总结了他第一年来的工作。对万国商团团员，他毫不吝惜自己的夸赞，直截了当地说："他们应该得到外侨社区更多的赞赏才对。"本年无甚大事发生，一切平静，全团人数稍有减少，总计为971人。彭司彻底仔细地检查了万国商团每一个连队的工作，并花了不少时间在当年起草了一份"动员手册"（Mobilisation Manual）。1909年，喀土穆伯爵基奇纳（Lord Kitchener of Khartoum）[①] 途经上海，表示希望看一眼万国商团。万国商团召集到了511名团员，与稍作停留的伯爵本人见面。

这一年，工部局《年报》上刊登了自1870年至1909年"工部局杯"所有获奖者的名单。这一射击奖杯的本身价值也很高，约为100英镑，在1886年、1901年、1903年3次被获胜者赢得，带回家。

1910年，成员超过1 000人

至1910年，万国商团编制再次扩大，达到了1 044人。历史场景再次重现，"预防瘟疫病情的肆意传播，再一次导致了参与万国商团的热情高涨"。

克拉克少校与万国商团长期而活跃的联结在这一年结束，他正式提出退役申请，并获批准。自1866年参加万国商团，他的军旅

① Lord Kitchener，全名为Horatio Herbert Kitchener，1850年6月24日生于爱尔兰，英国陆军元帅，第一代基奇纳伯爵，参与过多场英国殖民战争，在第一次世界大战初期扮演了重要角色，于1916年6月5日因船触雷遇溺身亡。

生涯不少于 44 年，其中 35 年担任各个层级的军官。工部局为他专门撰写了一封感谢信，以表彰他的功绩。人们都亲切地称呼他“布罗迪”（Brodie）。虽然他已经不在万国商团，但这一亲切称谓还是在跑马总会和江湾跑马总会（Kiangwan Race Club）为人所熟知，并备受尊重。

彭司中校 1910 年再度奉献了一份出色的年度报告。即便是工部局司库都被这份报告“感动”，回应道：“近期，他们展现出高效的组织能力和炙热的‘万国商团精神’（esprit - de - corps），工部局有信心不久会批准这项支出经费增加的申请（现在这笔支出是 44 480 两银）。”

1911 年，万国商团规模已达 1 046 人，至 1912 年增至 1 095 人。

屠鲁门少校被任命为万国商团副官。彭司任期毫无疑问是万国商团历史上最好的时期。数字是会说话的。即便是在 1913 年那些动荡的日子里，参加年度检阅的万国商团总体出勤率也达到 92. 17%，远超 1912 年的 84. 96%。1913 年 7 月 23 日爆发“二次革命”时，万国商团总动员，值勤一个星期。

来自英军惠灵顿团（Duke of Wellington’s Regt. ）的白雷中校接替了彭司中校，出任万国商团团长。他统领部队首年（即 1914 年）的预算是 50 000 两银。商团总人数 1914 年是 1 055 人，基本与 1913 年的 1 060 人持平。

是年，万国商团新增一个汽车连队，配置有 18 辆汽车。因为欧战[1]关系，万国商团德国队的活跃团员大幅减少至 20 人。不过，

① 原文 European War，第一次世界大战初期主要是欧洲诸国的混战，故而当时被称为“欧战”。

德国队随后重组为“德国后备队”，该队人数又回升至 102 人。

是年底，万国商团又组成了奥匈队、苏格兰队和意大利队，还成立了 131 人的特别的后备队。

1914 年 4 月 4 日，在庆祝万国商团成军 60 周年之际，它为自己打下了一块纪念石碑。此举证明在持续数年讨论后，新操练厅的建设计划进入了实施阶段。由于重新编制了几个连队，万国商团 1915 年的年度预算达到 52 000 两银。

第一次世界大战期间

白雷中校被英国陆军部召回，于 1915 年 3 月离开了万国商团。他的领导精神颇受好评——在他离沪之际，万国商团中的德国人、奥地利人的连队仍举办了一场特别的阅兵式，与他告别。白雷离任后，屠鲁门少校继任指挥官。尽管很多团员离开上海回国去参加战斗，但万国商团的兵力还是得以保证，甚至有所壮大，随着一些老团员的归来，是年底，万国商团在册官兵人数已增至 1 234 人。人称“威利”（Willie）的军士罗斯（Rose），他参加万国商团约有 10 年，8 月时被任命为军需军士，此后他一直服役万国商团 20 余年，未曾缺席过一次。这一年（1914 年）是 1884 年以来第一次不能举行年度检阅。是年底，因江南机器制造局（Kiangnan Arsenal）发生的“骚乱”，万国商团被再度动员，值勤几天。工部局代表全体租界民众向万国商团的服务表示了感谢。万国商团成立一支“海员队”，据载共有拖船和汽艇 42 艘、驳船 135 艘，估计有百分之二十五的船可供利用，并且不与船主的业务相冲突。这个连队多年来一直受到有关方面的“称赞”。

1916 年，万国商团总人数 1 249 人，支出约计 50 000 两银。该年的年度检阅再次取消，但万国商团前赴江湾，开展一次野外扎营练兵。由于增添了新制服，1917 年的万国商团预算将近 60 000 两银。

1917 年的报告中称“大战（即第一次世界大战，译者按）将男人连绵不绝地吸入战场”，随着外国侨民不断离沪，万国商团总人数降到 1 139 人。121 人的德国队因中德断交而被解散，奥匈队也随即解散。万国商团的年度检阅改由工部局总董和董事们来进行。

在 1914—1918 年的战争接近尾声时，编者需要指出的是，万国商团在战争期间能保持相对稳定的兵力，大部分要归功于年长男人的忠诚，他们中的许多人之前为万国商团效力，并愿意在年轻男人奔赴前线战场后，替代他们继续效力于万国商团。

1918 年，新的操练厅

前文中已有提及的温格罗夫少校在这一年离开万国商团，他没有追平克拉克的服役记录，但也已超过 35 年。1918 年 1 月 7 日是万国商团另一个值得纪念的日子（red letter day），动议 10 年之后，这一天万国商团终于拥有了一栋新的操练厅（即现存的这座建筑）。

新操练厅被充分地利用起来，万国商团团长评价道：“如果没有这一操练厅，就不可能像今天这样给出综合指令。简而言之一句话，我们希望大家铭记在心，那些当初主张建造操练厅者所做出的努力。”

万国商团的“荣耀”记录在这一年（1918 年）遭到了小小的玷污。1918 年，后备队有一个军官被调往英人“乙”队，而“乙”队不接受此一调令，从而引起万国商团内部的一场纠纷。争端反映到工部局，工部局坚持这次人事调动，致使有异议的人继续扩大事态，甚至提出停止出操等。他们“完全藐视所有军事组织都必须应遵守的基本原则，即无论是真实不公还是凭空想象出来的任何不满，都不能作为一个士兵违抗军令的正当理由。此次纷争的最终结果是闹纠纷的人中有 4 人受到谴责处分，4 人受到警告处分，1 人被开除出团”。团长对这一风波的看法是：“这是万国商团史上之首次，也是绝无仅有的一次，几名士官不愿遵守万国商团所引以为傲的高标准的军纪要求。没有军纪，就没有战力。每位军人，无论他是什么军衔，都必须铭记‘个人服从集体’（the Regiment first and individual last）的箴言。”万国商团共计有 982 名各级军士一同接受了工部局总董和董事们的年度检阅，这创造了一项记录。万国商团的部分连队是年 3 次被动员出防。

另一位老兵辞去

尽管屠鲁门中校担纲万国商团团长之职仍有一年时间，但他必须考虑，随着欧战结束，一位正规部队的军官很快会来接替他的位置，因此他自觉有必要在年度报告中对万国商团的未来多说两句。这些文字值得在此被全文引用：“随着大战结束，以及后来对持久和平和国际联盟问题的讨论，在民间会有一种弃武从文的思想倾向。我们必须要坚决抵制这种想法，因为如今几乎每个国家都有国内冲突爆发，阵阵不息。现在，我们可能会阻止国家之间的战争，然而奢望人的本性富于安分思想，以至于没有人再愿用暴力推翻善治之政府和法治之秩序，还为时尚远。我们必须正视这样一个事实，即平息这种‘骚乱’的必要手段还得依靠最新式的有力武器。因此，上海对防御力量的需求并不会因为欧战终止而结束，甚至有所减弱。这里的人们仍有个人服役于万国商团的义务，因为这是防止任何‘骚乱’的最好保障。”

第一次世界大战后第一年，万国商团的年度预算估计超过65 000两银，但是钱没有全部用完。商团人员减少近200人，包括后备队在内，总计为1 046人。团长写道：“若弃武从文之思想在上海不像在其他民主国家那样普遍，才是令人吃惊的现象。因此，士兵人数减少不足为奇。”

暂停5年之后，万国商团有幸再度得到正规军军官的年度检阅。英国陆军委员会①承诺将用更先进的武器重新武装万国商团。

万国商团在1919年被动用了几次，以平息当地“骚乱”。屠鲁门中校在致万国商团的告别信中写道：“我曾在去年万国商团一份报告的结尾处写道，随着大战结束，民间有种弃武从文的思想倾向。过去这一年中发生的事情完全证明了我的话是多么‘正确’。我要再次强调一下，允许那种弃武从文的和平精神在上海男人们中蔓延，非常危险。”

“上海本质上是一个商业城市，它的生命与成长取决于它的贸易。和平环境对于商业成功至关重要，如果允许有限度或无限度的‘骚乱’发生，上海就无法维持它的地位。上海的组成是国际化的，能得以保存的唯一的军事力量要在它自己的市民中形成，因此为万国商团效力一段时间成为每一位生在上海、来到上海、身体适格的年轻男子的重要使命。”

“欧洲的战争虽然已结束，上海的形势却没有改变，世界各地裁减武装军队的情况我们或有所闻，但上海仍有必要保持一支机动

① Army Council，译为“英国陆军委员会”，成立于1904年，是英国所有陆军的最高级行政机构，1964年重组为“英国陆军局”（the Army Board）。

的防卫力量，其人数要足以能防止本地一切‘骚乱’，使之不能酿成破坏生命财产的‘暴动’。”

屠鲁门中校于1920年5月25日卸去团长之职，退居商团副官。他为万国商团服役37年之久，这是一项惊人的记录。在本年的年度纳税人会议上通过一项决议，会议记录了上海外侨社区曾对他致以崇高的谢意。庇亚士（E. C. Pearce）爵士亲自宣称，屠鲁门“作为义勇兵，从1884年1月至1920年5月的服役记录是独一无二、至高无上的”。屠鲁门中校在本次会议闭幕之后一个月，正式从万国商团中告退。

曼埃强生上校在1920年写到了万国商团军需部（the Quartermaster's Dept.）的罗斯先生，他觉得“罗斯这人热情似火、精力非凡，会欣然接受（万国商团）总部办公室这一重担，并有能力做好此项工作”。

装甲车

这一年（1920年）记录中提到了装甲车。它（指“装甲车队”，译者按）在后来成为万国商团中最重要的队伍之一。一辆装甲车正在当地（上海）被制造出来。新任团长祝贺工部局拥有了“宏伟的操练厅与新式的靶子场”，在他看来，万国商团至少还需要再装备5辆装甲车。

1921年的预算反映了战后上海亟待增加防卫力量。万国商团年度预算几乎升至100 000两银，主要花费在军服、弹药上，另外又增添了新的拖炮战马和一个军士长。1920年，万国商团总支出约为50 000两银，所以1921年的预算差不多增加了整整一倍。

在接下来的几年中，工部局对万国商团预算的增长更为迅速。

来自英国政府的更多帮助

曼埃强生上校交出了一份令人满意的1921年报告。万国商团的现役人数增加了200人。曼埃强生团长赞扬了英国退役军人愿意参加万国商团的自发行为。参谋部人员的数量现在得以稳定增长，有2个英国常备军官——莱顿（Leighton）和肯普（Kemp）承担起了当年参谋部的职责。军需军士罗斯“不知疲倦的劳作，让所有人赞不绝口”。英国政府赠给万国商团炮兵队崭新的榴弹炮(howitzer)①。万国商团还向工部局建议要购置大卡车，准备向最现代化的方向发展。团长对中华队的评价很能说明这一点，他说：“在这个队中，每一件事情都以最严肃和可行的方式被对待。我可以毫不谦虚地说，该队队员参加检阅的次数能引起世界上所有志愿兵的瞩目。忠于职责以及全队上下尽全力做好每一件事的决心是崇高的。”同年，为了保卫这些财产，工部局电气处成立了特别后备分队，电话公司、电车公司分别成立电话队、电车队。

除了4门榴弹炮外，英国政府“以长期借用”的方式提供了900支步枪和刺刀、900套装备、20挺刘易斯机枪②，以及其他各

---

① 榴弹炮是一种火炮，最早发明于17世纪末的瑞典，火炮身管口径比较大，弹道较弯曲，初速较高，能采用多级变号装药获得不同弹道曲线，并不适合直接射击水平目标，是地面炮兵的主要炮种之一。

② 原文Lewis gun，又称为Lewis automatic machine gun，或是Lewis automatic rifle，由美国陆军上校艾萨克·刘易斯（Isaac Newton Lewis）于1911年发明，但美国陆军并未首先采用，而是在1914年英国伯明翰轻兵器公司（BSA）买下刘易斯机枪在英国生产特许专利后，使得刘易斯机枪在英国军队中被广泛运用、发扬光大。刘易斯机枪的特色是独特的枪管冷却罩、由顶部进弹的圆形弹鼓，陆军型较早退出现役，但空用机枪版本一直运用到第二次世界大战结束，甚至是朝鲜战争中仍有运用。

种杂物。同时，工部局提供了数辆铁甲车、大量手枪和一个左轮枪靶场。另外，万国商团又订购了 14 挺机关枪，以及枪榴弹、维里灯（Verey lights）、抗暴弹等武器和设备。毫无疑问，曼埃强生上校通过不断向工部局要求更多现代化的装备，为战后万国商团的发展指明了正确方向。他还雄心勃勃地想组织一个航空分队，但因为工部局财务处的阻挡，最终未能实现。他在给工部局第二份年度报告的结论处写道："度过'饥饿期'（starvation period）后的第一年，万国商团因在装备等方面花了较多的钱，所以它目前的状况——不论是人数或战力方面——有充分理由可使工部局感到满意。"

长期服役奖章

工部局这一年（1921 年）同意颁发"长期服役奖章"。这一建议此前就曾被提出过，但对于获奖者资格——"长期服役"的期限，有着不同的意见，最终不了了之。获奖资格在 1921 年最终被确定为：在一个确有运作的作战单位中有效服役 12 年。

今年事项繁多，正如大家所想的那样，万国商团用完了 100 000 两银的年度经费，并超支了一些。仓库和储备品的采购，总额高达 125 000 两银。各个开支大项名列如下：

编制人员的薪金与津贴	25 000 两银
制服等	35 000 两银
铁甲车 3 辆	35 000 两银
弹药	75 000 两银

法国霞飞将军检阅万国商团

1922 年 3 月 11 日，万国商团海员队正在接受霞飞将军的检阅。

和平繁荣的岁月

公共租界的纳税人一定是认可万国商团在 1914 年至 1920 年“饥饿期”的整体表现，在预算方面表现出慷慨的一面，批准了开支增长的申请，于是 1922 年团长（曼埃强生上校）获得了 115 000 两银的拨款。1922 年，装甲车队脱离了初创阶段，从最初的 1 辆车扩增到了 6 辆车，不过仍然隶属于机枪队，而非一支独立的作战单位。是年，曼埃强生上校提出改善靶子场的问题，建议设置一个可供 200 人膳宿的永久性的营房，并附有可拴 100 匹战马的马厩和一个大检阅场；另外，还要提供一处铁甲车演习和机关枪实习的空地。1922 年，工部局未动用万国商团。团长表示希望“他能成为在动乱时期虽未接到工部局采取军事行动的命令，但仍感特别荣幸的第一位万国商团团长”。

万国商团需要制作一面新“团旗”，以代替之前部队那面破旧的旗子。工部局批准了这项经费支出。

目前使用中的万国商团总会位于工部局大楼中，是由工部局董事经营的，于 1922 年 12 月 18 日正式开张。开业时，约有 500 名团员加入了该俱乐部，成了万国商团总会的会员。

“长期服役奖章”设立首年，万国商团中共计有 123 人获授勋章。

是年，曼埃强生上校一直忙着在工部局大楼中安顿万国商团司令部。与此同时，他发现部队中有不少“不成文规定”，为此起意修订《万国商团章程》。他又花了约 2 年时间，调查出万国商团中所有“惯例”。他“为了继任者不再碰到自己同样的困惑，故而决定将这些自己知晓的惯例，全部列入《万国商团章程》之中”。

很快到了曼埃强生上校在万国商团任职的最后一年，他对属下这段时间内的配合表示感谢。在总结自己万国商团最后一年工作时，他自豪地写道：“纳税人在优秀的万国商团身上花了那么多钱，而且从未吝啬过，如同支付了一笔可靠的保险费一样。（我相信）今后他们也不会吝啬的。”在他 1922 年底正式离职时，万国商团规模达到 1 394 人，1922 年总支出是 120 000 两银，储备物资约有 100 000 两银。

1923 年 2 月，工部局在与曼埃强生上校告别时，赞颂他的“功绩”：“在您担任指挥官期间，万国商团在装备、组织、人员各个方面都取得了长足的进步。在您离任时，竟能使万国商团达到 1853 年组成以来武力最强的状态，工部局感到相当满意，您也一定同样感到满意。这样一支商团是保护租界社会安宁、维持良好秩序的无价财产。一旦不幸发生‘骚乱’或‘暴乱’等情况，它是一支完全信得过、可依赖的武力。”

1923 年 10 月，万国商团收到了新团旗。万国商团的旧团旗是约 50 年前由一些上海淑女们制作的，在行军打仗时冲在一线，后来它被放置在了市政厅大楼中，以表尊敬，现在它仍然飘扬在那里。

万国商团美国骑兵队在 1923 年 9 月[①]成立。新团长戈登上校的

① 原文为 1922 年，对照前后文之史实，译者认为是 1923 年之误。

评价是，该连队“状态良好，是万国商团中非常出色的新增力量”，他还同时提出需要新增更多装甲车。1923 年，团员总人数达到 1 530 人，其中 267 人是后备队团员。

男童公学还成立少年队（即童子军，译者按），有 78 名少年参加。

工部局乐队（Municipal Orchestra and Band）的指挥评价了新近组建的万国商团军乐队。他认为，军乐队表演完全满足了听众的需求，既有音乐性，亦可兼顾其军事功效。军乐队一直维持到 1932 年才被解散。1924 年，万国商团的年度预算是 136 200 两银。

戈登上校领导下的动荡岁月

戈登上校的任期是一段动荡的岁月。1924 年 9 月 8 日至 10 月 24 日进入“紧急状态”，在这么长的出勤时间里，万国商团一直坚守着它所分派到的驻防区域。万国商团各级官兵共计 1 376 人参与了此次动员。是年底，万国商团规模达到 1 695 人。这一年，意大利队得以重新组队；一个新“丙”队组建成军，来自荷兰、瑞士、斯堪的纳维亚的侨民得以参加商团。万国商团因紧急状态期间的贡献受到各方表彰。10 月 31 日，在一场与上海巡捕共同参加的特别检阅式上，工部局总董和董事们公开表扬了万国商团。英国驻华公使在北京通过驻沪总领事转达了他的谢意。华商总商会（the Chinese General Chamber of Commerce）和纳税华人会（the Chinese Ratepayers' Association）为酬谢万国商团，送来许多精美的纪念品。是年末，日本侨民赠予万国商团一个珍贵的银杯，以表谢意。

英国政府又主动送来一联四门山炮（mountain artillery）[①]，该炮的炮兵由新成立的“丙”队队员担任。

为提高未来万国商团的战斗力，戈登上校极力主张万国商团需要任命一名来自正规部队的副官。在他1924年报告的结尾处，他提出万国商团规模要达到2 000人，才能令其满意。

上海历史上的1925年比前一年更加动荡。一月风潮后，“五卅惨案”（“May 30” incident）让万国商团戒严、值勤、巡逻了89天，战斗任务一直持续到8月28日。正因如此，戈登上校得以在报告中如是写道：团员们时刻保持战斗力，展现了军人气概，完成了所有的任务，秉承了万国商团的优良传统。是年，万国商团规模在1 681人。

戈登上校要求配备一名常备副官的主张在1926年的预算中得到认可（开支达到146 850两银）。1926年，万国商团“海员队”解散；海关队也因裁撤外籍职员的关系，人数缩减为一个排，“随时可能被全部解散”；铁甲车倒是增加到了8辆。

万国商团的第一个领取薪金的副官于1927年初到任。他是安格尔西-桑德尔斯（Anglesea - Sandels）上尉，来自英国皇家火枪队（Royal Welch Fusiliers），曾获授“员佐勋章”（M. B. E. ）[②]、“军功十字”勋章。这一年，万国商团异常忙碌，被预警集合了好几次，于3月份动员值守，其中13天为全团动员，10天为半团动

---

① 山炮是火炮的一种，设计用来进行山地战和其他重武器难以进入地方的战斗，大约在19世纪开始出现。山炮的设计虽然与步兵炮类似，但口径是野战炮标准，特色是短炮身、低初速，弹道特性偏向榴弹炮。由于它们能拆成小的部件装入袋中，所以也称为打包炮及便携榴弹炮，在美国内战中又被称为山地榴弹炮。山炮的角色到20世纪中期逐渐被迫击炮取代。

② “大英帝国最优秀勋章”之员佐勋章等级。

员。列强诸国皆有派出军队登陆上海驻防。英国防卫军司令邓肯（Duncan）少将在参加了一次万国商团阅兵后，这样写道："万国商团这次出动，[①] 不论是骑兵队，还是步兵队，均不亚于英军任何正规队伍……公共租界有充分理由为它拥有这样一支义勇部队而感到自豪。"万国商团规模升至 1 887 人，因此在戈登上校担任团长的最后一年，他看到 2 000 人的目标很快就能实现。海关队在"光荣"服役 27 年后被解散。装甲车增至 9 辆，"与英国登陆'上海防卫军'[②] 的装甲车队一起坚守（上海租界）"。万国商团成立一支菲律宾排，附属于美国队。俄国人组成的作战单位被第一次提及，1927 年 1 月由福明（N. F. Fomin）上尉指挥，4 月时由季梅（H. H. Thieme）上尉接任领导。

饶家驹（S. J. Jacquinot）神父因他在 1927 年 3 月纷乱中的勇敢表现，疏散并救助了许多闸北修道院的修女与儿童（the Institute of the Holy Family in Chapei）的性命，被法兰西共和国总统授予配银星的"英勇十字"勋章[③]。

戈登上校致万国商团的告别信，值得刊登于此，他写道："万国商团使命必达，值得信任，它的'万国商团精神'是崇高的，讲

---

① 应对的是北伐期间上海工人三次武装起义。

② Defence Force，又称为"Shanghai Defence Force"，笔者译为"上海防卫军"，是北伐期间英国政府为稳定上海租界局势而派出的一支武装力量，由邓肯少将领衔，驻军至 1927 年底，撤出上海。

③ "英勇十字"勋章（法语：Croix de Guerre，有时法文小写 Croix de guerre 意为［Cross of War］），1915 年法国所设置的军事勋章，被授予第一次世界大战期间和在第二次世界大战中，或在其他冲突中，有英勇功勋的军人、民众和城市，还颁发给对法国有贡献的外国人。勋章颁发时，因授勋者的不同身份配有 6 种不同的特别装饰，分别是配青铜星、银星、鎏金银星、青铜棕榈、银棕榈、鎏金银棕榈。

究实效，忠心耿耿，值得引以为豪。……在近 4 年的‘暴乱骚动’时期中，我们结下了友谊，如今即将与之分别，本人不胜惋惜……若有人问我万国商团的格言是什么，我会说‘忠诚’二字。”

1928 年，万国商团支出估计超过 165 000 两银。

机械化的炮兵队

1928 年，沃德罗普（Wardrop）检阅万国商团，他在祝贺公共租界拥有一支如此武力时，也有微词。他呼吁万国商团急需招募新团员，同时强调上海靶子场是他见过的装备最好的靶子场之一。万国商团的规模为 1 663 人，此外，247 人在白俄分队。亚本派曼上校接替了戈登上校，成为万国商团的司令官。他的目标：不包括后备队，万国商团的规模至少达到 2 500 人。炮兵队成立 50 年来一直是用战马拖拉，而在机械化后，大大提高了总体的作战力和机动性，并减少了成本。意大利队在 1928 年没有活动，该队指挥官声称，因在沪意侨人数不多，要保持活跃、维系战力一直是件难事，至 1929 年该队宣告解散。俄国队人数今年增加到 250 人，并得到了肯定的评价（本书对该队有独立报告，故而在此不复赘述）。有趣的是，1928 年，工部局总董樊克令（Cornell S. Franklin）担任万国商团非军职（civil）指挥官，他于 1928 年 12 月 28 日在美国骑兵队接受过授衔令，被编入后备之军官（Reserve of Officers）。

1929 年，整团开支超过 400 000 元。

说到 1929 年预算跃升至 303 890 两银，必须要提白俄分队。白俄分队的成立使得 1929 年预算与 1928 年相比增加了 136 970 两银。

1929 年，万国商团总人数 1 405 人，后备队 295 人，白俄分队 250 人。

原属英军诺思安普敦郡团（The Northamptonshire Regiment）的欣奇克利夫（J. W. Hinchcliffe）上尉接替安格尔西-桑德尔斯，担任万国商团带薪副官。俄国队（志愿兵组成，有别于白俄分队）人数由 68 人增至 112 人。1929 年被认为是“平安无事”的一年。

1930 年，上海苏格兰队受到了严厉批评。万国商团团长认为“他们明明可以做得更好……这些年几乎没有任何一点进步……大部分成员对该队的成功与社会责任漠不关心”。白俄分队当年费用增加至 180 000 两银。

万国商团预算账单的数字正在急剧攀升，1931 年的预算总数将近 500 000 两银，各类开支如下：

各志愿连队	212 170 两银
白俄分队	228 680 两银
储存品	51 830 两银
共计	492 680 两银

1931 年，汤慕思上校接任亚本派曼，担任万国商团团长，他再一次强调了增强商团实力、扩大规模的重要性。他说在“租界防御计划”（Settlement Defence Plan）中，万国商团负责防守一个非常重要的区域，这个任务极其重要，它应该足够强大才能完成，但现实状况并非如此。中日争端导致了在上海的中国人发起抵制日货运动。1931 年 9 月至 12 月，这种情况尤为严重。租界内的中国人与日本人多次发生冲突，在 1931 年的团长年度报告中，汤慕思既表扬了中华队，也表扬了日本队，认为他们“秉持所谓的‘正确’和‘忠诚’态度。两个连队有高度的纪律性，承袭了万国商团最好的

传统，值得最高的褒奖”。

“一·二八”事变[①]

1932年当然是值得纪念的一年。1月28日，由于闸北地区的中日两国之间的战斗冲突，万国商团动员出防，整团规模由1 500人激增至2 300人，但新成员“完全缺乏训练，尽管如此，全体官兵还是表现神勇”。此一战事应对过程中，万国商团中应成立一支单独的运输作战单位成为共识。运输队成立后，现已成为万国商团最大的连队之一。另外，万国商团司令部急需改编重组，并增加人员配置，相应改革迅速组织实施。1932年底，万国商团总规模达到军官191名、其他团员1 943名，因此戈登上校2 000人的标准已被超过，整团规模正朝着汤慕思上校2 500人的目标迈进。

在“一·二八”事变中，万国商团新成立的连队有：

（1）菲律宾队

（2）美国机枪队

（3）美国后备队

（4）运输队

（5）通讯联络队，后名“通信队”[②]

（6）翻译队[③]

（7）防空队

美国后备队团员在“一·二八”事变后迅速缩减，至1934年

---

① 原文为The 1932 Troubles，直译为“1932年的麻烦”，本文统一处理为“一·二八”事变。

② 另有译名为“通讯队”或“信号队”等。

③ 另有译名为“译员队”。

时已降至19人，随后宣告解散。除此之外，其他连队都保留在万国商团的建制之中。

1933年的支出预算超过580 000余两银。白俄分队的军力增加至322人。

1933年，汤慕思上校写了他最后一份针对万国商团的短小精悍的工作报告。他引述了佛莱明（Fleming）准将当年检阅报告中的话，认为万国商团最好是与外国正规军协同驻防（上海）。感谢万国商团的效忠，他说万国商团有牺牲精神，付出一年多出一年，这让他心生无限敬佩。他提议任命一位靶子场管理人员，并再次呼吁大家应对参加万国商团保有热情。

1934年，因预计团员人数有所增加，故而一般支出预算提高了60 000元，达到432 700元。常备俄国分队预计费用为400 000元。万国商团需付薪金给表格上的外国人员，除了团长与副官外，另有2名参谋官、2名军士长、2名军需军士官、1名办事员、1名速记员和1名靶子场看守主任。这的确与克拉克、温格罗夫和屠鲁门那个“黄金时代”有很大不同。万国商团的年度支出从19世纪的2 000两银，到如今已将近850 000元。万国商团实际上只雇用过1名专职参谋，他也是直到1935年，在第一位副旅级（brigade-major）军官履职之后，才同时到岗的。

葛利安上校任团长期间（1934—1937年）

葛利安上校1934年1月1日接替汤慕思上校，担任万国商团最高军事指挥官，直至1937年底。“新官上任三把火”，葛利安上任的第一年，对万国商团实施了不少改革，其中最重要的一条是他增加了司令部的工作人员。经他提出，由工部局核准，给常备白俄营增派 1 名军事顾问和 2 名中尉。后来，1 名中尉受雇到岗，但在他离职后，一直无人接替其工作。葛利安上校另对万国商团采用“旅队编制法”（Brigade Group organisation），引入了一套分散指挥权的新体制。他还主张新增 1 名欧洲军械师。他为商团军官们发起了一系列讲座，有超过 150 名军官和士官参与讲座，效果很好；与此同时，复制演讲提纲，在各连队中流传。毫无疑问，葛利安上校的首年任期是异常忙碌的。当年，万国商团举行了一次动员演练，炮兵被派往香港训练。他在 1934 年报告的结尾指出，万国商团需要再增加 100 名英国兵和美国兵。本年，万国商团总规模达到军官 185 人，其他级别人员共计 1 941 人。

1935 年，葛利安的报告中写道，“旅队编制法”运转良好。万国商团仓库增加了管理人员，全团官兵的冬、夏两套军装都得到了保障供应。一名副旅长，即道格拉斯（Douglas）少校，于 1935 年 3 月到任，与曼乐夫（Manlove）上尉一道，共同作为参谋官，加入万国商团。一名训练有素的军械师也如期加入队伍。另外，他与工部局警务处处长共同拟定一种计划，规划上海地方如发生重大纷扰时，万国商团当如何与警务处密切合作，予以协助，以资应付；并试验一种全团动员时用汽车运输粮食的办法。他还对司令部大楼进行了扩建和修复，安排军官和军士们学习指导性的和战术方面的课程，万国商团此时“显示出很高的热情……迫切需要的是租界外的训练场所，因为只有在那里，理论文字才能转化为实战经验”。

1935 年，万国商团维持在 1 950 至 2 100 人的规模。对于新招募的团员，葛利安上校发表了如下见解：

“据我推论，除去警务处特务股人员（Special Police）和业已加入本团之英、美籍团员外，余下可以征募之适龄外侨，为数已经不多。各商号外籍职员均经裁减，而外籍青年来沪者又为数殊少。但万国商团一定要维持现有人数，才能完成任务。目前队伍中英、美两国的作战单位已不能认为是由‘男孩’组成的。除非有新团员加入、老团员退出的稳定机制，否则未来会出现这样一种窘迫情况，即大部分团员年龄会同时达到上限，当他们都失去当义勇兵的兴趣时，纳新速度却跟不上，必然造成整支商团人数突然减少。我预估，上述窘况可能在1939年就会发生。”

“（解决这一难题的）答案是贸易上的复苏，这样自然就会吸引更多年轻人来到上海。”

“我不赞同1932年时的做法，一旦动员，万国商团无论何人一概齐整出勤。倘若动员时，的确需添用人员，也当严格挑选才是。这是万国商团各级负责人之一般见解，我完全同意。”

1936年，超过28名教官从英、美两国的正规部队中被借调到万国商团，教授武器培训课程，其大部分内容有战术课、相关讲座以及实地练兵。1936年11月，万国商团炮兵队不复存在，其中轻型野战炮部分（Light Battery）改组成为一支机枪队，而榴弹炮部分（Howitzer Battery）正式解散。

考虑到经济衰退和上海总体商业环境的不稳定性，万国商团的规模未有很大变化。1936年1月1日，全商团作战人数达到2 085人，年末时为1 943人，大量“无用之人”（deadwood）从英、美两国作战单位的花名册中被剔除。

第二部分　万国商团之各分队

（一）俄国“丙”营

1923年9月14日，三艘俄国战舰“鄂霍次克”（*Ohotsk*）号、“蒙古盖”（*Mongooguy*）号和“保卫者”（*Zaschitnik*）号在吴淞口下锚。船上仍挂白俄三色国旗，是1922年6月由格列博夫（F. L. Gleboff）中将率领的由军官、哥萨克士兵和海员组成的远东哥萨克军团。他们是远东白俄军队的残余力量，最终抵达上海。

1926—1927年间，中国大地上重燃战火。随着内战战线离上海越来越近，租界中生活的人们愈发紧张起来。谣言四起，不同政治立场、针锋相对的宣传话语在争夺着舆论高地。大难当前，公共租界当局认为极有必要为一切可能做应急准备。万国商团被全体动员，出防到各个分派之防区值勤，巡捕们紧随其后，另外还有一些驻沪外国军队也一起做防御准备。就在此时，有人提议（在万国商团中）应成立一个由俄罗斯志愿兵组成的作战单位。这一提议得到了工部局顾问、总董贝尔（A. D. Bell）的全力支持。工部局就这一议题进行了全方位讨论，最终议决在1月17日万国商团成立一支300人规模的俄罗斯人的军事队伍。

这一作战单位最终几乎全由远东哥萨克军团组成，因为他们拥有丰富的作战经验，在驻防租界方面应付自如，工部局不必对他们再事先进行一轮特别的军事操练。

1927 年 1 月 21 日，万国商团俄罗斯人作战单位最终成军，由经验丰富的俄国海军上校福明（N. Y. Fomin）节制。福明被正式委任为万国商团的陆军上尉军衔。另外，格列博夫中将也极力促成新军组建。福明上尉继承了俄国军队的优良传统，带领他的人马，展示出了军人应有之自尊、自律与责任感。

截至 2 月 5 日，这支部队已达 150 人，故而分列 2 个连队，每个连队 75 人，分别由伊万诺夫（S. D. Ivanoff）、马里宁（M. I. Marhinin）指挥。此两人都曾是白俄军官。

随后，部队新添一支机关枪排，装备有 4 挺刘易斯机枪，由弗多文科（M. M. Vdovenko）中尉指挥。

1927 年 2 月，万国商团团长戈登上校第一次视察了新军，结果对这支白俄部队各方面皆感满意，于是下令发配武器和弹药，用于部队之军事演习。万事俱备后，万国商团的俄籍部队接到了他们第一个军事任务，即驻防工部局电站（Municipal Power Station）。

1927 年 3 月 13 日是重要的一天，这是万国商团中的俄国人第一次参与万国商团正式的“拉练”（Route March）。俄国人表现出色，沪上各大日报几乎都对这支部队赞赏有加。那天，驻沪英军司令邓肯将军和其他检阅军官也都对这支俄军的操练水平与整体表现赞不绝口。另外，团长戈登上校、贝尔先生分别代表万国商团和工部局对俄军所取得的成绩表示祝贺。

福明上尉在万国商团中待了不久，因为个人原因于当年 4 月提交辞呈，并于 4 月 19 日获得了总部批准。继任者是来自俄国近卫军（Russian Guards）的季梅上校，22 日，工部局正式委任他为万国商团上尉军官，指挥该支俄国人的部队。

军队发展迅速，次年即已达 250 人之规模，于是需要重新编制。部队曾分为 2 个连队，现在正式定名为第一队和第二队，其中一队由伊万诺夫中尉、第二队由马里宁中尉指挥。下半年，连队指挥官之军衔由中尉提升为上尉。与此同时，波洛尼科（Poronnik）和库罗奇金（Koorochkin）军士履行尉官职责，晋升为少尉，担任 2 个连队之指挥副官。季梅上尉于 9 月 14 日正式晋升为少校军衔，统领整支部队。这支军队在 10 月 19 日正式重新定名为“白俄分队”，以区别于万国商团中新近成立之俄罗斯志愿连队，即今日白俄团之第三队。

俄罗斯志愿连队拥有自身不同的历史脉络，其成军原则与万国商团其他志愿连队无异，唯一区别在该队使用俄语命令，练兵采取俄军操典。这一点上与白俄分队保持一致。成军以来，该连队队长一直由俄国近卫军上校萨维洛夫（C. P. Saveloff）出任。萨维洛夫在短期内成功将招募到的新兵迅速培训成一名合格的战士。与白俄分队之常备军属性不同，义勇连队成员绝大部分从俄国青年会（Russian Young Men's Association）招来，没有基本的军事知识储备，故而练兵成军并非易事。甫一开始，萨维洛夫得到同为俄国近卫军上尉的巴热诺夫（N. P. Bajenoff）和中尉多曼斯基（N. J. Domansky）的鼎力辅助，此两人被授予万国商团中尉军衔。

12 月 16 日，俄国志愿连队参加了万国商团列队检阅（March Past），行军经过万国商团团长亚本派曼上校，接受其本人致意，展现近期练兵之成果。这次，这支俄国义勇队获得了和白俄分队同样多的掌声，这对于成军仅有两月的队伍而言已是足矣。

时间转眼来到 1932 年，这是因为 1929—1931 年几无可书，所有 3 支俄国人组成的连队皆圆满完成操练和射击任务，白俄分队主要行使租界巡捕的职能，守卫华德路监狱（即提篮桥监狱），有高层人士到访上海时组建成仪仗队，以示欢迎。1932 年，万国商团白俄团正式组建完成。是年 1 月，中日之间敌对冲突爆发，包括 3 个俄国连队在内的万国商团全员出动，驻防租界。白俄分队与义勇队与万国商团其他连队一道，防御声名狼藉的“乙”防舍（Block-house“B”）和其他一些稍安全些的岗位。这次出防任务期间，无论何种情形，他们都展现出良好的军事素养。白俄分队共计有 4 人受伤，分别是第一队的连科夫（A. Lenkov）、普罗托季亚科诺夫（V. Protodiakonoff）、雷莫维奇（V. Rymovich）和第二队的马努什金（V. Manushkin）

2 月 16 日，俄国义勇队和 2 个白俄分队连队共同组建成为万国商团白俄团，仍受季梅少校节制，此举可作为上海俄国人武装力量成熟之标志，是双方互为认可的巨大荣誉。同年 3 月 1 日，作为常备军之一支，白俄团中成立第四队。来自第二队的索科洛夫（Sokoloff）中尉调任新成军之连队，担任上尉队长。

另一件大事发生在 1932 年 4 月 3 日。是日 12 点 15 分，万国商团白俄团包括 19 名军官、435 名其他各级队员全体列队跑马厅，在工部局总董麦克诺顿（E. B. Macnaughten）、董事会成员、总办、驻沪英军司令及其属下和许多上海名人的见证下，举行了盛大的授旗仪式。万国商团团长汤慕思少校亲自将全新制作的白俄团团旗，交予季梅少校手中。万国商团白俄团拥有自己的团旗，对于远在异国他乡的俄国士兵们而言是一种前所未有的荣誉。迄今为止，上海白俄团是全世界唯一一支还宣称效忠于旧时国旗的武装力量，并以此为荣。

1933 年 2 月 9 日，季梅少校辞去白俄团团长职务，由伊万诺夫少尉继任。4 月 1 日，伊万诺夫上尉的任职被正式批准，6 月 26 日晋升为少校军衔。

1935 年 1 月 3 日，英军皇家阿尔斯特步枪团（Royal Ulster Rifles）第一营的伯克-墨菲（E. V. Burke-Murphy）上尉被委任为万国商团俄国“丙”营的军事顾问，1 月 9 日晋升为少校军衔。是年 5 月 6 日，在英皇乔治五世登基 25 周年银禧纪念日（the Jubilee of H. B. M. King George V）当天，万国商团俄国“丙”营派出一支由 5 名军官、120 名士兵组成的队伍，参加了在跑马厅举行的“军操表演”（Military Tattoo）。[①] 两年后，在英皇乔治六世和伊丽莎白皇后加冕日当天，他们又一次参加了“军操表演”。这两次“军操表演”上俄国人的出色表现赢得了当晚众多观众的一致称赞。

1935 年 10 月 6 日，白俄团前团长、俄国近卫军少校季梅少校离世。万国商团为他举行了隆重的军事葬礼。两年后，另一位服役万国商团长达 10 年之久的军官马里宁上尉于 1937 年 7 月 26 日逝世，整个白俄团对此悲痛万分。万国商团亦为其举行隆重的军事葬礼。瓦西里耶夫（Vassillieff）中尉填补了因马里宁上尉离世而产生的职务空缺，随即被授予上尉军衔。

若是不提及 1937 年万国商团全团动员期间的表现，白俄团的历史是不完整的。当淞沪会战爆发时，白俄团 2 个连队分别驻守靶子场和爱尔考克路营房。8 月 14 日，因为交战双方战火猛烈，靶子

---

① Tattoo，并非“文身”之意思，早先英文写作 tap-too 或是 taptoo。17 世纪，英军占领低地国家后，兵营中的鼓手每晚敲鼓让所有在城镇中的士兵归队。这一行为又被人称为“Doe den tap toe”（荷兰语：关掉龙头），或者简称“tap toe”，意指让酒吧老板“关掉酒桶龙头”，停止供应啤酒并让士兵归队过夜。这一活动后来逐渐演变为一种列队行军与军乐演奏合作的表演形式。世界上最著名的军操表演是每年在爱丁堡前举行的“爱丁堡军操表演”，又称为“爱丁堡军乐节”。

场不得不在极短时间内完成撤离。撤离行动自上午 9 时开始，下午 3 时即告全部完成。8 月 19 日，爱尔考克路营房亦因同样原因完成快速撤离。

8 月 13 日至 11 月 12 日 3 个月间，万国商团白俄团为卫守公共租界的法律与秩序可谓“活跃”。他们担负的职责包括：桥梁防守、马路巡逻（当时空中到处都是爆裂的弹片）、组成武装警卫队保卫货车（运输）等。顺便提及，安排华德路监狱部分囚犯撤离是他们所承担的风险最高的任务之一。这是因为此时监狱正处在战场之中心区域，被猛烈战火覆盖。尽管如此，他们还是高效地完成了全部任务。值此动员期间，第二队现任指挥官瓦西里耶夫中尉得到了他肩章上的第三颗星。[①] 相较于凶险的战局，此次白俄团的伤亡数量却是不多，记录中只有 2 位伤兵：一位是第三队的义勇兵，8 月 17 日在银行公会（Banker's Guild）旁巡逻时被伤及腿部；另一名伤员是贝兹戈多夫（Bezgodoff），他在协助华德路监狱囚犯撤离至乍浦路桥（Chapoo Road Bridge）附近时被飞弹击中。1938 年 8 月 9 日至 15 日，在“八一三”事变周年纪念时，白俄团再次动员出防。

在非动员期间，白俄分队的 3 个连队主要职责是协助租界巡捕，维持治安。为此，公共租界警务处处长在很多场合都曾表示过感谢。今日之白俄团已经实现自给自足，事实上这也是部队军官们指挥有方的一大例证。他们现在有自己的教堂、博物馆、图书馆，有库兹涅佐夫（Kuzunetsoff）上尉运营的独立的门诊，还有自己的餐厅、体育社团和弦乐乐队。博物馆中陈列的 21 座银杯可能是其

---

① 意指晋升为陆军上尉，因为上尉军衔的肩章是一杠三星。

声誉良好的最佳注脚。其中最大一座奖杯由工部局前总董贝尔先生颁发，授予的是万国商团年度最佳纪录连队。

（二）白俄团

尽管公共租界工部局曾数次考虑在万国商团中组织一支俄国人的作战单位，但直至1927年初才正式批准成立了一支规模在300人的俄国队，作为辅助武装，以加强公共租界的守卫力量。该常备之俄国队伍由工部局给予薪俸，规定每月费用不得超过15 000元。此一作战单位分为2个连队，分别均配置6名军官与125名士兵，总人数为23名军官和278名士兵。1927年6月，万国商团原计划将该支队伍的军官裁减至5人、各级队员降至120人，但由于1927年诸多“动荡”发生，裁军计划延迟了数月之久。至1928年底，由俄国人组成的这个作战单位被正式命名为白俄分队，以区别于当时另外成立的一支万国商团俄国队（志愿连队）。后来万国商团改制，这两支队伍合并组成为万国商团“丙”营，或被称为“白俄团”，具体人员配置为：万国商团司令部3位军官；“丙”营下属分为4个连队，其中第一、二、四队为原先之白俄分队，有军官6名、各级队员311人；三队是义勇连队，有军官4名、各级队员101人，总人数共计有军官16名、各级队员412人。

此时算来，该支白俄分队已为工部局服役超过10年。不过与其他连队之悠久历史相比，10余年的服役历史仍属最短。白俄分队在过去10多年间，因在操练中所表现的良好纪律和检阅中所展现的英武军姿，赢得了极好的声誉。这应归功于他们训练有素的军官们，也应感谢由英国陆军临时调派而来的“丙”营军事顾问——

伯克-墨菲少校[①]和1927年以来的历任万国商团团长。

1928年，英军北华司令官（North China Command）沃德罗普少将检阅万国商团，赞扬了白俄分队。他说，对于自己营房的照管情况“反映了他们拥有作为军人的自尊”。他还说，他很高兴看到上海公共租界之市政得到了这样一群军人的照管。白俄分队在1928年初仅有126人，到年底就增加到247人。万国商团团长亚本派曼上校在他1928年的报告中赞扬白俄分队说，这是一支非常得力的部队，不论在训练、纪律等方面都可与正规部队媲美，他特别赞扬了俄国队队员平日中的良好品行与“忠于职守”的表现。他认为，这支队伍是万国商团最得力的助手，工部局有幸拥有一支如此可靠的武装力量，遇到紧急情况可以随时遣用。

如前所述，1928年9月俄国义勇连队成立。在同一个年度报告中，亚本派曼上校写道，这个连队极其有望很快成长，将与团中其他连队拥有一样强大的战斗力。是年，万国商团俄国队有官佐3人、士兵65人。

1929年，志愿之俄国队人数从68人增加至112人，虽然与其他连队一样，步枪射击能力仍未达标，但的确已取得长足进步。对于白俄分队而言，保持在由工部局核定的250人的规模并非难事，他们的主要任务是协助警务处巡逻街道、守卫监狱和桥梁等。

白俄分队一贯保持的高水平的操练能力和高标准的纪律作风，得到其他驻沪正规军队军官的普遍肯定。

1930年，俄国义勇连队有110人，总体规模与1929年的112人相比大致相同。万国商团团长再次强调了该队应着力提高队员步

---

① 伯克-墨菲少校亦曾授勋英国“军功十字”勋章。

枪射击能力的重要性；不过也认为，该连队“已经逐渐站稳脚跟”。1930 年，工部局大幅提高了白俄分队的薪俸和津贴。他们的纪律和操练继续获得各方赞扬。

万国商团团长汤慕思上校在 1931 年的年度报告中并没有逐一点评团中各支志愿连队的情况，但他特别指出了常备白俄分队的优异表现。在他看来，这支队伍的军士若能配备一些普通的训练设施，其水平就可与任何国家最好的正规部队相媲美。这实在是一种极高的赞誉。汤慕思上校继续说道，白俄分队在工部局警务处处长的直接指挥下完成任务，亦接受过英国驻沪军队指挥官的检阅，并保持经常性的非正式接触，他们无一例外都对白俄分队展现出来的军风军纪赞赏有加。汤慕思上校提醒公共租界的纳税人们注意，白俄分队所承担的看守监狱的任务是单调而艰苦的；另外，是年爆发的中日冲突又平添了许多额外的工作，但实践证明了白俄军士们无时无刻不是兢兢业业。即便繁重的工作任务已经大大压缩了他们可能有的业余时光，他们对此仍是无怨无悔。汤慕思继续说道，整个上海的外侨社区应对拥有一支如此敬业的作战单位心存感激之情。

1932 年“一•二八”事变中，白俄分队在接到通知命令的 4 个小时内接管了上海“国际防御计划”（International Defence Plan）中划归给万国商团驻防的区域；另外，在年初几个月那段“动荡”的日子里，该支武装发挥了它该有的作用。本年后期，该队又组织了第 3 个连队，以加强原有的 2 个连队，义勇连队也进行了改编，共同组成了白俄团。他们在巡游中的良好风度、在工作时的出色表现，不断赢得各方赞誉。对此，万国商团团长亦有同感。一群年轻人加入到团队当中，新老交替逐渐完成，全团此时计有官佐 15 人、其他各级队员 405 人。

1933 年，伊万诺夫少校被任命为白俄团之首长，此时“这支作战单位虽然经历新老交替，所有位置上配置的人员与成军时几乎全不相同，但是新兵们秉承了队伍的优良传统，不断证明自己一点也不比老兵们逊色。整支团队状态良好，令人满意。全团官兵都热衷于体育运动，身体健康情况比任何时候都要好”。

1934 年，葛利安上校上任万国商团团长，随后向工部局提出，常备之白俄分队中需有 1 名军事顾问，遂得工部局批准和委任。这一年堪称平静，白俄“丙”营中的人数没有多大变化：官佐 15 人，其他各级队员 409 人。

葛利安上校在 1935 年上交了一份有趣的年度报告，他认为白俄分队是工部局警务处的第一后备队，是可以临时接到通知、随即可用的有效防卫武器。除了范围很广的“内乱”或外来的“侵略”外，它还能成为以防全面动员在沪所有商人的可靠保障。白俄分队平时的任务是在显要人物访问工部局时充任仪仗队，固定守卫华德路监狱、靶子场和爱尔考克路营房。此外，俄国队还要提供储藏库管理员、夜班电话接线员、运输车司机、厨师、勤务兵等。长期雇佣常备军总人数为官佐 1 人、军士 30 人、士兵 76 人，这一人员规模可帮助警务处达到平衡。白俄分队训练分为两个部分：（1）警务训练；（2）军事训练。葛利安上校继续写道：“白俄分队是我所见过的最好军队之一。”他总结说，自从 1 名正规军军官充任军事顾问，白俄分队在个人称职、自主性与主动性方面皆有明显之提升；与此同时，该队之指挥官也不必如过去那般为琐碎的行政事务分心费神。

1936 年，由于有发生“暴乱”的威胁，白俄分队在兵营中处于警备状态不下21次，离开营房、赶赴捕房处于“戒备状态”（positions of readiness）计有7次，协助工部局警务处有4次。白俄分队全员出动时使用自备之卡车，倘若遇到警务处防暴队（Riot Squad）缺少人手时，根据警务处处长命令，即调遣受训的队员前往驰援。

1937年8月12日下午，白俄分队倾巢而出，在多处栅门及防舍布置岗哨。至8月13日一早，俄国（义勇）队第3队也开始加入，正式组成“丙”营。万国商团全体在8月18日从周界防线撤换，改为界内巡逻等任务，直至11月12日全部复员。此次出防任务中，万国商团共计7人受伤，其中3人来自“丙”营，2人来自俄国义勇队，1人来自常备之白俄分队。

葛利安上校评价1937年的常备白俄分队工作时写道，他们一直保持着战斗力，这一年中协助工部局警务处镇压“暴动”计有16次之多。

1937年底，白俄团共有官佐16人、其他各级队员412人。

（三）上海轻骑队

谈及上海轻骑队，我们将之与万国商团其他任何一支作战单位相比都是有失公允的。上海轻骑队有着截然不同的出身（footing），他们所做之事，商团其他人不会去做，而他们会完成得很好。另外，上海轻骑队每位队员身上都具备一种特别的“万国商团精神”，因为他们几乎全是从跑马总会招募而来的，队部也设在跑马总会大楼中。总之，对于上海轻骑队而言，军令如山！只有突然死亡这一种情况，才能使得一位队员有理由不出席万国商团召集的检阅游行。

时隔16年后，再去寻觅上海轻骑队的历史脉络并非易事，其难度并不亚于此前挖掘、讲述万国商团初创的信史故事。使人有些好奇的是，回溯建队之初的历史，那些与上海轻骑队相关的人名，都可以追溯到上海军事史之发轫期。旧时来到上海滩的那些外侨都是运动家，这意味着他们都能骑马驰骋，故而皆与上海轻骑队有这样那样的关系，或是熟稔上海轻骑队的名人轶事。但是，当我们问这些老兵上海轻骑队的成军信史时，他们又总是陷入沉思，最后回复道："哦，我们不敢确定这个连队是如何发起组织的，但当'麻烦'出现时，他们总是在现场。"这种回答本身就是一种褒奖。

万国商团已有的两本简史中都认为，早在1862年太平军攻打上海时，上海出现了第一支骑兵巡逻的队伍，称为"骑巡队"，帮助万国商团其他团员，一起守卫租界安全。这一支老时的骑巡队，若不能称为如今上海轻骑队的嫡亲兄弟（own brothers）的话，最少可算是亲堂兄弟（first cousins）。骑巡队在1870年的上海历史舞台上又出现过一次，1878年正式解散。

在上一部历史被书写时，上海一位年长而备受尊敬的外侨——阿利斯特·邓肯（Alister Duncan）先生对上海轻骑队成军，提供了一些有趣的个人回忆。他说道，这支作战单位成军于19世纪80年代初，是旧时那支骑巡队的涅槃重生。他是上海轻骑队组建时的第一批队员之一。里地上尉虽然不是该队第一任队长，但在这次"起死复生"过程中起了关键作用。

邓肯先生还说，成军的另一位关键人物名为查尔斯·丹佛·韦蒂（Charles Danvers Whitty）。他是一名年轻的大学生，与邓肯先生是英国克利夫顿学院（Clifton College）[①] 初创时期的挚友。在离开上海回到英国的几年间，韦蒂参加了他叔叔发起的“枪骑兵团”（Lancer Regiment）[②]，回沪后他供职于太古洋行（Butterfield & Swire），但是参军当兵才是韦蒂的初衷与激情所在，他汲汲营营帮助重组上海轻骑队，甚至让轻骑队队员都穿上了他在枪骑兵团时所穿的那种色彩明亮的制服。上海轻骑队首任队长是非常受大家欢迎的、怡和洋行（Jardine，Matheson & Co.）的大班——耆紫薇（William Keswick）先生，里地先生是耆紫薇的资深副官。邓肯先生说：“我认为韦蒂是队伍中永远的中士——从任何方面讲，他对我们都是特别的。”该队早年那些骑兵们都是上海滩上的知名侨民，如波希卫（Percival Clerk）先生来自英国在华最高法院（Supreme Court）[③]，施奈特拉格（Snethlage）先生和罗哲斯（Roggers）先生都来自上海大英自来火房（Gas Co.），而海菲（F. C. Heffer）先生后来成为上海轻骑队的一名军官。

另一种关于耆紫薇先生的说法，不同于邓肯先生的回忆，认为上海轻骑队成军时，耆紫薇已是一个老人了，并且身在香港，出任首任队长的其实是他的兄弟、盖西克（Henry Keswick）的叔叔——葛司会。

---

① 克利夫顿学院，位于英格兰西南部的布里斯托的郊县克利夫顿，是一所男女同校的独立学校，始建于 1862 年，是 1889 年《英国公立学校年鉴》（*Public Schools Yearbook*）中定义的最早的 26 所英国公立学校之一。

② 疑为一支英国当地的志愿兵队伍。枪骑兵，是以枪、矛或骑枪（Lance）作为武器的骑兵。早在公元前 700 年，亚述人即在战争中使用长矛作为武器，后来希腊、马其顿、波斯、高卢、中国和罗马也陆续发展出枪骑兵。

③ 全称为 British Supreme Court for China，又译为“大英按察使司衙门”，是英国在 1865 年至 1943 年间设于中国上海公共租界的法院，历史上对中国、日本和朝鲜行使治外法权。

绰号“汤米”（Tommy）的霍夫（Hough）先生是上海轻骑队早期的尉级军官之一。他在英国老家时曾是一名骑兵团员，所以在队伍起死回生后几次参与活动，表面上是上海轻骑队的负责人。他亦在怡和洋行大楼（Muckle House）[①] 中供职。

邓肯先生还说，现在颇为流行的一个运动协会——上海马球总会（Polo Club）也是由上海轻骑队成立的。援引他的原话在此：“马球总会创立大会是在义记洋行（Holliday & Wise）的老办公楼上召开的，楼前有一个大大的花园，房间朝向‘麦加利银行大楼’[②]，如今这两座建筑物都已不在，事实上取而代之的是一些更显宽敞却也更加难看的建筑物——仓库。”

更早些时候，我们向现在已故的霍利德先生请教时，他曾回忆道，变化（应指的是上海轻骑队成军）发生在 1879 年或 1880 年。是时，他作为骑兵二等兵加入上海轻骑队，晋升为下士后不久不得不离任，前往香港。由此看来，上海轻骑队前身是太平天国时代的一支骑巡队，沉寂多年后，最有可能是在 1880 年前后重组成军。霍利德先生在 1891 年“骚乱”时期再度回到上海，被委任为上海轻骑队队长，但任期不久，到是年底即被任命为万国商团团长。在霍利德掌管整支万国商团时，里地上尉出任轻骑队队长。1897 年，霍利德先生再度重新加入万国商团，最初为上海轻骑队骑兵二等兵，继而为中士，很快又被委任为万国商团团长。里地上尉

① 位于上海外滩的怡和洋行大楼，建成于 1851 年，被上海外侨称为“Muckle House”，Muckle 此处有“伟大”之意涵。

② 原为“Makalee Terrance”，Makelee 是最早对渣打银行（Chartered Bank）的中文称呼，即“麦加利”银行。麦加利银行在 1857 年的上海开设的第一家分行，位于广西路上，在华经营从未间断。

此时仍然担任轻骑队队长，海菲先生出任他的资深副官。1897 年，海菲出任队长。1898 年，维克汉姆（E. P. Wickham）继任队长一职。

凯洛克（Keylock）上尉至今仍是上海从事跑马相关行当所有人中备受尊重、响当当的一个名字。他事业成功，享有盛誉，并对志愿兵运动一事热情似火，带领上海轻骑队时，招募到了不少新队员，使整队战力到达了一个新的高度。感谢凯洛克上尉，1907 年上海轻骑队拥有官兵约计 60 人，首次有能力同时组织 3 支分队（Three - troop）。1908 年，他以少校军衔正式退役，留给万国商团团长一支精良的骑兵队伍。

凯洛克的继任者名为迪埃（W. J. N. Dyer）上尉，辅之以克莱登兄弟（P. and A. Crighton）2 位副官；再是麦克里兰（C. A. MacLellan）上尉队长，辅之德雷克福德（T. G. Drakeford）中尉、拉尔夫斯（W. J. Ralphs）中尉 2 位副官。拉尔夫斯后来晋升为上尉，曾短期出任队长，后因前往汉口，由克莱登（P. Crighton）上尉代之。克莱登队长在不同时期得到过迈克尔（E. H. Michael）、林赛（H. S. Lindsay）、福斯特（F. W. Foster）和奎尔奇（H. Quelch）4 位中尉的协助。克莱登上尉出任上海轻骑队队长期间，正值第一次世界大战爆发，上海有很多骑师返国参战，连队团员大幅降至 35 人，他不得不勉力支撑和管理着连队，尽力维持手下官兵的训练，使战力不减。1919 年，克莱登上尉退役，林赛中尉继任队长，罗宾逊（H. G. F. Robinson）担任副官，维持连队 1920 年的正常运转。

麦克迈克尔（E. H. McMichael）上尉出任队长，开启了上海轻骑队的一个全新时代，爆发出前所未有的蓬勃活力。麦克迈克尔恰如其分地将“一击即脱战术”（Bustling tactics）[①] 运用到他的马球比赛和上海轻骑队的平日练兵之中，并都取得巨大成功。1920年，上海轻骑队规模达到70人，这一数字已接近历史最高纪录。然而，麦克迈克尔后来又将该队官兵人数迅速提升至130人左右。

麦克迈克尔既长期服役于万国商团，又有第一次世界大战的实战经验，这使他得以从轻骑队队长再度晋升为司令部参谋，授以陆军少校军衔。在万国商团总部，他以出色业绩获得各方认可，最终提职为万国商团副团长。直到近日，他才从现役部队中正式退役，调任至后备队担任军官，今日之军衔为陆军中校，这是对他军旅生涯的充分肯定。他无疑是上海轻骑队历史上的一个巅峰。正常而言，在他退役后上海轻骑队很难不走下坡路；然而幸运的是，继任军官和团员们与麦克迈克尔都是同样一种人，拥有相近的人生经历，故而上海轻骑队依然保持相同的战斗力。在如此一部简史中，很难详述每个人的功绩，不过罗宾逊少校、安德鲁（L. R. Andrews）少校、斯潘瑟（H. M. Spence）上尉和戴维斯（C. Trenchard Davis）上尉都是其中最为优异者。罗宾逊少校服役很长且相当成功，只有在回国休假时离职缺席，但回来时仍以骑兵二等兵身份重新入伍万国商团，树立了一个良好模范。现任上海轻骑队队长为梅特兰德（Hugh Maitland）上尉，由考敏（C. L. Cumming）和希克莫特（A. J. Hickmott）2名中尉军官担任副官，

---

① Bustling tactics，英文又称为Hit - and - run tactics，译为“一击即脱战术”，据传是罗马军团在卢西塔尼亚战争首次遭遇到了这一战术。卢西塔尼亚人冲向敌人战线，只是在短暂的冲突或没有冲突后撤退，以诱使罗马进军团自乱原有之编制，盲目冲锋，进入早已设好的陷阱之中。后来该战术被普遍运用到游击战、特战部队的反恐战斗之中。

协助指挥。

至20世纪30年代，战争环境已经发生了很大变化。上海轻骑队原来担任的巡逻、侦察等任务，已被更迅速、更简便的铁甲车所代替。不过上海轻骑队迅速调整自己，以适应早已变化的战争环境。在1932年初春"一·二八"事变那场严重的战乱中，上海轻骑队从跑马总会全体出动，与"甲"队和上海苏格兰队一道，在最危险的"风之角"（Windy Corner）[①] 巡逻了一遭。上海轻骑队装备极差，且无处落脚，最后不得不选择在北河南路的一所环境极为糟糕的寺庙中休憩，但是他们仍在又湿又冷的晚间准时抵达了防守岗位，并出色完成了任务。这表明他们仍然可以用自己特有的方式，应付完成任何步兵连队的战斗任务。

上海轻骑队曾自己出资购买了一架斯多克式迫击炮（Stokes gun）[②] 和几辆装载了机关枪的半铁甲车。队里有几个在第一次世界大战成为残疾人的好骑手，虽然不能再骑马驰骋，但仍有瞄准射击的能力，所以被派往这些半铁甲车上，继续服役。其中一人甚至同时附属（万国商团的）4个连队。

上海轻骑队那许多乐观、强壮的"老兵们"（Old Soldiers）会团

---

① "一·二八"事变中，公共租界沿华洋边界处设立许多路障与防舍，以防止中日战火进入租界区域。因为战火最猛烈之区域即在附近之上海北站，故而北河南路（今河南北路）最北端的路障与防舍为公共租界内之最危险角落，被称为"风之角"。

② 斯多克式迫击炮是英国设计、生产的一种迫击炮，得名于设计者维尔福德·斯多克爵士（Sir Wilfred Stokes），发明于1915年，第一次世界大战期间。斯多克式迫击炮是一种简单的武器，它由一个光滑的金属管和一个轻便的两脚支架固定在底座上（用于吸收后坐力）组成，炮膛口径3英寸，但实际是3.2英寸或81毫米。第一次世界大战中，该迫击炮每分钟可以发射多达25枚炸弹，最大射程为800码。后不断有改进，持续到第二次世界大战一直有服役记录，最后被Ordnance ML式3英寸迫击炮所取代。

结在一起，就像是那著名的“铁链帮”（Chain Gang）[①] 一样。他们会离开，也有重聚。类似的组织表明，就是他们和他们的武器装备，后来成了发起组织万国商团轻机枪（防空）队的核心力量。而这个“铁链帮”的主干人员留下来组成了一支骑兵运输队伍。

（四）美国骑兵队

万国商团美国骑兵队于1923年10月由工部局批准成立。彼时，上海并无外国正规军队驻沪，几个“狂热的”美国人希望为万国商团“出一份力”，因为他们认为万国商团在保护公共租界方面的确有价值，作用很重要。

当时对美国骑兵队感兴趣的大多数人都是痴迷于骑马之人，其中有斯拉吉（A. Silagi）中尉、赫克孟（C. P. Holcomb）上尉、罗杰（H. D. Rodger）少校、樊克令上尉、阿乐满（N. F. Allman）上尉、史罗勃姆（F. W. Schlobohm）上尉、谷立克（L. Gulick）中尉、万应远（R. T. Bryan）先生和柏乐敦（Baldwin）上尉。除了参与美国骑兵队所提供的骑兵训练活动外，队员们还经常与上海轻骑队、野战炮队队员们（后来该队也改为骑马拉炮）一起举行撒纸赛马、马球比赛、马术障碍赛和其他马上运动项目。

美国骑兵队被正式编入万国商团是在1923年10月19日，计有军官1人，即斯拉吉中尉，另有队员75人。这个连队经过特别

---

① “铁链帮”是指20世纪初期的上海公共租界监狱中一般会将所关押的中国罪犯，在从事造路、修桥等重度劳役过程中，两两一组，用铁链将之捆绑在一起，防止他们逃跑或偷懒，以降低守卫成本。但此举十分不人道，沉重的脚镣铁链会使得罪犯暴露在感染危险之中，受到各方批评，后逐渐被淘汰。

训练后，其中有50人成为军士和骑兵二等兵。美国骑兵队按美军方式进行骑兵训练，由万国商团配备制服和马具，其余所需装备通过当时的美国驻沪总领事克银汉（E. S. Cunningham）联系，由美国政府提供。

在1924年、1925年、1927年、1932年和1937年的几次动员出防中，万国商团美国骑兵队军容整齐、表现出色。作为一个作战单位，美国骑兵队的记录是可以引以为傲的。在难忘的“西藏路之战”（Battle of Tibet Road）[①]中，美国骑兵队遭遇袭击，造成一匹战马倒毙在骑兵胯下，另有一名队员——麦马丁大夫（Dr. McMartin）因此受伤。

1929年上半年，美国骑兵队增加了一个刘易斯机枪分队。为能迅速移动刘易斯机枪到指定地点，更好发挥威力，机枪分队另外又购置了几辆适合装备这些枪械的汽车，加以改装。感谢美国驻沪海军陆战部队的好心，机枪分队由他们帮助训练，战力陡增。

如今，美国骑兵队拥有军官3名、其他各级队员52人。连队队徽设计展现的是万箭射出，背景中一只白头鹰在展翅翱翔，下有条幅，上面写有他们的口号——“作风顽强”（Service Fortiter）。[②]

赖斯（W. B. Rice）上尉是美国骑兵队第一位队长，就任于

---

① 所谓的“西藏路之战”，是指1925年“五卅惨案”发生后，工部局拒不认罪，竭力袒护捕房，出动万国商团及驻沪外国军舰水兵，宣布戒严。6月2日傍晚，在西藏路新世界游乐场前，忽而有流弹飞来。驻扎在附近的万国商团及西人巡捕闻声从四面赶来，遂有200余长枪和手枪向新世界南、北二部射击；跑马厅内的万国商团闻警立即集合，从西面向新世界射击，于是新世界东西两面受弹，游客四处乱奔。射击共10分钟至15分钟，接续不停，所发子弹不下数千发。

② Fortiter为拉丁语，形容词，意为坚强的、坚韧的。

1924年，次年因为离开中国的关系，由赫克孟上尉继任，4年后的1929年，赫克孟也离开了中国。

罗杰上尉于1929年成为美国骑兵队指挥官，掌管连队一直到1936年。樊克令上尉继任，他只做了1年队长，随即转到后备队中。下一任队长，亦是今日之队长，由阿乐满上尉担任。

万国商团美国骑兵队共计动员出防5次：

1924年，9月8日至10月24日动员，动员人数：军官4人，其他各级队员67人；

1925年，动员89天，于8月28日复员，动员人数：军官4人，其他各级队员50人；

1927年，2—3月间动员，另4月间动员13天，于4月23日复员，动员人数：军官4人，其他各级队员88人；

1932年，1月28日动员，3月7日复员，动员人数：军官5人，其他各级队员132人；

1937年，8月12日至11月12日动员，动员人数：军官4人，其他各级队员81人。

（五）上海野战队[①]

万国商团上海野战队是在前一个工程连队解散之后，即1932年9月紧接着成立的。

在1932年的几次动员之中，万国商团发现原有之工程队有天

① 亦有人直译为“万国商团工程队”，因为该连队与万国商团工程队有一定的前后继承关系，故而有译者延续了同一中文名称。

然之不利条件，力量受限，如缺乏材料、工具、运输和劳动力等，无法发挥出应有作用。每逢紧急时期，万国商团还必须申请工部局工务处（Public Works）从事军事防卫所需的工程项目，以提供材料、工具、运输和劳动力。由于上海接二连三发生危机，情势也越来越严重，这就使万国商团愈发感到需要一个实用的、有战斗力的工程作战单位，最好可以更加直接对接工部局工务处。于是在 1932 年 8 月，万国商团团长汤慕思上校，在英国皇家陆军工兵队驻沪司令官的支持下，向工部局工务处接洽，计划在万国商团之中建立一个主要由工务处人员组成的新连队。上海野战队就是这样成军的。1932 年 9 月底，全队人数为 36 人。

上海野战队与工部局工务处合为一体的优点是显而易见的，这使万国商团可以和公共租界军事防卫工程所必需材料的供应厂商保持着经常接触。如果需要公共租界的精确地图，以及这方面的专门知识，万国商团也可以随时利用。军事防卫计划可以更加精确地、快速地被制定出来，实现计划所需的劳动力和运输也是稳定可得。总之，上海野战队可以被视作万国商团中一个长期被动员的连队。全队队员只要接到战斗命令，很快就可以从民用任务转为军事任务。

克立蒙（A. J. Clement）上尉为上海野战队首任队长，1934 年退役，他的继任者是帕尔多（W. A. L. Pardoe）上尉，现今仍在服役中。

（六）通信队

万国商团通信队起初只是在 1932 年“一・二八”事变期间的

一小队志愿人员。当战火骤然爆发时，在闸北地区的枪林弹雨中，有少数几个自己拥有汽车的人自愿当起了通信员。

后来，他们正式与美商上海电话公司合作，由电话公司提供连队核心人员的训练，使之熟悉陆军的通信工作，最终组成了一支“通讯联络队”，后来改名为“通信队”。

现今万国商团通信队分为 2 个信号小队：一支小队接受交换机、野外话务工作和目视通信方面的训练，另外一个小队接受民用电话方面的训练。另外，连队还有一个联络小队，训练负责各驻沪外国部队与上海民用电话系统之间的联络工作。

自 1933 年至去年（即 1937 年，译者按）8 月“八一三”事变爆发，通信队各岗位的队员都经受了全面的实战锻炼。尤其是 1937 年那场中日之间的不宣而战，战火肆虐公共租界边界数月之久，通信队的出色表现证明了之前他们在业务方面所花费的时间和精力都没有白费。

万国商团团长以及各连队指挥官毫不吝啬自己对于通信队卓越工作能力的赞誉之辞。他们都认为，通信队虽是万国商团诸多连队中最年轻的，却也是最重要的连队之一。

从 1937 年的记录中，我们可以窥见通信队的战力如何。8 月 12 日晚 8 时至 10 时，万国商团召集全团动员出防，当日 10 点半钟，绝大多数连队互相之间，以及与万国商团司令总部之间，都取得了畅通的电话联系；次日凌晨 1 时前，所有的通讯连接工作宣告完成。

紧急情况期间，由万国商团或是外国正规军队驻防的公共租界“乙”防区（Sector“B”）中所有总部与多个防守岗位之间的电话联系都是由万国商团通信队负责维护的。另外，该队还负责保持公共租界内所有万国商团连队，与巡捕、英军多个总部之间的联系。在此期间，通信队的服务工作得到各方认可。虽然有些“通信热点”（hot spots）线路会偶尔断线，但只要通信队队员赶到，断线的线路就会恢复通话顺畅。

1937 年 8 月 12 日至 11 月 12 日间，通信队另运送了 3 000 余份急件，其中任何一份急件都能做到全时可追踪。

（七）装甲车队

万国商团铁甲车队已经成军超过 35 年之久，因为部队武器配备之不同，连队队名亦随之有过极大的变化。

连队最初成立于 1903 年，是“甲”队的一个分支连队，叫作“马克沁队”。因为这支作战单位装备的是，或许也是英国陆军历史上最先配备的一种自动化武器——马克沁机枪，所以万国商团就以武器名字命名为连队名字。

随着时间的推移，马克沁机枪不久就过时了。这个连队以更现代化的机关枪代替了过时的武器。1917 年 2 月，这个作战单位正式决定将连队名称更改为“机枪队”。

起先，机枪队全队都是英国侨民，但不久即有人建议，应征募其他国籍侨民入队。经过相当多的讨论，到 1920 年后半年，机枪队始才准许其他国籍侨民参加。

就在这个时候，又有人建言万国商团中应引入铁甲车。工部局允诺，若能保证有足够人员配备，万国商团可配备 6 辆铁甲车。得此批准后，万国商团立即在连队中专门成立了一个机械部门，由朴脱（F. W. Poate）中尉负责。在他的努力下，至 1921 年秋，第一个铁甲车战斗团队组建成功。

1922年11月，6辆铁甲车交付连队使用。至1926年1月，铁甲车增加到8辆，以后两年内又增加了最后2辆装甲车——第9号和第10号。迄今为止，铁甲车队一直维持在10辆的规模。

虽然1922年即引入了第一辆铁甲车，但连队名称直到1928年才正式改为“铁甲车队”。

1914年至1918年的第一次世界大战期间，当时马克沁队有超过30名团员响应了自己国家的号召，回国参战。记录中，黑华德（E. I. Hayward）先生是这些人当中第一个回国参加欧战的，他也付出了战争的代价，于1916年1月，在一场战斗中，作为一名旅级的机枪部队长官死在了战场上。

在运动方面，万国商团铁甲车队团员一向表现出色，几次赢得了上海板球联赛的冠军，在竞争激烈的英式橄榄球赛场上（rugger field）也表现出色，多次捧回“斯彭特杯”（Spunt Cup）。

万国商团内部有一个名为“非洲杯”（Africa Cup）的比赛，规则是每队有10名队员参加，自英国圣乔治皇家协会上海分会（St. George's）全副武装急行军至靶子场，立即匍匐射击打靶，用时最短且命中最多者获胜。这项比赛延续多年，是万国商团所有连队都会参加的传统赛事。1913年4月，铁甲车队在“非洲杯”比赛中最终折桂。

1924年、1927年、1932年、1937年这4年中，万国商团都动员了铁甲车队。铁甲车队也一再证明了自己的实战价值。尤其在1937年8月最近一次动员中，许多战地任务都是在铁甲车“炮手”的配合下完成的，在此不能一一详述。

这个连队的开创者，也是首任队长，是桑德斯（E. D.

Saunders）上尉。黑（C. H. P. Hay）中尉担任他的副官。然而，因为桑德斯队长辞职时，黑中尉亦一同离去，以故队伍一度没有队长，仅由盖思金（R. H. Gaskin）中士代为指挥。数月后，前任万国商团“甲”队指挥官斯托尔特（G. E. Stewart）上尉调任该队队长，盖思金中士晋升为少尉。1911 年，队长一职授予了队伍成立以来一直服役、此时已经晋升为中尉的盖思金，一直到他于 1920 年 11 月 11 日最终卸任。盖思金的继任者是米基尔（G. E. Mitchell）上尉，由他指挥装甲车队直到 1922 年 10 月，再之后由斯诺德格拉斯（J. Snodgrass）上尉继任之。

斯诺德格拉斯队长在接管队长后仅 1 个月后即去世，邦德（W. C. Mond）少校填补了这一空缺。

8 年后的 1930 年，牛顿（H. F. Newton）少校继任铁甲车队队长。5 年后，罗彻（R. B. Roach）上尉接任之。他在任职 19 个月后，在 1930 年 10 月，将队长一职交接给了现任的里彻（D. W. Leach）少校。

（八）“丙”机关炮队

1937 年 8 月 13 日（星期五）到来之前的 16 个小时，“丙”机关炮队全体动员出防，24 名队员前赴指派的“甲”防舍（“A” Block - house），在 8 月 14 日、15 日、16 日这至关重要的三天中，他们寸步不让；而随后几个月中，完成了多项战斗任务。“丙”机关炮队在执行任务过程中表现出来的富有经验、迅捷果断的能力，绝非幸运偶得的，而是作为步兵、野战炮兵、机枪兵多兵种综合训练和日积月累的结果，也得益于 1924 年成军以来积极参与每次动员积累的实战经验。

1924 年间中国内战导致战场上败退下来的许多散兵游勇窜入公共租界，安全情势相当紧急。上海居住的一些斯堪的纳维亚、荷兰、瑞士的侨民，声称他们自己的权利，表示愿意参与保卫公共租界。

起初，公共租界当局中好几个人抱有怀疑态度，他们认为由丹麦人、荷兰人、挪威人、瑞典人和瑞士人结合在一起的“独特”连队将会成为导致万国商团军心涣散的因素。后来这一作战单位展现出的特别强烈的“万国商团精神”，维系多年的服役实践，彰显了当初疑虑者的大错特错和决策者的远见卓识。“丙”机关炮队成军后也是历经沧桑变迁，熬过了“成长的烦恼”（growing pains）后，最终发展成为如今这样一支富有战斗力的队伍。他们的目标是在多事之秋一直保持自己的战斗力。

因为取不出更好的队名，最初连队成军时只因为便利而称呼自己为“丙”队（“C” Company），归在万国商团步兵序列之中。米基尔上尉是这支作战单位首任指挥官，全队成军首日招募到约 60 人。为了适应这座城市的实际需求，这个连队不断调整自己，多年间先后换了 4 任队长、改了 3 次队名。

万国商团在 1924 年总动员之后，从印度买到一组 2.75 口径的山炮，命令“丙”队配备人员，“丙”队遂在 1925 年变成了一个炮兵连队。

自 1925 年至 1931 年接下来的 6 年间，在“杰出服务勋章”获得者科斯格雷夫（L. M. Cosgrave）上尉的指挥下，连队规模不断扩大，并正式更名为“上海轻枪炮队”，在 1925 年、1927 年参加了万国商团两次动员。在 1927 年动员中，上海轻枪炮队以双重能力为万国商团服务。它一面同商团的其他连队一起，在城市[①]的南区和中区“尽了自己的一份力”（its bit），早晨两三点钟进行大批搜查；与此同时，它又正式隶属于英国正规军的炮兵司令指挥，供应部队轻野战炮的必需品。

1931 年，雷诺斯（J. E. Rainals）上尉接管了连队。在他的指挥下，这支作战单位在 1932 年“一・二八”事变期间发挥重要作用。1927 年，连队又一次隶属于英国正规军（Britforce），成为上海（防卫军）第一旅（the 1st Shanghai Brigade）的一部分，由盖斯（R. A. Guise）少校指挥。[②]

万国商团辖属 2 支炮兵作战单位重组，“上海轻枪炮队”更名为闻名遐迩的“上海轻炮队”；据载，另一支炮兵队——野战炮队走到终点，此时被解散。新组建的上海轻炮队队长由克劳（P. Crow）上尉出任，他不仅是“杰出服务勋章”获得者，也曾得到过“军功十字勋章”。1932 年，上海轻炮队另一个值得注意的变化来自人员构成，有许多德国人和奥地利人参军入伍，厕身其间。1933 年，在高涨热情的驱使下，上海轻炮队往赴香港，进行野营实习，为的是让多年沉寂的大炮能有机会再次发出“怒吼”（bark）。

上海轻炮队 3 名官佐和 30 名其他各级队员，一起搭乘英国“福克斯通”号（*H. M. S. Folkestone*）轮船，于 1933 年 2 月 10 日（自上海）启程。在英国驻华皇家炮兵司令卡灵顿-赛克斯（M. Carrington - Sykes）中校所写的官方报告中，有上海轻炮队此次香港之行所作所为的最好注脚：

---

① 指的是公共租界。

② 原文如此，上下文在时间顺序上出现混乱。

“这支炮队的操练标准定得很高，而包括射击在内的演习结果也很优异。该作战单位的战力很强，我认为他们完全能够胜任可能被要求执行的战场任务。”

但根据上海的现实情况，上海轻炮队此次香港之行回沪后，万国商团决定不再装备该队已经使用了10多年的旧炮，这对上海轻炮队而言无疑是一个不小的打击。

万国商团决定改用4架维克斯（Vickers）机关枪①装备该队，将之再次改名为“丙”机关炮队。1936年，“丙”机关炮队队长为贝奇曼（U. F. Beichmann）上尉，他将连队之前炮手、信号兵、野战炮辅助人员混合组成的大编制，改为适合维克斯机关枪工作所需要的更小而严密的小队。在1937年“八一三”事变出防值勤过程中，“丙”机关炮队于华洋边界上驻守哨岗，于租界内部防御工业区，各项任务皆圆满完成，符合预期，充分证明了这一次改革的成功。

该队在万国商团各队之间举行的各类活动与运动项目中表现出色。历史上该队曾经装备过多种武器，如步枪、2.75英寸山炮、刘易斯机关枪、韦伯利左轮手枪（Webley pistols）② 和维克斯机关

① 维克斯机关枪，是马克沁机枪的衍生产品，而且是衍生产品中最优秀的一种。与前者相比，它具有重量较轻、体形较小、供弹良好等特点，其口径为0.303英寸，可以使用与英军制式步枪相同的子弹。为了避免在持续的射击中过热，该枪配备了可快速更换的枪管，并包覆了4公升的冷凝罐，能够长时间保持每分钟600发的射速，一般来说可以连续发射约3 000发子弹。它是第一次世界大战与第二次世界大战期间英国军队所常用的中型机枪。直到20世纪60年代，战场上仍可见它的踪影。

② 又称为Webley Revolver，是由英国生产的一系列军用和警用转轮手枪，其中最著名的版本为韦伯利MK VI，在第一次世界大战期间成为英国军队以及其殖民地军队的制式手枪。

枪，队员们也曾赢得过“工部局杯”、“彭司杯”（the Barnes Cup）、“万国商团步枪金十字”（S. V. C. Rifle Gold Cross）这三座最为知名的奖杯，以及数不胜数的步枪、手枪和机关枪的射击比赛桂冠。据载，该队队员还曾赢得过“恒利”[1] 划船比赛的冠军奖杯——“万国商团杯”（S. V. C. Cup）。2 名队员荣获“长期服役奖章”，几乎所有队员获得了 1937 年的服役奖章。[2]

今天，这一作战单位在万国商团之中名不彰显，大家都不太清楚它在历史上的贡献，但他们如今的状态或许只是一种“蓄势待发”（Marking time）而已。如果万国商团将来需要一支能在战壕中作战的迫击炮队、一个化学武器连队，或是一支什么其他兵种的作战单位，“丙”机关炮队可能会再次重装上阵。我们相信他们一定会适应自己的新角色，唯一担心的也许是不知道届时该如何称呼他们。

（九）日本队

在义和团运动期间，上海租界中外国人的生命和财产受到威胁。1900 年 6 月 28 日，寓沪日本侨民团体在横滨正金银行（Yokohama Specie Bank）大楼聚会，商讨如何在义和团运动中采取切实自保之良策。会议最后决定组织一个日本侨民组成的志愿兵连队，加强现有万国商团的力量，与之共同维护上海租界的“法律与秩序”。一星

① Henli，音译为“恒利”，本为英国著名的赛船之地。上海划船总会（Shanghai Rowing Club）成立于 1863 年 5 月 1 日，最初选择在上海之苏州河、黄浦江等水面举办比赛，后来因为上海市内船只众多、水面拥堵，不再适宜划船，故而 1904 年移至江苏昆山青阳港（原名新阳港）新辟一适宜比赛的河道，上海外侨称之为“恒利”。

② 即“紧急时期奖章”。

期以后，即在7月6日，日本队共计有106人报名，从中挑选了70名，组成一支新的作战单位，从此开启了一场漫长而艰难的旅途。日本队第一任队长为稻村新六（S. Inamura）上尉。日本队70人中有不少人从未握过枪，短时间内将这样一群人训练成为合格的士兵是件难事。万国商团后备队前任队长温格罗夫上尉被任命为日本队的军事指导。稻村上尉在他的大力协助下，成功将这群日本队员训练成为能与公共租界其他防卫部队一样发挥作用的正规士兵。

日本队当时采取了最先进的外国练兵体系，但为时不久，在小畔四郎（S. Kohaze）上尉出任日本队队长后，他通过临时重组的办法，将日本帝国陆军（Japanese Imperial Army）的军事操练方法应用到日本队之中。此一练兵办法一直延续到了今日。

稻村上尉担任日本队队长仅一年后，就离开队伍，服役于日本的正规军，一直升到了少将军衔。他的继任者是千叶（H. Chiba）上尉，1904年再将队长交予山路（T. Yamaji）中尉。

1907年7月25日，日本队正式并入万国商团，成为万国商团日本队。日本队重组之后，队长先后为：小畔上尉（1907—1919）、浅野（T. Asano）上尉、吉田（S. Yoshida）上尉、山内（T. Yamauchi）上尉、大谷（K. Otani）上尉、宫崎（G. Miyazaki）少校（1927—1932），以及现任的大岛居（T. Otorii）上尉。

尽管日本队可以拿来炫耀的步枪射击比赛冠军寥寥无几，但队中的确曾有几位枪法高超的队员，足可以与万国商团其他神枪手一论高下，他们的名字值得在此一一记录：堀（Hori）准尉、伊藤（Itoh）准下士、野井石（Noiishi）中士、冈田（Okada）下士和松野（Matsuno）中尉。

另外，一旦情势紧急，全团动员出防时，日本队总是万国商团诸多连队中的模范部队。他们军纪严明、执行有力，无可指摘。进入战地任务时，他们在坚守命令、出兵接管、持续增援等方面都显示出良好的军事素养。

检阅军官和历任万国商团团长对日本队在列兵操练中表现出来的聪敏机智从来都不吝啬自己的赞美，有时甚至会让人觉得有过誉之嫌。但作为一个常备连队，日本队自成军至今的确一直都是公共租界防守力量的重要组成部分。

现任队长大岛居武彦上尉无论在上海的西方侨民，还是日本侨民中都颇受欢迎，1932 年他的日本同胞在租界之外与中国方面发生了几次冲突后，他正式接管了万国商团日本队。

在 1932 年和 1937 年，无解的中日间敌对状态的大背景下，他的任务变得十分艰巨。多谢他的圆融老练，日本队一直忠于万国商团的指挥，帮助很多外国人躲避战火，并致力于消除日本侨民与其他国民之间可能出现的任何分歧。工部局和万国商团都应该感谢他的付出。日本队老兵当中有一位名为藤井（Fujii）的先生值得提及。藤井先生在连队成军早期即已入伍，此后多年间，他一直是战友们心目中的榜样。许多上海外侨之所以能有今日幸福安全的生活，应该感谢这位来自日本[①]的绅士。

（十）中华队

所有内心与万国商团同呼吸、共命运的人们心中，这个连队的地位很高。中华队的出色表现，甚至可以说已远远超出了初创者们

---

① 原文为 Dai - Nippon，源自日语的“大日本国”的音译。

对这支部队最高的预期。无论是作为个人，还是整个连队，这群衣冠楚楚的中国青年步兵迅速赢得了许多荣誉。而这些奖赏皆是实至名归，无论大小，都不会引起其他团员的非议。万国商团的历次列兵检阅中，中华队几乎都是表现最好的那支，每名队员的动作都像是久经沙场的老兵那样娴熟。

要加入中华队当个队员并不容易，入伍者必须详述身世和经历，要有一定社会地位的人做担保。即便具备了这些条件，还得达到作为一个新兵的很高要求后，才被正式吸收；即使批准入伍，仍旧要一直保持着那种高要求高标准，才能保证自己不被淘汰，稍有怠慢，就会有不少仍未有机会加入的人切望着取而代之。这就是中华队能够保证全员出席，表现出色且一如既往的秘诀所在。

中华队队员全是在公共租界内从业的“一腔热血”的青年人，他们有志于“平靖”可能危及中外商人利益的“捣乱因素”。微妙情形不是没有出现过，但是中华队还是赢得了寓沪外侨和中国人的共同拥戴，这或许亦可证明他们做人做事的良好初衷和出色的工作能力。

对万国商团添设一个华人连队，很多人都曾心存疑虑。但中华队成立后，我们都没有为这一决议产生过哪怕是一丝悔意，相反的是，都认为当时决策英明极了。

1905 年大闹会审公堂案是中华队成军的直接原因。虞洽卿、袁恒之（Yuen Hung - kee)、胡寄梅（Woo Kee - may）代表发起，邀集各业有影响的商人共同筹款组织，决心是时候中国人应该出一份力，在社会动荡时一起维护华洋的共同利益了。一呼百应，于是而有华商体操会创立。北浙江路（今浙江北路）一所庙宇前有平地，辟为练兵场，又添设体操房和操练厅各一间。中国商人踊跃捐款。华商体操会最初混合而有一个营的兵力，计有四队步兵、一队轻骑兵，装备步枪和其他精良之武器设施，另有一支军乐队。

他们全力以赴，维持战力，但是历史记录证明，一年后，中国青年商人志愿参军的热情已难以维系了。创始者们认清了中国商团无法作为一个独立组织存在的现实，但也不愿就地解散队伍，于是这些睿智老人在不违反初创原则的基础上，开启了与工部局的合作商谈。谈判结果是，工部局虽预设了很多限制条件，但最终批准万国商团增设一支中华队。这些限制条件在以后历史中因为中华队的表现优异而被一一取消。

1907 年 3 月 18 日是万国商团中华队的成军之日，这一天 83 名训练有素的队员在市政厅正式注册参军。工部局委任一名担任团练事务已有 17 年的老兵——柯毕特上尉担任中华队队长。与此同时，柯毕特仍兼任海关队队长，但最终证明一人无法兼顾两队，遂辞去海关队队长。柯毕特队长辅以葛雷烈（G. Grayrigge）中尉、水克（R. M. Saker）中尉 2 名副官，共同训练中华队，练了第一堂兵。中华队这些练兵课目如今已是大大精进了。

柯毕特上尉在中华队成军初期，做了大量前期工作，亦受人敬佩。毋庸讳言的是，相比较他的贡献，葛雷烈少校才是中华队最为尊敬的外籍指挥官。1907 年至今，葛雷烈少校始终保持与中华队不间断的联系，为中华队的建设投入了大量精力。

成军时中华队有 5 名士官，其中 2 位是徐通浩（T. A. Zee）中士和胡筠秋（B. Y. Woo）中士，他们作为副官，是葛雷烈上尉特别得力的左膀右臂（Sam Brownes）。[①] 因为工部局最初为限制中华

① Sam Browne，全名 Samuel James Browne（1824—1901）。萨姆・布朗爵士是 19 世纪的英属印度陆军军官，失去了左臂。因为右手拔剑时，左手通常（转下页）

队有种种歧视政策，徐通浩先生每次晋升都显得格外困难。或许正因如此，他会更加珍惜这来之不易的职务任命。彭司中校于1913年、白雷中校于1914年、屠鲁门少校于1915年连续3年举荐徐通浩后，工部局才最终同意了他的升职。有了这一先例，水克中尉1917年退休时推荐胡筠秋军士长（Colour - Sergt.）[①]，工部局并没有为难他。

中华队应该感谢这两位表现优异的士官。徐通浩上尉后来接替了葛雷烈出任中华队队长，后被委任为万国商团司令部华顾问，继而晋升为校级军官。在汤慕思上校卸任万国商团团长后，直到1934年葛利安上校正式接任期间，徐少校作为商团的高级军官，被工部局任命为过渡时期的临时总司令。因为前任（如葛雷烈和徐少校）升职，胡筠秋也适时随之不断晋升，先是中华队队长，继而调任万国商团司令部，担任华顾问。

1907年万国商团中华队成军以来，其历任队长如下：柯毕特上尉、葛雷烈少校、徐通浩少校、胡筠秋少校、郝伯阳（C. G. Hoh）上尉、张廷荣（T. Y. Chang）上尉，以及王衍庆（Y. C. Waung）上尉。

陈时侠（Z. Y. Chen）上尉于万国商团中华队参军是在1919年，至1932年时他已经晋升为中华队队长。在他的指挥下，中华

（接上页）用来稳固剑鞘，这一残疾使他很难拔剑。布朗爵士想出了戴第二条皮带的办法，皮带系在他的右肩上方，与腰间的皮带勾连，以保持刀鞘稳定，并在皮带上加装枪盒等固定配件。后来越来越多英国军官模仿布朗爵士的穿着方式，这一皮带最终成为英军军服和警察制服标准的一部分，被称为“萨姆·布朗带”（Sam Browne belt）。

① Colour - Sergeant，军士长是英国步兵军衔，创建于1813年，对高级军士的奖励，每个连队允许有一名军士长，被允许佩戴由团旗和两把交叉剑所组成的徽章。

队无论是在和平时代还是战争时期，规模、战力等许多方面都取得较之以往更加优异的记录，因此也获得了万国商团乃至所有公众对该连队更多的尊敬和仰慕。

除了队长外，以下多名士官皆由工部局任命，曾担任过中华队队长的副官，其中历史上的副官有水克中尉、博萨斯托上尉、雷氏德（A. M. Lester）上尉、屠亓泰（K. T. Doo）上尉、杨文卿（V. C. Young）上尉和军医官牛惠霖（W. L. New）上尉；现任副官为副队长余显恩（H. E. Yu）、李玉书（N. S. Li）、周庆恩（C. E. Chow）、张尔云（D. K. Chant）和王志仁（A. T. Wong）5位中尉。

中华队队史大事将按时间前后排序，一一展示如下。1909年，在成军仅2年后，即赢得了全团射击比赛“脑维斯杯”（The Novices Cup）。全队队员参加了英国圣约翰急救会（St. John's Ambulance Association）培训项目，部分队员[①]通过所有考试，获得结项证书。

几年来，与万国商团其他连队在各项激烈竞赛中所获得荣誉如下：

“各队竞赛盾”（Inter-Company Challenge Shield）：1922—1923年度、1928—1929年度、1934—1935年度和1935—1936年度；

“英国杯”（British Cup）：1918—1919年度、1927—1928年度、1928—1929年度和1933—1934年度；

“称职银盾”（Efficiency Shield）：1924—1925年度、1925—1926年度、1928—1929年度、1932—1933年度、1933—1934年

① 计有徐通浩、杨振骧、石运乾、胡筠秋4人。

度、1934—1935年度和1935—1936年度；

“日本杯”（Japanese Cup）：1927—1928年、1933—1934年度、1934—1935年度、1935—1936年度和1936—1937年度；

“机关枪杯”（Lewis Gun Cup）：1923年、1926年和1933年；

“屠鲁门杯”（Truemen Cup）：1924年、1926年和1928年；

“段鹏杯”（Durban Cup）：1926年和1927年；

“白雷杯”（Bray Cup）：1924年；

“棚赛杯”（Inter - section Cup）：1928年；

“葛雷烈杯”（Grayrigge Cup）：1924年、1926年、1927年、1928年、1929年、1930年、1931年、1933年和1937年。

成军以来，中华队参与了万国商团所有的出防动员，以维护公共租界的“和平与秩序”，主要者有1911年、1913年、1914年、1918年、1919年、1924年、1925年、1927年、1932年和1937年。

为感谢他们的出色表现，工部局向中华队中许多团员颁发了“长期服役奖章”和“奖章横条”（Bars）[①]，另外几乎所有队员都被授予1937年的“紧急时期奖章”。

（十一）翻译队

万国商团翻译队与中华队有着千丝万缕的关系，后来却是一个独立组织的连队。翻译队队员身着万国商团团员的标准制服，与其

---

① Bar，又称为medal bar，或是medal clasp，通常是一条小小的金属横条附加在原有奖章上方的丝带上，以表示多次获得同一嘉奖之意。这种奖章横条最早采用是在19世纪初，应用在多种奖章之上，有不同的含义，如纪念某次战斗、某种功勋、长期服役，或是多次获奖等。

他步兵队一样需要参加射击训练与列兵操练，全队官方认可的人员计有125人。

1932年“一·二八”事变发生，万国商团自然而然地想到要组织一个翻译人员连队，以沟通各界，配合完成卫戍任务。

在中华队的帮助下，一个由译员组成的应急小组紧急集合。那时处于困境中的万国商团所有人都认为，这群译员们的乐观豁达感染了他们，他们所做的贡献是无价的。笔者亲眼所见，4名乐观的中国小伙子被派往驻守“风之角”。他们在一块寒意逼人的地板上，两人合盖一条毯子，席地而睡，唯一可食用的东西永远都是一些炖菜。那些“中华士兵”（Chunghwa Jocks）[①] 的难熬之处在于他们必须忍受顿顿都要吃这些东西。

无论什么时候、什么天气，总会有一名译员面带笑容，或是站在疲惫哨兵身旁，帮助应付冲向铁门的狂乱人群；或是陪伴在一支巡逻队旁，在黑夜中穿过仍是争吵不休的小巷；或是急忙赶到一处防舍，帮助在此驻防已感绝望的枪手，与一群不知是否怀有敌意的人继续争辩。这支临时组建的作战单位赢得了最高长官、正规军士兵、万国商团团员，以及所有参与卫戍公共租界各国侨民的感激。

万国商团为招募100名译员发出呼吁时，得到了200多人的响应，种种迹象表明万国商团有必要成立一支永久性组织，而这样一个连队似乎也不难成立。一支新的作战单位迅速筹办起来，1932年10月正式成军，由中华队队长陈时侠上尉兼管。

1932年战乱期间，外国军队集结沪上，但官兵不通当地语言，

---

① Jock指的是极为热衷于运动的年轻人，俚语中又是苏格兰男人的绰号，可以直译为“苏格兰佬、苏格兰士兵”。此处的“Chunghwa Jocks”译者认为是该书编者给万国商团中华队队员所起的新绰号。

不熟悉地形，急需在这两方面得到当地的帮助。翻译队最初一些译员不得不从中华队队员中突击招募而来。作为权宜之计，中华队和翻译队这两队队员互通互信，必要时会驰援对方。但中华队毕竟是一支独立的作战单位，它所承担的任务同翻译队截然不同。

一位新兵申请加入这支全新作战单位的资格审查与加入中华队的要求大致是一样的。严格的新兵征召制度淘汰了不少申请者。应募者必须居住在公共租界内，在招募过程中表现良好并且精通外语。招募要求通过后才成为正式队员，以后有了军事经验，继而有充任译员的专门资格。1932 年战乱期间，译员们被分为各个小组，分别带着必要的补助品，被派往遍布公共租界的 20 个不同的据点。在那些据点驻守的外国军队和万国商团都认为，这些译员头脑中的特殊知识是无价之宝。

再怎么高估这支新作战单位的价值都不为过。这么说吧，当时英、美两国军队总司令和万国商团团长不约而同地对翻译队在履行他们的专业任务时所表现出来的尽心尽力与富有效率，给予了高度赞扬。

1932 年“一·二八”事变爆发时，万国商团团部的徐通浩少校，在陈时侠、惠司涅池（H. Westnidge）、王廷魁（D. K. Wong）、张尔云（N. Y. Chang）和其他人士的协助下，具体负责中国译员连队的组建工作。那年万国商团动员出防后不久，中华队中所有能说流利英语的队员组成了 3 个排，各自配备 1 名长官，被派往各个岗位担任翻译；中华队中剩下的队员则被委任以总部工作、防卫、巡逻及支援任务。

但之后不断有新来的外国军队涌入上海，为满足不断扩大的翻译需求，万国商团发现有必要动员中华队的后备、预备和退役队员们予以协助。为应对这一（紧张）局势，万国商团很快又有组建一支临时的民间译员团体组织的计划，召集全团上下所有会说英语的中国人，希望这些队员能够自愿担任紧急时期的翻译；与此同时，还向公共租界所有华人提出类似呼吁，共计收到200人的响应。所有需要中文翻译服务的人共分为7组，分别是英国海军、英国陆军、美国陆军、美国海军、意大利海军、万国商团各队，以及与重要的公共事业有关的一些文职。

1932年10月1日，工部局正式批准翻译队作为一个永久性质的连队，编入万国商团之中。10月14日，第一批连队长官得以确认，并登报周知，其中翻译队队长一职由中华队队长陈时侠上尉兼任，来自中华队的鲍咸锵（Y. C. Bau）、王廷魁为少尉队官，张尔云赠少尉（Hon. Lieut.）共同佐理队务。

队伍首次身着制服参加检阅时计有34名队员，后逐渐增加至125人。目前连队长官：队长仍是陈时侠上尉，王廷魁中尉出任副队长，徐绍楣（S. M. Zee）、谢一汉（J. F. Share）和钟玉亭（Y. T. Tsoong）为尉级军官。

1937年淞沪会战爆发时，翻译队与万国商团其他连队一同动员出防，保卫公共租界。1937年8月12日晚，一接到万国商团司令部来电，陈上尉立即动员了他的人。在很短时间内，全体队员携带全副装备，集合到预定地点。8月13日一早，翻译队分成小组，被派往各个岗位。

驻沪的各支外国军队，尤其是美国海军陆战队与英国军队，都十分珍视翻译队的服务。翻译队的队员们有时需要不顾个人安危，克服那些发生在公共租界边界上的种种困难。

一直等到1937年12月1日，翻译队才告全部复员。队员们个个都是“万能通”(Jacks - of - all - trades)，不仅担负通译的工作，还要为外国军队当联络员（liaison men)、中间人等。他们分担了许多本是驻沪美军或英军的任务。尽管在全体动员期间译员们没有任何伤亡，但有几人的确曾在华洋边界的猛烈轰炸中命悬一线。他们对驻沪外国军队和万国商团都做出巨大贡献。为表彰他们的功绩，工部局几乎给每位队员都颁发了“紧急时期奖章”。

与万国商团其他“兄弟”连队相比，翻译队虽然相对年轻，但在效劳于万国商团的第五年，也就是1936—1937年，他们首次赢得了商团中最有价值的团体奖杯——“称职银盾”。

翻译队之所以能取得如今的成绩，主要归功于陈时侠上尉的领导有方。他有不懈的努力、出色的能力，以及长期效劳万国商团的个人经验，辅之以从中华队调任而来、经验丰富的副官与军士们，以及全体队员的热情参与，为这支年轻有为的作战单位赢得了令人艳羡的声誉。

（十二）运输队

1932年1月的最后几天，万国商团总动员后，立即发觉所需铺设的线路和搭建的沙袋等工作量过于繁重，前所未有，单靠工部局工务处明显无法完成，亟待出台一些新措施予以协助，帮助其加速完成任务。

结果就是万国商团从各连队中选派部分人员作为核心力量，突击组织了一支“志愿运输分队”(Transport Section)。

起先，这个分队只接受合格的司机。在1月份结束前一个礼拜的时间里，第一批队员忙碌得昏天暗地，不可开交。

后来，他们又发觉自己所开的运输卡车上需要配备武装卫队，所以又招募了一大批新兵。

待复员时，这个运输分队的人数已达约 120 人。

队员中很多人没有卡车司机的经验，很多人甚至没有接受过运输行业的专业训练，也没有任何的官方文件证明，但就是这样一群人为此次万国商团全体动员做出宝贵贡献。根据记录显示，1932 年 8 月万国商团正式提出成立一个运输连队，这是一个顺水推舟、符合逻辑的结果。

运输队第一任队长是来自工部局工务处的霍布金（C. H. Hopkins）上尉。他带领运输队平稳度过发展初期，晋升为万国商团总部的运输军官后，将一个稳定、高效的连队移交给了继任者——英格默上尉（Capt. P. W. Ingmer）。

英格默上尉于 1933 年 6 月 9 日接任队长，直至 1936 年 12 月 31 日他被委任为法国军队的联络官（Liaison Officer）而离开连队。

英格默上尉带队期间，运输队进行了许多改革。1934 年，他招募了不少技术人员进队。这群技术人员技艺高超，在万国商团的任一历史阶段皆完全胜任其本职工作。

肖特（J. D. E. Shotter）上尉、艾弗里（S. E. Avery）中尉、弗雷瑟（D. S. M. Fraser）中尉、贝提（E. A. Berthet）中尉是队中官佐，负责辖属之各排工作。到 1935 年底，这个连队已然发展壮大，有 75 名受过全面训练的队员。

1936 年 1 月 1 日，肖特上尉在英格默上尉之后，继任万国商团运输队队长。

此后直至 1937 年 8 月 12 日万国商团值得纪念的总动员，他在技术上、管理上等各个方面的勤勉工作，保证整个连队处于如今的高效状态。

“紧急时期”[①]，据称高级军官认为，这个连队火力十足、全力运转。除了日常任务外，万国商团运输队队员们还负责运送大部分从战场上撤离的不幸的人们，照顾那些希望从这座城市逃离的所有外国侨民。此外，在工部局救护车的帮助下，这支作战单位在三次轰炸过后，负责清理战场，救助伤亡人员。在非常时期，他们还远赴租界之外的虹口、杨树浦（Yangtszepoo）等地区，将那里的数百具死尸运回到工部局的清理站（clearing stations）集中处理。

危机发生期间，运输队冒着战火，运送了大量的食品，保证了公共租界区域内部人们的日常消费。

有些时候，活着的奶牛是无法通过卡车装运的，那就需要运输队队员进入日战区的农场中，将这些奶牛聚在一起，集中驱赶到租界中去。偶然间，这些奶牛在被驱到租界前，还需要这些队员将牛奶先挤出来。

事实上，相较之下，运输队才是经历真实战斗最多的万国商团连队。他们的很多工作都是在穿梭于炮火之中，以最可靠的方式稳步推进的。

在“紧急时期”，运输队出动各类运输工具完成运输任务达2 572 回之多，其中大多是往返于公共租界与虹口、杨树浦区之间。其间，从未丢弃过一辆卡车；仅有 2 辆卡车受损，是在运输大米到华人医院路上，被租界内敌对的中国人推翻造成的。

---

① 即“八一三”事变期间。

（十三）“甲”队（灭火龙步枪队）

因为与灭火龙消防队存在千丝万缕的关系，“甲”队声称该队是自己的前身，历史悠久、延绵不绝。

万国商团的历史最早可以追溯到1853年，直到1870年仍未有永久性质之设置。而灭火龙消防队成立于1866年6月27日，1870年7月6日决议改组成为一支武装力量，招募新兵入伍，改名为“灭火龙步枪队”[①]。

在对该队有更多介绍之前，我们摘取“灭火龙”作为一支消防队宣告成立时的《组织条例》中的部分文本，罗列如下，以飨读者：

1. 名称：该队定名为“灭火龙”，中文译为“扑灭火灾的人”。

2. 口号：该队之口号定为“一声令下，房子倒下”（Say the word, and down comes your house）。[②]

3. 运作：该队之运作范围限定为上海3个外国租界。

4. 人数：全队人员定员不超过45人，包括1个领队、2个副领队。

18. 缺勤处罚：遇有火灾，无故缺勤1次，处罚1个墨西哥银圆（1元）。若缺勤有正当之理由，须以书面形式，呈请秘

---

① 另有中文译名为“灭火龙来复枪队”。

② 早期救火队以建防火巷为首要，经常必须拆人房屋，以达防止火势蔓延的功效。此处感谢“中央研究院”近代研究所张宁副研究员的指点。

书处理。

《组织条例》之18条被严格执行。灭火龙消防队中经常有队员受到处罚，并被要求立即支付罚金。我们从一些来往通信中截取几段幽默的文字，以佐证上述之情形：

“人在离城太远之处，无法听到撞钟之声——我们需要一个更大的钟！这是我的1墨元（Mex）的罚金；”

“事先哪儿能知道‘麦—克—林’（Mcl - ghl - n）当时想点上他的雪茄吞云吐雾一番；”

“不敢过来，因为我没有防火帽。”

灭火龙的制服表现出自己消防队与军队混合一体的属性，它包括一件猩红色的“加里波第红衫”[①]、一顶插着黑琴鸡（blackcock）羽毛的黑色“提洛尔帽”[②]，辅之以写有“灭火龙”三字的黑色腰带和配饰。冬装是红色接缝的黑布长裤，夏天则是白色英国军裤，呈现一种既离奇有趣又色彩艳丽的形象。

1874年，上海志愿兵的运动热情似有减退。然而，英国皇家海军“卡德摩斯”（*Cadmus*）号抵沪为连队带来一轮新生。该舰上尉愿意委派一名中士，引入新的操练方式，指导连队练兵。是年3月

---

① Garibaldi shirt，又被称为Garibaldi jacket、Camicia rossa。加里波第红衫，最初是一种红色宽大的羊毛上衣，以意大利爱国者加里波第（Giuseppe Garibaldi）命名，这是因为他的支持者都身着这种红衫，故被称为“红衫军”。这种服装相传由法国皇后、拿破仑三世妻子梦提荷（Eugénie de Montijo）发明，在19世纪60年代流行开来，被视作现代女性时尚服饰中束腰宽松上衣的鼻祖。

② Tyrolean hat，又称为Bavarian hat、Alpine hat，因发源于阿尔卑斯山的提洛尔地区（Tyrol）而得名，通常用毛毡制作，尖头帽顶，帽檐有线带做装饰，在侧面插有花朵、羽毛等。该帽之流行据信是因为英国国王爱德华八世退位之后经常居住在提洛尔，并带着提洛尔帽，从而引发的。

10日，组队规则调整，准许部队规模增长至1名上尉、1名中尉、1名少尉、1名名誉军医（Hon. Surgeon）、5名士官、1名号兵和60名普通士兵。

1877年，一些参军热情较高的队员抱怨道，服役期间从来没有机会打过一枪一弹，故而连队为士兵增设了射击这一必修科目。与此同时，还有人甚至建议就地解散连队，但另一些高瞻远瞩之人提出了更好的建议，那就是将灭火龙步兵队与万国商团"一"队合并一处。1879年，工部局批准了这一合并申请，并核定每名队员有15元的置装费，其中一半是由工部局负担。1879年3月24日，两队合并正式生效，33名灭火龙的队员与23名"一"队团员组建成为一支新"一"队，队名常注明为原先之灭火龙步枪队。1890年2月17日，新"一"队正式更名为"甲"队（灭火龙步枪队）。

1900年，"甲"队达到70名官兵的规模。随后受到义和团运动的刺激，因为公共租界随时有覆灭之危险，故而"甲"队招募之人，不算其他国家侨民，仅英国人就有121人。有趣的是，1903年万国商团将"甲"队规模限定在80人，并要求"甲"队停止招募新兵，以便缩编至既定人数。

1890年至1914年，万国商团"甲"队在上海体育界是一支令人"闻风丧胆"的队伍。该队进入了上海"西人足球联合会"举办的甲组联赛，组织了一支实力强劲的板球队（cricket XI），另外还成立了网球、划船、水球的专门委员会，以激发队员参赛热情。

第一次世界大战爆发的第一年，"甲"队变为全英籍连队。大战期间，该队有97名官兵回国参加，其中25人丧命战场。这一值得骄傲的参战纪录，一直鼓舞着这个连队。

1924年，“甲”队全部官兵达成完全一致，愿意邀请和招募丹麦侨民加入该队。上海的丹麦人接受了这一诚邀，从此以后，“甲队”中的英国人和丹麦人一直保持着和谐一致的精神。在此应该提及的是，该队自成军至今坚持一条法则，即所有队员皆须是“纯粹之白人血统”，这是万国商团所有连队中唯一的一个。

已故的法磊斯（Everard Fraser）爵士①，曾于1919年提及在英国伦敦的罗汉普顿②有人正在筹资建造一所名为“玛丽皇后”的康复医院。③“甲”队要求自己的队员每人每月至少捐助1元为该医院建设，计划筹集2张病床的资金，结果最终筹集了20张病床，他们共计捐助了3 482英镑。这家医院将2张病床以“甲”队永久命名之，以示感激之情。

该队还常吹嘘，自己拥有世界上最早的射击比赛奖杯之一。这座奖杯颁发于英国伦敦的温布尔顿（Wimbledon）城市化初期。那时，这座名为“灭火龙挑战杯”（Mih - Ho - Loong Challenge Cup）的奖杯是1874年那个老连队捐助设立的，价值250元（为此，一张50英镑的汇票被寄回英国）。显然这座奖杯来沪的旅程多乖，直到1878年也未抵达，收到时又发现奖杯损毁严重，不得不再次寄回英国予以修复。

---

① 法磊斯爵士，生于1859年，死于1922年，自1911年至1922年出任英国驻沪总领事。

② 原文Rochampton，乃是Roehampton之拼写错误。罗汉普顿（Roehampton）是英国伦敦西南部旺兹沃思伦敦自治市的一个郊区，位于查令十字西南6.3英里（10.1公里）处。北部是巴尔内斯，东部是帕特尼，南部是温布尔登公地，西部是里奇蒙高尔夫球场。18世纪罗汉普顿开始有人聚居，当地现有罗汉普顿大学。

③ 玛丽皇后康复医院（Queen Mary's Auxiliary Convalescent Hospital）正式成立于1915年，本是一家为伤兵提供医疗服务的军事医院，今名“玛丽皇后医院”。

这支作战单位的历史上出现了很多上海名人。应该谨记的是，这些“灭火龙们”在过去曾是万国商团的骨干力量，拥有值得骄傲的优良传统。甚至有人多次曾试图将他们与1854年4月4日那场“泥城之战”直接联系在一起，但这显然是徒劳的，毕竟时间上不相符合。不过不可否认的是，灭火龙和万国商团“一”队中的首批队员中有不少人的确在那时也在上海服役。

作为一个步兵连队，“甲”队在今日招募过程中相比其他作战单位而言似乎缺少一些吸引力。近年，“甲”队也的确备受人员不足的煎熬。但是，从历史战绩上看，“甲”队无疑是万国商团中最好的连队，他们也将继续秉承自1870年以来的团队口号——“肩并着肩”（Shoulder to Shoulder）。

以下为“甲”队动员参与过的重要事件：

1870年，天津教案（Tientsin Massacre）；

1874年，四明公所事件（Ningpo Joss House Riot）；

1891年，江南教案（Yangtze Riots）；

1894年，甲午中日战争（Sino-Japanese War）；

1896年，“骚乱”（Riot）；

1897年，小车夫抗捐事件（Wheelbarrow Riots）；

1898年，第二次四明公所事件（Joss House Riots）；

1900年，义和团运动；

1904—1905年，日俄战争（Russo-Japanese War）；

1905年，大闹会审公堂案；

1911年，辛亥革命（Chinese Revolution）；

1913年，二次革命（Second Revolution）；

1915年，人力车夫罢工事件（Rickshaw Coolie Strike）；

1918年，人力车夫第二次罢工事件、小贩暴动、反日风潮（Rickshaw Coolie Riot，Hawkers Riot，Anti-Japanese Riot）；

1924年，江浙战争（Kiangsu Chekiang War）；

1925年，浙奉战争（Lunghwa Battle）；

1925年，五卅运动（Nanking Rd. Incident）；

1927年，北伐战争（Occupation of Shanghai by Nationalists）；

1932年，"一·二八"事变（Sino-Japanese Clash）；

1937年，"八一三"事变（Sino-Japanese War）；

1938年，"八一三"事变周年纪念事（Anniversary Sino-Japanese War）。

另有灭火龙步枪队、万国商团"甲"队的队长名单附录如下：

1870年，阿什利（C. J. Ashley）

1870年，格罗姆（F. A. Groom）

1870—1878年，里斯（E. W. Rice）

1879年，霍利迪

1879年，马根西（R. Mackenzie）

1883—1886年，毛礼逊

1887—1890年，达吉顿（C. J. Dudgeon）

1890—1891年，霍利德

1891—1892年，列德

1893—1896年，达吉顿

1897—1900年，列德

1901年，甘伯特（E. Gumpert）

1901—1902年，列德

1903 年，斯托尔特

1904—1917 年，皮彻

1918—1919 年，比林斯（G. M. Billings）

1920—1922 年，孟克（W. J. Monk）

1923—1928 年，雷德-哈里斯（M. Reader Harris），获授“军功十字勋章”

1929—1930 年，曼恩（G. H. Mann），获授“军功十字勋章”

1931—1933 年，布朗（M. B. Brown），获授“军功十字勋章”

1933—1936 年，莫法特（J. Moffat），获授“军功十字勋章”

1936—1937 年，范索普（A. Fanthorpe）

1938 年，克罗格（H. P. Krogh）

（十四）“乙”队

因为数年前的一场大火，有关“乙”队历史的绝大部分记录非常不幸地都被烧毁了。如此一来，讲述这支作战单位的过去变成一件难事，但好在另有史料得以留存，我们可以借助它们将历史脉络描画得清楚。

“甲”“乙”两队都宣称自己的成军史可以追溯到上海开埠之初始有军事活动之时。如此争论不休，持续多年，故而现在确认谁更古老些，无论如何都不能取得双方的共同认可。有一点可以确认的是，现在的“甲”“乙”两队直接承继的是 1870 年万国商团被工部局接管后稳定下来时的“一”队和“二”队。1890 年，“一”队和“二”队正式更名为“甲”队和“乙”队。“乙”队声称自己是万国商团中最长服役记录的连队，是有事实依据的，1878 年——这一年中除了“二”队，万国商团的各个连队都在重组、解散和合并之中，几乎所有的商团军官都在辞职。工部局是年《年报》做了如下记录：“‘二’队：平静如常，没有改变，所有军官维持任命。”同一年，灭火龙步枪队和“一”队正式启动合并。“乙”队现存史料中的一份会议记录做如是记载：两队合并为新“一”队3个月内，万国商团就要接受一场列兵检阅（Drill Parade）的挑战，为了保证万国商团军装的统一性，新组建的作战单位（即新“一”队，译者按）被明确要求须采用“二”队队服。

还是那个万国商团各队处于混乱状态的1878年，此时的“二”队队长是哈维（J. A. Harvie）上尉，显然他已担任此职多年。尽管我们对他何时接任、如何指挥等诸多历史细节无法详知，但可以确定一点，1884年他仍是“二”队队长，一定是一名统领有方的指挥官。

一个特别的壮举

还是在1878年，“二”队毫不犹豫地展示了他们的战斗力。那一年的万国商团的年度全团赛枪会包括以下几项：“金十字”赛（the Gold Cross）、“军官杯”（the Officers' Cup）、“夫人银袋”赛（the Ladies' Purse）和“工部局杯”。“二”队获得了所有比赛的桂冠，不止所有冠军，甚至还包揽所有第二名。这是万国商团历史上唯一一次由一个连队横扫了所有全团性的射击比赛，真是个特别的壮举。

在那时，万国商团“二”队采用的是英国皇家海军陆战队轻步兵（Royal Marine Light Infantry）军服，他们为什么这么做？“二”队与英国这支闻名遐迩的部队有何关联？我们迄今仍不清楚。

“官佐勋章”获得者：屠鲁门中校

1884年，一位新兵应召入伍万国商团“二”队，日后成为商团历史上最为著名的人物。1885年，二等兵屠鲁门晋升为下士，1889年升职为士官，1894年升迁为上尉，继任安德森（Anderson）上尉，成为“二”队队长。屠鲁门上尉不仅富于志愿精神，而且精于射术。当他离沪回到英格兰休假期间，他参加了英国政府提供的特别制订的军事训练课程，在此得以精进自己的作战指挥之道。据信，他是一位信奉惩罚、极为严格的领导者。1906年，在服役22年后，他从“二”队调任万国商团司令部，负责整团之步兵营的指挥，晋升为少校军衔。1915年，英国正规军所委派之团长辞任，屠鲁门少校继任团长，他出色地完成了团长任期，直至1920年以中校军衔退役，为万国商团服役长达36年之久。英国政府为表彰他对上海外侨社团所做的杰出贡献，特此颁发以“官佐勋章”。

1906年，在屠鲁门离开“二”队后，汤姆斯（Thomas）上尉继任队长，直至1913年去世。他被公认为屠鲁门上尉最好的继任者。1913年，高登（J. D. Gordon）上尉出任队长，由海（J. J. G. Hay）、博萨斯托和克罗克（J. H. Crocker）3位辅佐。1916年“二”队队长再度“难产”，不得不向队外物色合适人选，最终聪明地选定了万国商团最为多才多艺的团员——柯毕特上尉。柯毕特1891年以二等兵身份，加入万国商团“甲”队，1897年晋升为商团副官，曾指挥过后备队、海关队和中华队。另外利用空暇之时，他还出任了上海灭火龙消防队的队长。直至1919年5月离任，柯毕特队长在队副蓝宁（V. H. Lannning）中尉的协助下，带领“乙”队取得不少进步。

一份优秀的射击记录

成军之初虽然没有正式规定，但该队也只有5%的队员不是英国人，直到1915年，“乙”队最终与“甲”队一样，成了一个完全由英籍队员组成的连队。

相比其他连队，“乙”队射击成绩更为出色。我们将最为著名的胜利，排名不分先后，记录如下：1912年二等兵林德（H. J. Linde）获得英国“全国步枪协会”奖牌（N. R. A. Medal）；1918年获得“彭司杯”；1915年二等兵尼尔曼（L. Nelleman）、1918年下士梅恩（G. T. Main）分别代表“乙”队获得“工部局杯”；1921年获得向万国商团所有英籍连队开放参加的“海外杯”（Overseas Cup）；1921年获得判断距离之“白雷杯”（Bray Judging Distance Cup）；1891—1910年，7次获得“各队竞赛盾”；1921年获得步枪射击第一名，同时亦有幸获得当年“称职”比武第一名；当然还包括前文所述之优秀成绩。

1925年，“军功十字勋章”获得者——马登（G. E. Marden）上尉出任队长，同时他还兼任海关队队长。在他任职7年间，马登为“乙”队战力之提升贡献良多。1932年，他调任万国商团司令部，晋升为少校军衔，“乙”队随之丧失了一位热情似火、尽职尽责的好领导。

1932年，琼斯（F. R. Jones）上尉接任马登，出任队长，随后又被托德（C. C. Todd）上尉取而代之。

今日之连队

“乙”队现任指挥官是巴顿（P. H. Barton）上尉，他和其中一位前任一样，也是从“甲”队调任而来的，于 1935 年 3 月继任托德上尉。他正在致力于该队的重组事宜。巴顿上尉的队副是西夫顿（J. E. Sifton）中尉，索普（T. L. Thorpe）中尉、戴维（R. Davie）少尉、格瑞纳（K. W. Greiner）少尉各自统领一排队员。

戴维少尉是万国商团中有名的神枪手，于 1918 年加入“乙”队，是现今该队中服役记录最长的队员。

“乙”队中现今所有的士官都是参加过第一次世界大战，富有经验的老兵。连队现有 5 名军官、92 名其他各级士兵，这也是多年来最为强大的一段时期。

在 1937 年全团动员期间，作为万国商团“甲”营的一分子，与其他营中连队一道，同 1932 年一样，驻守公共租界之“乙”防区。在此期间，“乙”队中有一个伤亡记录。那是 8 月 16 日星期一的凌晨 3 点 25 分，二等兵洛斯（A. R. Ross）在值勤中被一枚日本步枪子弹打穿了肩膀。另有一个伤亡记录发生在跑马厅，8 月，二等兵多伊尔（M. P. Doyle）被一枚防空弹片炸伤，所幸伤情较轻。在“紧急时期”，全队人数满员，达 125 人。

“乙”队参与了万国商团历史上所有动员出防，包括 1870 年天津教案、1874 年四明公所事件、1891 年江南教案、1894 年甲午中日战争、1896 年暴动、1897 年小车夫抗捐事件、1898 年第二次四明公所事件、1900 年义和团运动、1904—1905 年的日俄战争、1905 年大闹会审公堂案、1911 年辛亥革命、1913 年二次革命、1915 年人力车夫罢工事件、1918 年的几次“骚乱”、1924 年江浙战争、1925 年浙奉战争、1925 年五卅运动、1927 年北伐战争、1932 年“一·二八”事变、1937 年“八一三”事变。

（十五）上海苏格兰队

1914 年第一次世界大战爆发后，当时报纸上有言论认为，充实万国商团规模的最好办法是鼓励寓沪每个民族成立自己的连队。源于此一灵感，上海苏格兰队得以成军。

在“苏格兰军团”（Kilties）① 成立之前，1914 年年度检阅之际，来自香港当局的将军详细检阅了那一年全副武装的万国商团，他认为万国商团的各支作战单位表现得不如预期，不够强大，或者说万国商团应该可以更强才对。他敦促万国商团应该想方设法招募新兵，充实力量。考虑到当时中国时局也不稳定，工部局十分重视他的这一建言，希望做出改变。

随即，各种各样的新的民族步兵连队都被纳入考量范围。权衡过后，万国商团认为可能成立的连队有美国骑兵队、苏格兰队和爱尔兰队。万国商团开始与各民族代表人士一一接洽，美国人回复说，他们中大部分人或在过去，或是于今，都已在万国商团编制之内服役，不认为有足够的人数可以支撑一个骑兵连队；爱尔兰人的领袖详细看过名单后表示，他们非常希望，也很荣幸可以在万国商团中组建一支爱尔兰队，但是他们担忧上海租界内可能没有那么多“圣帕特里克”（St. Patrick）② 的子孙。

---

① Kilt 是一种苏格兰短裙，以格子花纹布料制造的及膝裙子，后部有褶皱设计，起源于苏格兰高地的盖尔人（Gaelic）的男性传统服饰。最早见文字记载在 16 世纪，如今常见的苏格兰短裙出现在 18 世纪，及至 19 世纪，苏格兰短裙泛化成为苏格兰民族服装，具有更广泛的文化意义。Kiltie 特指来自苏格兰高地的兵士。

② 又译作“圣派翠克”“圣博德”等，是指 5 世纪爱尔兰的基督教传教士（转下页）

那么，剩下的只有苏格兰人了。坦率地讲，这个倡议并没有得到上海苏格兰人的热烈响应。但是万国商团并未放弃，持续频繁的施压下，贝恩（C. M. Bain）先生最终下定决心尽其最大努力，促成一支苏格兰队。贝恩先生长期负责公共租界中的苏格兰侨民事务，他的背书起到了作用。他为此专门召集一场聚会，以示言出必践。

这场集会安排在元芳洋行（Maitland's auction）的会议室中。大会上有12名左右的年长的苏格兰侨民为这个连队能够如期成军出谋划策，更为重要的是，另有100名苏格兰青年也应邀与会，他们是这个连队得以组建成功潜在的有力力量。会上仅花了10分钟就决议成立一支上海苏格兰队，不过花了大量时间，用在了防范"南方人"① 许多细则的具体讨论上面。

虽然上海的苏格兰人中高地人占据上风，但连队制服决议采用苏格兰短裙时几乎没有反对意见，还是比较奇怪的。上海苏格兰的各个族人都希望连队制服用自己家族的独特格子花纹。会上各方妥协的最终结果，制作上海苏格兰连队制服采用"狩猎的斯图尔特"（Hunting Stewart）② 式样的格子花纹。因为曾在英国本土著名的义勇军——"伦敦苏格兰人团"（London Scottish）服役过的几名老兵

（接上页）与主教，他将基督教信仰带到爱尔兰岛，使爱尔兰走出了蛮荒时代，被后世称作"爱尔兰使徒"，并受誉为"爱尔兰的主保圣人"。

① Southron，英文中的"南方人"，最初特指苏格兰人对英格兰人，或是北英格兰人对南英格兰人的称谓，后来泛化成各国的南方人皆可适用。

② 苏格兰短裙上不同的格子花纹代表着不同的家族。"黑灰格"被称为"政府格"；有特别为皇室成员定制的"贵族"格；有以姓氏命名，代表每一个苏格兰家族的"家族格"。"狩猎的斯图尔特"被认为是最"普遍"的格子花纹，绿色打底，蓝、黑、黄三色组成格子花纹。

加入了上海苏格兰队，故而随后的队徽设计中充分考虑了这一因素，模仿该团团徽，打造出来一个帅气的队徽。

卢瑟福（C. H. Rutherford）上尉就是这样一名老兵，他曾服役于英国的“伦敦苏格兰人团”，出身于苏格兰著名的“灰格短裙”家族（Grey Kilts），并曾在万国商团“甲”队中服役过，最终被选举成为上海苏格兰队队长。坎贝尔（Gavin L. Campbell）中尉担任他的高级副官，齐索姆（J. S. Chisholm）少尉担任他的第二副官。

以上所有这些都发生在 1914 年 10 月。至是年底，万国商团上海苏格兰队正式成军，建制规模为 50 人，比今天的队伍要少 20 人。成军后，上海苏格兰队稳扎稳打，不断进步，积累经验与荣誉，如今看来，此时正是这个连队的黄金时期。

卢瑟福上尉担任上海苏格兰队队长一职直至 1919 年 5 月。在他离职后，一直效劳该队的坎贝尔接任队长。不久，坎贝尔回国休假，离开了连队。队长一职空缺，由斯图瓦特（H. B. Stewart，他后来在一次野营时突然暴毙）、波特（C. W. Porter）、2 位特恩布尔（G. J. Turnbull，W. A. Turnbull）和威尔基（A. M. Wilkie）5 位先生所组成的副官委员会管理该队。

坎贝尔队长回国所留下的空缺，最终被坎培尔（A. S. Campbell）上尉填充。坎培尔上尉乃是刚刚从英国正规军之“阿盖尔和萨瑟兰高地军团”（Argyll and Sutherland Highlanders）中退役，其连队副官也都是退役军人：一是伍德（R. Wood）先生，他曾在第一次世界大战中效力于“黑卫士兵团”（Black Watch），获得过“军功十字勋章”、“高尚品行奖章”（D. C. M.）[①] 和“军事奖

---

① D. C. M. 英文全称 Distinguished Conduct Medal，译为“高尚品行奖章”。（转下页）

章”（M. M.）[①]；另一人是哈德尔（J. R. Harder）先生，他曾服役于英国“康沃尔公爵轻步兵团”（D. C. L. I.）。

成军伊始，连队队员的志愿热情还是十分高涨的，但毋庸讳言的是，上海苏格兰队的人数从未达到过预期的规模。不过，今日之连队日渐强大，在（上海）各类事务上都能听到他们的声音，我预计上海苏格兰队的发展高潮即将到来。

当连队成军之时，人们普遍认为，按照上海苏格兰人的人口基数，万国商团最少可以组建 2 个连队。甚至有人相信，工部局若对招募人员不加以限制，那么上海的苏格兰人都会冲向万国商团，要求入伍。但这支作战单位的简史证实，连队创始者们当初的目标是定得过高了。现今上海苏格兰队情况的确好过以往，人员招募方面有明显的增长。

在连队野营时安排一天作为“（苏格兰）高地游戏日”（Highland games），这样一次意外之举，却比过去多年中任何其他举措，对连队发展起到作用。上海的苏格兰人，尤其是高地人，对于高地游戏的痴迷是外人无法想象的。游戏集会显得有些简陋粗糙，但毕竟是第一次，也在预期之中，游戏活动至少是包括了掷棒、铅球、风笛、跳舞等。

（接上页）该荣誉奖章是英国维多利亚女王为奖励战场上异常勇敢的英军官兵而设立，起始于 1854 年，是英国历史最悠久的英勇奖章之一。不过它是第二等级的军事奖章，其等级次于“维多利亚十字勋章”（Victoria Cross），直到 1993 年宣告停止颁发。该奖章还会授予英国本土外的英联邦各州和殖民地的官兵。

① M. M. 英文全称 Military Medal，译为“军事奖章”。该荣誉奖章授予服役于英国陆军和其他部队，以及英联邦国家军队中在士官等级以下的服役人员，以表彰他们在战场的英勇作战。奖章设立于 1916 年，向前追溯可至 1914 年，最初为表彰士官在“战场的英勇行事或是在火灾中奉献行为”，后来授勋范围扩大到所有人，最终由“军功十字勋章”所取代，寿终正寝于 1993 年。

连队计划将该游戏活动确定为年度项目。因为上海苏格兰队的老兵占比非常高，这时你会感受到老兵们对连队影响力到底有多大。只要他们想要做到的事情，就一定会实现。

上海当地的苏格兰人在成立连队伊始就希望一并成立一支风笛队。当初队员们为此做了很多努力，如另一名在上海生活多年的"伦敦苏格兰人团"退役老兵——韦伯（J. W. Webber）先生，他招收了6名男童，开始训练他们；他的战友、前风笛手、福利公司（Hall and Holz）军乐队指挥——现已故去的布朗（Brown）先生有时也会提供帮助。

然而，热情消退得很快。3个月过去了，男童们惊讶地发现自己还无法吹好一支风笛，他们都打了退堂鼓。只有一个人是例外。唯一坚持下来的男童名为麦克伦南（W. MacLennan），他继承了风笛手韦伯中士的事业。

上海的苏格兰风笛队终于得以成队，至今已存世好几年。

从最初的温布尔顿，到今天的别自雷（Bisley）[1]，在英国的苏格兰人在射击赛事上成就非凡。上海苏格兰队的队员们尽自己所能，希望能够达到苏格兰老家（the land of the heather）[2] 亲戚们的射击水平。上海的"圣安德鲁协会"（St. Andrew's Society）前主席提供了一座漂亮的挑战者奖杯，用作200码、500码、600码射击比赛的奖励。首任队长卢瑟福上尉在第一次比赛中，三场全部

---

① 英国的国家射击中心位于英格兰的别自雷，故而名为"别自雷靶场"。该靶场为英国全国步枪协会所拥有，1890年自伦敦市区的温布尔顿迁至此处。"别自雷靶场"承接过1908年夏季奥运会的所有射击赛事。

② heather，意为"石楠"，在欧洲（尤其是苏格兰）荒野地带十分常见。开花时节，苏格兰荒野地长满了美丽的石楠花，因此石楠也成为苏格兰的标志之一。

告捷。

上海苏格兰队之父——贝恩先生为使连队各排之间形成竞争，提高战力，提供了一个漂亮的银盾，作为射击比赛的奖励；作为军医，服役万国商团多年的库珀·派特里克（H. Couper Patrick）大夫，为连队接受射击训练课程的队员，提供了一座“牛眼靶”（bull's-eye）[1] 奖杯；还有一座匿名提供的铜杯，用作奖励连队各排之间的射击比赛的获胜者。近期，英格里斯（W. F. Inglis）先生再提供一个奖盘，以鼓励未来之连队射击赛事。

在已故的法磊斯爵士提供奖励的“万国商团银盾”（S. V. C. Shield）足球比赛中，上海苏格兰队足球队第一次参赛就取得大胜，颇为引人瞩目。上海当地的足球界名宿之一，克利福德（W. C. G. Clifford）先生在赛事伊始表示，在他看来，他的球队、英籍的“甲”队，最害怕遇到的球队是中华队足球队。从一开始，机枪队足球队杀进决赛证明了他的赛前预言完全错了。后来，苏格兰队成了决赛的另外一支球队，这让所有评论者都大跌眼镜。机枪队队员们在决赛开始时表现自信，但苏格兰人沉着应战，即便没有他们的风笛帮忙——风笛手病倒了——最终还是击败了对手。这真是一场伟大的胜利！

1922—1927 年间，上海苏格兰队队长是坎培尔少校，这是一个颇为有趣的阶段。1924 年动员时，连队出勤的任务是驻防“北站”（North Station）。1925 年，连队协助巡捕在极司菲尔路桥（Jessfield Railway Bridge）缴械了数百名中国士兵的武器，并在海格路（今华山路）的拘留营看守里面的犯人；同一年，在五卅运动

---

① 不可辨清之 5 英寸内算作“正中靶心”，或俗称之为“牛眼靶”。

全团动员时，连队表现尤为积极。

那时，上海苏格兰队的规模超过 120 人，队长是坎培尔上尉、伍德中尉、华莱士（H. Wallace）、福西特（L. D. Fawcett）和麦金托什（M. A. A. Mackintosh），威尔逊（T. W. R. Wilson）是军士长，芒罗（J. Munro）是军需官，另有杜瓦（J. G. B. Dewar）、布莱基（C. B. Blaikie）和康迪（W. Condie）3 名中士。1927 年，坎培尔队长离世，去世前不久他刚刚晋升为校级军官。万国商团为他举办了隆重的军事葬礼。

1927 年 2 月 19 日，“杰出服务勋章”获得者马丁（H. Martin）上尉继任上海苏格兰队队长。连队接受动员，前赴跑马厅，当时英国政府多支军队抵沪，控制了公共租界的边界区域，协助万国商团负责外国租界的治安。

尼克尔（G. D. Nicholl）、司徒瓦特（J. C. Stewart）和霍尔（D. Hall）被提升为连队士官，威尔逊仍然是连队军士长（C. S. M.），莱斯利（A. H. Leslie）成为军需官。

1927 年之后，上海苏格兰队出现了一个 5 年的空档期，没有任何服役活动。其间，1928—1929 年，诺尔斯（A. Knowles）上尉担任队长；1930 年，伍德上尉继任；1931 年，威尔逊上尉接任。在威尔逊的指挥下，连队于 1932 年再次参与万国商团动员，在值勤“北站”时表现不凡，所驻防的是“丙”防舍，即通常我们所说的“风之角”。布莱基和“军功十字勋章”获得者——施考特（R. F. Scott）中尉分别指挥第 1 排和第 2 排，格罗佛（C. W. Glover）中尉掌管连队之后备排。

威尔逊上尉出任队长直至 1936 年，随后他被调往万国商团后备之军官“甲”队，连队指挥官由布莱基上尉接任。

1937年8月，上海苏格兰队被再次动员起来。由于布莱基上尉正在回国休探亲假，威尔逊上尉再次出山，指挥连队。在“乙”防区（即前文之“北站”）值勤了3天后，连队遭受到猛烈的炮火袭击，不得不撤回到跑马总会中，换防到维持租界内部治安的任务。这次动员期间，队内军官有施考特、尼克尔、杜瓦3名中尉，以及朗格（A. G. Lang）少尉。

劳尔（J. A. C. Law）中尉被临时调往上海野战队。

目前，连队现役军官有布莱基上尉、施考特、劳尔中尉和朗格少尉。

连队军士长是罗伯森（J. Robertson），军需官是尤因（J. K. Ewing），以及麦克唐纳德（J. McDonald）、威尔生（A. W. Wilson）、特威迪（S. Tweedie）3名中士，以上诸位为连队高级士官。

（十六）犹太队

1932年夏，上海一群年轻的犹太人，基于一种对公民责任的认知，在静安寺路（今南京西路）某一处不明场所集会，讨论在万国商团中成立一支由犹太人组成的作战单位的可能性。这一议题当然是非常具有争议性的，但此时乐观其成的意见占据上风。时任万国商团团长的汤慕思上校批准成立一支犹太人武装力量，但希望他们从一个排的建制开始组建，同时规定该排须隶属于万国商团现有的某个连队。托德上尉表示，愿意将新生的“犹太排”纳入他的连队之下，受其节制。托德上尉所说的连队是万国商团“辛”队，前身是1899年时的后备队，1915年10月、1921年2月经过两次重组，于 1932 年 2 月 10 日确定此名。

雅各布斯（N. S. Jacobs）先生多年来坚持从事犹太童子军训练，在其他领域也是当地犹太活动的领袖，此刻被授予少尉军衔，负责指挥这支犹太排。与此同时，万国商团美国作战单位中的老团员、曾服役于俄国军队的比特克（R. B. Bitker）先生和如今已故的前万国商团野战炮队队员泰兰（M. Talan）先生，被授予中士军衔，佐助排长指挥。犹太排于 1932 年 9 月 22 日正式成立。

两个月后，第 2 支犹太排成立，比特克中士晋升为少尉，担任该排排长。雅各布斯少尉亦同时晋升为中尉。上海犹太人参军入伍的热情如此高涨，以至于成立犹太队的希望此时终于可望实现。1933 年 5 月 22 日，“辛”队所有的非犹太队员转往“乙”队，因此“辛”队自然变成了一个完全的犹太连队，由雅各布斯担任队长。

上海犹太总会（Shanghai Jewish Club）举行晚宴，庆祝万国商团犹太连队变为现实。晚宴上，汤慕思中校建议犹太队的口号可以是“无保证、不进攻”①。商团团长认为这是一条军事方面的至理名言，于是连队口号就这么确定了下来。

1934 年 6 月 29 日，泰兰中士升为军官；与此同时，雅各布斯中尉晋升为上尉。

成军以来，犹太队出没于操练厅和靶子场，不断取得进步。但不幸的是，他们很快失去了 2 位在职军官：一是泰兰中尉，他是因为 1936 年 10 月离开上海，去了香港；另一个是比特克中尉，他是去了巴勒斯坦。有谚道：“使人人遭殃的风才是恶风，世上鲜有绝

---

① 原文为“No Advance without security”，译者认为是借用自银行业中的“无担保、不借支”。

对的坏事，害于此者利于彼。”[1] 此时正逢万国商团野战炮队解散，该队戈德金（S. Godkin）中士和戈登堡（W. Goldenberg）中士被调到犹太队担任军官，佐理队务。

1937 年“八一三”事变时，万国商团全团动员，犹太队充分意识到这是他们“首秀”的舞台。为期 3 个月的动员时期，犹太队毫不畏惧，果断出击，面对重任亦无退缩，表现出色。结果，队中 83 名团员被工部局授予“紧急时期奖章”。1938 年 8 月 11 日至 14 日，在“八一三”事变爆发一周年之际，万国商团再度动员，犹太队得到了获取“战时荣耀”的第 2 次机会。

随着比特克中尉重返上海，并再度入伍，万国商团犹太队此时共有 4 名军官，分别是队长雅各布斯上尉、队副戈德金中尉、两位排长戈登堡中尉和比特克中尉。此外，队伍还有连队军士长恩格堡（H. A. Engberg）和一批热心商团事业的士官。

连队（射击）奖杯方面，重要者如“嘉道理杯”（Kadoorie Cup）。该杯由连队名誉队长、“爵级司令勋章”获得者嘉道理（Elly Kadoorie）爵士和他的两个儿子洛连斯·嘉道理（Lawrence）、荷雷斯·嘉道理（Horace）联合提供，为奖励每一年中靶子场上射击训练课程中连队队员成绩最优者；另一座奖杯名为“枪手盾”（Gunners' Shield），原属于前野战炮队，随着戈德金和戈登堡两位中尉转移至犹太队，用以奖励队内各排竞赛中的获胜者。这一奖杯的设立让犹太队始终记得这一事实，即连队至少承接了野战炮队三名军官，连队新生建立在野战炮队解散的基础上。

犹太队现在是万国商团“甲”营的辖属连队之一。

---

① 原文为 it's an ill wind that blows nobody any good。

（十七）轻机枪（防空）队

万国商团团长汤慕思上校于1932年11月组建一支防空队，一部分队员来自英国皇家空军协会（Royal Air Force Association），另一部分队员来自上海轻骑队的机关枪小分队，即众所周知的“铁链帮”。防空队首任队长是霍兰德（W. E. Holland）上尉。

万国商团防空队致力于防御上海租界来自空中的打击。若租界危局使得来自英国或其他国家的空军飞机降落上海，该队也将予以协助作战。连队分为2个小分队，一支装备维克斯机关枪，另一支装备刘易斯轻型机关枪。成军不久，队长霍兰德上尉前往天津，贺兰（V. J. B. Holland）上尉继任，指挥连队。

1933年6月，防空队组建自己的专属俱乐部——防空总会，它有一个更流行的昵称——“驾驶舱”（Cockpit）。总会是防空队队员欢愉聚会的场所，以传统方式培育了彼此间的战友之情。

事实证明，除了刘易斯机关枪，防空队装备不到其他任何的防空武器。1934年，万国商团决议，防空队除了使用配有防空支架的刘易斯机关枪负责防空任务外，还需作为“甲”营的支援连队，时刻准备着。

1936年8月，贺兰上尉成为后备之军官，福尔斯（E. A. R. Fowles）上尉继任队长。在新队长的指挥下，防空队响应了万国商团1937年8月的动员令，驻防位于界路的“乙”“丙”防舍，遭遇日本军队对“北站”行政大楼的狂轰滥炸。

1933年，连队赢得作为全团射击赛的“机关枪杯”，在步枪和机关枪2个射击项目上同时保持着较高的水准。

连队全员编制包括 4 个军官，64 名其他各级队员。虽然在动员期间，连队人数可达这一规模，（但今日看来）仍虚位以待有参军热情之义勇团员报名。

因为防空武器昂贵至极，万国商团无力维系一个防空连队，故而万国商团近期宣布，即将重组该队，改造成为一支轻机枪（防空）队，委派巴德里（J. E. Badeley）上尉担任新队长。

（十八）美国队

万国商团美国队的官方成军时间在 1906 年初，但若真追溯起来，1854 年“泥城之战”中，上海就有美国人和其他国家侨民一道保护了这个租界。在那场战斗中，美国“普利茅斯”号（*Plymouth*）军舰舰长开利（Kelly）上校负责指挥，由 85 名海员和 55 名美国侨民义勇兵组成联军的左翼部队。

尽管自 1854 年之后，寓沪的美国侨民也会时常参与保卫上海租界的活动，但万国商团中一直没有一支美国人单独组建的作战单位。到 1900 年，在义和团运动期间，上海招募成立了一个临时的美国连队，与万国商团其他的连队一起，共同防卫洋泾浜。如今这条河已经被填埋，变成了爱多亚路（今延安东路）。

1905 年大闹会审公堂案时，在上海的美国人不得不请求、仰仗其他国家侨民武装力量的保护，这对他们而言是件丢脸的事。因此，1905 年 12 月 29 日，美国驻沪领事馆中召集了 85 位美国侨民，投票决议要在万国商团中成立一支美国人的作战单位。1906 年 1 月 17 日，万国商团美国队正式成军。兰塞姆（Stacey A. Ransom）大夫在三个月后被任命为队长。在他的努力下，自此之后，美国队作为万国商团的一个连队，再也未曾中断过服役。

历史记录中，美国队特别高光之时刻，罗列如下：

1911 年，兰塞姆少校升任万国商团总部后，美国队长由索尔（Sauer）上尉继任。

1913 年，“二次革命”又一次“危及”到租界的生活和贸易，工部局在巡捕督察长（Captain Superintendent）的请求下，命令万国商团团长彭司中校采取保护行动。此次出防行动中，美国队的任务是将“敌方”闸北总部驻守的一定数量的武装部队驱逐出去。归功于充分的作战计划，在零伤亡的情况下，美国队圆满地完成此次任务。美国队维持现役状态长达 3 周之久。

1916 年，索尔上尉回国休假，离任连队，斯旺（Swan）中尉继任队长。

1918 年，斯旺中尉转而学医后，兰塞姆少校重新担任该队指挥。上海租界发生内部混乱，美国队以虹口巡捕房为总部，出队巡街 2 周。

1921 年，兰塞姆少校回国休假，离任连队，奥尔森（Olsen）中尉接任队长。

1924 年，上海周边地区爆发内战，美国队在八九月间出动 6 周，以保卫城市。

1925 年，新年乍过，在一个湿冷、阴霾的早晨，整队出发前赴海格路（今华山路）地区，解决一个棘手局面，后被美国海军救出。奥尔森上尉离开上海，回到美国，队长一职第 2 次下移至刚从士兵晋升为中尉的索尔（Sauer）头上。中国不同省际爆发几次战争，再次燃烧至上海城市周边，美国队出队出防 3 个月，守卫租界的“北站”边界，直面数量上远超自己的军队。

1927年，索尔上尉回国离任，鲍德温（Baldwin）上尉接任队长；广东来的北伐军打败张作霖（Chang Tso－lin's）的军队，成立如今的南京国民政府，[①] 并意图夺取上海。上海周边战斗频频，万国商团一开始独自戍卫外国租界的“安全与和平”，随后多国的远征军登陆上海加强防御，时局也变得异常“凶险”。整整6个星期，美国队在公共租界的核心区域——南北沿着爱多亚路一带至靶子路，东西自外滩至河南路——巡逻。

1928年，鲍德温上尉将其生意重心转移至美国，再次返沪的索尔上尉第3次担任连队队长。

1932年，索尔少校升调到万国商团总部，美国队队长一职由倪尔（Neal）上尉继任。是年初，中日爆发冲突，万国商团的任务是将冲突控制在外国租界之外，美国队出防服役6周，一开始沿苏州河在乌镇路桥（Wuchen Road Bridge）附近，后来过河沿北西藏路（今西藏北路）突出部分——海宁路（今北海宁路），巡逻执勤。在此时期，美国队作为母队“收养”一个子队，即菲律宾排，后来变作万国商团菲律宾队；另一个子队——“乙”后备队，后来变作万国商团美国后备队；第一支孙队——美国骑兵队机关枪排，后来变作万国商团美国机枪队。

1935年，倪尔少校适时升任万国商团“乙”营的副指挥官，美国队长一职由道蒂（Doughty）上尉担任。

1937年8月12日，鉴于淞沪会战一触即发，工部局宣布上海公共租界进入紧急状态。法恩汉姆（W. C. Farnham）上尉指挥下的美国队，随同万国商团其他作战单位出防服役。美国队迅速进入

---

① 原文为 Republican Chinese Government。

其指定防御位置，几天忙碌下来，后由万国商团白俄团顶替。他们随后进入新闻区和外滩，协同巡捕维持秩序和供应食物。8月24日，南京路上的百货公司突遭2枚巨大炸弹的轰炸，造成大量平民死亡。美国队离事发地点最近，万国商团总部命令其到现场协助救治伤员和保护财产安全。

1938年，法恩汉姆上尉离任队长，阿瓦德（W. M. Awad）中尉接任。8月12日，淞沪会战一周年纪念日之际，工部局下令万国商团全团出防，以做防范。美国队与万国商团"乙"营的其他作战单位，暂时隶属美国海军陆战队第四联队（the Fourth Marines U. S. M. C.）节制，协助保卫外国租界的安全和财产。

（十九）"梅斯奎塔上校"葡萄牙队

万国商团成立伊始即有在上海租界居住的葡萄牙侨民参与其中。根据官方记录，万国商团中的确曾出现过几次由葡萄牙侨民组建的连队。但是遗憾的是，除了报纸上曾零星出现几次报道外，没有更多历史细节被记录在案。也许我们还能从一些偶然获得的奖章或是老照片中发现，万国商团历史上确有几个葡萄牙连队曾存在过的证据。

葡萄牙队解散之后，寓居上海的葡萄牙人长此以往散落在万国商团各个连队中。但1900年义和团运动以及1905年大闹会审公堂案所造成的租界危局，让沪上葡萄牙人重新考虑，是否应该再次设立自己的队伍，来协助保卫这座城市的社会秩序。

于是，葡萄牙侨民在旧大西洋总会（Club União）举行集会，前来参加的上海葡萄牙侨民组建了一个专门的筹备委员会，由阿尔梅达（F. J. d'Almeida）、马托斯（F. Mattos）、雷梅迪奥斯（J. M. P. Remedios）、查格斯（J. F. Chagas）、诺拉斯库施利华（J. Nolasco da Silva）和其他几人共同组成，负责向公共租界工部局正式提交一份申请，在万国商团中成立一个葡萄牙连队。

工部局收到申请后，首先怀疑的是上海的葡萄牙社区是否有足够的参军热情，可以支撑一个单独的连队。最终，工部局还是同意了这一请求，不过要求新组建的葡萄牙队不能缺席万国商团的一系列操练活动，而且须采取英式军事操典。1906 年 2 月 26 日，万国商团葡萄牙队正式成军。

诺拉斯库施利华被授予中尉军衔，任命为葡萄牙队队长。另有戴维森（J. M. Davidson）上尉，斯塔德（Studd）、马修斯（Mathews）、汤普森（Thompson）3 位中士被委派成为连队教练。根据工部局和筹备委员会先前达成的协议，万国商团葡萄牙队采取了英国步兵的操练方法，装备的是“马提尼-亨利”[①] 卡宾枪。

1908 年，万国商团葡萄牙队站稳脚跟后，开始改为采用葡萄牙式的军事操典，指挥命令、队伍守则与戒律也都改用葡萄牙语进行。上海葡萄牙人的参军热情高涨，证明是首次参与万国商团列队检阅时，葡萄牙队是当时所有连队中人员规模第二大的作战单位。

---

① 原文 Martini carbines，全称应为 Martini - Henry carbines，“马提尼-亨利”步枪自一开始就作为后装枪开发，它是一种起落式枪机步枪，一款由前装枪改良至发射定装弹的后装枪，于 1871 年首度投入服役。由于射速更高、射程更长，该枪最终取代了英军原先装备的施耐德步枪。“马提尼-亨利”步枪有四个主要型号，包括 MkⅠ型（1871 年 6 月推出）、MkⅡ型、MkⅢ型和 MkⅣ型。另外也存在一系列 1877 年式卡宾枪，包含了一种被称为“驻军炮兵卡宾枪”（具 MkⅠ、Ⅱ、Ⅲ型三种衍生型），以及一些为新兵设计、体积较小的训练步枪。“马提尼-亨利”步枪 MkⅣ型于 1889 年停产，但仍然服役至第一次世界大战结束。

1906 年 9 月，万国商团葡萄牙队举办第一次射击比赛。顺便提一句，虽然受到多次革命、战争等因素的影响，连队射击比赛坚持举办 32 年，直至今日仍然非常流行。

1910 年，葡萄牙队迎来第一次重大的胜利，由迪尼兹（J. M. Diniz）、阿尔梅达和克拉克（A. M. Collaco）组成的队伍，赢得万国商团“美国队杯”（American Company Cup）比赛桂冠。随后几年的比赛中，葡萄牙队表现不佳，在奖项方面未有更多斩获，但仍积累了宝贵的参赛经验。1917—1918 年度全团步枪射击比赛中，葡萄牙队又一次名列榜首。

此外，在 1919—1920 年度、1920—1921 年度、1921—1922 年度全团步枪射击比赛中，葡萄牙队连续获得冠军。个人步枪射击比赛，葡萄牙队员一样表现不俗：现在已是少校军衔的葡萄牙队队长马努埃尔·莱唐（M. F. R. Leitao）中士赢得了 1921 年的“金十字”赛；冈波斯（J. P. Campos）中士获得了 1923 年“银十字”（Silver Cross）赛的桂冠；席尔瓦（Carlos Silva）准下士是 1933 年“银十字”赛的获胜者；亚瑟·莱唐（Arthur Leitao）准下士在 1922 年夺取“屠鲁门杯”和“银十字”赛的双项冠军；另外，费拉斯（Mario A. Ferras）少尉于去年（即 1937 年，译者按）“屠鲁门杯”中，与万国商团其他两名神射手打平，共同分享了冠军殊荣。

葡萄牙队还在 1919 年、1920 年、1921 年和 1926 年赢得“各队竞赛盾”，斩获 1921 年“彭司杯”，以及 1920 年、1921 年、1926 年、1928 年的“英国杯”。

最近几年中，葡萄牙队在射击比赛中战绩并不理想，除了一些万国商团年度步枪射击比赛中的个人胜利外，几乎一无所获。

另有一项年度步枪射击比赛，在香港商团的葡萄牙连队与万国商团葡萄牙队中坚持连续举办多年。当地（即上海万国商团，译者按）的葡萄牙人在总比分上保持着4∶3的领先。需要提及的是，这项年度赛事是由两地商团连队联合发起的。类似赛事如今仅有两起。

1921年，万国商团葡萄牙队装备刘易斯轻机枪。上海的葡萄牙人在1931年、1933年的双人赛中夺冠，在1931年的刘易斯机枪射击赛中获得亚军。但除此之外，该队无甚重要的胜利值得在此记录。装备轻机枪的葡萄牙队队员们对这一款轻机枪武器表现出浓厚的兴趣，连队教练为此举办的有关讲座，他们从来都不会缺席。

从万国商团的年度称职报告来看，葡萄牙队在成军之初的几年成绩垫底；至1914年，该队开始缓慢爬升；1917—1918年度，已在万国商团各个连队排名中位居首位。此后，葡萄牙队在1919—1920年度、1920—1921年度、1921—1922年度、1929—1930年度、1930—1931年度、1931—1932年度的排名中都位列第一。

葡萄牙队于1921—1922年、1930—1931年、1931—1932年三年中获得万国商团“称职银盾”；连续3年获得衡量称职程度的全团射击比赛——“日本杯”；另外，连队共计4次获得“白雷杯”；并于1931—1932年度赢得万国商团各连队间举办的足球比赛，夺得法磊斯赞助的“银盾”（Fraser Shield）①。

1910年8月，受到澳门方面邀请，万国商团葡萄牙队分遣一队人马前赴当地，参加运送梅斯奎塔上校（Coronel Mesquita）遗体返回葡萄牙的仪式。为了纪念梅斯奎塔上校，葡萄牙队队长向工部

① 即前文所提及的“万国商团银盾”。

局申请将连队名称加入梅斯奎塔之名，并获得批准。故而这个连队全名称为万国商团“梅斯奎塔上校”葡萄牙队。

数年后，葡萄牙队队员的“忠心”再次彰显。葡萄牙当局与中国方面关于澳门一地边界之划定方面产生摩擦，即将引爆更大规模的冲突。此时，葡萄牙队队员们认为自己不仅是万国商团团员，更是共和国（指葡萄牙共和国，译者按）公民，纷纷上书，表示愿意效忠，积极请战，希望前往澳门增援。

随后，连队指挥官要求全连官兵集合列队，准备出征。但幸运的是，发生在中国南方的这场争端很快得以平息，也就没有了远征澳门的必要。

1914 年，安东尼奥・迪尼斯（Antonio M. Diniz）少校继任诺拉斯库施利华上尉，担任葡萄牙队队长。1925 年，队长职务由费尔南多・莱唐（Fernando A. R. Leitao）少校出任。4 年后，他调升为万国商团总部步枪指挥官，由其兄弟马努埃尔・莱唐（Manuel F. R. Leitao）少校接替队长。

过去这些年，连队军官包括：安东尼奥・迪尼斯少校、诺拉斯库施利华上尉、克里恩（Basilio M. Carion）中尉、卡内罗（Ernesto dos S. Carneiro）中尉、格特雷斯（Daniel M. Gutterres）中尉、里奥・科斯塔（Lino Costa）中尉、布里托（Johannes M. M. Britto）中尉、布拉加（Augusto S. Braga）中尉、塞奎拉（Justo F. Siqueira）中尉和坎波斯（Mathias P. de Campos）中尉。

连队目前的军官有：马努埃尔・莱唐少校、普罗斯佩罗・科斯塔（Prespero A. da Costa）上尉、克拉葛（Joaquim R. Collaco）中尉、格特雷斯中尉、哈维（Fernando O. R. Xavier）中尉和费拉斯中尉。

许多年前，有一篇报道葡萄牙队娱乐活动的文章，颇具启发性：

“在娱乐方面，万国商团各个连队都无法与葡萄牙队相提并论。葡萄牙人组织了一支非常棒的弦乐乐队，由一组会弹葡萄牙民族吉他的音乐能手组成，他们的上台总是万国商团音乐会上最受人期待的表演……”

因为弦乐乐队的成功，葡萄牙队又组织一支管乐乐队，经过两个月练习后，在万国商团野营时做了首秀表演。他们的出场引起了其他连队的艳羡，因为除了中华队和上海苏格兰队外，万国商团就再也没有其他音乐可言了。不幸的是，好事不长久，因为队员退役关系，这支乐队很快就解散了。整支乐队只剩下一个小号手，依然会在列队检阅时吹奏表演。

1925 年，葡萄牙队成立 20 周年之际，上海的葡籍女士们向连队赠予一面队旗。

万国商团葡萄牙队另有一个与众不同之处是，它是全团唯一一支被外国政府官方授勋的作战单位。1932 年 10 月 5 日，葡萄牙国庆节，葡萄牙政府为万国商团葡萄牙队队旗加饰“基督十字勋章”①。这一勋章不能仅视作授予葡萄牙队一个连队的，对于整个万国商团而言，这都是莫大的荣誉。

葡萄牙政府另对葡萄牙队军官亦有授勋：安东尼奥·迪尼斯少

---

① “基督十字勋章”（Order of Christ），前身可追溯到历史更悠久的“圣殿骑士团勋章”（Knights Templar Order）。1319 年，由葡萄牙国王丹尼斯一世（Denis I）创立。当时欧洲大多数国家在天主教会的影响下，以异教徒之罪名迫害圣殿骑士团的骑士们，但葡萄牙国王为感谢这些骑士们为重建战后葡萄牙所做出的杰出贡献，答应给予他们保护，并与天主教教宗谈判。演变至近代，该勋章是授予为葡萄牙共和国做出杰出贡献的葡萄牙公民和海外侨胞。

校和格特雷斯中尉因在万国商团中表现出色，被授予“阿维兹十字勋章”[①]；费尔南多·莱唐少校被授予“功绩十字勋章”[②]；服役多年的连队牧师——饶家驹神父因为服务上海葡侨，以及战时设立南市难民区的功绩，被授予“基督十字勋章”[③]。

葡萄牙队成军以来一直积极参加万国商团的每一次动员出防，在每次值勤期间皆有良好表现。1913 年，万国商团接管闸北巡捕房时，葡萄牙队也厕身其间。

相比较其他连队，葡萄牙队队员在响应万国商团的动员令后，所受的损失更大。这是因为该队绝大部分队员生活在苏州河以北的城区，而那里常常遭遇战火侵袭。这就意味着，接到万国商团命令后，葡萄牙队队员需要舍弃正在战火中的小家，迅速集合，前赴公共租界。为了响应保卫大众这一高尚的号召，他们将自己多年辛勤工作所积攒在家中的个人物品和金银细软暂时舍弃，只能奢望交火双方能否保护这些私有财产。

万国商团葡萄牙队组织、参与许多救助团体，所服务目标不仅是上海葡侨，也包括其他居民。这些救援活动往往是在轰轰炮声中完成的，但幸运的是，迄今未有一名参与慈善活动的志愿者

---

① “阿维兹十字勋章”（Military Order of Aviz）设立于 1146 年，因为葡萄牙历史中的阿维兹王朝（1385—1580 年）而得名。该勋章只能授予葡萄牙或外国的军事人员，以奖励他们的功绩。对于葡萄牙国民而言，至少需要在军队中服役 7 年，并要有出色的服役记录作为前提。

② “功绩十字勋章”（Ordem de Benemerencia），设立于 1927 年 4 月，意在奖励在公共福利和公共事业方面做出突出贡献的葡萄牙公民和外国公民。该奖章多颁发给外交人员、商业精英、音乐家或著名运动员等。

③ 原文 Officer of the Order of Christ，“基督十字勋章”现在分为 5 个等级，依次为大十字（Grand Cross）、大军官（Grand Officer）、司令官（Commander）、军官（Officer）以及骑士或贵妇（Knight or Dame）。

因此丧命。目前，连队中至少已有70名队员获得万国商团“长期服役奖章”，他们分别服役在12年至30年不等。再过一年，葡萄牙队又会有不少队员服役期满12年，拥有获得“长期服役奖章”的资格。

葡萄牙队许多队员在万国商团退役后，会再到澳门的葡萄牙军队中继续服役。他们在万国商团期间接受过良好的军事训练，继续从军时往往表现优异。

（二十）美国机关枪队

美国机关枪队的起源追溯到1929年2月，是时美国骑兵队赫克孟上尉建言，应在骑兵队的装备中增加一些机关枪。这是个好主意，那时的万国商团团长戈登上校通过了此项申请，并准备了一批刘易斯机关枪。美国骑兵队罗杰上尉委任连队军士长史罗勃姆组织一个小分队，接收这批新枪械。在美国海军陆战队和英国友军的通力协助下，枪械弹药亦源源不断。虽然手枪和步枪不是该队常规武器，但队员没有放弃练习。经过艰苦不懈的训练，无论是刘易斯机枪、手枪，还是步枪，该队队员都能熟练掌握，展现强大战力。

此时，交通运输的问题变得十分迫切。在此十分感激上海美国商人和该队队员的积极响应，筹措到位一笔基金，足够买进2辆可以配合枪械规格的汽车使用，这赋予刘易斯机枪以更长距的攻击范围和灵活性。正因如此，刘易斯机枪小分队已经不适合再与美国骑兵队混编在一个连队中了。正如其名，它是一个独立编队，可以遵循命令独立运作。

在1932年的动员出防过程中，刘易斯机枪小分队被分派到一个“令人艳羡”的位置，即恶名昭彰的“风之角”。直到外国正规军到来换岗，战时大部分时间里都是他们在此驻守。这支小分队的战斗力得到各方认可，所执行的任务和灵活性越来越和美国骑兵队不同，1933年万国商团司令部终于决定将其单列为一个连队，由史罗勃姆中尉（后晋升为上尉）担任该队首位队长。连队名称也由刘易斯机枪小分队变为美国机关枪队。后来，连队升级装备维克斯机关枪，并获取美国运来的弹药支持。与此同时，霍顿（J. G. Houghton）上尉取代了离沪的史罗勃姆上尉，成为连队队长。在他的领导下，连队队员很快就适应此次武器更替，再次熟练掌握了新武器的操作要领。美国军队使用的机关枪拖车取代了之前服役很久的普通汽车，装备全队，这使连队机动性和操作性又有提升。去年（指1937年，译者按），霍顿上尉亦离开上海，队内副官布莱特（L. F. Bright）中尉继任队长至今。

此队队员是美国人，使用着美式武器装备，采取美式的操练方法，与美军仪态相当，当然相较万国商团其他连队而言会呈现出更多的民族主义倾向，所以在早些时候，万国商团总部认为该队是“外国人军团”（Foreign Legion）。但我们必须要给予该队非美国籍队员最高礼赞，表彰他们在服役时所做出的贡献。在乱世中，这些从欧洲、亚洲和非洲更早时军队中退役下来的老兵（Old Campaigners）对该队新兵或年轻一点的队员总是尽力支持。我们应感谢这份伟大友谊，应铭记那些服役的老队员。

该队共计有45人，但在1937年全团出防服役时，扩增至87人。

（二十一）菲律宾队

当国民党正在暗中密谋如何推翻盘踞在江浙两省的孙传芳（Sun Chuan－fang）时，伊万杰里斯塔大夫（Dr. Evangelista）和现今已故的托拉多（Torrado）先生预见了上海的“失序”。他们找到了万国商团美国队队长索尔上尉（现已晋升为少校），希望能在该连队中编制一支菲律宾人组成的作战单位。

此次会面的结果是，1927 年 1 月 22 日美国队中成立一支由菲律宾人组成的第三排。巧合的是，国民党军队进入上海之后，这支新的作战单位有了它第一次出防值勤机会，为期超过 3 个月。

随后几年间上海和平无事，但是菲律宾排一直保持高强度的操练，特别热衷于在靶子场开展步枪射击练习。索尔少校是该排成军的关键推手，日后也十分关心这支部队的建设。1929 年、1930 年、1931 年连续 3 年，美国队在万国商团各类武器操练比拼中处于绝对领先地位，其中不乏菲律宾人的贡献。

美国队队长倪尔少校一向有意促成菲律宾人可以在万国商团中成立一个单独连队。1932 年冲突爆发，他所期待的良机终于来到。上海的菲律宾人成群结队地涌入该排之中，致使这支部队很快就有足够人数，可以成立一个单独连队。于是，在轰轰炮火中，伊万杰里斯塔中尉指挥着菲律宾连队，与万国商团其他连队一道，站在卫戍上海公共租界的第一线。1932 年 2 月 1 日成为万国商团菲律宾队的建军日。在石桥路区域（Stone Bridge Sector）、西藏路上的大英自来火房、临时法院，以及公共租界其他的重要地点，我们都可以看到正在服役中的菲律宾人。

1932 年 10 月，齐克（M. C. Cheek）上尉担任队长，直到 1934 年，伊万杰里斯塔上尉再次出山，接任连队指挥长官。

1935 年 11 月 15 日，菲律宾共和国成立日，万国商团菲律宾队全体队员，每一个独立个体，都公开声明了自己对新生共和国和第一任总统奎松（the Honorable Manuel Quezon）的坚定支持。每个人都在一份公开声明书签署了自己的名字和远在菲律宾群岛的家庭地址。

1937 年 8 月发生的中日战事中，与 1927 年、1932 年动员时一样，菲律宾队在接到万国商团动员令的 2 个小时之内，队伍迅捷集合完毕，并已做好准备接受最危险的作战命令，应对最困难的局面。为表彰此次动员期间他们的杰出贡献，工部局颁给队中约计 75 人以 1937 年的“紧急时期奖章”。

万国商团中的菲律宾人都是热情的志愿兵，每次重要动员活动中，他们都做出百分百的努力。这种热情甚至不限于列兵检阅之中，靶子场看守主任（Range Warden）可以见证，菲律宾团员在靶子场到底赢得过多少荣誉。

他们在射击方面的努力有许多回报，赢得了 1936—1937 年度的“工部局杯”，1935—1936 年度的“屠鲁门杯”（菲律宾人还是 1937 年该项赛事的并列冠军），1936—1937 年的“段鹏杯”，1935 年、1936 年、1937 年的“中国挑战杯”（Chinese Challenge Cup），1936—1937 年度的“绞盘杯”（Capstan Cup）。

（二十二）工程队

尽管万国商团自 1892 年就有一支由工程师组成的作战单位，

但直至1909年，万国商团工程队才告正式建立。成军伊始，连队拥有40名官兵，受戈弗雷（C. H. Godfrey）中尉节制。连队发展势头良好，规模一度达到80人可同时参加检阅。戈弗雷后来晋升为上尉，并在第一次世界大战期间被调往万国商团总部工作。连队指挥后由皮尔森（C. D. Pearson）上尉担任，布鲁克（J. T. W. Brooke）和扬（R. C. Young）中尉佐理队务。皮尔森上尉任职至1918年，亦被升任司令部工作。布鲁克中尉继任之，很快晋升为上尉军衔。1921年底，布鲁克不得不离任，队长一职暂时由连队军士长麦卡锡（Mackenzie）充任。麦卡锡自1917年担任连队军士长，一时间无人可以替代他，故而不得不兼任两职。

这支作战单位的职责在构建野战工事、防御建筑、土方工程、现场测绘（一幅极佳的公共租界西区格状地图已经绘制完毕），以及军事工程所包括其他分支项目，另外还需要配合其他队伍的作战指示。引用一位工程师顾问的话说，工程队“勾连起周边需要连接的所有事”。

空暇时间，万国商团的工程师们热衷实验和创造。连队军士长麦卡锡发明了“置刀架”（knife - rest）铁丝网。这种特制铁丝网非常方便折叠，可以轻松地运输和储存。

工程队的良好记录一直维持到1932年，此后职能被万国商团野战队所取代。

（二十三）野战炮队

《北华捷报》对1854年“泥城之战”刊载过一篇战场素描文章，其中一段话是专述炮兵于此战中的贡献。发表于1854年4月8

日的这篇军事报告如是写道：

> 进军到此地（西藏路与广东路路口），我们这队小小的人马停了下来，等待枪手就位，以便发起进攻。我们中间拿着步枪的人，被派往抢占左侧一处非常适合的位置，充当狙击手。4 点钟一到，美军的两门榴弹炮和英军的一门炮同时向清军营地开火，在泥城浜（Defence Creek）① 另外一侧防御清军进攻。炮击维持了半个小时，命令下达，全军发起冲锋。

在这篇军事报告的前文中还写道，金能亨（E. Cunningham）先生提供了小榴弹炮，当它们出现在南京路上时，给全军将士原本紧张的心理带来了难以言喻的宽慰。

1870 年：此后整整 16 年间，无人知晓炮兵队的历史。直到 1870 年，这一年上海外侨的热情似乎又被点燃，万国商团炮兵队被重新建立起来。炮兵队重建之初，第一次列兵检阅被记录下来："炮兵队穿戴好马具，队员们一整晚都在尝试如何驾驭好这种难以驯服的动物——上海小马（Shanghai Pony）——使之作为拖拉战炮的伙伴。"从此，万国商团炮兵队就与"这种最难驾驭的动物"纠缠在了一起。上海本地出产的马驹因为"窄肩和形似棺材般的马头，很难作为战马。为此，不知耗费了炮兵们多少个夜晚"。

---

① 另可译作"护界河""护城河""新开河"，中文名为泥城浜，是当时英租界与华界的界河。1848 年 11 月，英租界第一次扩张，西界扩展到周泾浜以北的小河。1853 年小刀会起义期间，为阻止清军通过租界攻打城内起义军，英租界把西界的小河挖深，挖出来的河泥就堆成一道河堤（土墙），南端通周泾，东与洋泾浜相接，由南往北，注入吴淞江，作为地理分割。该河最终被填埋成为今日的西藏中路。

在炮兵队重建初期，装备的是 2 门“精良的黄铜加农炮”。

1886 年： 19 世纪 80 年代初，英国政府赠予万国商团一组共计 4 门 3 英寸口径后装线膛野战炮，可加载 9 磅炮弹。这种武器要比之前的黄铜前装加农炮在打击精度方面有很大提升，1 分钟内可以发射 1—2 发炮弹，但每轮发射之前还是需要擦拭弹膛，并填装炮弹。队员们将新装备的野战炮运到周家嘴的所谓“打靶场”，进行打靶练习。那里后来变作一个小公园，可以面对一条河的下游发射 1 000 码—2 000 码的距离。

万国商团装备的这 4 门野战炮分别被来自海关、巡捕房、洋行和银行业的队员操练，他们之间形成一种竞争关系。来自巡捕房的炮队队员总是被放在最后发射，如此安排颇值自豪，这是因为其他 3 门炮在先前最少需要命中靶心 1 发炮弹才足以与之匹敌。

克拉克少校此时担任野战炮队队长，1898 年在他升任为万国商团团长后，炮队指挥由莱克斯（Rex）中尉接替。

1900 年： 在 1900 年，英国政府又赠来 6 挺马克沁机枪，万国商团将之装备在炮兵队中，连队规模自 50 人一跃而至 120 人。但一两年后，因为机枪队成军，由他们接管了这批武器，万国商团炮兵队规模再度降至 50 人。1921 年，万国商团机枪队又被重组到装甲车作战单位之中。

在莱克斯上尉之后，马绍尔（G. V. T. Marshall）上尉出任炮兵队队长。那些日子，每次检阅中野战炮队所用的拉炮战马都是租赁来的。这些马匹平常大都是用作四轮马车（现在这种马车已经少人知晓了），另外还会掺杂一些拉货的马匹或是少量人骑的马。好在马具往往是用这匹马所原有的，还算坚固；再加上系在前马上的转动轴得到合理改装，可以控制住偶尔会有失控的马，所以没有出过大乱子。

1908 年：经过 20 年的服役，这批橡木马车和落后的 9 磅炮弹终于开始“抗议”了。这批武器虽然保养得不错，但 1908 年万国商团还是引入了 3 英寸口径、重达 2 吨的 15 磅快速火炮。随着这门新炮同时到来的还有一批野战炮拖拉战马，它们中大多数是作为礼物被赠予万国商团的。有了这批战马，连队被注入了一股新的力量。他们终于是一支完整的军事单位，可以训练自己的战马和火炮。

斯图尔特（A. J. Stewart）上尉在 1908 年至 1910 年，坎宁（L. E. Canning）少校在 1910 年至 1913 年分别担任连队指挥，随后由达维斯（R. W. Davis）少校接替，出任队长。

1914 年：第一次世界大战爆发时，万国商团炮兵队至少有 13 个国籍的队员组成。其中 1 门野战炮几乎全部为德国队员所操控。这部分人很明显更想为其同一民族的作战单位服役，所以炮兵队队员之间的分歧自然而然地产生了。

1926—1935 年：1926 年，达维斯少校升任至万国商团总部，接替他职务的是麦克诺顿少校。麦克诺顿是“三等勋章”“杰出服务勋章”的荣获者。在他任职期间，野战炮队的移动实现了机械化。洛布（H. B. Lobb）少校于 1930 年被委任为队长，1934 年由巴特利（H. S. Bartley）少校继任，1935 年再由丹森（G. Danson）少校接替。在丹森少校担任队长时，工部局出现经济危机，决议于万国商团中裁减炮兵队。万国商团炮兵作战单位从而终结了自己 80 多年的历史。

（二十四）后备队

万国商团后备队成军于何时？一名比我们更早些时候的历史学家采访了一批后备队老队员，有人回答道“祝你好运，我不知道，因为我是1897年才加入万国商团的”，又或有人回答道“他们很早就成军了，我所参加的过去那支后备队比今天的后备队强大多了”，这就是他所得到的全部答案。万国商团早期历史中，似乎就有一支后备作战单位存在，当时名为“外侨乡团”。随后一些年，这支队伍改名为“后备商团”。1899年，万国商团最终决定正式成立后备队。工部局很少麻烦这批后备老兵。他们每年参加一次步枪射击课程，绝大多数人都很乐意参加，另外会有6次军事操练，这也不会累死人。但是，他们似乎并不领工部局的情，更希望像常备队员一样，参加万国商团所有活动。因此在1922年年度检阅时，后备队有42名队员参加列队展演。连队军官都是万国商团历史上著名的老兵，如温格罗夫上尉、强逊（G. A. Johnson）、博萨斯托上尉、赖德（C. H. Ryde）上尉、斯塔德（A. W. Studd）上尉、哈钦森（H. Hutchinson）上尉、蒂利（P. Tilley）上尉、惠特尼（Whitney）上尉，还有一些上海名人。连队经历3次重组，分别是1915年、1921年，最后一次是1932年。在这一年，有很多年轻的新兵加入这支作战单位，这些人根本就不是退伍老兵，因此连队也随即改名，被称为万国商团“辛”队。此时，惠特尼上尉仍出任队长。于是，我想到了一首很受英国士兵追捧的行军曲，歌词是这么写的：“老兵永远不死，只会慢慢凋零。”对于万国商团后备队而言同样如此，他们只是慢慢凋零，消失不见。

(二十五)“普鲁士亲王海因里希”德国队

上海历史上曾历经几次“动荡”，而外侨不得不采取必要的防御措施。德国人此时总会挺身而出，协助当地的外侨社团。但直到1891年江南教案发生期间，工部局命令万国商团动员出防，上海的德国人才通过他们的驻沪代理领事冯·勒尔（M. Von Loehr）先生，正式向工部局提出拟建立一个由德国陆军、海军退役老兵组建而成的“德国连队”。1891年6月16日，工部局批准了这一提案，德国队正式成军。次日早上6点，60名德国队新兵在位于福州路的总巡捕房（Central Police Station）集合，在院里操练起来。带队的是莱曼（Lehmann）上尉，他是德商瑞记洋行（Arnhold, Karberg & Co.）的合伙人，曾是德军军官，并在土耳其和中国做过军事教练。

租界警报解除，但德国队并未解散；相反的是，德国队队员们再向工部局提议，希望能在现有万国商团体系中成立一个完全由德国人组建的民族连队，作为永久建制。1891年11月26日，工部局再次批准了这一请求。万国商团德国队作为一个单独连队，可以采用德国军事操典，经工部局的允许，还可推选自己的连队军官，而武器、弹药、装备等皆由工部局供给。

万国商团德国队第一套制服与德国正规陆军制服极为相似，深蓝色军装配之以红色肩带，后来由于缺少材料，肩带改为了浅蓝色，并标记“G. C.”① 两个大写字母，军帽镶有黑、白、红三色的

---

① 应为英文German Company的大写首字母缩写。

徽章。随后几年中，连队制服根据当地条件做了改款。1896 年，德国队肩章改成了德军汉萨步兵第 76 团（Hanseatic Infantry Regiment No. 76）的样式，白底之上印有“D. K.”——德语“德国队”大写首字母缩写。

1897 年春，上海发生小车夫抗捐事件，万国商团德国队首次动员出防。4 月 7 日，他们第一次值勤是前赴云南路与洋泾浜处的桥头堡驻防，与“甲”队毗邻。万国商团受到小车夫们的石块攻击，他们的反应行动被认为是“必要”的。

万国商团德国队 1 名士官带领 6 名队员穿过桥去，在河的另一侧击溃了抗议中的“暴民”，逮捕了一些“流氓”。① 他们中很多人后来都表示了悔意。这一“战绩”为德国队赢得了“美誉”。

1898 年春，万国商团德国队受到了德皇威廉二世（Wilhelm II）弟弟、普鲁士亲王海因里希的检阅。他高度评价了德国队的贡献，并准许这支队伍将他名字的首字母镶嵌在制服肩章上。德国队名字因此改作“普鲁士亲王海因里希德国队”。为了纪念此事，随后几年中，每逢海因里希亲王生日，德国队都要举行列兵检阅活动，庆典晚宴会特别选在位于外滩的最初那座“伊尔底斯”号遇难者纪念碑（old *Iltis* Memorial）前举行，以示庆祝。在海恩（Heyn）上尉的领导下，连队不断进步，甚至还组建了一个老兵后备连队，以备不时之需。

1900 年义和团运动期间，上海局势并不安稳，万国商团参军人数有大规模提升。德国队规模也有扩充，加上后备老兵，人数超过 100 名。他们可以装备 3 个小分队同时演习和操练。

---

① 原文为 mob、hooligan，贬低的是抗捐中的上海小车夫们。

德国队战力提升的一个最大动因，是来自义和团运动期间德国陆军和海军抵达上海。万国商团德国队与这些德国正规军开展联合演习，从中获得大量实战经验，促成这个“海因里希亲王”连队变为万国商团中最有战斗力的作战单位之一。1900 年 9 月，万国商团德国队接受了德国海军中将西摩尔（Seymour）、本德曼（Bendemann），以及陆军元帅格拉芙·冯·瓦德西（Graf Von Waldersee）的检阅。

1905 年大闹会审公堂案中，德国队动员计有 125 名队员，在队长舍尔霍斯（Schellhoss）上尉指挥下，参与了镇压行动。这一事件再次印证了万国商团和其德国队存在的“必要”。

自那时起，在精明能干的舍尔霍斯队长的带领下，德国队参与了万国商团的种种操练和动员，与其他作战单位一起，时刻准备着守卫公共租界居民的利益。

德国队队员们参与了万国商团所有的野战演习、一年一度的复活节野营和各种各样的体育项目，大大提高了连队声望。当时的万国商团团长彭司上校和白雷上校都对德国队的出色表现称赞有加。

德国队为应对 1911 年辛亥革命在上海所引发的紧张局势做好准备。1913 年“二次革命”期间，中国各派武装力量在龙华和吴淞口等地发生冲突，德国队再度被动员起来，做好了必要预防措施，以防止中国军队进入上海外国租界。1913 年 7 月 23 日，万国商团再度动员。4 时之前，他们都进驻了预定位置。但此时动荡发生在闸北，那里的中国商人向公共租界工部局请求军队入驻，维持秩序。万国商团进驻闸北的几个重要区域，随后由租界巡捕换岗。但巡捕的武装实力不足以控制闸北，因此 7 月 29 日，万国商团再次接到命令，替换巡捕，进驻闸北。德国队队员遇到了起义者的袭击，成为万国商团中唯一一支真正遭遇炮火抵抗的部队。幸运的是，他们没有人员伤亡，顺利夺取了预定位置。

1914年，第一次世界大战爆发。

德国队现役和后备两队中计有65人加入驻守在青岛的德国军队，而仍有2名军官、2名士官和85名队员在队长布利科勒（Blickle）上尉的带领下，分作2个小分队，留守在万国商团编制之中。1914年底，万国商团团长白雷上校在回国参战之前，于跑马厅中检阅了德国队。

随后几年，德国队和新成军的奥匈队几乎没有参与万国商团的任何活动。仅在1915年，中国巡洋舰“肇和”（*Tchaho*）号起义时，德国队才又被动员过一次。

1917年中国对德宣战，正式参加第一次世界大战，万国商团德国队随即被解散。1917年3月3日，万国商团为德国队一名死去的队员举行一场军事葬礼，在他墓前齐射3枪，此亦代表了对“普鲁士亲王海因里希德国队”的正式告别。

（二十六）海关队

自1900年成军到1926年解散，万国商团海关队的管理人员谨慎且有章法，他们自始至终采取了一种令人赞叹的系统，记录着这支作战单位的所有点点滴滴，另附有一份简明的日记文本，配合说明。通读这些历史记录，我看到这样一段话，显然（与该队历史记录）没有直接关联，粘贴在日记部分，仍将其收录如下：“任何人都不该轻易指责另一人。除非在此之前，他能光明磊落，报上姓名，并在通盘考虑所有事实基础上，说出的是已得社会认可的、能作为最终判决的话。”这段话显然意味着那位了解连队早期历史的历史学家有话要说，但他慎之又慎，不想轻易下定结论。我在以下海关队历史的讲述过程中，也将采用这种谨慎表达历史定论的态度。

海关队所遇到的困难是万国商团其他连队所不曾碰到的，或是谨慎地说极少碰到的。这个连队所有队员都来自中国的海关，本职工作需要他们不必有事先通知的情况下，就要从这一个港口前往另一个港口，不断搬家。这种情况若只是影响普通队员已是很坏，更糟的是突然间的调动工作同样适用于连队士官和军官，这使得连队很难保持称职和战斗力。不过，海关队仍然克服了这一困难，时任万国商团团长的彭司上校评价这个连队时说：“这个连队我从不担心。对于他们的服役，我只有称赞。”如此这般评价一再出现在连队的历史记录当中。

远在海关队成军之前，一些上海老居民回忆确认，在清政府海关供职的外侨在志愿从军方面的热情，可以说与灭火龙消防员、跑马总会、板球总会的外侨并无二致。他们出现在万国商团各个连队当中，而在炮兵队中聚集最多，该连队的 1 门野战炮是由海关职员们掌管、操练的。1900 年义和团运动爆发，万国商团迎来一轮参军热潮。有人建议万国商团应再添加一支海关队，如此这般，不仅可以添加人马，还可以增补“军备物资”。[①] 1900 年 6 月，万国商团海关队正式成军。原本不是万国商团成员的兰宁先生被委任为海关队队长，并在任 3 年，才告退役。

---

① 原文 Khaki，译为卡其布。当时军装都是由卡其布制成，故而以卡其布指代军装，译者认为此处应该泛化理解为军备物资。

在 1900 年的动荡岁月中，连队中很多海关高级官员都是以身示范的模范。成军时，队内士官是劳德迩（Lowder）先生和李蔚良（W. G. lay）先生，两位海关税务司同时被委任中士；另外，如前海关总税务司安格联（Francis Aglen）爵士、税务司向华地（C. E. Holworthy）先生、税务司阿岐森（G. F. H. Acheson）先生、代理税务司霍李家（R. L. Warren）先生、副税务司来安仕（F. W. Lyons）先生、代理税务司倪洛生（R. T. Nelson）先生、总工程师司狄克（D. C. Dick）先生、巡海事务长额得志（T. J. Eldridge）和潮汐总监察长陶森（C. P. Dawson）先生，他们都是以普通列兵身份参军入伍。日后，又有很多海关税务司加入万国商团海关队，从士兵做起，更不必说另外一些不如他们的高级职员了。

海关队第一条队规解释道，这支作战单位“成军，是作为万国商团不可分割的一部分，但事关检阅与操练等事宜，连队皆不能出席，这是因为以上活动与他们身为中国海关职员的职责并不相符”；再者，“连队组成虽为应对紧急事件，最终目标仍致力于成为万国商团永久建制之连队”。

海关队成军伊始即是一支非常国际化的部队。在近 100 人的连队名单中，分为 13 个国籍，其中 59 名是英国人（包括所有军官和士官）、4 名美国人、4 名奥地利人、2 名比利时人、3 名丹麦人、2 名荷兰人、6 名法国人、4 名德国人、1 名意大利人、3 名挪威人、2 名葡萄牙人、2 名俄国人和 3 名瑞典人。直至解散，连队始终保持着开放包容的态度。自 1922 年前，海关供职的中国人也开始加入连队，成为不可忽视的重要组成部分。连队曾设有一支 15 人的自行车特战小分队，但后来被撤销了。

连队一开始就遇到了一个选任军官的难题，这是因为担任军官的首要条件就是此人可以在一段合理期限内留任队中，而不被调走。连队成军时不得不在外寻觅合适的指挥官，此后也总是如此。前海关巡工司戴理尔（M. F. Tyler）先生是队中首任中尉、高级队副，曾短暂掌管连队，不过仅有 2 天，兰宁先生再次答应出任队长，并被授予上尉军衔；与之同期的是，另一名税务司威厚澜（R. H. R. Wade）先生，他被委任为初级队副。

工作压力导致戴理尔先生在 1901 年离开万国商团，李蔚良先生继任为军官。接下来的三年间，队内军官不断更替。卜鲁师（B. D. Bruce）先生继任队内尉官有一年时光。接着是队长兰宁上尉退役，威厚澜先生继任，担任连队指挥，并晋升为上尉军衔。殷萼森（J. W. Innocent）先生和水克先生递补，担任队副。殷萼森 1907 年升任队长，授予上尉军衔。在殷萼森和威厚澜两任队长之间是柯毕特队长。他是一名多才多艺的老兵，在万国商团的服役经验远远超过其他队内军官。

1908 年，李蔚良先生重新回到万国商团，担任队内军官，很快就被委任为上尉，节制连队。司狄克在 1912 年至 1913 年间曾作为上尉，短期出任连队指挥，随后是崔邓（H. S. Sweeting）上尉、威厚澜上尉。再次出山的威厚澜于 1915 年正式退役，许礼雅（H. D. Hilliard）中尉此时接管连队，在 1916 年被正式授予上尉军官，任职至 1919 年，后来被米禄司（S. V. Mills）上尉接替。

此后，海关队进入了一个新时期，连队由担任教练的前陆军中士出任指挥官，1922 年是安斯迩（E. N. Ensor）上尉、1922—1924 年①是“军功十字勋章”获得者马登上尉、1925 年是贺溥

---

① 原文为 1932 - 4，但译者根据前后文认为这是 1922 - 4 之误。

(A. J. Hope) 上尉、1926年是亨德里 (M. Hendry) 上尉。最后一任队长亨德里发现连队解散已不可避免，而他必须要承担这一骂名。以上是连队队长，值得一提的队副还有两位“军功十字勋章”获得者——利希 (W. J. Leahy) 和艾适丹 (K. Ashdowne) 中尉，他们全部参与过第一次世界大战，如前所述，皆表现优异。

幸运的是，海关队历史上曾有不少军官是善于射击之人，其中几人可以位于神射手之列，所以连队在万国商团举办的射击比赛中时常取得好成绩，夺得奖杯，这也提高了它的地位。连队引以为傲的成绩有1918年夺取的含金量很高的“白雷杯”，另在几次“彭司杯”比赛中表现不凡。队内最重要的射击比赛奖杯称为“安格联杯”(Aglen Cup)，这是由当时的海关总税务司安格联爵士所捐赠、命名的。前文已提及，安格联爵士曾是万国商团海关队的普通一员。

(二十七) 意大利队

上海的意大利人始终不多，但在1914年，他们中很多人希望提供万国商团一些自己力所能及的协助。11月16日，驻沪意大利领事馆中召开一场会议，会上决议成立一个意大利籍的连队。一周内，万国商团意大利队成军，有2名军官带队，共计有42人。

连队首任指挥官是名老兵，他就是来自意大利海军的瓦拉达 (M. D. Varalda)，定衔为上尉，另同时任命康曼西尼 (M. Comencini) 中尉为其副手。一年后，瓦拉达因调任北京公使馆卫队 (Peking Legation Guard) 而离职，齐耶里 (V. Chieri) 中尉接任队长，直到该队解散。齐耶里于1920年1月8日晋升为上尉军衔。连队最后一名副官是卡瓦扎（C. Cavazza）中尉，他是作为二等兵入伍，1920 年 11 月晋升为士官。

自成军伊始，为保持连队规模，上海的意大利人总体而言是尽了最大的努力。万国商团意大利队中最年轻的只有 20 岁，年老者已有 70 岁高龄。我们当然不能寄希望于这些年长的老兵能够一直服役下去，很多老人没过几个月也就从连队退役了。队伍人数日渐减少，若哪天听闻意大利队解散的消息，没有一个外人会感到惊讶。但意大利人不信邪，连队中剩下的人想着若不能招募到新兵，可以寄望装备新式武器，以保持战斗力。于是，1919 年底，万国商团意大利队从意大利正规军那里弄来了 2 挺菲亚特机关枪①。意大利队之所以能弄来这些武器，得益于意大利驻沪总领事德乐时（Chev. G. de' Rossi）的个人努力，是他联系了意大利政府，为连队争取来了这批军事装备。随后，连队又获得了几辆设计精良的拖炮车。意大利队队员得以拖着这 2 挺小小的轻型机关枪（spitfires），与万国商团其他 2 个机枪连队一起列队。

后来，齐耶里上尉申请装备更多现代化武器，结果连队又获得 2 挺新式机关枪。他们只在正式出防时才会动用这 2 挺新枪，平时列队练兵时总是用旧枪代替。

万国商团意大利队公认为是一支数量不多，但表现出色的连队。这个连队每次检阅时皆能保证全员出席，并能做到认真履职。只可惜的是，这支作战单位于 1929 年宣告解散。

---

① 原文为 Fiat regulation Italian Army machine gun，该枪是由意大利首次自行研制并大量装备的机枪——菲亚特-雷维里 M1914 式 6.5 毫米的水冷式机枪，由意大利军官雷维里（Bethel Abiel Revelli）于 1908 年设计，由意大利菲亚特公司制造，故常称作“菲亚特机枪”。该枪一直服役到第二次世界大战初期。

（二十八）海员队

1913 年就在上海生活的人们大概不会忘记那一年发生在黄浦江畔的那些“骚乱”。当时，有人提出万国商团应该添设一个由海员组成的连队，但直到 1916 年才复有正式成军的契机。第一次世界大战时，万国商团队员纷纷返回自己的祖国参军，概计有 500 人，这导致万国商团人手严重短缺，急需新生力量予以充实，海员队应运而生。迪克森（A. W. Dixon）上尉出任连队指挥，没有做过多宣传，这个连队的核心人员就都被召集起来。海员队成军后，主要职责是卫守黄浦江畔的上海外侨私人财产。

这些队员的制服基本上与万国商团的普通步兵连队无异，所不同的是采用了帆布绑腿和类似海员的军帽，给人一种海军的感觉。成军时，他们使用的是诺登飞多管枪，后来换来 2 挺马克沁机枪，不久他们都变成了这种轻型机关枪的行家里手。有一次，杨树浦水电厂（Waterworks and Electric Power Plant）在江边站点遭遇险情，海员队队员们拿着这些枪械，被派往此地驻守。1921 年，这些枪械被转移至机枪队，作为新增装甲车部队的军备，海员队因此暂时没了武器。与此同时，海员队组建了一支特殊巡逻队，负责情报收集工作。

迪克森上尉一直担任连队队长，直至 1927 年底该队解散。在此期间，斯内普（F. W. Snape）中尉是他的得力队副；而在巡逻队成立后，“官佐勋章”获得者曼纳斯（C. M. Manners）少校也曾担任过他的副手。

结 语

随着1937年万国商团出防结束，我们所书写的这段历史也画下了句点。因为中日之间的不宣而战，1937年8月12日至11月12日，万国商团共计出防3个月。淞沪会战期间，很多团员回家或是短期休假而不在上海，但即便如此，8月12日的全团动员依然有1 525人出勤。一旦上海遇到不测，万国商团就活跃起来，因为很多侨民热情参团，总人数在顶峰时达到2 481人。今天之上海记忆中，1937年仍如昨日之近，往事种种太过“新鲜”，不宜在此细讨。万国商团在“八一三”事变中坚守阵地，几乎毫发无损，仅有7名团员受伤。团长在年终总结中写道：“整支商团的所有作战单位和每个团员都表现出色，因此不便在此单独表扬任何一个作战单位，或是任何一名团员。我可以明确表达的是，此次全团动员完全依照原先之计划推进，万国商团所应完成之任务、应尽之职责，皆如先前之训练，保质保量予以履行。（全团上下）没有一个指挥官出现失误，所有交代的工作都被明智而认真地完成了。”葛利安上校在他的最后一年报告中，对于万国商团招募新团员亦有一些有价值的意见：“上海租界中的美籍和来自欧洲的外侨人数正在大幅减少，如此一来，近年万国商团所新募之团员中来自美国和欧陆国家的人数亦随之大大缩减。年龄在35岁之下的适龄外侨现在是如此之少，他们若非离开上海，即早已参加万国商团，或是在警务处特务股。在万国商团骑兵团和两大步兵营的欧美人数几乎已经降至史上最低，不敷使用。因此，若欧美团员人数一直持续减少，那么万国商团之架构需要做进一步改变。”

根据 1937 年底的统计，万国商团官佐为 213 人，其他各级团员 1 777 人。

葛利安上校将未来万国商团之架构改变等诸多问题，留诸工部局与他的继任者——洪璧上校来解决。1937 年 12 月，葛利安时代结束，洪璧抵达上海，接任万国商团团长。

1938 年，万国商团之义勇连队部分的总支出为 318 720 元，常备之白俄分队花费 411 720 元。

公共租界辟设初期，总有一些外侨对万国商团时不时会流露出不感兴趣的倾向。但多年“实战”历史证明，工部局和万国商团才是所有问题的解决之道。仅就上海而言，没有人会愿意解除万国商团这支武装，已成为共识。特别是自从 1900 年义和团运动后，万国商团团员们一波又一波更新换代，但无一例外都得到了历任上海公共租界工部局官员、英国驻沪司令官、香港当局和英国政府陆军部的帮助与支持。最近几年亦是如此，万国商团得到了今日工部局总董樊克令和副总董麦克诺顿准将（“三等勋章”“杰出服务勋章”的获得者）的热忱支持。

有了以上这两位掌舵上海市政的大人物的背书，加之洪璧上校，以及他领导下万国商团司令部众多参谋军官的出谋划策，万国商团未来可期，必将继续斗志昂扬、保持战力。

万国商团重要机构译名表

英文名	中译名
“A” Battalion (British)	英国“甲”营
“A” Company	“甲”队
Air Defence Club	防空总会
Air Defence Company	防空队
Alcock Road Barracks	爱尔考克路营房
American Company	美国队
American Machine Gun Company	美国机关枪队
American Reservist Company	美国后备队
American Troop	美国骑兵队
Armoured Car Company	装甲车队
Austro - Hungarian Company	奥匈队
“B” Battalion (American)	美国“乙”营
“B” Company	“乙”队
“B” Reserves	“乙”后备队
British North China Medal	“英国北华奖章”
Cadet Company	少年队
“C” Battalion (Russian)	俄国“丙”营

续 表

英文名	中译名
“C” Company	“丙” 队
Chinese Company	中华队
Chinese Physical Recreation Association	华商体操会
“C” Machine Gun Company	“丙” 机关炮队
Corps Cavalry	骑兵团
Custom House Company	海关大楼连队
Customs Company	海关队
“D” Company	“丁” 队
Drill Hall	操练厅
Emergency Medal	“紧急时期奖章”
Engineer Company	工程队
Field Artillery Company; Field Battery	野战炮队
Filipino Platoon	菲律宾排
French Company of the Volunteers	法国商团
General Service Company	后勤队
German Company “Heinrich Prinz Von Preussen”	“普鲁士亲王海因里希” 德国队
German Reserve Company	德国后备队
Gun Club 12 - bore Company	射击俱乐部队
“H” Company	“辛” 队
“Home Guard”	“外侨乡团”
“Hongque” Company	“虹口” 连队
Horse Artillery	马拉炮兵分队
Intercommunication Company	通讯联络队

续 表

英文名	中译名
Interpreter Company	翻译队
Irish Company	爱尔兰队
Italian Company	意大利队
Japanese Company	日本队
Jewish Company	犹太队
Jewish platoon	犹太排
Lewis Gun Section	刘易斯机枪小分队
Light Automatic (A. D.) Company	轻机枪（防空）队
Long Service Medal	“长期服役奖章”
Machine Gun Company	机枪队
Maritime Company	海员队
Maxim Company; Maxim Battery	马克沁队
Mih-Ho-Loong Hook & Ladder Company	灭火龙消防队
Mih-Ho-Loong Rifles	灭火龙步枪队
Motor Car Company	汽车连队
Mounted Rangers	骑巡队
Mounted Scouts	骑马侦察队
Naval Volunteers	义勇海军队
No. 2 Company	“二”队
No. 1 Company	“一”队
Philippine Company	菲律宾队
Portuguese Company "Colonel Mesquita"	“梅斯奎塔上校”葡萄牙队

续 表

英文名	中译名
Reserve Company	后备队
Reserve Corps	后备商团
Reserve of Officers "A."	后备之军官"甲"队
Rifle Corps	步枪团
Rifle Range	靶子场
Russian Battalion	常备白俄营
Russian Company	俄国队
Russian Detachment	白俄分队
Russian Regiment	白俄团
Shanghai Field Company	上海野战队
Shanghai Light Battery	上海轻炮队
Shanghai Light Gun Battery	上海轻枪炮队
Shanghai Light Horse	上海轻骑队
Shanghai Scottish Company	上海苏格兰队
Signals Company	通信队
Transport Company	运输队
Veteran Company	老兵连队
Volunteer Club	万国商团总会
Ward Road Gaol	华德路监狱

上海白俄团（1927—1945）

E. M. 克拉斯诺乌索夫 著
魏甜甜 译
徐 涛 校

前言

编纂《上海白俄团》纪念册的想法出自最后一任副官叶甫根尼·米哈伊洛维奇·克拉斯诺乌索夫（Е. М. Красноусов）上尉。他在白俄团20年的工作生涯中，除了完成分内工作，还管理所有运动项目，组织并参加所有白俄团的比赛和表演。

中国闪电般的事变和政权更替注定白俄团会遭遇“不幸”。1945年白俄团解散，不复存于世上。

接着，俄国人撤离上海，飘零海外。

叶甫根尼·米哈伊洛维奇先是举家迁往菲律宾，后迁往澳大利亚，定居在布里斯班。

我们得知，他正竭力收集和汇总所有存世的有关白俄团的资料。可惜的是，白俄团的所有官方档案已于上海散佚，他只留有自己的笔记。

笔者П. И. 加帕诺维奇（Гапанович）上尉时任连长，职责所在，从白俄团的文书中收集资料，以备连队授课之用——因此几年中收集了有关白俄团“光辉事迹”的所有官方材料。

与叶甫根尼·米哈伊洛维奇通信后，我一有条件就寄送他相关文件，这对他的工作大有助益。

本书完成后，叶甫根尼·米哈伊洛维奇将它寄给白俄团司令审阅。但令人深感悲痛的是，未过许久，本书作者、我们敬爱的叶甫根尼·米哈伊洛维奇与世长辞。

白俄团司令在临终前，将本书手稿转交给列昂尼德·彼得罗维奇·本特辛（Леонид Петрович Бентхен），后者汇总了所有资料，并完成了之后的出版准备工作。

时光流逝，白俄团的高级军官们逐渐辞世。现在，作为最后一名军官代表，我认为将本书付梓是我的职责，决不会推辞。

П. И. 加帕诺维奇

上海

上海常被唤作“东方巴黎”，她的名字总令人联想到奇闻逸事，但这种比较在我看来是很片面的。

要我说，上海是一座对比之城。这里如此生硬、如此大规模地糅杂了不可调和的对立物，是世上独一无二的城市。在这座巨大城市中，古老的中华文化与最现代的文明和睦相处，难以描述的奢华和贫苦共存，奴隶劳动和得来容易的横财像两个友善的老友，毫无障碍地携手并进，富人的奢华府邸旁簇居了中国苦力的惨淡窝棚，同一条街上既有最新型的汽车和货车飞驰，也有寒碜脏污的黄包车在缓慢拖行，距离宏伟的庙宇几步之遥便是荒淫滋生的贫民窟。

这一切事物，无论古老还是新潮，高尚还是卑劣，都合法登记，各安其处。

这是一座不夜城。白天的商业生活和酒馆赌窝中堕落的夜生活交替变幻。到了晚上，白日里寂静无人的“血巷（кровавая аллея）”（Чу Пао Сан，朱葆三路，今溪口路）如同大海般喧腾涌动，空中充斥着醉意熏熏的歌声、粗口咒骂声、各国宪兵的警笛声、救护车的鸣笛声。

上海巡捕是这座城市孜孜不倦、时刻警惕的保卫者。利用最新犯罪技巧实施的敲诈、偷盗、抢劫、恐怖行动，日夜不曾消停。

上海从来不是一座太平的城市。经常性的罢工、政治示威、工人和学生的运动，或单纯是无赖式的破坏，在这座矛盾之城常常发生，仅在强度有所变化。

上海建城的具体时间已经难以确认，但无论哪种说法，上海都是在基督诞生前建立的。

建城之初，上海发展得极为缓慢，因为几个世纪以来，长江（Ян－Цзе－Цзян）下游的贸易中心聚集在吴淞口（Вузунг）向北25英里，浏河（Лиу Хуэ）和长江的汇合处，后来浏河半为堵塞，河运中心开始转移到黄浦江（Вампу）。得益于此，上海成为整个区域的主要贸易中心。

此后，上海确立了其作为重要贸易节点的地位。毫无疑问，这是上海距海近和大量船只经此流通的结果。

随贸易发达，上海很快富有起来。但是，对上海而言，这一情况也有其不利影响。这座城市引起了海盗注意，他们不时袭击上海，城中居民被迫拿起武器反击。但此类袭击随后变得更为频繁、猛烈，以至于上海居民已经无法独立担负城防，他们请求皇帝准允在城市四周修建城墙。

该城墙修建于16世纪后半叶，留存至本世纪20年代。[①] 城墙拆除后，原址上铺设了一条林荫道，现在林荫道上蜿蜒着一条有轨电车线路。古迹成了进步的牺牲品，让位于西方影响下发展起来的、新兴中国文化的要求。

外国商船最早于13世纪来到上海，激起了中国人极大的兴趣。

被称为“洋人”（заморские выходцы）的外国人，带来了各式

① 此处原文如此，有误，上海城墙拆于民国初年。

各样的货物。但是中国人并没有充分认识这些货物的价值，认为这些货物在生活中不怎么实用。

有趣的是，这种看法并非因为运来的货物真的不合适，而主要是因为中国人心里鄙夷这些外来货物。他们认为自己是最高等的种族、“天朝”（Срединнее Царство）的臣民，而“天朝”是天与地的中介，因此具有睥睨天下的尊荣。

在中国人看来，外国人是彻头彻尾的蛮夷，和他们打交道是受人鄙薄，也不被允许的事情。中国人的这种态度从一开始就给和平发展贸易关系制造了障碍。

要了解中国人对白种人的态度，有一点值得注意，中国人给他们取了一个“洋鬼子”（чужеземные черти）的绰号。顺便说一句，这一名词现在也依然通用。

在当地居民如此心理背景下，欧洲来的先驱商人们迈出的第一步自然是非常困难的。这也可以解释，为什么后来中国反过来遭到外国人莫大的侮辱。

起初，外国人只能通过广州（Кантон）[①] 和中国进行贸易活动，但当时精明强干的商人们已经充分估算过通过上海进行贸易的种种好处，并且早在 1756 年东印度公司的一位成员就提出了在上海建货仓的建议。

直到 1832 年东印度公司成员林赛（Линдсей）到达上海时，这个想法才部分得以实现。但林赛在上海受到了“极其不友善”的对待，甚至遭到吴淞炮台的炮击（虽然当时用的是空弹）。

尽管如此，林赛仍参观了这座城市，并得到上海道台接见。虽

---

① Кантон 为广州俄文旧称，现写作 Гуанчжоу。

然没能获得在此开展贸易业务的许可，但林赛收集了很多关于上海的珍贵资料，并且充分肯定其未来的贸易价值。林赛还撰写了一份详细的游历报告。顺便说一句，这份报告指出，上海一天之内来往的帆船超过400艘。遗憾的是，这份报告虽然引起了东印度公司董事们的兴趣，但他们并不觉得有必要采取什么行动。上海对外国人依旧大门紧闭。

1839年，中英战争爆发，[①] 战争以英国1841年占领香港、后占领厦门和宁波结束。

结束了中国南方的军事行动后，英国舰队出现在吴淞口。1842年7月13日，4 000名英国人在吴淞口附近登陆，在舰队支援下很快拿下炮台；7月19日，英国人压制住鼓衰力竭的清军，占领了上海。

在这之后，英国舰队封锁了京杭大运河（Императорский канал），并前往南京签订了著名的《南京条约》。根据条约，开放汕头（Сватао）[②]、厦门、福州、宁波和上海为通商口岸，香港则完全为英国所控制。

《南京条约》签订后不久，英国政府派遣璞鼎查（Гарри Поттингер）男爵前往上海，[③] 授权男爵会同驻沪英国领事巴富尔（Бальфур）上尉为新的英国居留地选址。

---

① 原文如此，应为作者观点。1839年中英发生冲突，但并未引起大规模战争。1840年第一次鸦片战争爆发。

② 原文如此，有误。《南京条约》中开放的港口为广州。据查，《南京条约》签订后，汕头虽然已经出现商业贸易和传教活动，但正式开埠为1860年。

③ 原文如此，有误。上海开埠时，璞鼎查应驻香港。据《上海租界志》，1843年11月8日，首任英国驻沪领事巴富尔抵达上海，同上海道台宫慕久交涉英商居留地问题。

他们选择了苏州河和今日的爱多亚路（Авеню Эдуарда VII，今延安东路）之间的一块土地。

这个地方怎么也不能说是已成熟的居留地，因为它几乎遍布沼泽，沼泽中又大量繁殖着疟疾的传播者——蚊子。而且，由于夏季炎热潮湿，令人疲惫不堪。外国人难以适应这样的气候条件。

居留地方圆几十英里范围内，延伸着一片沼泽遍布、树木稀少的平原，无数河道纵横交错，到处散布着坟丘。

应当注意，这些河道在这座城市发展史中具有重大意义。正因为有了这些河道，长江上游 50 英里的这块土地虽受海水涨潮影响，但能从长江中补充淡水；河道也可通航，大量商船沿河通行，内河航运的终点就是上海。

这些河道还赠予居民一年两三次丰收的机会。

在着手建屋之前，英国人在地下排水方面做了大量工作，甚至将某些地方的地形加高。

直到 1849 年，英国人才开始定居在为其选定的地方。这一年，上海已经计有 25 家洋行，欧洲居民人数达上百人。

1849 年，清政府将上海县城城墙和英租界之间的一块地割让给法国。

19 世纪 50 年代末，美国政府也在虹口（Хонкью）沿苏州河、黄浦江一带获得一块租界，后来在这里修建了上海最大的码头和船坞。

1863 年美租界和 了独具特色的“自治体”，取名为“公共租界”

法国人拒绝了 租界单独治理。

随着租界建立 飞猛进，日积月累，

上海成为中国最重要的城市之一。

不过，在泰然享受自己的劳动果实之前，外国人不得不经历一段不短的、煎熬而沉重的日子。因为随着租界建立，上海史成了流血冲突的历史，既有中国人同室操戈，也有华洋兵刃相见。

这些事件中，最著名的有三合会起义（Триад）[①] 和对抗太平军（Тайпинг）的战斗。

1853 年 9 月，一支中国秘密会社——小刀会的信徒，发动起义“扣留”了上海的本地人。

清政府派兵镇压此次起义，但是小刀会军队躲在城墙后，与围城官兵周旋了 17 个月。

这一时期，2 万名攻城官兵出现在上海，最令外国人惶恐不安。官兵纪律散漫，一开始还能以礼相待，之后就开始敲诈抢劫，最后竟公开袭击外国侨民。

1854 年 4 月，英国大使[②]不得不要求清政府从租界切近处撤回围城军队。英国人断然明确，清政府若不履行，则以使用武力和消灭围城军队营地相威胁。

对此要求，清军将领回应说，外国人区区之众，无法构成威胁，要他撤回军队绝不可能。

得到这一答复后，各大国代表发出了最后通牒，要求在 4 月 4 日下午 4 时前从租界附近撤除军队。

大概在 4 月 4 日下午 2 时左右，清军士兵在租界街道上袭击了一名英国人和他的同伴。外国人情绪高涨，英美舰队立即从舰船登

---

① 原文有误。上海发生的秘密会社起义为小刀会起义，后文“三合会”皆改为“小刀会”。

② 原文有误，应为英国驻沪领事。

陆，和租界居民组成的义勇队（Отряд волонтеров）汇合，300 人向位于租界中心、现在上海跑马厅（Рейс－Клуб）位置上的中国军营进军。

这支义勇队奠定了上海万国商团（Шанхайский Волонтерский Корпус）的基础。这也是为什么，在上海万国商团的帽徽上仍刻着“1854 年 4 月 4 日”这一日期。

后来，自 1927 年到第二次世界大战期间，白俄团（Русский Полк）成了万国商团的常备军，也是上海的“光荣和骄傲”。

发动进攻的外国军队本以为中国人会不战而逃，但情况恰恰相反，这一小股外国军队和上万名中国士兵迎面遭遇，清军向他们开火了。

外国军队的形势十分危急，但登陆舰成功发射的几枚炮弹在清军中引起恐慌，外国人乘势发起冲锋。

目睹这一切后，被围攻的小刀会起义者也向清军发起进攻，战斗进行 2 小时后，官兵溃逃。

这一事件被命名为“泥城之战”（Мадди флат）。

战事过后，上海快速恢复了正常生活，在太平军攻击前的 6 年，安宁的水流未曾被搅动。

太平军起义的历史是这样的：在 19 世纪 50 年代初，一位名叫洪秀全（Хуан Сю－цан）的中国人，在对基督教要义有过一些了解后，成立了名为“拜上帝会”（Общество Всевышняго）的宗教组织，并进行了尤为积极的反对偶像崇拜的布道活动。

令人失望的国内政局很快改变了这场运动的性质，宗教事业掺杂了政治因素，运动转而针对当时统治中国的清王朝，逐渐变成了一场真正的革命。

太平军很快席卷了整个华中地区。起义者夺取了所有大城市，最后占领南京。洪秀全自称为“天王”和“耶稣基督的兄弟”，将新朝称“天国”，即“上帝的”国家，南京被定为新都。

这一年（1853 年）是太平天国的鼎盛时期，胜利冲昏了头脑，运动将领们失去干劲，臣服于奢侈放纵，洪秀全本人则变成了典型的军事暴君。

这一时期，清政府“很不明智”地卷入了与英国、法国的战争，无力应付太平天国运动。

太平军利用这一形势，将运动向海边推进，好夺取上海的大货仓和船只。

1860 年，起义军逼近上海，来到苏州城脚下。面对迫在眉睫的危险，法国海军上将蒙塔班（Монтабан）向居住在上海的英国公使提议，派遣一支部队支援苏州，但英国公使以中立主义为托词，拒绝派兵。

太平军未遭抵抗便拿下了苏州，屠杀了城中 10 万居民。上海城内满是难民，其中有大量富豪。一些可疑人物和罪犯跟随着这些富人潜入上海。很快，太平军逼近上海时，若失陷，城里会发生大屠杀的事情人尽皆知。

上海富裕阶层的居民不甘束手就擒，于是建立保卫城市的联盟，筹集大笔资金并聘用一名英勇的美国人—— 一位名叫华尔（Ворд）的探险家组建队伍抗击太平军。

得益于华尔旺盛的精力和丰富的经验，他成功将一群社会渣滓、逃兵、冒险家组建成了一支纪律严明、团结一致的战斗团体。这支军队取得了一系列重要胜利，获得清政府给予的正式名称——“常胜军”（Всегда побеждающая армия）。

此时，英国人和法国人依旧秉持中立主义，不仅不支持华尔，还要求逮捕他并送交法庭。

但华尔设法逃脱了，他取得中国国籍，再次成为洋枪队队长。

有趣的是，华尔逃脱后10个月不到，英国人自己也承认，华尔的军队是“模范”部队，只有它才能平息中国的骚乱。英国人希望能加以利用，使之成为建立公共租界军队的核心力量。华尔被授予准将军衔，继续领导洋枪队。

1862年2月，华尔带领洋枪队和中国官兵击溃了2万太平军，并摧毁了他们打算用于登陆上海的舰队。随后，华尔肃清了整个黄浦江右岸的太平军。

1862年4月底，为拿下吴淞口以切断上海的海上交通，太平军逼近这一要塞，却又失败撤退。很快，他们再次出现在黄浦江右岸名为浦东（Путунг）的地方，紧逼租界，只有一河之隔。

上海城中仓皇部署防卫，但是城中军队实在太少，只有一个英国步兵团、一个印度兵团和一些法国水兵。

上海处在起义军的四面包围中，他们切断了上海和外地的联系。饥荒迫近，城内面临饥饿引起暴动的潜在威胁，现有的外国军队又无法应对内忧外患。

指挥上海外国军队的英国海军上将何伯（Хор）和法国海军上将卜罗德（Протэ）断定，不能再坚持中立主义，应该公开反对太平军。他们给华尔领导的洋枪队配置了400名人员、3门大炮，但是华尔的局部胜利并没有改善处境。截至此时，上海的外国驻军已经增加至4 000人、30门大炮的规模，他们决心在上海周围30英里以内肃清太平军。

这一军事行动取得成功，海军上将卜罗德却在战斗中牺牲了。

在与太平军斗争期间，清廷官兵对此完全漠不关心，因此外国驻军不得不将力量分散，驻防在太平军已被肃清的城镇中，武装力量因分散被削弱。

俄国向英国和法国提议，派遣大量增援部队和海军进行支援，但这一提议被拒绝。

这时，太平军再次出现在紧挨上海的济卡文斯基（Зикавейский，音译）修道院，继而又在今天的德国小学（福煦路末尾，今延安中路）现身。

为肃清当地太平军，外国部队四处奔走。华尔在一场战斗中被杀死，直至今日，他仍被视作中国的“英雄”。

华尔的死显然刺激了清政府，他们很快决定派出一支强大的远征军夺取南京，在对抗太平军的战局中表现出高度的积极性。

英国将军戈登（Гордон）被任命为此次行动的领导者，统率所有的军队。他完全重编“常胜军”，军队建制已经超过 5 000 人，在一系列“光辉的胜利”之后于 1864 年夺取了南京。

持续 14 年的太平天国运动就这样被扑灭了。这次起义将中国最富裕的省份“劫掠一空”，摧毁了 600 座城市，搭上了 2 000 万人的性命。

1854 到 1864 年间的上海像是汪洋中的一座小岛，仅仅是因为外来武装力量，以及它的领袖——华尔和戈登将军的天才与胆略，上海才得救了。

太平天国运动是上海最后一次“大劫难”。接下来的日子里，华洋摩擦不断，但仅仅属于地方性质的冲突。

1897 年，（工部局）提高小车（Вилборроу）捐税引发了混乱。为了镇压罢工者，外国舰队登陆，上海在没有发生流血冲突的情况下，便平息了此次风潮。

1898年，为铺设新的道路，法租界公董局决定拆除一座中国庙宇，[①] 由此引发混乱。这一次，混乱被武力镇压，最终有15名中国人被杀，多人受伤。

1900年义和团运动期间，上海的秩序并未遭到破坏，因为这时有大量英国、法国、德国和日本军队驻扎上海，直到1902年才离开。

1905年12月，英国法官就上海会审公堂中的司法权问题，与中方谳员出现摩擦。中国报刊发表了群情激昂的文章，一些传单中呼吁保卫中国人备受蹂躏的权利。外国人不得不再次请求外国军舰登陆。

1911年的辛亥革命完全没有影响到上海。唯有1913年夏天，中国南北势力开战时，中国军队在上海华界的内战，使得公共租界和法租界的居民遭到炮弹爆炸影响。

1924—1925年间，上海再次遭到中国政治派系内战的影响，万国商团被动员起来——此时万国商团已经是一个有分量的军事力量。驻沪外国军舰部队也登陆了。

上海城中布满了街垒。这一时期驻扎在上海的还有鄂木斯克和哈巴罗夫斯克武备学校的士官生[②]，他们和白卫军自海参崴撤退至此，领取了步枪后加入了外国驻军（Иностранный гарнизон）。[③] 上

---

① 笔者误，拆除的是四明公所，并非庙宇。

② 士官生是俄国军队发展体制中的一级。这是指上军校之前，就读于士官武备学校的学生。

③ 外国驻军在文中泛指开埠后在上海驻扎的外国军队，史上英、法、日、美、俄、德、意等国都曾在上海驻军。

海得以维系一种表面的、暂时的和平。

“排外”的宣传活动在中国大学生和工人中愈演愈烈。1925 年 5 月 30 日，宣传活动达到高潮，大批华人聚集在老闸（Лауза）巡捕房附近，要求释放被逮捕的宣传员，并威胁要将位于租界中心的巡捕房付之一炬。巡捕向人群开火，造成 4 名中国人丧生。

中国人极度激愤，开始对所有欧洲人毫不掩饰地表现出敌意。

第二天，即 5 月 31 日，劳动者宣布进行总罢工，有很多中国人与租界巡捕发生冲突。

6 月 1 日，上海进入军事状态，万国商团再次被动员起来。

中国方面提出了消除外国人的所有特权、在所有外国租界恢复中国主权的主张。

漫长的外交谈判开始了。谈判结果是，从界内中国居民中邀请 3 名华人顾问加入公共租界工部局。

1926 年，上海城市上空再次“阴云密布”。在俄国布尔什维克的协助下，蒋介石领导的新“国民政府”在广州成立，并决定对北洋政府进行讨伐。

这些“民族主义者”击溃了北洋政府军的反抗，到达汉口（Ханькоу）。在中国人的要求下，英国政府放弃了在汉口的特权①。

中国人丝毫不掩饰自己的意图。另一支庞大的南方军队正向上海方向前进。

不过，他们注定要在上海遭到最坚决的抵抗。

孙传芳将军的驻沪“中国北方军”② 根本不被看作上海的守卫

---

① 即中方收回汉口租界。

② 和南方国民革命军相对。

者。相反，他们甚至被建议驻扎在稍微远离上海的地方，以免冲突在城内外发生。顺便说一句，和“东北三省”统治者、“亲白俄”的张作霖元帅的部队一起来到上海的，还有（白俄侨民）俄国义勇兵[1]，他们加入了孙传芳的军队。

英国人、美国人、法国人、日本人和意大利人的军事运输船皆向上海驶来。但在这些军队到达之前，上海城内已尽全力展开自卫。万国商团再次被动员起来，同时建立了特别的白俄武装（Особый Русский Отряд），后来这支部队被命名为“上海万国商团白俄团”（Русский Полк Шанхайского Волонтерского Корпуса）。

① 此指涅恰耶夫（Нечаев）将军的部队。——原文注

上海公共租界的俄国人（1927年）

在大批俄国难民自滨海地区去往上海之前，从贸易往来上看，几乎没有俄国人在上海做生意，除了俄国茶商巨头在汉口建立的分公司，俄国人在中国没有其他买卖，更别说设厂搞实业了。

即使从1896年存续至今的华俄道胜银行（Русско－Азиатский банк）也并不具有显著意义，因为在这段久远的岁月中，它所服务的仅是生活在上海的几十个俄国侨民。

那时，汉口的俄国茶商巨头古布金-库兹涅佐夫（Губкин－Кузнецов）、莫尔恰诺夫-配恰特诺夫（Молчанов－Печатнов）、利特维诺夫（Литвинов）团结成一股坚实的俄国商业力量，每年有数百万交易额。

1904—1905年日俄战争期间，相当多的俄国军人出现在上海，于是俄国人开始做些小生意。但随着战争结束，俄国人重回故乡，这种活跃景象马上就消逝了。

1908年前，除了华俄道胜银行和义勇舰队（Добровольный Флот）办事处，一些俄国私人企业已经在上海立足。

1914年第一次世界大战爆发后，俄国人迎来第二个贸易活跃期。大量俄国生意人、政府采购代理和供应商此时涌至上海。与此同时，上海开始建造海参崴港口所需的破冰船，大量原料——麻袋、橡胶等从上海发往俄国。

活跃的贸易往来自然导致上海的俄国侨民，尤其是侨民中的工商阶层增加了。

在 1917 年俄国革命期间，俄国难民纷纷逃到上海。此外，“白俄政府”在上海采购大量军需物资。这一时期的贸易活动由俄国驻沪总领事馆下属的商会管理。1924 年，领事馆和商会关停。

1919 年前，上海已有近 1 000 名俄国人、几个俄国贸易行。

1920 年 9 月 23 日，中国总统[①]颁发了撤销俄国驻华领事机构的法令。

同时，中国总统将所有旅华俄侨置于中国法律的管辖范围内。

俄国公使库达舍夫（Кудашев）男爵审时度势，并未抗议中国政府剥夺其外交代表权，但他坚持保留俄国人的治外法权。

各国外交代表支持库达舍夫的主张，因为他们担心中国单方面破坏对俄协约可能会创下于己不利的先例。

中国政府最终颁布了在中国法庭应用外国法律的临时条例，并组建俄侨通商事务局（Бюро по русским делам）。曾经的俄国领馆人员被录为中国官吏，但不向中国政府领薪。

俄国领事官同时有协商之权利、执行之义务。俄国人此后开始按照中国法律注册登记，并由前俄国领事陪审官和中国法官在会审公堂共同审理俄国人相关的案件。这种情况一直持续到 1924 年 5 月中国承认苏联政府为止。

苏联政府拒绝承认俄国人的治外法权，同时宣布，对于所有没

---

① 北洋政府总统徐世昌。

有申请苏联国籍的俄国旅华公民，将剥夺他们的俄国公民权，拒绝提供任何庇护，拒绝代表这些人的利益。

俄侨通商事务局被裁撤，中国交涉公署（Китайский Комиссар по Иностранным Делам）全权负责处理对俄事务，在没成立公署的地方，由中国省长和警察厅（Китайские Губернаторы и Полиция）负责处理。

中国政府在形式上终结了它与前俄国外交人员的关系，但出于私交，中国政府官员们看在以往情分上，多多少少会以个人身份提供帮助。

亦因此种情形，在前俄罗斯帝国驻沪总领事维克多·费多罗维奇·格罗斯（Виктор Федорович Гроссе）的倡议下，1924 年 7 月，“保护上海俄难民权利委员会”（Комитет Защиты Прав и Интересов Русских Эмигрантов В городе Шанхае）成立，格罗斯任委员会主席。

起初，进入委员会需受格罗斯本人邀请，但在格罗斯和格列博夫（Ф. Л. Глебов）将军发生冲突后，委员会吸纳当时成熟的社会组织之代表，进行了改组。

在 1925 年那场旨在“钳制外国利益”的总罢工①中，改组后的委员会大力投入到维护城市秩序的事业中。

沪上外侨赞赏委员会的工作，投入大笔金钱以满足其慈善事业所需，格罗斯则受邀进入工部局主持“志愿服务管理处”（Добровольческие службы），享有丰厚薪金。

格罗斯与（沪上）俄侨团体之间分歧不断。1926 年，格罗斯和

① 即五卅运动。

全体董事会受到公开弹劾，分歧演变为彻底分裂。

成立上海俄侨普济会（Эмигрантский Комитет и Другое Благотворительное Общество）后，格罗斯离开了“保护上海俄难民权利委员会”，由此形成了两个声称代表并保护上海俄侨权益的组织并存的局面。一个延续了前俄国驻沪总领事馆机构，另一个则以选举的社会组织代表为核心。

尽管它们的内在架构有所差异，但它们都为白俄的共同利益奔走，很难说，哪一个组织助益更大。

两个组织都有近似领事馆的功能——任何白俄侨民都能通过它们办理证件。在需要俄国人统一表态的场合，两个组织则召开联席会议，为共同事业友好合作。

公共租界和法租界当局完全没有为难白俄侨民，充分信任其代表机关。

白俄驻沪代表机关为中国政府和外国势力所共同承认，这一既存事实为沪上白俄的生活提供巨大便利。

白俄侨民的法律地位确定如下：他们可以不受干预地在心仪的工作场所工作，对其私人动产和不动产、私人学校、教堂、医院享有所有权，有言论和出版自由，并享有召集集会和组建社会组织的权利。

在中国的法律框架下，所有这些权利都为当局所允许。

上海白俄侨民不曾有过无权利的状况。

大部分白俄侨民仅支付住房税。需要补充说明的是，每个俄国纳税人和其他外国纳税人一样，有权参与上海公共租界的“事实政府”——工部局的选举。

在“滨海边疆地区白俄政府”被摧毁后，1922 年 11 月中旬，

"阿穆尔河地方自治军"（Приамурская Земская Рать）[1] 余部撤离俄国，分三条路线逃往中国：第一集团军和第二集团军人数相对较少，队伍中几乎没有难民，他们通过绥芬河站（Пограничная）逃往"北满"，历经多番灾难后，逐渐散失在中东铁路（К. В. Ж. Д.）沿线，转化为"白俄侨民"；第二集团军和第三集团军为军队主力，以行军队列撤离，在靠近朝鲜边境的城市珲春（Хунчун）越过中俄边境。这些白军残部及跟随部队而来的难民共计7 000人，根据中国"东三省"都督张作霖元帅的指示，他们被安置在吉林城（Гирин）。后来，这些人逐渐散失在中国北方，主要还是在中东铁路沿线。

远东白军的其余部队及大量难民，总计9 000人，乘坐30艘军舰、汽船和快艇通过海路从海参崴（Владивосток）撤离。

这支"舰队"的第一个落脚点是距海参崴最近的朝鲜港口元山（Гензан）。该舰队的部分士兵在海军将官斯塔尔克（Старк）的指挥下，从元山出发前往上海。

"舰队"使用的大多是单薄小船，不适宜长途海上航渡，因此从海参崴到上海的路途变得尤为艰难。猛烈的海浪、淡水和食物的缺乏、超载的"乘客"，加之从元山港刚一出发就遭遇的暴风雨令局面岌岌可危。

在距离上海不到100英里的地方，这场暴风雨导致"阿亚克斯"（*Аякс*）号扫雷舰和"德德莫夫中尉"（*Лейтенант Дыдымов*）号炮舰覆没，船长连同一班士官生遇难。

1922年11月底，斯塔尔克"舰队"的其余船只在靠近上海的

---

[1] "军政长官"季节里赫斯（М. К. Дитерихс）将军统治这一边疆区时，滨海边疆区白军的称谓。——原文注

吴淞口下锚。

斯塔尔克历尽千辛万苦将这支成分复杂的“舰队”带到上海，迎接他的却是沪上外侨和俄国官方人士阴气沉沉的脸。在漫长的谈判过程中，“舰队”对船只进行了必要修理，补充了后备物资。谈判结果是，租界当局坚持要求所有船只离开上海，仅仅极为勉强地允许了乘客和两个士官武备军团（鄂木斯克和哈巴罗夫斯克军团）的青少年学员自愿登陆。

斯塔尔克的“舰队”随后离开上海，启程前往菲律宾。

同一时期，另一支由军事运输船“鄂霍次克”（*Охотск*）号、“蒙古盖”（*Монгугай*）号和巡逻艇“保卫者”（*Защитник*）号、“普什卡里”（*Пушкарь*）号组成的舰队，在海军上将别祖阿尔（Безуар）的领导下，从海参崴出发，在元山停留至 1923 年 8 月。

这些军舰上除了难民，都是格列博夫中将麾下的远东哥萨克军团。

包括难民在内，大概有 6 000 人乘坐军舰离开海参崴。滨海地区统治者、地方自治军军政长官季节里赫斯将军发放了 6 000 日元的预支款，交由部队指挥官格列博夫将军调用。6 000 人花 6 000 日元！能用多久呢？一个星期？一个月？一年？谁曾料想到这种情况呢?!

在元山停留的 9 个月里，格列博夫将军和日本当局搞好关系，令部分远东哥萨克军团人员帮助当地开凿灌溉渠，并通过这样的方式获得供养资金。他设法将难民送往“北满”，后来这些人在哈尔滨、海拉尔和长春落脚。船上仅剩大概 850 名年轻人和流民。

1923 年 8 月 7 日，格列博夫将军和这批人动身离开元山，前往上海。

1923 年 9 月 14 日，大概下午 5 时，由 3 艘战舰组成的舰队挂着俄罗斯帝国军舰的旗帜，在吴淞口的港外停泊场下锚。

一个不复存在的强国之武装船只出现在上海水域，桅杆上悬挂着三色旗和安德烈海军旗，岗哨上站着武装哨兵，这一景象在上海引起轰动。

这些人是谁？他们意欲何为？那些日子里，上海似乎已经倔强地将自己与任何战争、破坏及类似的灾难隔绝开来！来到这座庞大、富饶的城市，他们需要什么？

他们是白俄远东哥萨克军团余部。究其历史，可追溯到滨海地区格罗杰科夫军的部队，1922 年 6 月，这支队伍改组为远东哥萨克军团，归格列博夫将军统领。

上海租界当局立即建议格列博夫将军在 48 小时内离开港口，态度极为不善。

在祖国历经艰难困苦，又经长途跋涉到达上海的俄国人，原本期望身心得以暂歇，却毫无预兆地再次跌进不幸深渊。

上海租界当局提出 48 小时内离开港口的要求犹如晴天霹雳，是一次出人意料、震人心魄的打击！俄国人顿时萎靡不振，生出无处可去，宛如飘萍之感。

但格列博夫将军凭借与生俱来的果敢，断然拒绝了上海租界当局这一要求，在他看来，这无异于要这些人遇难丧生或饥饿而死。

上海租界当局还有一个要求——降下俄罗斯帝国国旗和安德烈海军旗并缴械。但格列博夫将军认为这和俄国军事荣誉观念相冲。属下士兵亦坚决表示，拼死也不接受这一要求。

格列博夫将军拒绝执行上海租界当局的命令，尽管这一命令更像是威胁——英国军舰就停在“格列博夫舰队”不远处，并将炮火对准他们。

格列博夫将军和他的部队将船停在原地，保持封闭状态。他们所表现出的坚定，令上海租界当局不得不妥协。

两周后，格列博夫将军设法获得允许，部队以24人为一组上岸。法租界为这些“休假者”租赁了专门的公寓，接受门诊治疗的人员也陆续入住于此。

但是，整支队伍的处境并没有多少改善。这座城市依旧对他们大门紧闭，船上的生活难以为继，有人因为饥饿和营养不良诱发疾病而死。

在吴淞口（距上海大概20英里）外停留1年后，尽管未得上海租界当局允许，但格列博夫将军仍下令船只开进吴淞口、驶入黄浦江，只为了改善这些人的处境，哪怕争取一点点好转。

船只进入黄浦江并停留在吴淞口和上海之间，处在检疫站对面。部分人得以登岸，居住在当时空置的检疫区病房（棚屋）中。这是未经当局允许的“擅自”行动。

格列博夫将军的果敢和坚定意志迫使上海租界当局进一步让步：单身的军官可以“退伍”下船，在城里寻得一份职务或差事。

远东哥萨克军团在上海水域驻留了40个月！营养不良、疾病和令人苦闷的单调日常将这群人逼散，各寻出路：有人去城里挣钱；有人加入张作霖元帅的军队，和中国南方的革命军队作战；还有大概40人死于疾病，也有神经错乱和自杀的情况发生。

前奥伦堡哥萨克军（Оренбургское Казачье Войско）阿尼西莫夫（Анисимов）将军鼓动他的部队投靠布尔什维克，发动反对格列博夫将军的起义。于是，1925年3月10日，“蒙古盖”号战舰被阿尼西莫夫引到苏联去了。

原来，船队抵达上海不久，阿尼西莫夫就不满艰苦的生活条件。满腹牢骚的他开始在下属中“挑唆骚乱”，接着又和当地的苏联驻沪领事馆代表取得联系。

格列博夫将军一注意到“蒙古盖”号上有“谋图不轨”之事，就立即下令“鄂霍次克”号守住这艘船舰，如果“蒙古盖”号意图逃跑，立即向其开火。

这时，阿尼西莫夫已经获得了几名苏联特工的帮助，他们灵活地完成了自己的“工作”。“蒙古盖”号离开的时机真是“千载难逢”——此时格列博夫将军正病殃殃地躺在上海公寓里，而且这场病正是被人下剧毒[①]所致。

正是利用格列博夫将军不在的时机，阿尼西莫夫下令砍断连接“蒙古盖”号与“鄂霍次克”号间的钢索。

“鄂霍次克”号上立即响起警报，陆战队携带武器在甲板上就位。“鄂霍次克”号船长伊万诺夫（С. Д. Иванов）上校（即后来的万国商团白俄团司令）多次尝试召唤阿尼西莫夫谈判，但未获成功——阿尼西莫夫躲在船舱里不出来。“鄂霍次克”号向“蒙古盖”号开炮，后者回击，战斗就这样发生了，最后造成“蒙古盖”号 7 人死伤，“鄂霍次克”号因尝试通过小艇靠近“蒙古盖”号而导致陆战队中 2 人受伤。

这时，一艘悬挂英国国旗的“亚历山大”（*Александра*）号港务船靠近“蒙古盖”号，将它拖到上海的一个船坞进行修理，好继续前往海参崴。船上 240 人将自己的命运托付给了阿尼西莫夫，前往苏联追求幸福。后来查明，这艘港务船是阿尼西莫夫特意预先租

---

① 据汪之成《上海俄侨史》研究，“是日，格列博夫将军突然食物中毒，离船回上海的寓所去休养”。

用的，当时由一名共产党人指挥。

为了筹集部队薪资，“守卫者”号军事运输船被变卖给张作霖元帅。护舰北上的白俄团队由27名陆军军官、3名士兵和仅仅2名专业水手——俄国海军中尉维希曼（Б. М. Вихман）和1名机械师组成，在他们的作业下，1924年11月26日至12月29日，船只从上海出发，途经大连到达天津，完成了最后一次悬挂着俄罗斯帝国国旗的航行。

11月27日，意外遭遇暴风雨的“守卫者”号险些沉没，多亏维希曼中尉的镇定、机智、强大的指挥能力以及整个团队的英勇，“守卫者”号成功抵达“罗斯”（Росс）岛的一个小海湾，躲过了飓风的打击。12月4日，在威海卫到大连的路途中，“守卫者”号再次遭遇暴风雨。事故过后，“饱经沧桑”的“守卫者”号带着一脸“倦容”——折断了的桅杆、冰雪覆盖的船身现身大连，在大连修理好锅炉后，顺利抵达天津，交付买家。

“鄂霍次克”号军事运输船则于1926年11月26日被变卖给上海的船主埃迪（Эдди）先生。从那天起，远东哥萨克军团的剩余60名成员在港务当局的许可下定居在检疫区，其中一些人去了城里挣钱。

上海领事团和工部局不愿让几百个侨民登陆上海，实则是他们早已慌了神，这几百个俄国难民既没有钱，又不懂英语，拿这些看起来毫无用处的人怎么办呢？

尽管如此，城市的大门一打开，就关不上了——上海街道上开始出现衣不蔽体的白俄侨民，大部分是穿着破旧俄国军装的人，他们和精心打扮、脸上充盈傲意的外国人形成了鲜明对比。

一开始，这些俄国侨民在上海的处境尤为艰难——外国洋行不让他们做“黑工”（черные работы），因为在外国人看来，这“损害”了欧洲人在中国人眼中的“尊贵形象”。更不要说在体力劳动上和“毫不挑剔”的中国人竞争有多么困难了，为着几个铜板中国人可以没日没夜地干活。不懂英语也阻碍了白俄侨民做“正当的工作”（чистые работы）。

上海的俄国老侨民把这些新移民看作“穷亲戚”。新侨民毫无物质保障，又难以适应当地生活条件，老侨民害怕随着他们的到来，违法乱纪之事多发，可能损害俄国侨民整体的声誉。

但是一年后，所有当初担心犯罪率上升的人都不得不承认，尽管白俄侨民面临极端贫苦的境地，他们却勒紧裤腰带，坚决拒绝一切诱惑，宁肯饿着肚子也不走歪门邪道，竭尽全力地从事繁重、低薪且不稳定的工作，但总归是正当的劳动。

1923 年至 1925 年间的公共租界警务处和法院的统计数据证明了以上的真实性。统计表明，白俄侨民群体并未作恶。直到一群职业犯罪分子从哈尔滨和苏联流入上海后，法院的卷宗里才经常出现俄国人的姓名。

一开始，上海外侨完全不了解这群白俄，既不信任他们，又质疑他们的诚信和工作能力，经常不雇用他们或（在极少数利用俄国劳动力的情况中）只付给他们相当于中国劳力的薪水。

为了挣几个钱，白俄侨民给汽船卸过货，当过月薪 25 元、每天工作 12 小时的看守人，做过锅炉工。总的来说，比起犯罪所得，几个铜钱的诚实劳动也更令他们乐意。

这种对工作执着、尽责的态度逐渐开始打破外国洋行对白俄侨民的疑虑与冷漠。白俄侨民在上海洋人的眼中，俨然已是诚实的劳动者。

1925 年，中国共产党人根据莫斯科的指示，在上海发动了旨在反对帝国主义的总罢工。这座城市的中国职员、承包商人、几乎各个工种的工人都参与了罢工。汽船上没有工组，电站和水站没有锅炉工，公寓女仆和司机也罢工了。外国洋行和侨民焦头烂额之际，他们寻求“保护上海俄难民权利委员会”和此时相当于俄国领馆作用的“上海俄侨普济会”的帮助。该组织的主席、前总领事格罗斯在所有公用事业的重要站点——电站、水站、燃气站、汽船公司都派有白俄劳动力。

除了可以得到不错的工钱，还能有反制罢工组织者——共产党人的机会，白俄侨民乐意至极，积极响应号召。

上海发生罢工的消息很快传到哈尔滨，那里的年轻白俄纷纷前往上海，追求可观的收入，上海俄侨立马迅速增至 2 000 人。

（上海）罢工者最后坚持不住，重返工作岗位。运动的组织者被解雇，他们的职位往往被表现良好的俄国人替代。虽然罢工结束后，临时雇用的白俄大多又被解职，但仍有几百人留在了工作岗位上。之前总是忽视俄侨的外国人对他们刮目相看，和他们更加亲近了。俄国新侨民有了一些知名的外国朋友和同情者，其中就有工部局副董事贝尔（Бэлл）将军。

中国南北内战激荡了数年，到 1926 年和 1927 年之交，华中、华南几省重镇爆发了一场残酷的战争。第三国际的特工抓住这一时机，变被动的宣传集会为主动，从鼓动中国人反对外国势力，变为号召他们“敲诈抢劫”外国人。

“胡作非为、恣情放纵”的中国无产阶级“强占”了汉口、九江、南京的外国租界。当地居民所经历的“恐怖”传得世人皆知，迫使其他城市中的外国侨民寻求“保护”人身安全和个人财产的手段。

在中国拥有租界的几个大国很快派遣军队来“保护”本国百姓及其财产。但军队仍在远征途中时，上海的形势已迫在眉睫，“有组织的抢劫”像浪潮一般威胁吞噬这座城市。

在苏联顾问（鲍罗廷 Бородин、加拉罕 Карахан）和教官们的协助下，新生的国民政府组织和训练了一支军队，1927 年 1 月，军队自南逼近上海。

指挥“南方军”的蒋介石将军没有掩藏他对外国人的敌视态度。这些军队公开的行动目标是进行“北伐”——打倒张作霖元帅及其安插在上海的走卒孙传芳将军，这掩盖了他们真正的目标——用类似夺取汉口的方法占领上海。

中国青年学生和工人在革命宣传员的“鼓动”下，预备在南方军入城的时刻，伺机发动“恐怖行动”，在上海这座富裕的城市“纵情肆虐”，同时为 1925 年的“五卅惨案”“报复”外国人。

公共租界工部局动员了万国商团和巡捕，所有听其指挥的自卫武装力量远不足以保护外国租界，前来支援的外国军队又远在天边。

1927 年 1 月 16 日，工部局召集紧急会议讨论“如何保护租界”的问题。工部局副董事贝尔将军提出一个建议方案，由格列博夫将军利用远东哥萨克军团的军官作为骨干，建成一支白俄侨民组建的俄国军队，并将之纳入万国商团的建置中。

从元山到上海，一路走来，格列博夫将军展现出的果敢和坚定为他赢得了好名声。他的士兵在俄国国内战争中积累了新近战斗经验，是一种可贵的资源，由他们组成的部队必将骁勇善战。

但这时，格列博夫将军不久前拒不降旗和缴械的行为亦引发了质疑："如果暂时把武器交给俄国人保卫上海，在和平时期，我们还收得回来吗？他们会不会利用武器谋求俄国人自己的利益？"

工部局副董事贝尔将军亲自担保，这些俄国军士不会违反法律、破坏秩序，一定会服从当局的要求。最终贝尔占了上风，工部局决定立即组建"俄国队"，含两个连、一个机枪排，队伍加入万国商团，受团长戈登节制。

1927年1月21日，俄国队在海军上校福明（Н. Ю. Фомин）的领导下成军。同日，福明上校向俄国队发布了1号指示：

> 根据上海公共租界工部局决议，万国商团团长戈登上校批准，即日成立俄国队，万国商团即日接管，并对其进行指挥。

爱尔考克路（Алкок род，今安国路）是汇山码头（Вейсайд）附近的一条狭窄的街道，位于关押中国人的市立监狱（即提篮桥监狱）旁，是一个贫民区。路上一座老旧的三层砖砌仓库，最先是被改建为中国少年犯的教养所，1927年1月21日上午匆忙腾空，装修成俄国队的营房。

今天，这条平时安静的街道上变得喧闹起来。万国商团的"前程"（Карьеры）牌卡车（曾是第一次世界大战中英军的交通工具）从营房狭窄的大门进进出出个不停，运送着床铺、褥垫（准确地说，是褥垫套和枕头套）、填充褥垫的稻草、旧制服、厨房和餐厅用具、枪支弹药等。

年龄、官阶和境遇各异的白俄侨民或单身一人，或三三两两，从四面八方集结过来。除了失业者，原本拥有体面职务的人也抛弃了工作，再次站在白俄军队中和共产党人做斗争。尽管南方革命军公开宣扬的是“民族主义”运动，但所有人都对他们的共产主义倾向确信无疑。

远东哥萨克军团的队伍从检疫区被转移到军营时已是晚上了。在入住军营后，他们成了两个连队、一支机枪排的骨干。

新来的“士兵”在司令部办公室接受问讯后，立马被指派到其中一连或机枪排中。

军官和士官相继委任妥当。前俄军军官以普通士兵的身份加入“军官排”，每连第一排为“军官排”。

剩余各排大致均匀地安置有不同年龄、身高和体格的人，务使做到各排战力均衡。大部分士兵还是年轻人。毕竟，别忘了，那是在 1927 年 1 月，前白军士兵的平均年龄为 23—27 岁。

看着这些涌入爱尔考克路营房中的义勇战士，令人不由自主地忆起普希金的诗歌《强盗兄弟》：“服装、面貌、种族、方言和身世，光怪陆离地混杂在一起!”这一现象在军官排尤为明显。我记得，在俄国队成立的第一天上午我便被任命为排长，被安排在一连一排“军官排”。我还能回忆起老宪兵上校帕特里克（Патрик），[①]他已经 50 多岁了，体格虚弱，矮小，其貌不扬；还有俄国骑兵上校涅斯捷罗夫、骨干军官尼古拉耶维茨（Николаевец），他们放弃了马术学校待遇优厚的职位，又来为“白俄事业”效力；另有一个年轻些的骑兵——骑兵上尉库尔琴科（Курченко），他在内战中受伤后腿有些跛，也放弃了很好的职务；几个伊热夫斯克和沃特金斯克分子[②]——老兵索尔达托夫（Солдатов）上校（伊热夫斯克工厂

---

① 原文中，作者暂用旧俄军队军衔称呼军官，直到万国商团确定新军衔。

② 指 1918 年反对布尔什维克的伊热夫斯克和沃特金斯克起义的参与者。

工人起义的组织者和领导人之一）和马特罗索（Матросо）上校；还有吉洪诺夫（Тихонов）上尉，他体格健壮，当过兵，是位沉着冷静的军官；步兵中尉沙文斯基（Щавинский），他在哈尔滨学完牙医后来上海见习，是个职业好手，却弃医从戎，准备重新和共产党人战斗；头脑机灵的准尉约翰逊（Иогансон），一张娃娃脸，不过他经历了第一次世界大战和俄国革命；还有很多很多其他人……

所有人都行装简便，所提的小箱子里头只有一两件内衣、小枕头、毛巾和两块手帕，有些人直接把行李捆在一起。对很多人而言，这就是他们难民漂泊生涯中所有的"动产和不动产"了。

各排、各班的士官接收到队员后，匆忙为他们安排领取制服、分配床位的事宜。快速吃完午餐后，人们开始忙碌。一些人乘车去万国商团仓库领取新的物资和制服，其他人安置厨房和各排的住处。大家就这样度过了两天。

队伍很快充实起来。穿上制服，所有人都像是"一个模子里刻出来"的军人。

训练接踵而至。大部分军官和士官曾在哥萨克军团骑兵和炮兵部队，或是在海军服役，因此他们不了解步兵的队形，需要特别注意。

次日晚上，以俄国队司令官、海军上校福明为首的全部军官在宽敞的餐厅集会。连长、校官和尉官、司务长、排长和个别士官，所有人"按高矮"排成一个横排。前莫斯科团一名真正的步兵（经历过卫国战争的莫斯科团军官）波洛尼科（П. К. Поронник）上尉（我所属的一连一排排长）从最基本的知识开始，向这些长官们教授步兵队形。第二天，军官们领导自己的队伍进行操练。格列博夫将军作为官方"俄国队教官"出席训练。就这样，接下来几天，军官们晚上学习，白天训练自己的队伍。

俄国队成员的录用要经过严格挑选，到 2 月 5 日，队伍的规模已超过 150 人。

一连由伊万诺夫上校指挥，二连由马里宁上校指挥。这天，在修士大司祭马卡里（Макарий）主持下，俄国队营房中举行第一次祷告仪式，所有房间都灯火通明。

几天之后，万国商团团长戈登上校对俄国队进行了第一次视察。戈登上校对俄国队的军容、军纪和训练都颇感满意，下令将装备的武器发到队员手里——这批武器此前暂时保管在俄国队仓库里，本计划只在必要时刻才能发放。

1927 年 2 月 19 日，俄国队接到了第一个重要任务——守卫工部局电站。同一天，部队拿到步枪用的实弹。卫队由 1 名军官、3 名士官、21 名士兵组成。

上海电站是当时世界上最大的电站之一，坐落在城郊的杨树浦路（Янцепу）、黄浦江边。在电站位于江边的巨大的混凝土建筑群落中，（我们）又匆忙修建了一间"警卫室"。这是一座竹子搭成的小棚，墙和顶是草席铺的，里面备有用来换岗"休息"的行军床、桌子和给换岗人、卫队长、士官、岗哨派班员用的长凳。

我有幸作为卫队士官，和卫队长波洛尼科上尉一起，最先被派往电站。卫队由我们一连一排"军官排"组成。

那是上海潮湿、寒冷的冬天，寒意渐渐从河面侵入，没有军大衣，又旧又破的制服被连绵不断的细雨浸湿了，一点也不暖和，站岗的人很快会被冻僵，因此晚上每隔一小时哨兵就换班，白天根据章程规定每两小时换班。

队员严格按照俄国边防章程履行职责，遵从每一个细节要求。派班员按岗位分配轮班，根据规定调换哨兵，从岗哨上换下的人坐在警卫室桌旁休息，等待上岗的哨兵可以在床上躺着休息。

但刺骨的寒风穿过小屋，躺着休息是不可能的。电站管理处给卫队供应了大量电炉子，却因为草席铺的墙壁和屋顶不耐热而不敢用，所以队员们用了俄式取暖法——在炉子上煮一杯沸腾不止的茶水。卫队一般上岗一天，第二天正午时分轮班。

交班后的卫队队员乘坐 2 辆卡车回到位于爱尔考克路的营房，他们可以在这里休息到第二天早上。上午一般是列队训练和整理内务等事务。

1927 年 2 月 25 日，万国商团总司令命令俄国队全员列队前往位于今虹口公园的靶子场内的工部局营房。行军展示军威后，俄国队接手负责防卫和华界接壤的整个租界北部——闸北和通往吴淞炮台的铁路。

虹口是日本人扎堆居住的区域，不过，那时他们的武装力量还很薄弱。因此，作为公共租界“最危险”的郊区，俄国队是唯一可靠的军事力量。

俄国队住进万国商团设备完善的砖砌营房中。因为万国商团连队只在周六日进行射击和野营集训时使用这些营房，所以平日里营房通常都是空置的。如今整个商团都被动员起来，因此射击和野营集训都被取消，营房完全交给了俄国队使用。

俄国队住得非常舒适，立即投入工兵作业——在靶垛上挖出用于站立射击和安置机枪巢的深掩体（位于吴淞口方向，距离营房大约 1 000 码）。这是我们的第一条防线，通常设有一个哨卡，由 1 名军官带一个排、架有 1 挺刘易斯机枪值守。

第二条防线就在我们营房的窗外，是一串可以火力互联的小型掩体。此时，俄国队已装备 4 挺刘易斯机枪。

转移到工部局靶子场营房后，俄国队依然继续肩负守卫电站的职责，每天派遣卫队步行（5英里）前去值守一整天。同时，俄国队还要在虹口公园区域不停地巡逻，并且在营房相邻的极司菲尔路（Диксвель род）巡捕房设置夜间卫队。

我们工作繁重，休息却很少，但依然抽出了些工夫进行操练。俄国队还在继续扩充，军官23人、其他各级人员278人，几近于队伍的定员数。

到1927年3月初，俄国队基本扩充到定员数，队伍情况如下（以下提到的都是旧俄军队军阶）：

俄国队司令部：

司令员——海军上校福明

副官——海军校官比柳科维奇（А. А. Билюкович）

总务主任——步兵上校斯捷潘尼谢夫（Н. М. Степанищев）

医师——达达-达达耶夫斯基（Р. С. Дадай - Дадаевский）大夫（远东哥萨克军团军医）

差使校官——步兵上校温捷尔贝尔格（Унтербергер）、哥萨克军中校克拉斯诺佩罗夫（Н. М. Красноперов）

差使尉官——海军准尉科兹洛夫（Козлов）、海军准尉菲利波夫（Филиппов）

总计：军官8人，士兵4人。

所属作战单元：

一连

连长——炮兵上校伊万诺夫（С. Д. Иванов）

校官——哥萨克军团上校戈尔博夫斯基（А. М. Горбовский）

尉官——步兵上尉克柳恰廖夫（Ключарев）、步兵上尉波洛尼科、哥萨克军上尉埃米希（А. Эммих）、骑兵少尉帕德列夫斯基（М. Падревский）

司务长——步兵中尉索洛维约夫（Л. Соловьев）

排级士官——哥萨克军中尉克拉斯诺乌索夫（Е. М. Красноусов）、哥萨克军中尉波波夫（К. Н. Попов）、哥萨克军中尉克洛特科夫（Д. К. Кротков）、步兵中尉巴尔京（Балтин）

班级士官——8人

列兵——112人

二连

连长——哥萨克军上尉马里宁（М. И. Мархинин）

校官——哥萨克军中校博洛戈夫（Г. К. Бологов）

尉官——哥萨克军中尉加尔金（П. Н. Галкин）、骑兵上尉加帕诺维奇（П. И. Гапанович）、哥萨克军上尉库罗奇金（А. И. Курочкин）、哥萨克军上尉马克耶夫斯基（С. Макеевский）

司务长——哥萨克军中尉瓦西里耶夫（А. А. Васильев）

排级士官——步兵中尉斯米尔诺夫（М. П. Смирнов）、哥萨克军少尉哈林（Н. В. Харин）、哥萨克军少尉科尔尼洛夫（В. Ф. Корнилов）、哥萨克军少尉克拉斯诺佩罗夫（В. М. Красноперов）

班级士官——8人

列兵——112人

机枪队

队长——步兵上校弗多文科（M. M. Вдовенко）

尉官——2人（缺）

排级士官——步兵中尉戈洛夏波夫（H. Голощапов）

班级士官——3人

列兵——20人

此外，编外职务“军需官”由哥萨克军上校科尔尼洛夫（A. B. Корнилов）担任。

所有班一级以上的士官都曾是俄军军官。对长官的称呼也是依俄军军衔而行。很多军官如今是普通义勇士兵，组成各连的第一排——“军官排”。

这支队伍90%的列兵具备俄国卫国战争和内战的战斗经验，因此这样一支队伍不必担心士兵无法执行战斗指令或在严峻的战斗环境下畏葸不前。

此时，载有部队的英美军舰陆续抵达上海。危险日渐减少，公共租界又换上了平日的“祥和模样”，生活逐渐回到正轨。

1927年3月13日，上海万国商团举行常规“年度阅兵”——“拉练”（Рут марш，英Route March），俄国队全队参与了这场“拉练”。

英国远征军司令邓肯（Дункан）将军参与了此次游行活动。这是上海历史上第一次有独立的俄国军队参与的行军。

尽管俄国队制服简陋，他们还是给人留下了深刻印象。第二天，上海各大报刊都给予俄国队特别关注，称赞其身姿矫健、步伐整齐、仪态威武。

万国商团团长在给俄国队司令的信中写道："列队身姿矫健、步伐整齐划一、军容整洁，表现非常出色，您及俄国队昨天带来如此美好的印象，我在此表示祝贺……"

工部局副董事贝尔先生就此次游行致信俄国队司令："所有的报纸都对您的队伍大加赞赏，俱乐部里都在谈论俄国队的良好风范。当你们经过观礼台的时候，我听到掌声响起，心生愉悦。除了你们，没有哪个队伍荣膺这般荣誉。俄国队有资格为所取得的成果骄傲……"

同样在 1927 年 3 月 13 日，在上海主教西蒙（Симон）的祝福下，经工部局同意，叶甫根尼・亚洪托夫（Евгений Яхонтов）被委任为俄国队神甫。

3 月 21 日，万国商团总部指示，卫队从工部局上海电站中撤出，随后命令卫队守卫苏州河上的几座桥——该河将北部城区和租界中心隔开了。

当天一大早，我们就听到京沪铁路[①]上海北站方向（和苏州河仅隔几个街区）有大炮、机枪和步枪猛烈射击的声音。张作霖麾下的一队俄国士兵正在装甲列车中徒劳无功地阻止南方革命军进攻。

"上海北站"就位于租界和华界的边界线上，和苏州河——租界中心只有三四个街区的距离。虹口公园附近靶子场内的俄国队营房，及其毗邻的整个华界地区（闸北），炮弹横飞四溅。俄国队在自己的防线就位，准备打退从吴淞口方向进攻的敌人，却在此时收到万国商团总部的指示："俄国队一连紧急乘坐卡车从靶子场转至

① 此为上海到南京的一条铁路线，原称"沪宁铁路"，国民政府北伐成功后定都南京，因此在 1928—1949 年间曾称"京沪铁路"。

苏州河。”在车队沿着四川北路（一条和闸北平行的街道，和闸北华界只隔一个街区）行进期间，不止一次遭到狙击手的射击，所幸我们都毫发无伤地通过了。

连队到达苏州河后，立即分成10—15人一组的卫队，占据苏州河所有桥梁的南岸，此刻北岸已经空无人烟，不见任何动静。

我的卫队在中央位置，右边是带领“军官排”另一半人手的排长波洛尼科上尉。根据工部局工务处的指示，连队往桥上运送沙袋和铁蒺藜所做的拒马，我们立即着手装备我方阵地。不久，在战壕里的隐蔽者等待上海北站附近的战斗收尾。看来，南方军队已经打败了张作霖军，炮弹声、机枪声、手榴弹爆炸声仍零零落落地响起，装甲车的声音已经听不到了。

正午过后，从苏州河北部的空荡街道、上海北站和闸北方向零星走出几个人，接着大批张作霖军的士兵丢掉武器，从身上拽下军章，为了躲避追击的南方革命军，跑向租界寻求庇护。

俄国队驻桥岗哨接到指示，搜查并没收逃兵武器后让其通过。这样的“筛查”持续几个小时，在此期间，数百名士兵（其中有在张作霖元帅军中效力的俄国人）通过俄国队岗哨进入租界。

南方革命军并没有尝试强闯租界，或许他们有些担心和外国人产生武装冲突——后者已经向他们展现了抵抗的决心。

上海北站（闸北）和苏州河北部之间的租界区域再次沉寂下来。

俄国队驻桥岗哨通宵值守，严密监视着河对岸的南方革命军，担心可能的进攻，但当晚无事度过。

第二天早上，有几个人想要从租界过桥到苏州河北岸。他们是昨天抛离家园和大队北方士兵一道过岸的居民，今天想要偷偷溜回家，想从南方革命军的洗劫中挽回些财物，哪怕希望渺茫。

苏州河北岸的闸北这一土地看起来依然是“无人区”（но мэн’с ланд），既没有南方革命军，也没有外国人，平日居住在此的中国贫民很快恢复正常的日常生活。桥上的俄国队士兵继续搜查为数不少的来往行人。根据哨卡长官收到的新指示，俄国卫队除了常规搜查之外，还应阻止学生和工人游行示威，搜查所有可疑人员，没收武器、走私物和毒品。

俄国队各连轮流执勤，每次值守一周，执勤期间，在厦门路工部局关押欧洲人的监狱外院宿营。另一连队和俄国队司令部继续守卫虹口公园附近的工部局靶子场。

3月的上海最为多雨。户外满是泥泞和污垢，旧帐篷布湿透了，潮湿的木地板上铺着稻草填充的褥垫和被子，帐篷里燃着炭火盆（хибачи）①，多次造成煤气中毒，甚至引发小型火灾。人们和衣而眠，随时准备紧急出防。

环境潮湿、寒冷又脏污，好在饮食健康且有营养，加上长官允许在休息时间（由饮酒者自费）适时地“来杯伏特加”，这让俄国队队员免受了胃病、感冒和各种流行病的侵袭。

白天休息的时候，如果没有下雨，大家成群结队晒太阳、唱歌、玩“跳山羊”游戏、掷铅球（在监狱院子里找到的）、弹奏弦乐器、组织即兴音乐会。

我们的“演员”夏温斯基（Щавинский）和科利佐夫-布洛欣（Кольцов－Блохин）在令人难受的、湿冷的休息时间中，为同事们带来了很多快乐。朗诵、配乐朗诵，甚至是他们就着户外的监狱大

---

① 一种开放式的中式取火炉。——原文注

楼背景设置的几个小剧场，不仅让连队士兵感受到极大乐趣，也让监狱管理人员们十分欢乐。

只是，帐营里没有办法真正地休息，队员在桥上放哨时休息得更好。每座桥附近的中国小店铺或“办事处”都备有一个岗哨室，不管好歹，这里可以避雨，并且比较暖和。

万国商团总部长官、英军少校斯图尔特（Стюарт）几乎每天都来探望位于厦门路的帐营。他看到白俄官兵精神焕发，观看他们悠闲的消遣活动，聆听他们的音乐和热情奔放的歌声时，感到十分惊奇。这位英国老军官常常这样抒发自己的想法——“是的，俄国士兵很坚强，他们可以在任何境遇中生存下去”。

不过，“桥上站岗”的任务很快失去紧迫性，因为蒋介石军队占领上海之后，华界日渐恢复秩序，租界已经没有和华界隔离的必要了。看来，南方革命军决定保持租界的平静安稳，和外国人进行正常往来。此时，公共租界和法租界简直快被陆续从各个殖民地乘船而来的各国军队塞满了，外滩对面的黄浦江口停泊着大大小小几十艘军舰。

不过，外国军事司令部及工部局当局深知苏联共产党人在这一事件中一直以来所起的作用，因此尤为关注苏联驻沪领事馆的活动——该领事馆 1925 年以来把持着位于黄浦江边、花园桥（Гарден Бридж，英 Garden Bridge，今外白渡桥）附近的前俄国驻沪总领馆大楼。

1927 年 3 月 7 日，俄国队接到任务，安排 1 名军官和 17 名士兵组成的卫队紧急封锁苏联驻沪领事馆。卫队职责是协助工部局巡捕对所有进出领事馆大楼的人员进行搜身，拘捕所有晚上 11 点到凌晨 4 点间进出领事馆的人员。4 月 9 日，因为俄国队接到守卫租界变电站的任务，前一任务被转派给万国商团美国队执行。

1927 年 3 月 25 日，根据工部局决议，上海骑警军士、俄国近卫军上校格尔曼·格尔曼诺维奇·季梅（Герман Германович Тимэ）被任命为俄国队队副（помощник начальника），军衔定为万国商团上尉。

1927 年 4 月 19 日，根据万国商团命令，所有俄国队军官任命获得批复，并取得万国商团相应军衔与荣誉。

同日，海军上校福明退休，季梅上尉暂代俄国队司令一职。4 月 22 日，季梅上尉获准担任此职。

1927 年 4 月 24 日是俄国队的第一次复活节。在节日即将到来之际，俄国队队员获允离开岗位庆祝神圣周六（Великая Суббота）[①]。晚上，在苏州河值守的一连，步行前往司令部和二连所在的工部局靶子场。

所有家具都被搬出营房餐厅，整个连队在餐厅里集合，现场挨肩迭背。叶甫根尼·亚洪托夫神甫带领大家“总忏悔”，接着举行复活节晨祷，在此期间泰恩（Тайн）神甫为所有俄国队队员分发圣餐。

这次“总忏悔”给人留下了难以磨灭的深刻印象。叶甫根尼神甫是一位出色的传道者、令人尊敬的随军牧师，曾获得卫国战争“圣乔治勋章”[②]。

---

① 圣周六，又称神圣周六、耶稣受难节翌日、复活节前夜（Easter Eve）、黑色星期六（Black Saturday），为耶稣受难日的隔天、复活节的前一天、基督教圣周的最后一天。

② 圣乔治勋章最早由叶卡捷琳娜二世于 1769 年设立，为沙皇俄国时期极高的军事奖励，分为四级，授予竣工的军官和将军，到第一次世界大战时期，也开始授给作战勇敢的士兵和士官。金质的勋章上标有“服役与勇敢”字样，表面覆盖白珐琅十字章，绶带上为黑色和黄色纵向相间的丝带。

他非常坚定地讲述着每个东正教徒在生活中进行忏悔的意义、令人心灵沉重的罪孽。他说，发自内心的真诚悔过使心灵得到它所渴求的释放，并使人“充分地通过圣餐领会神圣的奥秘”。

俄国队全体深深鞠躬，念祷叶甫根尼的“宽恕和放弃罪孽”祈祷文（他说，每个人都以自己的名字祈祷）。人们走出营房，在院子里短暂休息和茶歇，然后阅读“守则”（Правила），再次短暂休息后进行复活节礼拜。俄国队匆忙组建的合唱团在演唱，尽管这里的环境与东正教教堂一点也不相像，但人们仍在紧张且恳切地祈祷。

晨祷之后是开斋。军官在一个单独小屋里举行开斋仪式，有很多正式来宾到访。士兵在公共餐厅举行开斋。到凌晨3点左右，一连再次步行前往厦门路，6点已在苏州河接班值守。

4月25日，变电站的卫队被撤回，接着安排了2名军官、35名士兵组成的新卫队守卫工部局大楼。“只要有颈脖子，就能找到马套！”[①] 工作一茬接着一茬，简直没有时间感到无聊。

整个4月，俄国队队员继续搭着帐篷住在厦门路欧洲人监狱的外院里。在此期间，按照每排共用一间房子的设计，在院子里修建坚固的木屋。

到4月26日，木屋已经建好，整个俄国队都转移到厦门路的驻扎地。营地总共修建了12间屋子，其中8间由各排使用，1间作厨房，1间作军官宿舍，1间作餐厅——由连队轮流使用，最后1间屋子作医疗站、俄国队司令部和仓库。另外还修建了有12个隔间的浴室、有12个水龙头的盥洗室和1个大卫生间。

---

① 俄国俗语，意为只要愿意工作，总有工作上门来。

队员住得相当宽绰，每个人都有自己的单人床位。

从厦门路到平时进行队列操练的跑马厅很近。营房大门（通常都大门紧闭）口外安排了一支俄国卫队，通常还有一名监狱警卫在此值守。

没有值班的连队在早餐过后马上出发前往跑马厅进行操练——步伐、枪法、散兵队形、刺刀搏斗、全体体操，各个项目交替练习，不知不觉就到了 12 点——午餐时间到了。午餐后，“卫队交接班”，指派去值守的人员（参加了上午操练）分别和自己的卫队交接班，其余空闲的人员在短暂休息后，下午 2 点开始学习“语文”，学完俄国军事条令后，进行射击准备练习。

训练时间紧凑，但必须如此坚持，毕竟俄国队需要随时准备接受检阅、参加游行。

人数最多的一排可以在训练时使用从监狱正门延伸到营房大门的“主道”，其余人则挤在木屋之间。下午 2 点到 5 点，不断传来教官的命令声、步枪栓“啪嗒”的撞击声、踏步的拍子声、劈开稻草人时发出的各种“嘎巴”声音。那时队员在饭后训练时杀了很多稻草人，研究如何（根据英国人“刺刀搏斗”的教导）“对着肚子”“对着胸部”“对着喉咙”进行“刺杀”。队员们满头大汗，一丝不苟地完成刺扎动作，同时又盼望着值班号手“停止号”的响起。

队员们散布在院子的各个角落。这边有队员躺在席子上瞄靶进行“卧射”练习，教官通过靶子来检验枪手；另一边，“盥洗室”旁装置了一个枪架，士兵按照俄国训练方法，瞄一个“三角形”。这是最令人不快的训练，因为教官（通常是军官或是该排的军士）看到“大三角”之后，总是派不走运的枪手做“额外训练”。要知道结果从来都很明显：被派上去的人总是瞄不准，连一个小三角都做不出来。

队员们聚在木屋里，围拢在本排军士的床边学习“语文”（即队内军事条令）。“什么是纪律？”“什么是长官？”“什么是哨兵？”“什么是旗帜？”军士们还会提出其他一些“棘手”的语文难题，令人昏昏欲睡。你却得努力打散睡意，不然可能会得到“免假”、“额外”执勤或者工作的惩罚。根据俄军条令，士官有资格安排惩罚。

步枪和枪械零件的机械原理同样是在令人疲倦、昏昏欲睡的氛围中习得的。要是在下雨天，包括队列操练在内的所有训练都在营房中进行，房间的墙壁上挂着用于瞄准的靶子。

终于到了下午 5 点，喇叭中传来嘶哑的响声——“停止号”。

“起立！”——一声响亮、令人愉悦的口令传来。队员很快站起来，以立正姿势肃立。“解散！”“休假的人都登记休假！”

小屋立即像蜂巢一样嗡嗡作响。队员们很快将枪支擦拭干净，堆成一个塔形的枪架，将制帽放在地板上，脱了衣服奔去浴室或盥洗室，准备休假。军士拿着“休假者”名单和“执勤表”去见本连的司务长，敲定第二天的执勤组。根据确定的名单，司务长（军士长）找到连长，将休假者名单送上请他签字，之后将签好字的名单转交给营房大门警卫室的值班士官，因为所有的休假者和“出差”者都要从这里进出，而且值班人员会记录他们离开和抵达的时间，并注意他们是否穿着制服、形象整洁。

晚上 7 点——号手发出“晚餐”信号（“拿上勺子，拿上碗，还不快快跑，面包就没了”），队伍以排列队，前往餐厅。

8 点 30 分响起新的号声——“例行检查和晚祷告”。军士长中的职位较高者给予必要的指示，提醒火警发生时值班排队员的职责，下令进行人员点名，全体在场的俄国队队员据其指示在主干道上整队、看齐。军士或副排长像谷仓里的鹅一样发出响声，大声喊出该排成员的姓名，回应“到”声随即响起。点名结束后，各排军士就地向军士长报告该排情况。

“立正！”“号兵，吹就寝号！”——军士长的命令传来。连队“天使般的”号手吹响了“晚号”，在这短促、嘶哑的号声中，队员以立正姿势站好，军士长站在前排“举手行军礼”。号角停止。“脱帽祈祷！”——军士长发出指令。大家团结又默契地唱起了《我们在天上的父》和《上帝拯救》。“戴帽！”“解散！”军士长向值日军官汇报。人群慢慢散去，仿佛很不情愿似的。工作日结束了，没什么紧要事情，一个半小时后（10 点钟），营房熄灯，只留几盏小夜灯，直到早上 6 点前都是一片寂静。到了 6 点，嘶哑的号声再次响起，排长有力的声音传来——“喂，喂，起床了，别闲躺着，赶不上操前洗漱了”。

人们不情愿地从床上爬起来，整理好被子和床单，然后去洗脸。“列队做操！”——值日士官的声音传来。通常是整个连队一起做体操，由一名军官或军士长指挥，“自由体操”“体操回合”“原地跑”——因为根本没有地方跑。半小时后，运动结束，队员回到营房，准备就餐。早餐后，刮胡子，清洁胸徽、铜号牌、帽徽、靴子，擦拭步枪，“拉绳子”来检查床是否对齐，甚至把被子上的条纹对齐，等待“检查”。一般该排的军士先做检查，然后排长再做检查。

检查之后是短暂的休息时间。8 点，连队开始列队出发前往跑马厅训练。到达后“各横列”先进行操练；接着“各排”操练，“全连”操练；最后是“散兵队形”——队员不断跃进，像石头一样倒地（移动），步枪栓“咔嚓”作响，队员嘶哑地叫喊着“万岁”（很热，水壶里的水都喝光了），“掩护”身边的队友跃进，转入进攻，猛烈地“劈砍空气”，最后聚拢在一起打退敌人的反攻，并在暗中瞟一眼静安寺路（Бабблинг Уэлл，英 Bubbling Well Road，今南京西路）上基督教青年会大楼的大塔钟，时钟的指针已经逼近 11 点 45 分了。

号手吹响“停止号”。连队整队并获允“稍息站立”“解手”“抽根烟”。

整个过程很快结束，因为包括军官在内的所有人都想就餐了。“熄烟”——连长的命令传来。“停下!”“看齐!”“立正!”命令一个接着一个，连队向右转，分成两列，枪“上肩”，在通向跑马厅出口大门的路上排成纵列。“预备，唱!”——连长指挥道。整个连开始歌唱“翱翔吧雄鹰”。[①] 连队唱着歌进入喧闹的静安寺路，印度巡捕殷勤地阻断车流让连队通过，并微笑着向连长致敬。队伍从静安寺路拐到西藏路，接着又转向厦门路。俄国队队员的一天就这样度过了。

城市被前来“保卫公共租界”的外国军队占满。电影棚、学校、仓库被快速改造成兵营，这些英式的木屋中驻扎了冷溪队（Колдстрим гарде，英 Coldstream Guard）、苏格兰队（Скотч гарде，英 Scotch Guard）、格林霍华德队（Грин Хоуарде，英 Green howard），以及几个从印度来的旁遮普人（Пэнджабцы，英 Punjabis）和廓尔喀人（Гуркас，英 Gurkhas）的队伍。[②] 石头搭建

① 沙俄时期的一首民间军歌。

② 这支部队为“上海防卫军”（Shanghai Defence Forces）。1927 年，北伐军发动战争，英国在汉口的租界被收回，为应对形势变化、“保护在沪欧洲侨民”，英国政府派遣了这支由约翰·邓肯少将领衔的部队驻留上海，到 1927 年底确认英国利益不受威胁后撤离。

的舒适营房中住的是美国海军陆战队第四联队。穿着钢灰色的制服、黑色半靴的“萨沃伊近卫兵”（圣马克队 Сэн Марко）来自意大利，他们有史以来第一次踏上上海的土地。虹口的大街上到处可见日本海军陆战队队员和水手，他们驻扎在虹口公园附近。法国人也明显增加了法租界的驻防军。

到 1927 年 6 月，上海已然完全平静下来。革命的威胁已经过去，有些部队甚至开始四散，返回他们在各个殖民地的常驻地。

动员万国商团所费不赀，支付俄国队 300 名队员工资可能给公共租界带来巨大的财政赤字，工部局计算了盈亏后感到左右为难。甚至有一些报刊评论认为，维持俄国队已无必要，应该解散，以减少开支。

一些界内居民担心维持俄国队会拖垮他们的钱袋子。但是万国商团总部对这件事的看法完全不同，他们深信，俄国队是公共租界发生新的军事冲突或骚乱时唯一真正可靠的军事力量。大部分工部局和外国（英国）陆军部成员也持此观点。

但是“当家做主的是人民”——纳税人的意志是工部局无法置若罔闻的。各方最终达成妥协，根据工部局第 3150 号决议，1927 年 6 月 9 日，俄国队人员削减到 5 名军官、120 名士兵的规模。所有被解职的队员可提前领取 1 个月的薪水，在 6 月 15 日前，寻找工作期间，可以得到俄国队的给养。被辞者可以保留部分工部局发放给士兵的财物，比如靴子、床单、枕套和被套。

工部局这一决议并没有令人感到痛苦，因为在宣布后，很多队员自愿离职，他们认为，他们为俄国队鞠躬尽瘁，履行了为城市服务的义务。只有 15—20 人以行为不端或健康状况不佳为由被强制解职。

从1927年6月11日起，俄国队保留原来的名称，合并为一连。

改编之后，连队休息了整整两周，无须训练，也无须工作。但这次休息后，紧张的军操——更加密集的军事训练再次启动。

8月24日，病倒不起的俄国队神甫叶甫根尼·亚洪托夫去世了。葬礼进行得很隆重。这是一次“军葬”，万国商团各个部队抽调队员组成仪仗队，神甫的棺木放置在炮架上，由俄国队全员共同扶柩。

俄国队减员后，队医达达-达达耶夫斯基离职，因为根据新编制，已无此职位。俄国队病患平日在公济医院（Дженерал Госпиталь）就诊，实际上这一安排极为不便。因此经季梅上尉请示后，11月1日，工部局录用五品文官、医学博士巴里（А. Э. Бари）教授担任队医，并擢升为上尉军衔。

俄国队成立的第一天起，直到1927年4月19日工部局颁布《万国商团俄国队章程》，在此期间俄国队队员领取的都是“烟草钱”而非正式“薪俸”，因为万国商团全员都被看作不领薪俸的士兵。不过，从4月19日起，俄国队队员开始正式领取“薪俸”（还是那些“烟草钱”）。工部局每天给俄国队队员发放50分钱作为津贴，按这个数目，队员已经可以吃饱喝足。不过遗憾的是，那时俄国队没有厨师，饭菜是炊事兵准备的。虽然可以吃个饱，但总是千篇一律，菜式太过简单。

俄国队缩编为一个连之后，在连队军士长（哥萨克中尉瓦西里耶夫）的倡议下，经季梅上尉批准，成立一个士兵小组，由瓦西里耶夫主持，负责研究如何改善伙食。这个小组寻来了好厨子、食材供应商，从士兵队伍里挑选了西莫尔多夫（А. А. Шимордов）上尉担任军需兵一职——他曾是一名“经验丰富的庶务长”。这个小组还负责改善士兵日常生活。根据小组的建议，连队里开设一家小卖部（兼小酒馆），俄国军残人士同盟（Союз Русских Военных Инвалидов）受邀主持经营。万国商团团长批准该小组的建议。自1927年11月26日起，连队引进新的饮食供给方式。同日，小酒馆开张，售卖士兵所需的各类生活用品及饮品，而且经长官的特别允许，可以在严格规定的时段内售卖伏特加。

根据帝俄军队的惯例，每个部队都有自己的“节日”，[①] 季梅上尉选定显灵者——圣尼古拉·米尔里基斯基（Николай Мирликийский）作为俄国队守护神之后，从1927年10月起请求设12月19日为俄国队队日。[②]

万国商团团长了解俄国士兵的心灵需求之后，批准设立了这个节日。俄国队队员筹集了120元用于修建圣像，士兵（原俄军中尉）普梁斯金（В. А. Пляскин）具体负责——他得到了西蒙主教的祝福，得以在主教的身边工作，受主教本人的监督。圣像的神龛是由中国的木工作坊根据士兵帕诺夫（Панов，原俄军哥萨克上尉）绘制的草图制成。

1927年12月19日，俄国队举行了圣像祝圣仪式，并进行了队日第一次祷告。万国商团团长携司令部成员，以及很多外国友人、俄国友人出席了祷告仪式。

祷告结束后，万国商团团长依次走过队列，祝他们节日愉快，并希望他们：“在返回祖国前，一直为工部局服务。受全世界民众

---

① 各级部队都有自己的节日，队有“队日”，连有“连日”，团有“团日”。

② 俄国东正教教堂在12月19日缅怀圣尼古拉。——原文注

尊敬的伟大显灵者尼古拉曾祈祷，俄国终将回归‘秩序’，召唤她忠诚的儿子为她效劳……”

仪式结束后，所有俄国队队员和客人共享一场丰盛的早餐会。他们在连队小酒馆就餐，酒馆以各国国旗（包括帝俄国旗）和鲜花精美装饰。早餐过后，受万国商团团长所请，士兵合唱团演唱了许多俄国民歌和军歌，3 个士兵跳起了潇洒的戈帕克舞曲。[①]

第一次俄国队队日给人留下了美好的印象。

---

① 戈帕克舞曲是起源于乌克兰的 2 拍子民间舞曲，具有灵活的速度、活跃、勇猛和欢愉的特性。

1928年

1928年1月7日是东正教圣诞节头一日，上午10点，万国商团团长戈登上校在跑马厅对连队进行检阅。[①]

连队表演了刺刀搏击、枪法以及所有编队动作。戈登上校对此次检阅非常满意，对俄国队队长、官兵在队列操练上取得的巨大进步致谢。检阅结束后，连队在餐厅中举行连队节日的祈祷仪式。仪式后，全体队员享用节日大餐。

同日晚间，士兵们组织举办俄国队第一场舞会，还邀请上海歌星参加。

士兵们费了大力气准备这场舞会。一间宿舍房间被腾空，布置成了一个会客厅，有沙发、地毯，绿植和花朵装点着各个角落。木屋的墙壁和天花板上装饰着花朵、皱纹纸和彩色灯泡。会客厅正中立着一棵高大的圣诞枞树，“雪花”、“闪片”和小灯泡点缀其间。

会客厅对面的房间被布置成舞台，舞会就在这里进行。小酒馆为客人们提供茶水和冷饮。军官房间里摆有一张冷餐桌，为尊贵的客人和受邀表演节目的歌星准备了自助冷餐会。

---

① 此时俄国队已经缩编为一个连，因此文中常以本连、一连、俄国连指代这一时期的整个俄国队。

晚会进行得非常成功，大概在凌晨3点才结束。这次晚会后来成了街谈巷议的话题。

1928年1月13日，俄国队送别即将退休返回英国的戈登上校，他已担任万国商团团长5年了。通常，同一人担任该职限为3年，但是工部局非常欣赏戈登上校，设法得到了“伦敦”方面的允许，令他继续留任团长2年。

戈登上校是英国常备军领导上海万国商团的第5任军官。在他任上，俄国队得以成军；也是在他的任期内，这支队伍经历了保卫租界所谓“战斗洗礼”的考验。

为了向即将离任的戈登上校致敬，俄国队安排了一次晚宴。晚宴上，戈登上校收到了来自上海万国商团俄国队的一份礼物——一个皮信夹，上面有金色的花字和用金子铸成的万国商团团徽。

根据季梅上尉的指示，在赠送礼物时，所有就餐的官兵同时起立，一名士兵读“献词”，连队司务长将礼物交给戈登上校，全体一齐大喊三声“乌拉”欢呼（按照英国惯例）。戈登上校感动落泪，接受礼物后，他被队员们架住手脚举了起来，在洪亮且经久不息的俄国“乌拉”欢呼声中，上校被抬出房间，在小汽车上入座。

戈登上校是一名严格的长官，同时尤为细心，是一位慈父般有爱心的司令。关于他的美好回忆依然留在白俄团老兵心中，他们在回忆久远过去时，总会回忆起上校的名字。戈登上校于1930年底在英国家乡去世，享年65岁。在他从英国寄给俄国队司令的一封信中，有这样几句话：

“我的心中一直为亲爱的俄国队留着一个位置。此次致信，我想再次告诉您，我极为珍视俄国队建立以来始终出色的工作和优良纪律。祝愿您和整个连队蒸蒸日上，早日返回祖国。”

“国王死了——国王万岁！”

戈登上校离开了我们。我们等待新一任团长到来，在他到达后，为了熟悉万国商团的“常备军”，必然很快就会进行第一次检阅，为此我们正在紧张准备着。

这次检阅于 1928 年 3 月 10 日在跑马厅举行。新任司令亚本派曼（Орпен－Пальмер）上校对连队的队列操练十分满意。

两周后，他视察了连队营房配置，并品尝了队伍的餐食。他是万国商团总司令，表现得却像是一名基层军官。

作为团长，亚本派曼上校给连队官兵们留下了“大老爷和假绅士”的印象。他的身材、高个头、言行举止、和下属交谈的语气，创造出一种仿佛总是漫不经心却高高在上的样子。实际上，他常常留心差事的所有细节和士兵的生活琐事，他后来的指示证明了这一点。

1928 年 4 月 15 日是东正教的复活节。俄国队要进行晨祷和开斋仪式。俄国队的嘉宾和朋友们在客席就座。开斋仪式到半夜 2 点结束。次日早上 9 点 30 分，全连已集合于跑马厅，作为万国商团整个纵队的一分子，出发进行商团每年一度的游行——“拉练”。

尽管整夜未眠，还举行了开斋仪式，但行军进行得很顺利，俄国队和去年一样得到了观众的热烈喝彩。

1928 年 5 月 4 日，新任英国驻华远征军司令沃德罗普（Уордроп）将军在跑马厅对俄国队进行检阅。检阅进行得很顺利。

第二天，即 5 月 5 日早上，俄国队再次参加了万国商团的全团游行，沃德罗普将军也参与其中。

万国商团其他部队各排以分列式列队通过，俄国队与众不同地以展开队形[1]通过，而且走得很出色。

上海侨民们第一次看到租界的部队以展开队形行军，有机会目睹俄国队要比其他部队更加训练有素，他们的编队几乎要比别的连队宽 2 倍。俄国队以“细线形”编队经过沃德罗普将军面前。上海新闻界就这次游行对俄国队做了长篇报道。

沪上纳税人逐渐相信“我们的常备军”具有极大价值，英国陆军部见识到俄国队队员的严明纪律、出色本领后，热心支持万国商团团长力争保留俄国队，长期为工部局效力。

毕竟，在每年选举来年新一届工部局董事会之前，上海都会提出解散俄国队（接着是解散工部局交响乐团）的问题。解散俄国队的支持者们认为，目前来看，俄国队显然派不上用场，而且维持成本巨大，借此提出要求。

1928 年 5 月 6 日，万国商团举行“教会游行”（Церковный парад）[2]。通常，游行结束后，所有万国商团军官和士官在位于外滩的英国领事馆的院子里集体合影，然后各连队合影，团长和总部成员也参加照相。今年，俄国队的军官和士官第一次合影。

1928 年 5 月 30 日，是五卅运动三周年纪念日，这起事件发生在南京路靠近老闸巡捕房的地方，最终引发中国职员和工人大罢工。对中国人而言，这一天是“哀悼日”。群众大会、集会轮番上演，还有反对欧洲人的示威游行。因此，俄国队在军营中待命，随

---

① 队形的一种。展开队形用于点名、编队、检阅、阅兵等场合。展开队形有班、排、连、营、团的展开队形。与纵队集结的行军队形不同，展开队形为横队队形，可以是靠拢的队形或成疏开的队形。

② 教会游行指某军事组织的成员所进行的军事游行，为军队人员参加宗教仪式的方式之一。

时准备被召唤去“骚乱”的地方，支援当天在租界街道巡逻的巡捕队。营房的院子里停着万国商团“前程”牌卡车，俄国队队员不脱制服，甚至不卸下装备。幸运的是，白天平安度过，到了晚上，根据万国商团总部命令，俄国队再次切换到“正常”状态——“待命”取消。

1928 年 7 月 28 日，俄国队收到沃德罗普将军的礼物——一座铜铸的东正教希腊式十字架，嵌在一个柏木雕制的盒子里。借此契机，俄国队在餐厅里祈祷，并举行了十字架的祝圣仪式。沃德罗普将军本人及其总部成员出席了礼拜。万国商团团长到达时，受到俄国队“仪仗队”欢迎。

万国商团俄国连不止一次展现出他们工作牢靠，军容亮眼，队列操练优美，因此赢得工部局董事们的好感，争取到像英国陆军部这样的强大盟友。

尽管维持这个连队所费不赀，“以节约为目的”解散俄国队的要求不止一次被提出，但是英国陆军部强硬建议，要为自己 1927 年因北伐战争派往上海的部队“减负”，工部局大会决定，不仅不解散俄国连，还要将其编制增加到 250 人，重建为两连建制的“俄国队”。

1928 年 7 月 23 日，根据上海万国商团第 25/T 459 号命令，俄国连重组为总人数为 250 人的两连建制的“俄国队”。

8 月 1 日，重组工作开始。季梅上尉被任命为俄国队司令，伊万诺夫中尉任一连连长，马里宁中尉任二连连长。一连尉官是加尔金（Галкин），二连尉官是斯捷潘尼谢夫。瓦西里耶夫被任命为俄国队军士长。

同日规定，废除俄国军队军阶，各个职级和军衔的名称按照万国商团（即英国军队）军衔确定。

愿意继续入伍的雇佣兵前往俄国队司令部集中，司令部因此又紧张忙碌起来。

检视健康情况、问询、审核文件——这些都是烦琐且必要的工作，因为这份工作需要体格健康的人，而俄国队的选拔口号是“俄国人”，这意味着他们要挑选安分守己的“白俄侨民”。

根据俄国队的新定员，除连长以外，每连应有两个尉官。因此，8 月 7 日，曾在俄国队减员前担任尉官的队员——波洛尼科军士和库罗奇金军士获准分别在一连和二连履行尉官职责。

尽管经历了剧烈动荡，俄国队也不曾脱离俄国的军事传统。

8 月 9 日适逢尼古拉・尼古拉耶维奇大公[①]命名日（именины）[②]，俄国队定在这一天举行祷告。万国商团团长亚本派曼上校出席祷告仪式，他曾因在第一次世界大战中的优异表现获得俄罗斯帝国“圣斯坦尼斯拉夫三等勋章”。祷告结束后，团长借此机会，对新建二连的新兵进行检阅。

现在回忆起这个似乎意义不大的、纯属俄国人内部的节庆，你会不由自主地注意到，万国商团团长亚本派曼上校及总部军官（全体英国正规军军官），他们理解这一节日对于我们白俄侨民的重要性和深远意义。为了给我们最高领袖生日这天增加节日气氛，万国商团甚至免除了一连当天的巡逻工作。

---

① 俄军统帅，大公。第一次世界大战时的俄军总司令，俄国末代沙皇尼古拉二世的叔父。

② 欧洲国家都有命名日传统。俄罗斯人过命名日的习惯则来自东正教传统。新生儿在受洗时获得一个与宗教圣人相同的名字，一般会在教历中寻找圣人纪念日中最近的一天（带同一名字的圣人纪念日一年中有数天）作为命名日。如此，一般人除了庆祝生日，还会庆祝与自己同名圣徒、圣女的命名日。

1928 年 8 月 28 日，根据万国商团第 25/T 507 号命令，伊万诺夫和马里宁获批担任连长一职，晋升为陆军上尉。据同一命令，履行尉官职责的波洛尼科和库罗奇金军士，获批担任此职，并晋升为陆军少尉。同时，以下任职和军衔晋升皆获批准：俄国队军士长瓦西里耶夫、事务长科尔尼洛夫军士、司务长西莫尔多夫军士；任命加帕诺维奇和洛巴诺夫（Лобанов）分别为一连和二连的军士长。

1928 年 9 月 10 日，一连达到定员数，含 3 名军官、115 名士兵。暂未满员的二连搬到杨树浦地区位于同凉路（Тунглианг род）的新营地，入住一间英国军队腾出的营房，因为此时英军开始从上海撤回常驻地。

1928 年 9 月 14 日，根据万国商团在工部局《公报》上公布的 1928 年 9 月 14 日第 81151 号指示，俄国队司令季梅上尉军衔晋升为陆军少校。

到 1928 年 9 月 17 日，二连组建完成，定员数已经募齐，开始强化队列操练。

1928 年 9 月 20 日，工部局任命原俄军上校列夫·利沃维奇·吉拉尔-德-苏坎顿（Л. И. Жирар - де - Сукантон）男爵担任俄国队副司令，提升军衔为万国商团陆军上尉。他积极履职，将主要精力放在了庶务机构的重组上，并在短时间内理顺了俄国队庶务部门与供应处之间的关系。

吉拉尔-德-苏坎顿精通英语，又有广泛人脉，这对他顺利开展工作大有助益。他并没有将其工作局限于俄国队的庶务管理方面，而是深入研究队列操练和军事工作的所有细节，并提供宝贵的指导和建议。

吉拉尔-德-苏坎顿男爵有丰富的学识，出色地掌握了多门外语，有辉煌的职业履历和广阔的外国人脉，为俄国队的扩编、站稳脚跟出力不少。

1928 年 10 月 9 日，万国商团团长对新近成立的二连进行第一次队列检阅。二连表现出色，团长认为可以指派二连和一连轮流完成相同的工作。

1928 年 10 月 14 日，前俄国驻沪总领事格罗斯通知万国商团俄国队司令，孀居的俄国皇太后——玛丽亚·费奥多罗夫娜（Мария Феодоровна）在哥本哈根逝世。[①]

10 月 15 日，俄国队为已故皇太后举行安灵弥撒，并宣布进行为期两周的哀悼活动。志哀期间，全队禁止歌舞。有关命令如下：

“奉旨承宣，圣詹姆斯宫廷（Сен - Джемский Двор）[②] 将为已故俄皇遗孀玛丽亚·费奥多罗夫娜太后服丧 14 天，从太后去世之日起，所有英帝国军队也参与规定的哀悼活动，哀悼时长同上。

据此，并按照万国商团总部命令，我所带领的俄国队应在同一时期志哀，该哀悼期应于 10 月 27 日中午结束。”

10 月 19 日，已故太后遗体出殡。俄国队当晚 7 点举行安灵弥撒，此时是哥本哈根时间（3 时 15 分），[③] 太后的葬礼正在丹麦王室的陵寝举行。

同日，万国商团批准组建“万国商团俄国义勇队”（Русская Волонтерская Рота，Ш. В. К.），规定这支队伍与万国商团其他义勇

---

① 玛丽亚·费奥多罗夫娜是丹麦公主，俄国沙皇亚历山大三世之妻，沙皇尼古拉二世的母亲。十月革命后，玛丽亚皇太后辗转回到了丹麦，此后再也没有回过俄国。

② 指代英国皇室。玛丽亚·费奥多罗夫娜与英皇室有亲缘关系，其姐姐为英国亚历山德拉王后。

③ 原文如此，有误。哥本哈根与上海的时差是 6 个小时。

连队建制相同。根据万国商团同日发布的第 1156 号命令，为与刚刚成立的俄国义勇队区分，俄国队由原先的英文名称“Russian Unit S. V. C.”，改为“Russian Detachment S. V. C.”（即“白俄分队”），并且拆下了队员肩带上戴的“V”字图案。[①]

我们正式成为上海万国商团的常备军。

最新组建的“万国商团俄国义勇队”是不付薪酬的，只在工部局或万国商团团长的特别指示下才为上海效力。

组建该连过程中，最为活跃的人非白俄分队司令季梅少校莫属。工部局雇员、前俄国近卫军上校萨维洛夫（К. П. Савелов）被任命为这支俄国义勇队队长。上尉巴热诺夫（Н. П. Баженов）、中尉多曼斯基（Н. И. Доманский）被任命为该连尉官，军衔分别升为陆军上尉和中尉。

这一切都发生在 1928 年，第一次世界大战才过去仅仅 10 年。上海的外国侨民中，有成百上千的人参加过那场血腥的战争。

时过境迁，先前的敌对国间那种自然的愤恨之意此时已经消失。曾经的军事对手——现在的上海“生意人”，已经恢复战前的正常关系。虽然各个国家的人还是偏爱“活在自己的圈子里”，但所有人都无一例外地怀念不久前结束的那场战争中所表现出的英勇精神。

为了纪念这种英勇精神，在公共租界和法租界的边界、毗邻黄浦江的地方，上海树立了一座宏伟的“欧战胜利纪念碑”。每年 11 月 11 日，即与德、奥缔结停战协定那天，人们在这座纪念碑的脚

① “V”字代表 Shanghai Volunteer Corps 中的 Volunteer，意为“义勇兵”，此处取下“V”字表示白俄分队作为常备军与义勇部队相区分。

下献上花圈，悼念那些为祖国牺牲的英雄们。

仪式非常庄重。大约早上 10 点，来自不同国家军队的小型仪仗队开始按同德、奥开战的顺序到达并进行整队。英国、美国、法国、日本、意大利的军乐队从其驻沪部队营地或战舰上出发，来到现场。

仪仗队和乐队所站区域会用绳索隔离起来，不允许无关观众进入。到 11 点，即停战协定实际签订的时间，上海驻军的高级指挥官、各国外交使团、工部局总董和万国商团团长齐聚仪式现场。这个“将军团”中也有俄国人：前俄罗斯帝国驻沪总领事格罗斯，以及瓦尔特（Вальтер）将军和加弗纳（Гафнер）将军。11 点整，联合合唱团的小号手演奏完《最后的站岗》[①] 后，“将军团”按各国同德、奥作战的顺序，在该国的雄伟国歌声中，向纪念碑献上花圈。

1928 年 11 月 11 日这一天，俄国人心里尤其高兴，因为俄国于 1914 年最先和德、奥作战，所以我们的国歌《天佑沙皇》（*Боже Царя Храни*）第一个响起，我们也最先献上花圈。

这场 1928 年的典礼令俄国人尤为激动的另一个原因是，除了我们“固定”的俄国代表格罗斯、瓦尔特和加弗纳以外，整个仪仗队右翼站着白俄分队，由 1 名军官、20 名队员组成。

雄伟的俄国国歌《天佑沙皇》响起，所有仪仗队同时表演“举枪敬礼”枪法，这一场面令许多现场的白俄侨民喜极而泣。在上海，这个日子如同过节，整个外滩挤满了成千上万的各国观众，专心观看军事典礼。

---

① 《最后的站岗》（*Last post*）是一首著名号角军乐，是军人丧礼的丧礼号，寓意完成了光荣任务。

这一天，多元的上海前所未有地凝聚成一个家庭，共同怀念在第一次世界大战牺牲的英雄们。

1928年，上海的宗教界产生不和。上海主教、北京神学团（Пекинская Духовная Миссия）团长西蒙主教决定（并开始实施）为蒙难去世的沙皇尼古拉二世修建纪念堂，不知为何就与圣尼古拉军事教区委员会（Свято - Николаевский военноприходский совет）有了矛盾。这些不愉快令上海的东正教白俄侨民内心非常痛苦。也不知出于什么原因，圣尼古拉军事教区的教徒被称为“井底蛙”（дырник）。可能是因为他们的第一座临时教堂是在偏远的“犄角旮旯洞”中开设的，但是这个称谓在上海白俄侨民中流传甚广，导致了嫌隙。

这一不幸事件自然传出上海，传到了哈尔滨。当时堪察加的涅斯托尔（Камчатский Нестор）主教在哈尔滨享有特殊权威。

涅斯托尔主教决定设法调解教会分歧，于1928年11月来到了上海，并成功地完成了这项使命。顺利结束这项“崇高”的教会工作后，涅斯托尔主教开始对上海俄国的“国家机构”和公共组织进行访问，当然，首要访问就是万国商团白俄分队，他尚在哈尔滨时就听说了很多关于俄国队的事迹。1928年11月15日，他与西蒙主教一起访问了白俄分队的两个营房，所到之处，都有相宜的演唱和典礼。

上海是一座对比鲜明的巨大城市（当时大概有400万居民）。叙利亚的犹太百万富翁埃兹拉（Эзра）靠毒品买卖起家，他的“大理石宫殿”旁边簇居着中国贫民的简陋竹棚；哈同（Хардун）[1] 的

① 哈同是一个叙利亚犹太人，有数十个不同国籍的养子，主要是中国人，娶了一个中国老婆。——原文注

大庄园里空无一人，旁边就是半为倾圮的两三层木头小屋，屋子的阳台歪歪扭扭，碎玻璃和腐朽的地板好像随时都会倒塌，几十个中国人挤作一堆，像罐头盒中的沙丁鱼一样塞满了这些房屋。

两个疲惫的中国苦力艰难地在路上拉着木头大车，还有成百上千的人力车和独轮手推车也是这样被中国奴仆拉着。马路上，漂亮的新型汽车迅速赶超了他们。

“北京路”是租界区最宽阔、拥挤的街道，豪华小轿车发出震天的喇叭声，想要超过现代的电车（кукушка），但总会在赶超的时候出乎意料地碰上“不可逾越的障碍”——一群水牛，它们正被赶往斐伦路（今九龙路）的屠宰场。最前面走着的是固定的“正规”水牛领队，他会将这群“死刑犯”领到指定地点后，又返回去带领另一群水牛。

欧洲餐厅别致阔气，紧挨餐厅入口处却冒着令人窒息的恶臭，这是廉价的豆油烧焦的味道，中国小贩正在“行军灶”（路边摊）上为他们的顾客——干苦力活的人，烹制面条和“羊肉”。

摩登的美发店里，有数十个漂亮舒适的扶手椅，理发师穿着雪白的工作长衫，有洗发水、电烫、修指甲等现代技术。在美发店入口的人行道上，摆着一个木制三脚架，下面一个火盆中烧着火热的“煤砖”，上面的小盆中装着“移动理发店”的热水，这里的理发师则让自己的顾客坐在一个原本装橘子用的空箱子上，用一块磨得飞快的铁片帮他剃光头。

美丽的电影院和剧院配有柔软舒适的椅子，地上铺着地毯，而入口处的人行道上摆了一个“影箱”，过路的中国人付一个铜板，就可以把他的眼睛凑近一个小的观察孔，从中可以看到“鲜活的画面”，还能在无意中“收获”中国贫民的祸害——“沙眼”。

一个体型肥胖、身穿丝绸的中国商人或买办，在几个持左轮手枪的保镖护卫下（许多白俄侨民做过这份工作），高傲地走向自己的小汽车，却没有注意到，几近赤裸的残废乞丐躺在人行道上，用嘶哑的声音请求施舍。

夜间，亮着万千灯火的巨大远洋轮船停在黄浦江口，发出刺耳的汽笛声，而旁边不少中国小船正在艰难划动，小船已经“极限”超载，却还拖着两三艘载货驳船。这些驳船的负载过重，使它们的甲板几乎与河中的水位相当。当有人用摩托艇从停在江口的外国军舰搭载几名“休假”的水兵上岸时，飞驰而过的摩托艇激起层层波浪，一次次溅向这些驳船。

美丽与粗劣，奢华与赤贫，现代文化和残余古风在上海携手并行。

这座城市的公务活动（Деловая жизнь）日以继夜地运转着。毕竟，除了商业利益之外，上海还有居民利益（要顾及），要养活这数百万人口，要保障居民的卫生安全，要保护居民的生命和财产，要创造有利于每个城市生活的必备条件，即维持秩序。

在外国人居住的地方，即公共租界和法租界，维持秩序的任务落在工部局的肩上，迫使其不得不维持强大的巡捕和万国商团队伍，以供调用。任务沉重，需要大量的雇员来完成。

敲诈、抢劫、绑架遍地开花。欧洲殖民者和中国人——这个国家的天然主人，二者之间的思想和生活观完全相反，几乎每天都在爆发劳工罢工和政治示威，“破坏”着这座城市的正常生活，需要市政当局立即进行干预。

佩戴左轮手枪或卡宾枪的巡捕在各个十字路口巡逻，武装警察在各个街道上巡逻，装满罪犯和被捕者的“囚车”在城市里不停飞驰，将其所载运到巡捕房、法院或华德路（今长阳路）监狱。

华德路监狱是上海最大（可能是世界上最大）的监狱，里面长期住着 10 000 名“住户”，既有街头小毛贼，也有杀人犯。两列墙围着几十个石砌的建筑群，里面有带栅栏的格子间，根据罪犯的“类型”，将他们安置成组或单独居住。

这些建筑群是经过特别设计的，外人可以通过巨大的窗户从外面（犯人靠近窗户的通道由内部的围栏隔开）看到牢房中发生的一切。从安排上看，完全排除了罪犯自杀的可能性。中国警卫守外门，印度警卫守内门，在监狱院子里和建筑群内部，由欧洲狱吏指导手下的印度和中国助手完成全部工作。

监狱外墙上（约 20 英尺—25 英尺高）布置了瞭望塔，上面有一名手持步枪的警卫员值守。此外，夜间院内的武装警卫也会巡查外墙。

1928 年 11 月 26 日，监狱方首次要求万国商团白俄分队提供常驻卫队，协助巡捕完成工作，卫队包括 1 名军官、2 名士官和 27 名士兵。

万国商团总部下令，白俄分队二连承担保卫监狱的任务，与此同时，一连继续执行“在桥上”值守和保卫“工部局”的任务。

不是所有的白俄分队队员都有机会在训练和工作之余休假。因为很多人，尤其是那些从哈尔滨来的人，在上海无亲无故，空闲时也常在营房闲坐着。

这种无所事事的状态令人发闷，在周末更甚。那时我们还没有收音机，甚至留声机也很少见，只有连队小酒馆里有一台，但又不是播所有人都好听的曲儿。

连队管理层当然注意到了士兵生活存在的问题，于是有人提出一个方案，每逢周末在一连小酒馆组织“午后舞会”（Ти Дансы），白俄分队队员可以各自邀请客人来参加。白俄分队指挥官的夫人安娜·伊万诺夫娜·季梅（Анна Ивановна Тимэ）热情地参与组织此事。

1928 年 12 月 2 日，星期日，安娜·伊万诺夫娜·季梅本人组织和安排了第一次“午后舞会”。客人很多，“午后舞会”取得了巨大成功。在舞曲播放间隙，士兵们自己编排了节目——唱歌、朗诵、讲笑话。桌上提供有茶、咖啡和冷饮。

为了鼓励部队发展各个军事领域的技能，英国军队采用流动奖杯的竞赛系统。白俄分队引入了同样每年进行各排间的队列操练竞赛的方法。年度最佳的一排可获得万国商团总部特意颁发给白俄分队的“流动奖杯”。

1928 年 12 月 18 日，白俄分队首次举行队列操练比赛。全队的 8 个排都参加了这项比赛。苏格兰卫队二营的军官受邀做比赛裁判，该营当时正驻扎在上海。

裁判组评定，队列操练的最佳排是克罗特科夫（Д. К. Кротков）军士指挥的二连二排，该排被授予流动银奖杯。

第二天，即 12 月 19 日，是俄国队队日。早上，白俄分队为此晨祷。祈祷仪式后，二连二排在厦门路营房的院子里列队，万国商团团长将奖杯授予克罗特科夫军士。

为庆祝队日，连队为士兵们改善了伙食，政府官员和受邀的“俄国队的朋友们”出席了军官们的早餐会。出席的人员：英国驻华远征军司令瓦尔德普将军、苏格兰卫队营的许多军官、工部局董事、俄文报纸《上海柴拉报》（*Шанхайская Заря*）编辑阿诺尔多夫（Л. В. Арнольдов）、《斯罗沃报》（*Слово*）编辑扎伊采夫（П. И. Зайцев）和《上海柴拉晚报》（*Вечернее Время*）编辑苏沃林（Б. А. Суворин），以及英文报刊《字林西报》（*Норд Чайна Дэйли Ньюс*）助理编辑之一——佩顿·格里芬（Пэйтон－Гриффин）先生，他是俄国人的老朋友，甚可称为知心朋友。

1928年末，白俄分队司令部的人员构成发生一些变化。12月28日，白俄分队副司令吉拉尔-德-苏坎顿男爵因得到上海电话公司的一份好差事辞职了。同时，万国商团总部下令提升军士长瓦西里耶夫为少尉，任命他为“队列事务的差遣尉官”；任命西莫尔托夫军士担任白俄分队“军需官”，取消白俄分队军士长的职位。

在搁笔写完1928年俄国队的生活和工作之时，我想向读者提供两条抄录下来的俄国队命令。其中第一条描述了俄国队作为昔日伟大俄军传统的继承者，其精神面貌如何；而第二条则简要评价了吉拉尔-德-苏坎顿男爵在连队中的活动。

白俄分队1928年12月19日第115－1号命令摘录

今天是我们选定的俄国队守护神——显灵者圣尼古拉·米尔里基斯基的纪念日，在万国商团成立俄国队两周年之际，我们在此庆祝我们第二个队日。

曾经，全俄国都会庆祝这一天，因为它是皇帝尼古拉·亚历山大罗维奇的命名日。

今天，我们将为我们的皇帝及至圣皇室祈祷，他们因对祖国的“无限热爱”而“蒙难仙逝”，愿他们灵魂安息。

今天让我们回顾一下我们的君主、俄军最高统帅于1917年3月8日发布的第371号命令，最后这封命令的结束语依然令我们记忆犹新：

“我坚定地相信，您心中对祖国的无限热爱将永不会熄灭。上帝保佑您，愿苦难圣徒和战无不胜的圣乔治引您取得胜利。”

白俄分队 1928 年 12 月 31 日第 169－4 号命令摘录

白俄分队 12 月 28 日的命令宣布，白俄分队副司令、上尉吉拉尔-德-苏坎顿男爵解职。

他来到白俄分队任职时，正值白俄分队人员扩充，需要组织内务、进行队列管理之际。

他向白俄分队庶务机构示以正确的发展方向，在短期内成功地梳理好庶务机构和供应部门的关系。

他建立了简单易行的协调相关部门需求的方法，并理顺了相关部门的业务关系，这些举措取得很好的实际效果。

在队伍工作方面，吉拉尔-德-苏坎顿上尉提供了可贵的指导意见，他为部队的工作进步和精神繁荣做出了巨大贡献。

他尤为重要的工作是，协助白俄分队在外国队伍和英军司令部获得必要人脉，这在推广和彰显队伍真正价值方面对白俄分队极为重要。

知识渊博，出色掌握多门外语，工作经验丰富，熟悉外国人的生活特点，这些保证了他能够成功完成托付给他的所有任务。

尊敬的列夫·利沃维奇①：

---

① 前后人名不同，原文如此。

您在您受托的任务中所付出的劳动、所达成的成就令人肃然起敬，我代表军队向您致以衷心感谢！

在您离开白俄分队之际，我忍不住想表达我的遗憾之情，并衷心祝愿您在接下来的工作中一帆风顺。

1929年

在日常生活中，万国商团的队员是公共租界中外企业的大小职员（既有洋行大班，也有小官小吏），他们在空闲时间进行军事训练。每逢晚间、周六日和节假日，万国商团各连队一般会进行射击练习、各种比赛和“野营集训”。

因此，在1929年1月1日元旦这一天，白俄分队为庆祝新年举办队伍首次个人射击比赛，也就不足为奇了。白俄分队两连中最好的枪手都参加了此次比赛，获胜者赢得奖金。

东正教圣诞节快到了，白俄分队准备组织一次晚会，原定在厦门路一连的驻地举行。

令人始料未及的是，原俄军最高司令尼古拉·尼古拉耶维奇大公在法国戛纳逝世的消息传来，这次晚会被取消，代以1月8日当天为逝者举行安息弥撒，白俄分队另安排（当然是经万国商团总部同意的情况下）军官和军士长服丧一个月，而其他各级队员服丧三天。1月12日，白俄分队发布命令，宣布自愿捐款，为已故大公尼古拉·尼古拉耶维奇的墓地建造一个花环，并向全体队员征求花环设计方案。

虽然白俄分队外表看起来与万国商团的英籍部队没有不同，但是它没有扯断自身与俄军的精神纽带，虔诚地缅怀和纪念俄国历史上的所有重要事件。万国商团总司令部不仅不做阻挠，有时甚至会为纪念活动安排必要的休假或减少值班。比如，1929 年 2 月 9 日，白俄分队就为俄国最高执政者高尔察克（A. B. Колчак）将军做了安灵弥撒。

繁忙的勤务和持续的军事操练使得无须执勤的队员几乎没有空闲时间，因此白俄分队不像其他上海驻防部队常备军那样，有自己的运动队，可以利用在运动场中的表现拉近彼此关系，结交大量经常参加体育比赛的当地居民。

上海驻防的各国部队当然都了解白俄分队，他们在保卫公共租界边界的任务中和白俄分队共同执勤，在检阅活动和游行中与白俄分队有所接触。

驻沪英军大队每两三年轮替一次，而上海真正的“常驻”军是美国海军陆战队第四联队，这支部队多年内不曾移泊，第二次世界大战前一直驻扎在上海。

俄国队建立之初就和这支部队“认识”了，不过这种交往还只是“点头之交”。1929 年圣诞节过后，不知为何，万国商团总部和美国海军陆战队第四联队司令部商量好了一道邀请白俄分队“军乐演唱团”参加活动，地点在海军设在旧市政大楼（Таун-Холл，英 Town Hall）的“吸烟者”（Смокер，英 Smoker）俱乐部。

“吸烟者”俱乐部是美国士兵常光顾的娱乐场所，这里有歌手、音乐家、说书人、魔术师等表演的丰富节目。在库尔久莫夫（Курдюмов）的指挥下，白俄分队合唱团的表演非常成功，晚会后很长一段时间，美国水兵都在哼唱《欸嘿！》（*Эй，ухнем！*）[①] 的曲调。

---

①《欸嘿！》是一首俄国传统民歌。

1929 年 2 月 21 日，美国海军陆战队第四联队向白俄分队赠送了一份代表友谊的礼物——一座大银杯，以表示该团对白俄分队的真诚好感，银杯由团长基尔戈（Килгор，英 Kilgore）上尉赠送给白俄分队司令季梅少校。

俄国队拥有的珍贵纪念品不断增加，它们都被收藏在厦门路连队小酒馆的一个特制玻璃柜里。

1929 年 2 月 24 日，白俄分队队员纷纷提交了为尼古拉·尼古拉耶维奇大公墓所设计的花环方案。一个特别委员会负责审阅这些方案。作为建筑艺术领域的专家，军事建筑工程师亚龙（А. И. Ярон）上校应邀就如何消除技术错误、纠正方案偏差提供了宝贵的指导。委员会选中一连士兵瓦连京·索科洛夫（Валентин Соколов，后来的白俄团第三义勇队中尉）设计的方案，随后根据该方案在巴黎建造了一个银质花环，由库捷波夫（Кутепов）将军亲自在最高领导人逝世一周年之际献在他的墓前。

和白俄分队司令部一块儿驻扎在厦门路的连队，工作无比繁重，因为他们就在“上级的眼皮子底下”。白俄分队司令在厦门路营房里有一间寓所，因此他经常出现在连队驻地；甚至在连队无须工作和训练时，万国商团的高级军官经常“搞突袭”，这迫使连队军官和队员都得“时刻保持警惕”，客观上剥夺了他们的闲暇（休息时间）。

驻扎在杨树浦区域同凉路的连队，身处城市远郊，距离白俄分队司令部和万国商团总部都很远，他们就“享福了”，可以自在地利用自己的空闲时间。该连营房设施完备（之前为一个英国常备军连队使用），里面布置着一个不错的小酒馆，各排军士甚至拥有一个独立房间，那时厦门路营房里的各排军士和队员住同一个房间，他们老是在自己人的“众目睽睽之下”，当然也会感到极为尴尬。

在厦门路营地里，各排军士甚至连最基本的“个人隐私”都没有，反而成了滑稽事件的焦点，连队里的“天子娇子”成了被取笑的对象。

我记得，在1928年夏天，那时还没有厦门路的小酒馆，俄国队缩编为一连后，我成为该连一排一班的班长，波洛尼科军士是一排军士，我们的床铺就紧挨在一排营房的入口处，床铺中间放着一个公用的“小柜子”（床头柜），里面存着装了一点伏特加的水壶，有了这点储备，我们可以在午餐和晚餐前放肆喝一杯。尽管军营中严禁存放酒精饮品，但“长官”毕竟也是普通人，也有人所固有的弱点，只要不损害工作和既定秩序，他们就睁一只眼，闭一只眼。

但我们如何能在不被队员发现的情况下，喝掉一杯伏特加酒呢？通常在“午餐”信号前，一排所有人都在营房集合。营房里没有饮用水，所以没人会相信，排长和班长在午餐前喝的是水，而不是喝伏特加“养生”。

波洛尼科以一个“屈服”的姿势坐在他的床铺上，他并没有把水壶拿出来，而是直接在床头柜里把自己的那“一份伏特加”倒入一个搪瓷杯里，然后小心地扫视一下四周，抓住一个（在他看来）绝佳的时机，以一个极其不舒服的饮酒姿势喝下自己那一份酒，为了不引起其他队员的怀疑，他努力不皱眉头。接着我也如是照做了一遍。有时我们可以悄悄成事，但大多数情况下，从小屋的某个遥远角落里总会传来一声低沉的、带着妒意的“祝你健康”或是“长官好”。我们假装没有听到，一边脸红一边在心里咒骂，开始紧张地整理本来就井井有条的小柜子。

由于距离遥远，（万国商团）最高领导几乎从未到访过驻扎在同凉路的连队，因此该连可以无拘无束地“独立”生活。到了晚上，这片区域万籁俱寂，连队安稳地休息，也没有城市的熙攘和喧嚣来打扰。

有鉴于此，白俄分队司令决定每年轮换连队的驻地。随着驻地轮转，相应的值勤小组也进行变换，同凉路营房提供保卫华德路监狱的卫队，而厦门路营房在桥上值勤，并负责保卫万国商团总部。

纳税人为白俄分队花了很多钱。为了稳固该队依旧风雨飘摇的地位，万国商团总部非常乐意满足工部局警务处的要求。警务处在没有增加人员的情况下，常不得不承担很多额外工作，因此他们要求白俄分队队员承担所谓“搜索队”的工作——在搜查和搜捕行动中协助巡捕。

在指定时间以前，一名军官须组织人数充足的白俄分队队伍乘坐运输卡车到达指定的巡捕房院子，这名军官做队伍队长，从总巡处接收指示。接着，通常由巡捕“大队”（дивизион）（巡捕区）的一名巡官指挥整个“搜索队”。这个队伍有一两杆“汤普森”冲锋枪、二三十个华捕和印捕，他们在欧洲军士的指挥下，坐进漆黑的巡捕车中，前往第一个指定的搜查地点。

车队刚一到达行动地点，白俄分队队员就会快速从货车上跃下，在军官的监督下，士官指挥队员封锁区域，分为小组进行搜查。

通常，4小时的出勤时间可以搜查完三到四个不相邻的区域。

除了协助巡捕进行搜捕外，白俄分队还应要求派出由士官指挥的特别卫队。特别卫队仅由白俄分队队员组成，职责包括对各个巡捕房区域进行巡逻，往往是那些巡捕无法覆盖的区域。被指派完成巡逻工作的白俄分队队员会从相应的捕房领取“韦伯利”或者“柯尔特”左轮手枪。[①]

相应地，所有白俄队员都在巡捕教官的领导下，在位于“戈登路仓库”的巡捕靶子场接受过左轮手枪射击课程。

落到白俄分队头上的工作，可谓各式各样，而队员在完成工作时表现出来的认真负责，令万国商团团长有底气在工部局面前提出请求，以改善白俄分队生活条件。

1929年3月24日，工部局批准，每年给工作满一定年限的白俄队员涨薪，军官涨10元，其他队员涨5元。

1929年4月8日，白俄分队司令季梅少校在写给俄国军事总联盟（Русский Обще－воинский Союз）[②] 主席、办公厅主任康泽洛夫斯基（Кондзеровский）将军的信中，随信转交了909.7法郎，用于修建已故最高领袖和最高司令尼古拉·尼古拉耶维奇大公的大理石墓板，作为白俄分队一点力所能及的贡献。这块墓板的背面罗列了所有参与建造的军事组织。

白俄分队在墓板上的记录如下：“1929年3月，供职于上海万国商团白俄分队的俄国军队和舰队成员敬上。”

4月9日，英国东方远征军司令沃德罗普将军接到新任命，离开上海前往英国。上海（公共租界和法租界）的所有驻军派遣仪仗队为他送行，其中就有白俄分队的半连[③]和二连。

---

① 柯尔特左轮手枪最初由美国人柯尔特发明。因枪支结构简单、操作简便、首发开火迅速，而且容易排除“瞎火弹”，因此风靡世界。其中柯尔特M1911A1手枪装备时间长、装备数量大，从1911年开始被美军定为制式手枪。

② 俄国军事总同盟为十月革命后白军中将彼得·弗兰格尔于1924年9月1日主持成立的军事组织，意在联合所有流亡海外的白军军事组织，酝酿反布尔什维克起义的同时，在白俄侨民中培养军官、开展军事教育。

③ 半连是旧俄军队军事编制的一种，一般是两个排，这里代指的是一连。

就在这一天，关押中国人的华德路监狱发生暴动。暴动期间，一名被关押的死刑犯袭击了狱警，打死、打伤多名锡克看守后，试图号召所有囚犯发起暴动。

这一天值守华德路的卫队是斯米尔诺夫军士指挥的一连，他们采取强有力的镇压措施，协助监狱管理局迅速消除暴动。

因为这次英勇战斗，斯米尔诺夫军士和整支卫队受到工部局监狱长官马丁（Мартин）上尉书面致谢。

1929年4月18日，新任英国驻华远征军司令巴雷特（Баррет）准将在跑马厅对整个白俄分队进行检阅。

检阅中，一连演示了“驱散人群”和体操，二连演示了“刺刀搏击”和连队操练。

白俄分队的表演令数千名观众赞叹不已。他们尤其喜欢体操部分——整个连队一起完成索科尔派体操的自由体操和“刺刀搏击”，这是因为，所有连队队员在一名军官的指挥下，一边完成刺刀搏击的整套动作“回合”，一边改变队形为棋盘式交错排列，以便表演体操。

第二天，上海的中外报刊报道称：“这是一场优美的军事芭蕾。士兵以步枪做舞伴，在这场表演中成了主角。”

检阅以分列式结束，各连排成展开队形，各班排成纵列。白俄分队在此次检阅中又一次展示了其熟练的技能和严明的纪律。

10天后的4月27日是万国商团的大游行，巴雷特将军出席。白俄分队在分列式中以展开队形引来无数观众的热烈掌声，再次证明自己是上海万国商团中最优秀的队伍。

第二天，即4月28日，是一年一度的万国商团“教会游行”，40名白俄分队队员在1名军官的指挥下首次参加。仪式结束后，所有白俄分队的军官和士官同万国商团其他战友在英国驻沪领馆的院子里拍了合照。此后，白俄分队每年都参加这一传统的拍照活动。

上海的外文媒体对白俄分队非常友善，在报刊定期刊载的文章中，常对白俄分队的公差勤务和队列操练大加称赞。

上海最大的英文报刊《字林西报》的编辑佩顿・格里芬先生对白俄分队尤其同情。

1929年4月30日，出于“激励军事运动”的目的，佩顿・格里芬先生给白俄分队赠送了一个名为“1927年”（俄国队成军之年）的珍贵银杯。

1929年5月5日是东正教复活节。所有白俄分队成员及贵宾出席了在厦门路营房举行的晨祷。晨祷过后，一连乘坐万国商团运输卡车回到同凉路营房，二连则在餐厅进行开斋仪式。白俄分队军官和贵宾们则在厦门路营房小酒馆就席。英军司令巴雷特将军非常喜欢白俄分队，经常“不拘礼节地来一趟”，不过他缺席了此次开斋仪式，理由是有某些重要公务让他无法到场。

从佩顿・格里芬先生那里收到“1927年”银杯后，万国商团团长产生以此作为奖励组织比赛的想法，于是总部决定在连队各排之间进行4英里强行军加步枪射击的比赛。

每排由排长带领10人组成队伍，参加比赛。

驻扎在同凉路“堪察加”[1]的一连队伍，有无数机会训练强行军，他们参加比赛时充满信心。

5月21日一早，一连的队伍到达跑马厅，此时二连已经就位。所有军官也在此聚集，万国商团副官是这次比赛的组织者和主

---

① 堪察加是俄罗斯远东边缘之地，这里用堪察加指代同凉路营地，比喻此地远离城市中心。

裁判。

那时，白俄分队的官兵还听不大懂英语。因此，本该带领队伍第一个开始行动的一连一排军士克拉斯诺乌索夫根本就没明白他从万国商团副官那里收到的指令。他只明白了一点，他应该带领队伍尽快沿指定路线从跑马厅到达虹口公园附近的工部局靶子场，并在那里进行某种射击。射击到底什么要求？他根本就不知道。

他仅知道的是，评分将会以行军花费的时间、行动期间和射靶时的纪律以及射击本身的成绩而定。

剩下的队伍以各排的号码为序，沿着同一条路线，以 10 分钟为间隔分别出发。每个队伍后面都跟着一辆汽车，上面坐着作为“监督员”的一名万国商团总部军官。

给定命令并将“发令员”留在跑马厅后，万国商团副官命令克拉斯诺乌索夫军士的队伍前进，而他本人亲自前往监督这支队伍行军和射击的表现。

这支队伍用 50 分半的时间完成了跑马厅到靶子场的路程。在前往靶子场的路上，队伍接到命令，在 500 码距离外向“不断出现的”靶子射击 5 发子弹。这些“附加命令”和令人难懂的英语说明耽误了队伍在靶子场上的行动，延迟了开火的时间。

但是，这支队伍还是打出了 225 环，名列第一。第二名是一连二排和三排，用时 49 分钟完成路程，不过射击只打了 211 环。克拉斯诺乌索夫军士队伍的一名队员在靶场入口处迎接了二排和三排的队员，一边走一边用俄语向他们解释他们接下来该做什么。他们后来当然要轻松得多。

“1927 年杯”由万国商团团长颁发给了一连一排。在白俄分队收到的万国商团通告中，克拉斯诺乌索夫军士及其队员“因其良好的行军耐力和射击纪律”获得嘉奖。

根据工部局编制雇员的工作条件，白俄分队司令季梅少校作为“A”类合同正式工（警务处骑警军士），有资格在每5年工作期限内获得8个月的假期。

季梅少校的假期逐渐临近，届时白俄分队的军官就会暂时减少一名。于是，亚本派曼上校利用白俄分队积累的良好声誉，为白俄分队争取到提升一名军官的资格。1929年5月23日，一连的军士长加帕诺维奇收到命令，获准执行尉官职责，晋升为陆军少尉，转至二连。

1929年5月25日，白俄分队司令季梅少校前往欧洲度假8个月，伊万诺夫上尉（一连连长）暂时担任白俄分队指挥，斯捷潘尼谢夫尉官暂时担任一连指挥，授予“临时上尉”军衔。

纳入万国商团编制的万国商团团长、总部参谋官、商团副官及军士长，都是英国军队的正规军军官，仅仅是临时调任至万国商团一定时间，依旧在英军的名册中。

1929年7月6日，万国商团副官安格雷齐-桑德尔斯（Англэзи-Сандлс）上尉工作期满，返回英国。

安格雷齐-桑德尔斯是白俄分队组建服役后的第一任万国商团副官。此人格外诚恳，心系白俄分队，为改善队员的生活做出了巨大贡献。两年来，他在英国陆军部的圈子中宣传白俄分队，并为白俄分队与工部局各处室搞好业务关系贡献颇多。

他经常“不拘礼节地”造访白俄分队，在这过程中，他参照英国军队的生活和工作方式，在内务生活和队列操练方面给出宝贵指示。

安格雷齐-桑德尔斯上尉如此“突然地”离沪前往英国（看来，

这个好人的爱酒之心蠢蠢欲动），以至于白俄分队都没有机会好好地为他送别。

根据上海万国商团现有条例，少尉任期满1年后，晋升为中尉。1929年8月1日，少尉波洛尼科和库罗奇金经万国商团命令，晋升为中尉。

白俄分队队医巴里上尉（精神病学教授）担任的是"名誉医生"，即不领薪俸，仅享有一些特别优待。8月21日，巴里上尉放了短假，他邀请了在上海享有盛名的外科医生库兹涅佐夫（Н. Н. Кузнецов）接替工作。虽然库兹涅佐夫医生那时只在白俄分队供职至9月3日（直到巴里教授休假归来），但这次短期工作是他今后在白俄分队（后来的白俄团）长年服务的"前奏"。

白俄分队一连根据东正教的惯例，选择了圣亚历山大·涅夫斯基大公作为该连的守护神。万国商团总部批准该连的"连日"为9月12日。这天，该连举行了祈祷仪式，并为该连队员筹资建造的守护神圣像举行祝圣礼。

白俄分队与上海外国侨民的友好关系逐渐加深，新朋友越来越多。1929年10月6日，握有上海多家棉纺织厂和其他工厂的怡和洋行（Джардин энд Матэсон）送给白俄分队一份礼物——300床被子。这份礼物非常实用，因为在上海潮湿阴冷的冬天里，只盖工部局规定下发的一床被子不太暖和。

1929年10月11日是俄国军事总联盟主席库捷波夫将军的命名日，白俄分队临时长官伊万诺夫上尉为强调白俄分队与俄国海外军队不可分割，以全体官兵的名义向库捷波夫将军发出祝贺电报，10月26日，他收到了库捷波夫将军的回信：

万国商团独立白俄分队司令：

衷心感谢您及您的队员向我致以命名日祝福。了解到白俄队员自认是我们珍贵的军事家庭不可分割的一分子，我感到高兴。

库捷波夫将军

1929年10月23日，驻扎在市郊杨树浦区域同凉路的一连受命转移到位于公共租界正中、工部局大楼对面，位于福州路的英国军营。

一连并不情愿从“同凉路军营”换到“福州路军营”，从生活美满的“堪察加”马上落到了“注意点”上，可以说是在主人——工部局和万国商团团长的“鼻子底下”过活。司令每分钟（甚至通过办公室的窗户）都可以看到军营里的活动。

万国商团团长亚本派曼上校在下命令时有特别的考虑，其中一个就是，他想直观地提醒工部局，白俄分队的生活还需要非常、非常多的改善，特别是服装上的改善。

从万国商团仓库里领取的旧制服已经不合用。它们已很旧，也不适合队员们的体格。

在一连搬到工部局“眼前”后不久，万国商团团长很快提出申请（受英军司令巴雷特将军积极支持），要求为白俄分队缝制专门的新制服。这一申请被批准，于是白俄分队领取了量身缝制的新制服，取料是上好的深绿色呢子，颜色类似美国驻沪海军陆战队第四联队的制服，但在形制上更像英军制服。

12月是白俄分队各排进行队列操练比赛的月份。各排都在紧张准备比赛，将所有工作之余的空闲时间都用来训练。

12月14日比赛结束。克拉斯诺乌索夫军士指挥的一连一排获得第一名，获“队列操练”流动奖杯。这次比赛的裁判是英国正规军军官。

1929年12月15日，季梅少校海外休假结束，返回白俄分队。12月19日，白俄分队庆祝了“队日”。

1929年12月31日，新任万国商团副官欣奇克利夫（Хинчлифф）上尉首次和白俄分队会面，并对白俄分队完美的仪表和纪律性感到十分满意。

1930年

白俄分队1930年的生活与前一年的别无二致。工作和训练交替进行，队员不断提高队列操练水平，白俄分队牢牢保持着“上海万国商团最优秀、最可靠的部队”这一荣誉地位。

两个连队通常都在早上8点30分以前到达跑马厅，在此进行队列操练。

“各排训练”后转为“连队训练”，接着两连合并在一起进行“全营训练”。

上海跑马厅有一个大空间广场，同时也有一些建筑物和小道，白俄分队借此进行“驱散人群”与“巷战”的练习——这些练习都是万国商团连队的培训计划内容。

在训练结束前，白俄分队通常会排列“散步队形”，最后以“进攻假想敌”作为结尾。每个连队以红色和蓝色的小旗来代表敌人的火力点和步兵的位置，士兵们手工制作的喋声器制造出战斗的音效。攻击方的“乌拉”欢呼声远远飘出跑马厅，吸引许多中国民众扒在跑马厅的围栏，好奇地观察白俄分队队员的训练。

这些“乌拉”的欢呼声里，总是流露着喜悦。因为伴随着“乌拉”的欢呼，队列操练也就结束了。

号手发出“集合”信号，连队整队，排成“进攻结束”队形，队员获准“抽烟”后，哼着歌四散走向营房。

“新世界”电影院大楼被苏格兰近卫军二营用作了营房。在白俄分队从跑马厅大门走到静安寺路时，这栋楼的背面凉台上总是雷打不动地出现苏格兰部队的吹笛人，向连队吹奏我们听不懂的旋律。他们想用这种方式对我们表达友善，但是常常是……令我们脚步错乱。有时凉台上会出现该营营长，在长官指示下，白俄分队队员向这位上校敬礼。

白俄分队尽职尽责、表现出色，使得万国商团团长有底气要求工部局进一步改善官兵们的工作和生活条件。英军司令在这一方面永远都是团长的坚实盟友，他多次在视察、阅兵等场合见到白俄分队，而且有时会不打招呼到访白俄分队的营房。

在季梅少校海外度假期间，伊万诺夫上尉暂时履行白俄分队司令职责，现在他留任白俄分队队副，虽然正式编制中还没有这一职位。

队员的薪俸提高了不少，这使得在白俄分队服役成了那些想要“从军”的年轻白俄的“梦想”。加之，队员每年可获得两个星期的带薪假期，让这份工作更具吸引力。

简而言之，1930 年是这样度过的：

1 月 7 日是东正教圣诞节。祈祷，享用大餐（尽管当时伙食一直很好），并在福州路的一连营地举行晚会。该连有一个很大的酒馆，可以用于组织舞会。

1 月 10 日，白俄分队季梅少校就任司令一职，伊万诺夫上尉暂时履行白俄分队队副职责。

1 月 21 日是白俄分队成军三周年纪念日。全队祈祷，享用大餐，并为贵宾们安排了丰盛的早餐。

2月6日，收到米勒（Миллер）将军自巴黎寄来的通知，告知白俄分队为尼古拉·尼古拉耶维奇大公之墓建造的银质花环已由俄国军事总同盟主席、步兵上将库捷波夫于大公仙逝一周年之际亲自献上。

2月13日，根据万国商团第25/T/71号命令，少尉瓦西里耶夫和西莫尔多夫升为中尉。

3月3日，白俄分队收到寡居的大公夫人阿纳斯塔西娅·尼古拉耶夫娜（Анастасия Николаевна）的感谢信，她就白俄分队为其已故丈夫献上充满美感的、华贵的银质花环表示感谢。

4月9日，巴雷特将军在跑马厅对白俄分队进行检阅。驻沪英军司令对白俄分队的队列操练成果感到十分欣喜，并对万国商团团长和白俄分队长官表示感谢。这次检阅是由伊万诺夫上尉指挥的。

4月13日，白俄分队参加了整个万国商团的“年度拉练”，白俄分队向巴雷特将军敬了礼。

4月20日是复活节。白俄分队在一连驻地内晨祷。各连在自己的营地进行开斋仪式。军官们在白俄分队司令部所在的“大本营”与家人进行开斋仪式，并无客人参加。

4月26日，巴雷特将军在跑马厅对整个万国商团进行检阅。

6月13日，英军驻华司令桑迪兰斯（Сандиланс）在跑马厅对白俄分队进行检阅。

6月30日，一连军士长莫斯卡廖夫（Т. П. Москалев）自愿从白俄分队解职，博罗京军士被委派接替他的职务。

7月3日，白俄分队公布了新的士兵薪俸标准：

军士长60元；

军士55元；

下士50元；

准下士45元；

列兵40元。

当时，上海的俄国“看守”（вочман，英watchman）开销都算自己头上（除了制服），可获得约30元—35元的工资。白俄分队队员除了薪俸，还有很好的餐食、优美的制服，住在装备完善，甚至有些惬意的营房里。

除了薪俸提高，白俄分队队员还和以前一样，在基本酬劳的基础上还有“年度加薪”。

7月7日，在白俄分队服役一年以上的队员，获批享有两个星期的带薪年假，休假期间仍旧会发放“租房和餐饮费”。

7月23日，白俄分队公布了新的军官薪俸额：

白俄分队队副175元；

连长150元；

尉官100元。

9月1日，担任一连军士长的博罗京军士获批晋升至相应职级。

9月12日，正值一连“连日”，进行祈祷仪式，享受伙食改善。

11月11日，白俄分队仪仗队参加了“欧战胜利纪念碑”的阅兵仪式。

12月14日，一连参加“万国商团拉练”，二连承担所有巡逻任务。

12月12日，队列操练比赛结束，第一名由哈林军士指挥的二连四排摘得，该排获颁流动奖杯。

12月19日是白俄分队“队日”。进行祈祷仪式，享受伙食改善，万国商团团长为二连四排颁发奖杯，贵客、朋友和重要的军官皆在客席就座。

1931年

1931年，万国商团团长亚本派曼上校的任期行将结束，他将晋升为英军准将衔，离沪返回英国履职。

有时人是不可貌相的！亚本派曼上校总是一副高高在上的样子，看上去似乎是不愿花心思和下属交谈的“势利小人”，反而成了我们效劳过的几个万国商团团长中最体贴和最优秀的长官之一。

作为英国正规军军官，他熟知行伍职责，了解官兵的生活情况和需求，又不至于“态度随意”（在万国商团的外国长官中，这种态度并不少见）。他有能力在下属中建立威信，要求士兵们绝对忠实地执行自己的命令。表面上看，他并没有深入部队生活，但实际上，当他看到部队有所需要或理应得到某些改善时，他总是为此竭力争取，甚至做到不太可能办到的事。

在亚本派曼上校领导下，白俄分队最终巩固了自己的地位，并获得物质改善，以至于为白俄分队效力成为每个年龄和身体条件适合从军的白俄侨民的梦想。

白俄分队的好名声和诱人的工作条件传出了上海，先是有数十名年轻人从遥远的“北满”前来，接着又有几百名年轻人来到上海，想要为此效力。

“编外人员”就是不领薪俸，但是参加训练、住在营房的人。

他们等待被解职（自愿离职或按军规强制解职）的人腾出编制空缺。

“编外人员”（其人数由白俄分队自己确定）穿的是万国商团仓库中旧得不能再旧的制服，在连队公灶吃饭，接受严格的队列操练，在“编制”腾出空缺的时候，好立即准备“入列”，得到这份工作。

选拔非常顺利，白俄分队补充了优秀的人才。同时，“编外人员”的存在迫使偷奸耍滑的老队员正视并纠正自己的行为，因为不然的话，他们随时面临依军令开除，好为一名表现良好的“编外人员”腾出空缺的威胁。有时，“编外人员”要工作长达 3 个月，才能进入编制。

在亚本派曼上校任期内，白俄分队一些队员被转去负责“反海盗警卫队”的工作，保护在香港和中国北方港口来往航行的外国船只。

在欧美早已绝迹的海盗，在中国水域盛行起来。海盗装备火器，乔装为乘客登船，然后在他们计划好的地点，强占指挥桥楼和发动机舱，将船控制在手中，逼迫船长将船开到指定地点，而其他海盗们已在那里恭候多时。他们将战利品换装到其他船只上，自己也逃之夭夭。

英国船运公司“中国招商”（Чайна Мерчанте，英 China Merchants）和“中国航海”（Чайна Навигэйщен，英 China Navigation）的管理局向香港当局提出为轮船配备欧洲武装警卫队的请求。这些轮船的指挥桥楼和发动机舱以及其他“要点”都被特殊的钢丝网包裹，轮船入口一直有武装警卫监视。中国乘客在登船时，会受到这支武装警卫队的仔细搜查。开船期间，武装警卫队依旧严阵以待。

从此之后，海盗活动又销声匿迹了。

在寻找可靠且经验丰富的保卫人员时，香港当局当然首先想到了万国商团白俄分队，并通过英国陆军部提出动议，要求调派一支由白俄分队士兵组成的常设小组（人数约为 20 人）由香港当局差遣，执行守卫轮船的任务。

“反海盗小组”成员计入香港警务处编制，不过，当他们随船抵达上海后，轮船停靠上海港口期间，他们住在白俄分队营房中，遵从白俄分队的军规和纪律。其后，该武装警卫队成员转为香港正规巡捕职务。

这样一来，白俄分队的名声传至英国殖民地，这当然得益于驻华英军司令们和白俄分队的“老交情”。这些将军在访问上海时，总是雷打不动地来视察上海万国商团常备军——白俄分队。

亚本派曼上校为处好这些“有益的关系”出了很多力。

在亚本派曼上校任期内，白俄分队得了一套新定制的漂亮制服，给养费的发放额度还提高了，士兵周日和节日的菜单上竟然有诸如烤鸭、烤鹅和甜食这样奢侈的菜品。

我们可以满怀信心地说，亚本派曼上校不仅珍视而且还热爱白俄分队，尽管他从未外露过这种关爱，外表看上去总像一个“势利小人”。

我将简要列出 1931 年在白俄分队的生活和工作中发生的具有代表性的事件。白俄分队是俄罗斯民族的军队，白俄队员是精神上的俄国人，只是穿着“英国军装”罢了。

1 月 7 日是东正教圣诞节。白俄分队举行祈祷仪式，享用大餐，所有执勤队伍放假一整天。

2 月 7 日是俄国最高统治者高尔察克将军逝世 11 周年纪念日。

白俄分队举行了安息弥撒。

3 月 6 日，万国商团为即将出发前往英国的团长亚本派曼举行送别会。他将升职为准将。送别会在“操练厅”（Дрилл Холл，英 Drill Hall）举行，万国商团的所有队伍都在那里集中。白俄分队所有军官和无需执勤的队员到场，他们组成一个“混成连”[①] 参加送别仪式。全体万国商团人员向团长赠送了一份礼物。

在这次送别仪式前不久，白俄分队军官就在白俄分队司令季梅少校的公寓里为亚本派曼准将组织了一次告别晚宴。当时，季梅少校的公寓就在白俄分队厦门路营房中。晚餐期间，即将离任的万国商团团长收到了来自白俄分队的礼物——带有“Ш. В. К. ”[②] 队徽的黄金火柴盒套。这份礼物令将军非常感动，他衷心感谢白俄分队官兵们对他的厚意。

3 月 8 日，亚本派曼准将乘坐“加拿大”（*Эмпресс оф Канада*，英 *Express of Canada*）号快船出发前往英国。在海关主楼对面的码头上，排列着一支万国商团仪仗队，其中有白俄分队 1 名军官和 12 名士兵。

白俄分队的军官层出现始料未及的人事变化：“应本人申请”（实际上是在上级的“极力劝说下”），担任二连尉官的加尔金中尉辞职。

代替加尔金担任二连尉官一职的是军士长洛巴诺夫，克拉斯诺乌索夫军士从一连调至二连担任军士长。

3 月 10 日，来自新西兰的汤慕思（Томс）上校抵达上海，继任

---

① 原文为 свободная рота，自由连，疑误，应为 сводная рота，混成连。

② 上海万国商团的俄文简写。

万国商团团长。为了迎接这位新司令，白俄分队仪仗队在码头上列队欢迎。

新团长立即“走马上任”，3 月 18 日就在操练厅检阅白俄分队一连，并于 3 月 19 日在跑马厅检阅白俄分队二连。两次检阅都进行得很顺利。

3 月 20 日，担任二连尉官的洛巴诺夫军士被提升为少尉，获批履职。

4 月 6 日，白俄分队组织了最佳射手（神枪手，Марксмен，英 marksmen）比赛。奖品由万国商团总部少校、葡萄牙人莱唐（Лейтао）颁发，属获得者个人所有。一连士兵彼得·赛利亚（Петр Зейля）获得一等奖（一个银杯），一连士兵斯特拉索夫（А. Стразов）获得二等奖（一个银质火柴盒套）。

4 月 9 日，二连军士长克拉斯诺乌索夫获批履职，并晋升至相应职级。

4 月 10 日，白俄分队在跑马厅接受了驻沪英军司令佛莱明（Флеминг）的检阅。佛莱明将军感谢白俄分队展现了出色的军容和优良的队列演练成果。

4 月 12 日是东正教复活节，白俄分队放了整整三天假。佛莱明将军出席了白俄分队教堂的晨祷和开斋仪式，并用他所知不多的俄语向白俄官兵们发表简短祝词。

佛莱明将军还很年轻，个子不高，性情活泼有趣，不知为何，很快就“纠缠”上了白俄分队，经常不打任何招呼就到访营房。他不仅乐于与军官交谈，而且还喜欢与普通士兵打交道，热爱俄国的歌舞。

我还记得，有一次他出人意料地到访白俄分队位于厦门路的军营。那是傍晚时分，连队正在“值勤”，所以营房里只有二三十个没有去休假的人。我忙活了一天，正坐在“司务长室”（вахмистерка）歇息，这时值班的下士奔向我，报告说，佛莱明将军来了，并往季梅少校的营房去了。和佛莱明将军一同前来的还有上海外国驻军的某位参谋长少校（名字我已忘记），他讲着非常得体的俄语。

我下令迅速收拾营房并提醒小酒馆经理将军来了，接着我命令坐在小酒馆的连队士兵们穿好制服，再继续“娱乐”。整个连队已经吃过晚饭，尽管小酒馆一直开到晚上 10 点，但大家就等着夜间点名，点过名后就可以上床睡觉了。半小时后，连队所有房间都变得井井有条，队员穿着制服，有人甚至连腰带都系上了，几乎以满员状态聚集在小酒馆。

门突然开了，佛莱明将军在季梅少校、参谋长少校，还有某个驻扎在跑马厅的苏格兰近卫军营（二营）军官的陪同下走进小酒馆。我向队伍下令：“起立！立正！”将军客气地敬礼回应。整个队伍都挤向吧台，一边说笑，一边就着“弹药塞”[①] 喝冰伏特加。

季梅少校扫了一眼房间，接着把我叫到身边，命令我在小酒馆正中摆一张公用餐桌，因为“佛莱明将军要邀请所有士兵与他喝一杯伏特加酒，吃些小吃”。

桌子立即就摆上了，铺上干净的桌布，一刻钟后桌上已经摆满了冷盘碟子、伏特加酒瓶和啤酒瓶。佛莱明将军在吧台喝了大概两三轮之后，用俄语邀请所有人到桌子旁就座，他自己则在中间

---

① “弹药塞”是一种俄式冷盘小吃，一般由肉类、鸡蛋、奶酪等组合而成，做成可一口吃下的小吃卷，常作伏特加的下酒菜。因为其原料为分段组合，将原料冷热、咸淡分开，类似弹药塞的分隔作用，因此得名。

落座。

一开始大家都有些蔫蔫的，因为重要长官的到来让普通士兵们有些难为情。不过，人们唱起一首俄国歌曲，接着又唱了一首军歌，一对舞者优美地跳起了戈巴克舞，佛莱明将军也加入他们，跳起舞来。气氛逐渐热络起来。

苏格兰军官走出小酒馆，很快又回席入座。小酒馆里洋溢着畅快的欢乐气氛，美中不足的就是满是烟味。

这时，出现了令人意外的一幕：小酒馆的门外响起了苏格兰人的风笛声，4 个近卫军吹笛人一边演奏，一边一个接一个走进小酒馆，绕着餐桌走了好几圈。

看来，这位苏格兰军官大概是听从将军的建议，也可能是他自己的主意，去了隔壁英国皇家宪兵队（Английская Военная Полиция，英 Royal Military Police）[①] 兵营，打电话叫来了自己队伍里会吹笛子的人，以表演酬谢白俄分队的热情好客。

时间过得很快，酒馆打烊时分到来，吹笛人也好好地“大吃大喝”了一番，直接醉倒。将军起身感谢白俄士兵们的殷勤接待和陪伴，接着走向出口。在经过吹笛人身边时，将军停了下来，大概想要感谢他们，不过发现他们像是醉了，于是下令护送他们到英国宪兵队营房的警卫室，还用俄语说，这不是逮捕，而是不想让他们醉成这个样子出现在营房，那逮捕就真逃不掉了，让他们睡醒再回营房，“我会打电话给他们营长，一切都好办”——将军说完这话，就在白俄士兵响亮的“乌拉”欢呼声中离开了。

---

① 英国皇家宪兵队是英军部队，负责为军队勤务部门提供警力。当军队勤务部门派遣出国执行任务或操练时，为其部署宪兵队。

5 月 7 日，白俄分队队医巴里上尉（教授）递交辞呈，自愿离职。为肯定他的功绩，他将保留为万国商团和白俄分队军官协会的荣誉会员。库兹涅佐夫医生被任命为白俄分队队医，他是一名老海军军医，那时已获万国商团中尉军衔。

6 月 17 日，（万国商团）废除白俄分队队列部门尉官一职，但批准设立白俄分队副官一职，任命加帕诺维奇中尉担任该职。

6 月中旬，白俄分队一连为苏格兰皇家步枪兵二营的士兵进行了连队操练示范。该营营长在致万国商团团长的信中告知，此次示范获得了到场军官和士兵的高度赞扬。

6 月 29 日，万国商团团长汤慕思中校晋升上校军衔。

8 月 5 日，白俄分队司令部迁至工部局大楼，就在万国商团总部的隔壁。

9 月 12 日是一连的“连日”，举行祈祷仪式，队员享用大餐。

10 月 14 日，“圣母帡幪日”被确定为二连的“连日”。二连队员出资建造了一个圣像，装在精美的大型神龛中。举行祈祷仪式和圣像祝圣礼，士兵享用大餐。

“北满”发生军事事变，先是中日发生军事冲突，接着是中、日和苏联军队发生冲突，事件余震很快波及上海。上海有很多日本居留民，还有几十个雇用中国工人的大型日本纺织厂。①

大部分上海日侨都居住在虹口公园和工部局靶子场附近。有一个坦克连队和某个步兵部队驻扎在那里。

日本工厂散布在外国租界“郊区”——杨树浦、普陀路、戈登路巡捕房所辖区域。

---

① 指“九一八”事变。

这些工厂的中国工人受学生宣传员的鼓动，组织示威、罢工，摧毁机器和工厂设施，还纵火烧厂。日本人居住的私人住宅也遭到抢劫和纵火，袭击甚至杀害日本公民的情况也并不少见。

保护租界日本居民生命财产安全的任务落到工部局警务处的头上，但它却无力应付这个繁重的附加任务。因此，警务处处长请求万国商团团长协助，白俄分队再次登场。

根据万国商团总部命令，白俄分队从两个连队中抽调部分人员组成一个特殊的“保卫小组”，调派到“靶子场”（在虹口公园附近）的营地。

白俄分队连长被任命为小组指挥，在一名尉官的协助下，监督小组执行任务。这个小组要不停歇地带枪值守和巡逻，通过这样的方式，不分昼夜地保卫虹口区域，预防并制止发生骚乱。

同时，白俄分队主力除了承担巡逻戈登路、普陀路和杨树浦巡捕房所辖区域（大部分日本纱厂所在地）的这一额外任务外，依旧负责保卫华德路监狱和工部局大楼及其财产。

他们几乎是不停地工作，但没有任何怨言。

到 1931 年末，我们已经可以在这气氛中确切嗅出中日爆发新一轮军事冲突的危险气息，而且这一次是在上海地区，白俄分队首当其冲，应该是公共租界“第一道防线”。

10 月 17 日，一个“特别小组”成立了。加帕诺维奇中尉被任命为该小组的常任尉官，小组的指挥官则由两位连长轮流担任。每连向这支小组提供 25 人。此外，一连还提供一名司机和随车医生。

除了保卫靶子场外，该小组还受命在狄思威路（今溧阳路）和虹口巡捕房辖区的街道巡逻，与巡捕一起制止动乱以及中国人对日本人发起的“敌视行动”。

10月20日，白俄分队抽调主力，组建了由1名军官、2名军士和17名士兵组成的每日巡逻队，每日早上5点至7点和晚上5点至7点间，对戈登路德巡捕房辖区进行巡逻，因为这段时间正是工人聚往工厂或下班后各自回家的时间。在中日敌对情绪日益严重的情况下，巡逻队的任务是阻止可能发生的动乱。

10月27日上午，白俄分队在跑马厅进行了混成连的操练示范。万国商团团长、美国驻沪军事指挥部高级军官和加拿大、澳大利亚、新西兰的太平洋会议代表出席。

万国商团团长以他本人和出席嘉宾的名义，向所有参加操练的白俄队员表达钦佩和感激之情。不管是枪法还是队形变换，队员们都出色地完成了。团长还对队员的威武气势感到十分满意。这支混成连是由波洛尼科尉官指挥的。

尽管执勤工作非常繁重，但白俄分队仍然竭尽所能，设法组织了一支混成连，向“海外来宾”展示其队列操练成果。白俄分队上下所有队员都理解这次操练示范对于在海外宣传本队名声的重要性，因此在挑起工作重担的同时，带着极大压力准备此次检阅，没有丝毫怨言或不满。在筹备期间，执勤人数并没有减少，因此担任勤务的那一半队员就会非常辛苦，因为他们不得不在站岗一整天（大部分时候是巡逻）之后，只休息四五个小时，又再次起身值班。

白俄分队队员的这种紧绷状态表明，他们不仅了解，而且完全理解《俄国宪章》的这一条，它规定：“士兵必须毫无怨言地忍受兵役的一切艰难困苦。”

11月4日，“特别小组”解散，队员返回连队，但是巡逻队的执勤组增加了，补充到普陀路、汇山路和杨树浦巡捕房辖区。

然而，三天后，“特别小组”又接到之前的任务，再次重组，并驻扎在靶子场。

中国人和日本人之间的冲突事件日渐增加。有人被害，以及在日本工厂和其他商企有人纵火的情况要求工部局警务处必须加强巡捕执勤组的力量，白俄分队再次前来帮忙。执勤人员增加很多，以至于没有条件让“特别小组”常驻靶子场，因此这个“特别小组”在靶子场驻扎两三天后，便回自己连队驻地待两天，再从这里出发执行工部局警务处总部的“机动巡逻小队”任务，随时准备乘车或步行前往指定的巡逻区域。

“特别小组”转移频繁，巡逻时间和日期不定，其维系治安的目标得以实现——许多可能发生的骚乱尚在萌芽时就已被白俄分队队员掐灭。但是队员工作强度很大，因为他们得随时出门完成分配给他们的任务。这种“调派”制度一直持续到 1932 年 1 月 4 日“特别小组”最终解散。

由于尉官勤务工作繁重，加帕诺维奇中尉将其职位移交给了西莫尔多夫尉官，他则转回队伍，暂到二连工作。洛巴诺夫少尉被任命为“特别小组”的常驻尉官。

执勤工作的加强不仅影响到队员，也给军官增加了工作。伊万诺夫上尉受托制定行动命令，计算如何在各连间均匀分配执勤人员数。西莫尔多夫尉官要在白俄分队司令部同时担任两个职位：庶务长（заведующий хозяйством）和副官。白俄分队司令季梅少校批准人员派出并监督队伍执勤工作的执行情况。各连连长除了完成直接职责外，还要轮流担任“特别小组”的指挥。尉官们在华德路监狱担任警卫队工作，同时又被任命为巡逻小队的负责人。

就这样，尽管白俄分队“高负荷”地工作，但队员们还是挤出时间（尽管只是断断续续的时间）准备年度队列比赛，培养年轻士兵进行分级射击。

得益于白俄分队全体队员的团结合作，本队在外人眼中的声望和地位日渐提高。12 月 13 日，为了进行“动员测试”并展示万国商团的力量，万国商团组织了例行的“拉练”。万国商团总部致白俄分队司令的官方信函中就此次行军谈及白俄分队：

> 接万国商团团长的命令，请您向所有白俄分队队员宣布，团长对昨日白俄分队在检阅中展现的优美形象感到十分满意。
>
> 昨天我见到白俄分队的每个人姿势端正，见识了他们的青春活力。他们给人们留下了深刻的印象，并博得了公众对每个队员的信任。
>
> 签名：万国商团副官　欣奇克利夫

12 月 15 日至 16 日，白俄分队各排间进行队列操练比赛。在哈林中士的指挥下，二连四排连续两年名列第一。比赛评委仍旧是英国军官和欣奇克利夫上尉。

12 月 19 日是俄国队“队日”，举行祈祷仪式，享用大餐，全队休息一天。万国商团团长将流动奖杯颁给哈林中士，欣奇克利夫上尉为他送上刻有名字的奖杯，以奖励他善于组织队列。

当天，根据万国商团命令，库兹涅佐夫医生被提升为陆军上尉。

从 12 月 20 日早上 6 点开始，白俄分队再次领命，执行下发的任务。不过，根据白俄分队命令，所有连队在 1932 年 1 月 11 日前不进行队列操练。

1932年

1932年是白俄分队生涯中“大事”频发的一年。

这一年，中日在上海地区发生武装冲突。紧挨公共租界北部边界的闸北持续发生激烈战斗。

一如往常，白俄分队第一个被派去占领（公共租界）北部边界。在冲突结束前，白俄分队和万国商团其他连队、驻沪英军及鉴于局势紧张而从菲律宾召至上海的美国步兵第三十一团一起轮流保卫租界边界。

界路（Баундари род，英 Boundary Road）是闸北和公共租界的边界。在这条街的华界一侧坐落着京沪铁路“上海北站”，几个月间，这座车站是中日在上海争夺的主要目标。

这座车站每天都遭到日本炮兵的扫射与飞机空中轰炸。炮弹几乎将车站大楼摧毁，但中国军队在附近的大小房屋里建起伪装完美的据点，粉碎了日本人染指该地区的所有企图。

租界的防守前线与火车站之间的距离只有几十码。虽然被派来保护租界边界安全的士兵并没有直接参与这场武装斗争，但这个距离显然不能确保他们的安全。

冲突爆发后，万国商团立即宣布“动员”。万国商团部队还在集结时，白俄分队就已被派往边界，并与巡捕一起关闭了所有通往界路的横向街道的铁门。此后，白俄分队队员立即着手在这些铁门处安装铁丝网。根据万国商团总部指示，白俄分队运来铁蒺藜做成“拒马”和“蛇腹形铁丝网”。接着又用沙袋修建掩体和战壕，用来躲避枪炮火力以及炮弹、手榴弹的爆炸碎片。

同年，中日冲突期间，白俄分队组建了“特别后备队”，白俄分队的人数又增加60人。白俄分队扩编为三连建制，每连120人。

万国商团“俄国义勇队”加入了白俄分队，命名为“三连”，不过，其组织原则依然与万国商团其余连队一样，即不收取薪水，仅在万国商团动员时期服役。此后不久，已经有三个“常备”连（一连、二连和四连）的白俄分队更名为万国商团“上海白俄团”。

在此次中日冲突期间，白俄团的出色表现受到各方肯定。亦在此年，白俄团被授予一面特制的团旗。

万国商团有一面团旗，但是单个的连队并没有自己的旗帜，只有白俄团在服务公共租界过程中表现出的英勇和勤奋，使它赢得了这一荣誉。

同年，白俄团的业余运动队诞生，这支队伍后来在上海的中外运动场上塑造了“白俄团的声誉”，并且为该团在上海乃至全国，尤其在“北满”地区扩大知名度做出了贡献，渴望到白俄团从军的优秀青年慕名而来。

也是在1932年，白俄团司令季梅少校和万国商团总部之间出现尖锐分歧，这导致季梅少校被迫下台。

万国商团总部与白俄团司令之间的这种隔阂当然在一定程度上影响了白俄团成员的生活、工作。白俄团因此“暂时失去”了一些有帮助的、有影响力的朋友。幸运的是，新一任司令伊万诺夫少校非常积极，在他的指挥下，白俄团再次以出色的工作表现赢回了先前暂时失去的人心，并永久巩固了白俄团作为“公共租界的常备军”的地位。

简短说来，1932 年的事情是这样展开的：

1 月 7 日是东正教的圣诞节。白俄分队放假两天，无须执勤。傍晚，万国商团总部的体操馆里摆放了一棵圣诞枞树，白俄分队两个连队在这里举行舞会。

体操馆旁边的房间内提供有茶水和冷饮。万国商团团长汤慕思上校携夫人参加了晚会。11 点后，团长夫人—— 一位非常亲切的老太太向白俄分队所有家属的孩子们分发礼物。这些孩子是团长亲自邀请前来领取礼物的。一些孩子没有参加枞树游艺会，但他们的父母来了，团长与夫人的这种关心当然令他们感动。礼物是根据孩子的年龄和性别带着爱意精心挑选的——都是些贵重且有趣的玩具。

尽管万国商团团长汤慕思上校在上海停留的时间短，但他成功赢得了大家的爱戴，被视为真正如“父亲般的司令员”。他的妻子是一位非常稳重，看起来青年时期很逗趣的女士，是一位典型的贤内助。

1 月 9 日，虹口和狄思威路巡捕房辖区的巡逻被取消。这些地区是最大的日本居留民定居点，空中密布着中日武装冲突的阴云。越来越多的日本步兵和海军陆战队士兵走下军舰，挤在虹口公园附近。

1 月 20 日的上海令人尤感不安。白俄分队进入“全面战备状态”，所有队员不准走出营房，小酒馆不像平时，严禁出售“午餐和晚餐前”来一杯的伏特加酒。

1 月 27 日，根据对形势的预判，白俄分队队副伊万诺夫上尉和各连长服从总部的命令，沿着界路检视了租界和闸北的边界线。这条线路上修建了混凝土防舍“甲、乙、丙、丁、戊、己、庚”，以及7号-22号铁门。这次检查的目的是找出以最快速度将这些据点转入战备状态的方法。总部决定向白俄分队各连发放一挺刘易斯机枪，并配1 000发子弹。

1月28日一早，成千上万的难民从华界逃往外国租界——这是冲突已经蔓延到附近，随时可能发生的第一个迹象。根据万国商团团长的命令，白俄分队沿着苏州河南部、界路、闸北占领边界地段。1月28日16时，白俄分队一连占领了防御线“左部”地段，二连占领了“右部”地段，与此同时，万国商团宣布总动员。

20时，白俄分队将其值守领地移交给动员起来的万国商团连队——一连与苏格兰队和“甲”队，二连与美国队和葡萄牙队交接，返回营地。23时，白俄分队一连派出了8人组成的小队前往“乙”防舍附近的河南路（今河南中路）和界路开展工兵作业，3辆万国商团的装甲车掩护着队伍工作了一整夜。1月29日上午，队伍增加到20人，继续冒着来自闸北的中方火力，用沙袋建造避弹所和战壕，偶尔开火进行回击。

8点30分，万国商团总部命令，一连派出1个排在军官的指挥下占领码头，任务是不允许中国官兵和难民从黄浦江对岸（浦东）进入租界。和往常一样，白俄分队完成这一任务后，于15时将职责交付万国商团少年队（Кадетская рота），返回营地，为万国商团总部的新任务做准备。

21时，白俄分队受命看守他们昨夜交给义勇兵负责的地界。这一天，一连下士连科夫（А. Ленков）在“乙”防舍附近进行工兵作业时肩膀受伤。

以下摘自1932年1月30日白俄分队第30号命令：

> 鉴于日军未经许可占领了“乙”防舍和7号大门（位于河南路和界路交叉处），而且他们在（日军司令部和上海工部局达成协定）划定的非战区域建造避弹所、向中国人开火，白俄分队队员必须万分谨慎。我将此问题提交给万国商团团长审议，在收到最终解决方案后，将立即准确执行。

这意味着，如果日本人获准将租界这一地段用于完成其军事任务，那么白俄分队要永久撤离他们所看守的地界，如果情况相反，则要求日本人立即离开租界边界段。

就在“高层”正解决这个棘手问题时，1月30日上午，“乙”防舍附近爆发了一场中日军队之间的战斗。白俄分队队员正在这一地段继续加强工事，不得已卷入其中。8点30分，一连两名士兵受伤，普罗托季亚科诺夫（В. Протодьяконов）伤了腿（被送往医院接受治疗），雷莫维奇（В. Рымович）伤了左脸颊（仍留守队伍）。

当天，根据万国商团总部的命令，白俄分队每连开始组建一个30人规模的“后备排”。22时，白俄分队从万国商团总部领取10 000颗实弹，并向各连平均发放——白俄分队准备采取积极行动。

第二天，即1月31日，白俄分队选足了60人进入“后备排”，分配至各连，享受白俄分队规定给养。“后备排”军士任命如下：一连——列兵科利佐夫（Б. Кольцов），二连——列兵谢尔盖耶夫（В. Сергеев）。白俄分队开始仓促地加紧训练“后备军”。

2月1日，日本人擅自占领“乙”防舍和7号大门这一事件得到妥善解决——日军离开了该地界，万国商团团长向“乙”防舍指挥官发出以下命令：

> 未经万国商团总部的书面命令，不能打开河南北路“乙”防舍处的大门。不属于当前看守军队的任一国家的士兵，不得进入大门。对谋求占领该地界或部分地界的队伍，应向其指挥官出示本命令，以便他了解万国商团总部所下达的指示。

当天16时30分，为防止日本人占领市政建筑，一连在一名军官的指挥下，受命看守邮政总局大楼和位于苏州河北岸的上海公济医院。24时，一连将这些楼栋交予万国商团后备队守卫。

当天14时，万国商团总部才得以将前线的白俄分队撤换，使之获得虽短暂但应得的休息时间。“右部”地段由万国商团“一队”（Group 1）接手，而“左部”则由葡萄牙队接手。

到达驻扎地后，白俄分队队员惬意地洗了个热水澡，换了床单，还被允许在餐前喝杯伏特加，然后一觉睡到天亮，弥补他们站岗这两天所失去的睡眠。早晨起来，清洁武器和设备，修补制服，毕竟得准备好迎接下一次召唤！不过，即使在休息时间，白俄分队也并未完全平静，一连必须派出一个班来守卫斐伦路上的工部局屠宰场。

2月2日19时，整个一连被派去接受万国商团“一队”指挥官调遣。指挥官马上派遣一个排到“乙”防舍处，剩下各排留作后备，分出一定人员在附近街道巡逻。二连继续在兵营休息，2月4日接替一连工作。

2月5日，二连二排看守住“乙”防舍地段，并修缮了7号大门的铁丝网。当时，日军正在对上海北站的中方阵地进行猛烈轰炸。中国炮兵回击，炮弹就在执勤排的附近爆炸，弹片四溅。13 点 30 分，几乎就是在工作即将结束时，士兵马努什金（В. Манушкин）的右耳被弹片刮伤，被送往医院进行手术。2 月 6 日上午，二连将守卫地界和巡逻区域交接给万国商团“一队”后，回到营地。

2 月 7 日，一连派出 11 人的工兵小队前往“乙”防舍处。小队长受命须在 10 点前结束工作，尽管不得不在炮火中作业，最终他还是完成了任务。

2 月 8 日，一连派出了一个 11 人的工兵小组，负责在上海英国领馆和“首都戏院”（Кино－театр Капитол，英 capital cinema）开展工兵作业。这项工作由工程兵斯丹德尔（Стандер）中尉领导。英国领馆和位于其后方的“首都戏院”紧邻白渡桥，而这座桥横跨苏州河，位于该河汇入黄浦江的河口位置。

桥的北侧坐落着前俄国驻沪总领事馆的大楼，旁边则是坐落在黄浦江边的日本驻沪总领事馆——是中国炮兵长期从（河对岸）浦东一侧轰炸的对象。日本领馆正对面是停泊在此的日本巡洋舰“出云号”（*Идзумо*）。

继“乙”防舍和上海北站之后，这里是公共租界防御线上“最热闹的地方”。中国空军飞行员每天（尽管没有成功）都在尝试轰炸“出云号”，炮兵每天都向日本驻沪领事馆、巡洋舰以及在黄浦江巡逻的日军快艇开几次火。中国的“狙击手们”就埋伏在河对岸的某个地方，不停地用机枪和手枪进行射击，他们的子弹经常飞到英国领馆的院子里。因此，守卫英国领馆和“首都戏院”（这里安置有中国难民）的卫队，蹲守在白俄分队专门挖掘的战壕里，只在枪声平息时走出去活动一下。

2月8日17时30分，白俄分队二连到达，听万国商团“二队”长官调遣，接手万国商团后备队和美国队的阵地。

第二天，即2月9日，万国商团总部向白俄分队两个连队各下发2挺刘易斯机枪。同日10时，一连接到“特殊任务”——派遣11人组成小队，将位于虹口（即中日长期进行军事行动的区域）的牲畜装载并运输到工部局屠宰场。这次行动的成败，将决定公共租界居民是能继续吃肉还是面对满桌素菜。中国狙击手搞不清租界混乱的战斗环境，对着运输小队猛烈射击，但士兵们还是顶着极大风险完成了任务。

2月10日，一连听任万国商团“一队”长官差遣，并接替万国商团“甲”队的岗位。

2月11日，二连将值守地界交接给刚从菲律宾抵达上海的美国步兵第三十一团并返回营地。令人好笑的是，该团刚从温暖的菲律宾来到上海，没有可以抵御上海潮湿冬季的厚实制服。仓库给他们发放了各种款式的又旧又破的军大衣。他们看起来像世界历史上我们所熟知的“隐士彼得（Петр Амьенский，英 Peter the Hermit 或 Peter of Amiens）的流氓军队”[①]。步兵团头饰上的徽章是一只北极熊，它在俄国内战期间曾到过阿穆尔，被红色游击队重创。其成员中就有许多俄裔美国人。[②]

实际上，此时白俄分队的组织调整已构思完成，但尚未公布。

① 彼得是一名法国狂热的基督教僧侣，曾组织农奴、乞丐、流浪者发动十字军东征，是第一次十字军东征中的关键人物。

② 美国陆军步兵第三十一团，在第一次世界大战中，曾攻入俄国西伯利亚，被时任美国总统伍德罗·威尔逊授予“北极熊团”称号。

此次调整即将施行，白俄分队司令将加帕诺维奇中尉从二连转到一连，而派遣“在白俄分队临时担任中尉的索科罗夫（M. M. Соколов，俄军少将、近卫军胸甲骑兵）担任二连连长指挥”。

从2月15日起，直到“解散”命令发出为止，白俄分队又多一个职责，即在通往四川路和通向外滩的街角设岗。这是一个“银行区”，中日双方可能会在此发生尖锐冲突。此外，白俄分队还在个别大型银行直接设岗。

1932年2月16日，根据万国商团总部的指示，“在萨维洛夫上尉的指挥下，俄国义勇队加入万国商团白俄分队。从此白俄分队奉命更名为‘上海白俄团’”。2月16日的上海白俄团命令如下：

兹宣布万国商团总部2月16日指示文本（译自英语文本）：

1. 致万国商团白俄分队司令及万国商团俄国队队长

作为动员时期的临时措施，万国商团俄国队暂时受万国商团白俄分队节制。

两支队伍合并称“上海白俄团”，受季梅少校指挥。

不过，俄国队仍遵守上海万国商团规定。义勇队成员不收取薪俸、被套、鞋靴、床上用品等，但粮银、制服和设备等与万国商团其他队伍一致，照常发放。

俄国队将入住一连驻地的大本营。

签名：万国商团副官　科斯格雷夫上尉

2. 为执行命令1的规定，即日起，白俄分队更名为“上海白俄团”。

签名：白俄团司令季梅少校

这些俄国人燃烧自己，投身保卫上海公共租界的法律与秩序，他们生活的新纪元从这一天开启了。

2 月 17 日，一连接替二连，同时从万国商团“一队”长官手中接管了所有场所。一连连长安排，在俄国义勇队中选定半连人员，受白俄团一名军官指挥。

一连连长成为 1 号交战区的指挥官，负责保护整条防线右翼。换班后的二连则返回其营房休息，不过当天 20 时，二连应派一队警卫队到斐伦路的变电站，接替万国商团“辛”队，执勤时间为一整天。

俄国义勇队加入白俄团编制后，每天上午 9 点至下午 5 点在上海市中心的 9 家中国银行里布置单人岗哨。

2 月 19 日 15 时，一连连长受命将交战区交给美军第三十一团并返回营房。

之后白俄团负责上海公济医院、工部局屠宰场、工部局大楼、中国银行的警卫工作。白俄团所有无需执勤的队员都处于“五分钟内待命”“紧急出防”的状态，一直持续到 3 月 9 日。

2 月底，消息传开了，鉴于“工作表现出色”，白俄团将被赠予一面特殊的“专属团旗”。

这个消息固然令人欣喜，但即将为此举行检阅却令白俄团上下忧心忡忡。毕竟检阅需要严肃准备，但白俄团承担着沉重的执勤工作，根本没有时间操练。

不过，2 月 29 日，白俄团宣布一项命令：

> 鉴于即将举行白俄团团旗的祝圣仪式和授旗典礼，根据万国商团团长的安排，即日起，白俄团各连按照行将举行的典礼

要求，每天进行队列操练。训练自早上 8 点 30 分开始，训练地点在连队驻地、操练厅和跑马厅。

训练得在 11 时 30 分前结束。在时间和环境允许的情况下，午餐后对掉队者将加练。应特别注意训练“特别后备队”人员，他们也要出席典礼。队员应尽量到场训练。

“检阅前的紧张日子”开始了。训练到 11 时 30 分结束，12 时用午餐。午餐后，警卫队交接班，下一班次到哨所和岗亭值守，替换下来的人员休息一晚上之后，次日早上参加队列操练。如此周而复始——工作、稍作休息、紧张训练、接着工作。

午餐后，“后备队员”也被赶着参加队列操练，而且是由连队军士长亲自训练。很快，他们达到了连队要求的标准，只是穿着看起来有点寒碜。穿着破旧制服的“后备队”队员，看上去和白俄团列兵格格不入。

3 月 1 日，根据万国商团总部的指示，白俄团“特别后备队”解散。希望在白俄团服役的成员，经过体检后，可以前往一连或二连做补员，直到每连达到 150 人的员额。身高 5 英尺 8 英寸以上的人被派往一连，其余人被派往二连。

与此同时，军事冲突仍在继续。闸北和虹口边界上，每天都有激烈战斗发生。据说，冲突开始前，在德国军事专家的指导下，中国小卖部、“小餐馆”（整个宝山路上有数百家）被改建成军事据点。一个肮脏的木柜台下面隐藏有钢筋混凝土，柜台一个不起眼的抽屉实际上是一个枪眼，机枪枪管就从这个枪眼里伸出来。

战火摧毁了一座砖砌的东正教教堂。这座教堂在俄国东正教北京神学团的关怀和照料下建造而成，位于闸北边界上，离虹口公园不远，旁边簇居着俄国难民的贫民窟，西蒙主教会尽最大努力为这些难民提供经济支持。

大部分虹口居民（主要是日本人）撇下个人财产，第一时间钉死房屋，撤离到公共租界的中部或西部区域。

虹口的主要街道四川路上发生了激烈战斗。晚上，日本人沿着狭窄的小巷或直接穿过房屋发动新一轮攻势，打通了四川北路到与其平行的宝山路的通道。宝山路是当时闸北的主要道路，也是华界和租界的边界之一。早上，日本人在中国军队的紧逼下回撤，准备在夜色来临时再次发动类似的进攻。

北四川路的战斗尤其激烈，这条路上的“音乐厅”（Одеон）剧院被中国军队的炮火摧毁，大部分位于北四川路的日本建筑都是同样的下场。

很显然，日方失利是由于日本步兵与从战舰登陆的海军陆战队相互“敌视嫉妒”的结果。这种对立情绪在战争环境下是毫无意义且莫名其妙的。

后来，出于工作之需，我在为白俄团备课时，读了一本英文小书，这是一本研究“城市巷战”战术的参考书。该书由参加过“音乐厅”区域战斗的某位日本军官编写。他在描述夜袭宝山路和早上撤回“音乐厅”的战斗过程时，谈到当时日本海军陆战队人多势众，但他们的高层军官坚持所有上海地区的军事行动都要受海军指挥，所以量小力微的日本步兵得不到海军的支持，做了徒劳的牺牲。尽管我认为那种军事行动方法非常荒唐，简直行同犯罪，但我相信这位军官的说辞。

日本军事高层内讧，双方都企图将尚未赢得的胜利桂冠收入囊中，日本步兵承受了不必要的惨重损失，军事行动没有达到预期，陷于停滞。平民（妇女和儿童）不得不离开家园、抛弃财产，落到难民一样的糟糕境地，在“前线的后方”——公共租界寻求安身之地。虹口的日本男性公民在自己的便服外面系上红色的“特别后备队”袖标，为日军服务，和日本士兵一起倒在中国军队的枪炮下。

上海面临越来越严峻的战争威胁。公共租界已被数万名来自作战区的难民挤满了，这些难民主要是中国工人和尚在读书的青年（大学生），他们毫不遮掩对日本人的敌意和仇恨，租界中随时都可能爆发流血事件，加强日常巡逻的必要性日渐凸显，白俄团人数亟待增加。

起初，工部局决定通过取消“特别后备队”并分配后备队员到列兵连（一连和二连）的方法，为白俄团增加 60 人。不过，大概是在英国军事指挥部和万国商团团长的坚持下，决议改为：工部局决定组建另一个整建制的“常备”（有酬）连。

1932 年 3 月 4 日，上海万国商团总部发出以下命令：

1. 白俄团一连和二连人数分别增加 25 人。

2. 着手组建“四连”，编制为 3 名军官和 150 名士兵。

3. 最新成立的四连暂时驻一连营房。

4. 三连（义勇队）转移到工部局大楼 367 号房间驻扎。

5. 暂时调派二连的索科罗夫中尉担任四连连长。

6. 四连的服役年限从 1932 年 3 月 1 日算起。

3 月 4 日至 3 月 12 日，白俄团一连、二连每天派遣 1 名军官、50 名士兵组成执勤队前往操练厅，9 时至 17 时，在难民领取通行证时维持秩序。

3 月 4 日当天，租界预计会发生骚乱。20 时 30 分，一连派出 3 支各 6 人的巡逻队，在界内的主要街道巡逻，并在工部局大楼安排了20人的卫队。

二连派出2支各5人的巡逻队前往租界主要街道，并安排了两个排听从军官指挥，一个排到南京路、浙江路路口协助巡捕，另一个排到操练厅做后备力量。

果不其然，晚间，成千上万的中国示威者开始聚集在公共租界的主要街道上，白俄团的执勤队及时参与到巡捕驱散人群的工作中。江西路上有示威者开了几枪，不过开枪的中国人被白俄团士兵抓获并扭送巡捕房。到午夜时，界内所有街道完全恢复秩序，白俄团值勤队返回营地。

3月4日，根据万国商团命令，三连的尉官希什洛医生晋升为陆军上尉，洛巴诺夫少尉晋升为陆军中尉，谢尔盖耶夫中士被任命为四连军士长。

3月6日，白俄团宣布：

> 今后，伊万诺夫上尉应被称为“白俄团团附”，庶务长西莫尔多夫中尉称“总务处长”。

同日，索科罗夫中尉升为上尉。

到了3月的第一个星期末，日本人总算击溃中国军队的抵抗，将他们赶出闸北和虹口，公共租界的直接威胁已经消失。①

动员并维持“全副武装”的万国商团让工部局花费巨大，因此没有工作需要时，万国商团立即解散，恢复到平时状态。

---

① 此处描写距史实太远。“一·二八”事变中国军队并未被“击溃”，而是在各方努力调解中达成停战协定。公共租界的“威胁”也不是十九路军，而恰恰是日本军队。

3月7日，白俄团三连（义勇队）复员。

3月10日，以下人员被任命为四连尉官：原俄军上校切尔诺斯维托夫（Р. А. Черносвитов）升任万国商团中尉，库兹明（В. Л. Кузьмин）升任少尉。

3月11日，三连巴热诺夫中尉提交辞呈，接替他士官一职的是原俄军中尉达曼斯基，同时升任万国商团少尉。

3月10日起，白俄团各连再次轮流承担华德路监狱的警卫工作。警卫队由1名军官和27名士兵组成。

3月15日，白俄团的动员状态取消，转入和平时期的正常状态，但租界中心地带的值守和巡逻工作还是留给白俄团。

3月22日，白俄团一连及二连参加了已故法军驻沪司令马克里（Маркери，音译）上校的葬礼。白俄团派出8名军官和250名士兵组成的仪仗队，万国商团其他队伍也参加了此次葬礼。士兵夹道列队，护送亡者的遗体走完从府邸到坟墓的最后一段人世路途。

3月28日，白俄团第88号命令宣布：

> 根据公共租界工部局的决定，近日，万国商团团长将授予白俄团团旗。团旗的旗面是俄罗斯帝国的国旗，是俄国军队的象征，（旗帜）两面皆绣有工部局徽章，这是白俄团遵从工部局法律的标志。
>
> 团旗的钉杆的仪式于4月1日（周五）12时15分在万国商团体育馆举行。工部局董事、英国驻沪远征军司令、万国商团团长及司令部军官、其他连队指挥官、其他各国军事代表、俄侨代表（包括军事代表和社会代表）都将出席此次典礼。白俄团参加典礼的有：所有军官（包括医生），每连（四个连）

各派1名军士长、1名军士和1名士兵做旗手。

4月3日（星期日），12时15分，全体在跑马厅（雨天则在操练厅）进行团旗的祝圣仪式和授旗典礼。

4月1日12点15分，万国商团体育馆里举行了团旗钉杆仪式。

大厅中间摆了一张大桌子，上面铺着工部局旗帜。

在离桌子三步远的地方，4名军士长、4名军士和4名士兵（每连各抽出1人）面向桌子排成一个横排。

在加帕诺维奇中尉的护送下，连科夫下士送来旗帜，并展开摆在桌上。团旗最后被钉到旗杆上，用80颗钉子钉住，每颗钉子只钉入三分之一。

当所有贵宾到达军官餐厅（体育馆旁边的房间）后，钉旗（将钉子全部钉入）仪式开始。

第一颗钉子由工部局总董麦克诺登（Макнотен）将军钉入，接着根据官衔和职务高低，其余出席者依次钉钉。

每位出席者钉完钉子后，在桌面离旗不远的一张纸上签名。

1932年4月3日，白俄团第94/A号命令宣布：

1. 兹宣布万国商团团长4月1日特别命令的翻译文本

上海白俄团受赏团旗

经本决议认可，白俄团受赏获得团旗。

团旗由等宽的白、蓝、红色的水平条纹组成，上面镶有一个八角金星徽章，徽章上面嵌有圆盘，刻有“上海白俄团”的字样。在圆盘内，白色部分有三块盾牌，盾牌上有所有租界占用国的国旗，还有几个汉字。

团旗的祝圣仪式和授予典礼将于4月3日12时15分在整个白俄团的见证下举行。

2. 今天12时15分，在跑马厅的“牌坊”（Памятник Вдов）处，举行团旗的祝圣仪式和授予典礼。

白俄团4个连，总共有19名军官及438名士兵出席。

英国驻沪皇家军队东兰开夏郡团一营军乐团被指派给白俄团使用。

上海万国商团团长汤慕思上校授予团旗，并参加检阅。

工部局总董麦克诺登将军、工部局董事和总办、驻沪英国远征军司令、英军部队指挥官及军官、很多其他上海荣誉侨民出席典礼。

3. 我祝贺白俄团军官及所有成员们光荣受赏团旗。通过不懈努力，白俄团赢得属于它的荣耀，证明上海居民和当局的信任是正确的。

白俄团对租界社会和法治的贡献受到大部分列强官方代表的公开认可。

今天，白俄团在接受经过祝圣的团旗时毫不掩饰我们的民族自豪感，我们通过军礼这样庄严的行动表露心声：白俄团愿意忠实地为流亡中的俄军争光、为上海的国际社区造福！

我呼吁白俄团上下，要以满怀虔诚的爱对待我们的团旗，准备好真诚为它效力。

您要维护这一荣誉，永远遵循它无声的座右铭——在俄国三色国旗下，做一名伟大的俄国士兵，遵守庇护地的法律，尊重临时庇护地的当局，诚实地为白俄团争光，全力保卫当地社会。

愿团旗成为我们民族自豪感的象征、我们出色工作的奖励、我们亲爱军团的荣誉，让它领导白俄团迈向精神团结、工作进步的未来道路！

为白俄团的荣誉干杯——万岁！

签名：白俄团司令

季梅少校

祝圣仪式和授旗仪式令人尤感赏心悦目。将近500人穿着精心熨烫好的制服整齐列队，制服上的皮质和铜质配件擦得闪闪发光，队伍右边是一支（约40人）英国常备营的管弦乐队，整个队伍以三步为间隔排成展开队形，一幅多么宏伟而令人难忘的景象！

庄严的教堂礼拜和大主教谢尔盖·博罗京（Сергия Бородин）的出色讲道为这一仪式赋予了更厚重的意义，成功将白俄团和参加检阅的观众融为一体。

“白俄团，在旗帜下听令，举枪敬礼！”——白俄团团附、本次检阅指挥官伊万诺夫上尉的命令传来。两列士兵动作干净利落地举起刺刀肃立，迎接属于他们“自己的”旗帜。

英国军乐营开始演奏《缓慢的行军》（*медленный марш*），乐曲声中，加帕诺维奇中尉领头，旗手连科夫下士在两名护旗手的护送下，沿着队列送来旗帜。

仪式的这一部分“有点拖沓”，因为俄国的《缓慢的行军》（准确地说，是葬礼进行曲）在意蕴和形式上和英式行军没有丝毫共同之处。英军在前行过程中步伐适中，只是减慢了步调，而我们的行军步伐不仅减慢步调，而且步伐也要减小，动作就比平常慢了一倍。

旗手将团旗带到了白俄团队首。

“以连队队形准备典礼行军”——伊万诺夫上尉指示。白俄团调整为连队纵列，伴随着《在双头鹰下》进行曲雄壮威武的乐声，队伍开始前进。这首进行曲是英国军乐团指挥特地挑选的。

刺刀齐平，步伐划一，连队紧密相接，在接近敬礼处时“抬步”（давая ногу），白俄团就这样从团长和整个“将军团”面前走过。

每个连队走过致礼处后，在行进中重新以排为单位，排列为纵队，接着各排按纵列顺序“拧”成一列，走向跑马厅出口。“万岁！”观众用热烈的欢呼声和掌声为每个连队送别。

上海所有的中西文报刊都在反复赞叹此次典礼，表扬白俄团成绩斐然、训练出色。

4 月 10 日，整个万国商团在跑马厅接受检阅，白俄团一如既往地在英国驻沪远征军司令佛莱明将军面前出色地表现了自己。

4 月 14 日，根据万国商团总部命令，克里沃鲁奇科（Г. М. Криворучко）医生被任命为三连（义勇队）队医，晋升万国商团中尉。

4 月 18 日，万国商团团长检查了白俄团库房，库房井然有序。

4 月 19 日，白俄团军官和每连派出的 4 名士兵在海关码头送别即将返回英国休长假的工部局总董麦克诺登将军。

4 月 25 日是弗兰格尔（Врангель）男爵将军的祭日，白俄团在一连驻地为亡者举行安息弥撒。

1932 年 4 月 30 日是东正教复活节。在上海大主教约翰的祝福下，整个白俄团在工部局大楼对面的圣三一堂[1]举行晨祷礼拜。修

---

① 全称圣三一英国圣公会教堂。

士大司祭马卡里（Макарий）与3名神甫、1名大辅祭共同主持祈祷。白俄团义勇兵组成的合唱团在斯米诺夫军士的指挥下演唱赞歌。圣三一堂堂长特里维特（Триветт）本人及教堂合唱团“陪同”东正教司祭们主持祈祷。巨大的教堂里，一簇簇鲜花装饰着讲坛和祭坛，大量的神职人员和2个合唱团到场，给人留下此次礼拜尤其隆重的深刻印象。

除了白俄团的成员外，还有上海驻防军和万国商团高级军官、贵宾、义勇兵的亲属好友等数百人参加了晨祷。

晨祷结束后，我们在工部局大楼的万国商团房间内进行全体开斋仪式。

体育馆里摆上了桌子，入席就座的有工部局董事们、各处室长官、以万国商团团长汤慕思上校为首的司令部成员、英军司令和军官、美国海军陆战队第四联队的队长和军官、上海外侨代表及白俄侨民代表、媒体代表和白俄团军官等。这场人数众多的开斋宴十分豪华。

白俄团和他们的客人在附近的房间聊天。团长携夫人在餐桌四周走动，为这一盛大的俄国节日向官兵们表达祝贺。整场气氛很轻松。复活节的第一天，整个白俄团都不用值勤。

5月10日，白俄团副官加帕诺维奇中尉受命承担起“监督白俄团弦乐团、世俗合唱团和宗教合唱团”的职责，按照当局指示，对参与队员的训练和表演增加“强制性”。在加帕诺维奇中尉之前，是洛巴诺夫中尉在临时监督乐团和合唱团，4月11日起，洛巴诺夫中尉调任四连教官，以加快完成队列操练。同日，各连队的驻扎地进行一轮调换：一连——厦门路，二连——爱尔考克路，四连——靶子场，白俄团司令部——工部局大楼。

5月21日，白俄团开办了士官课程，目的是在连队中建立一套完全统一的队列操练方法。

那是一个异常炎热的夏天。早上，白俄团所有军士长和军士都携带步枪和全副装备聚集在步枪靶场。他们被混编为一个班，由波洛尼科中尉训练。在超过100度①的高温下，该团队首先研究每个动作或队形变换的细节，接着在实践中将它“打磨到完美境地”，汗水湿透了衣服，但是训练的总目标得以实现——所有连队训练都按照统一制定的操练计划推进，这确保白俄团不必进行“总”排练，也可以在每一次必须全员参加的检阅中获得成功。

除了枪法和队形变换之外，训练内容还包括英式枪法、刺刀搏击、体操、射击、紧密队形、疏散队形和散兵队形、攻击和防御、巷战战术和“人群疏散”战术。“人群疏散”练习尤其受重视，因为弹压实战中经常要用到这一技术。

后来，白俄团不仅向万国商团其他连队，还向驻沪英军多次展示其“巷战”和“人群疏散”战术。

白俄团士兵获准可以穿着精良笔挺的制服去度假，尽管排长有时会禁止某些下属这样做，因为他们担心假期里酗酒的士兵可能会玷污了制服。

穿着制服休假的英国士兵一般会随身带一条“马鞭”，像是“休假制服”的装饰品。

在白俄团，那些“衣冠楚楚”又讲究装束的士官也开始在非正式的场合拿上“马鞭”了。连长了解后，起初并不赞成这种做法；但是白俄团司令了解后，看法却不同，他认为“马鞭”能逼着士兵

---

① 应为华氏度，100华氏度约为37.8摄氏度。

在假期也要穿着整齐：一方面，拿着“马鞭”就不能将手插在口袋里；另一方面，“马鞭”也装饰了制服。

白俄团送交万国商团总部的相应报告得到了团长支持。5月26日，万国商团为白俄团所有士兵确定了“马鞭”的版式——柄头是镀银黄铜铸成的球形，上面焊接着一个万国商团的缩小版团徽。柄头侧面刻有“白俄团”的英文名称，手柄颈部刻有士兵的个人编号。鞭柄长度为28英寸，由漆黑的硬木制成。

6月18日，团长视察四连，队列操练成果令人满意。

6月21日，刘易斯机枪射击教练培训课程结束。有20名士兵顺利通过课程。这门课程由切尔诺斯维托夫中尉主持。

6月23日，我们从白俄团公开的命令中摘录出俄国军事总同盟主席米勒将军写给季梅少校的信。

> 我在报纸上读到有关您的白俄队（现为团）的消息，现在我将报纸资料和《哨兵》（*Часовой*）杂志上的照片转寄给您。
>
> 您通过模范工作和典范行为，为俄国人带来荣誉。如果您的队伍中有谁认识我或者某时与我有过工作交集，请替我转达由衷的问候。白俄团为自己赢得如此令人引以为荣的声誉，我为此感到高兴。
>
> 您真诚的米勒

7月2日，白俄团公开命令中还有基里尔·弗拉基米罗维奇的书信电报：

> 近卫军季梅上校：我衷心祝贺您和白俄团因工作卓著而受

赏获得团旗。得知曾经的俄军士兵在国外表现如此出色，我感到非常高兴。我向您和白俄团的所有成员表示感谢并致以诚挚的问候。

基里尔

7月12日，切尔诺斯维托夫中尉被调往一连。

7月16日，索科罗夫上尉获得万国商团总部允许，离开部队休假，波洛尼科中尉暂时担任四连指挥。四连军士长谢尔盖耶夫被调到团司令部，哈林中士指派为四连军士长。

白俄团正在酝酿“大变革”。四连开始真正意义上“配置”军官，以使其在队列关系上，与一连、二连齐平。

7月17日，白俄团在一连驻地为逝去的君主及皇室成员举行安息弥撒。

7月27日，四连和二连一起搬到爱尔考克路营地。

7月31日，索科罗夫上尉自愿离职，将四连交给波洛尼科中尉。原俄军少将索科罗夫是一名出色的骑兵军官，但要指挥步兵连队，他难当此任。

8月1日，白俄团司令季梅少校休假一个月，伊万诺夫上尉临时担任白俄团指挥。

同日，工部局宣布命令，决定保留白俄团的三连编制，人员定额为323名，所有职务都给付酬劳。

8月3日，根据万国商团总部命令，白俄团连队开始改用英军采用的队列编组。每连由3个排组成，每排有4个班，其中一班和三班为步枪班，二班和四班为机枪班。白俄团领足了所需的18挺刘易斯机枪。

白俄团多次表现恪尽职守的工作态度，万国商团总部当然不会无动于衷。在有必要增加万国商团军需处编制时，总部不是新雇外人，而是从白俄团调遣适合的相应人员。

8月20日，根据万国商团团长指令，总部新设有3个“军需官”职务，从白俄团调派3名士兵担任这些职位。

9月1日，季梅少校休假返回，恢复行使指挥权。

9月12日是一连“连日”，一如既往地举行祷告仪式并享用了大餐。

10月14日是圣母帡幪日——也是二连“连日”。根据该连军士长克拉斯诺乌索夫的倡议，经连长马里宁同意，二连决定“以特殊方式”庆祝这一节日。当时二连与四连一起住在爱尔考克路营房。连队驻地有一个宽大的餐厅，克拉斯诺乌索夫军士长决定将其中的一部分改建为体育馆，希望队员在穿过餐厅走去淋浴间和洗手间时，在这里使用器械锻炼。对于充满活力的年轻人来说，这是顺理成章的事，似乎想不出这事有什么坏处。

设定这个目标后，军士长成功地用他的想法吸引了各排军士的支持，后者又用这个想法鼓动了队员。他们毫不声张地筹集了必要的资费，征得连长许可后，在大厅里安装了单杠、吊环、吊杆、攀登杆、粗绳、斜梯和直梯，修好了（还是从“鄂霍次克号”上运下来的）双杠，（自己的木匠出力）自制了鞍马、“山羊”[①] 和跳板——就这样打造出一处绝佳的锻炼场地。以上所有工作早在10月份以前就开始了。

总的来说，这个体育馆-餐厅的整体氛围令人流连忘返。一个

---

① 体操用具，短木马。

废弃的“仓库”——粗糙的地板已经剥落，墙壁很久没有刷过，这个连队进驻几个月后，这个破败的仓库变成了一个干净、漂亮的起居室，真的是今非昔比。

军士长克拉斯诺乌索夫还利用连队的人力、物力，在大厅右侧的远处角落里设立了“连队教堂”的讲道台和圣像壁。圣像壁旁边是圣母的尊贵圣像，一个华贵、有艺术美感的木制神龛中摆放着整洁的烛台，还有一个读经台及其他教堂摆设。

大厅的墙上挂满了所有俄国沙皇的画像，这些画像都是由“连队画家”——索科洛夫自己画的。供桌后面的“三圣像”也是他画的。沙皇尼古拉斯二世的精美石膏半身像（也是白俄团一名士兵的作品）设在木制基座上，上面装饰着镀金的木雕双头鹰。铜铸的双头鹰（前俄国驻沪总领事馆还没被转交给苏联使馆时，从那里拿出来的）悬挂在大厅柱子四周，从万国商团总部取来的击剑用具（护胸板、面罩、手套和带有弹簧筒的特殊步枪）挂在墙上，用作大厅的装饰。

特别令人感到舒适的是“苏沃洛夫角”，它是占据了大厅右前部角落的一个大壁龛，里面有一幅高大的苏沃洛夫（A. B. Суворов）大元帅全身像，画像旁边饰以国旗，四周是精心加工、仿制成白色大理石的宽阔木板，画像上方挂着“圣乔治勋章”，圣乔治丝带环绕着整幅画像。四周的木板上刻有苏沃洛夫《制胜的科学》一书中著名的“苏沃洛夫式”格言以及“士兵信条”。画像脚下，装饰精美的木匣子里铺有泥土，里面鲜花盛放，仿佛是纪念碑的鲜花围栏。

大厅里整齐地排列着餐桌和长椅，数量完全足够两个连队使用，而正中央放着一张“士官桌”，供 2 名军士长和 8 名军士使用。

一切都非常干净、整洁，点缀得当。在这样的环境中度过休闲时光是非常愉快的，因此两个连队的士兵经常跑来餐厅，一来就雷打不动地跑去体育馆。

连队很快选定了一支器械体操队伍。

连长允许在“午后训练”时带大家到体育馆做“器械训练”。

正是在这样的环境中，二连军士长有了用“特别的方式”庆祝连日的想法。他与各排军士分享了他的想法，并得到他们热情支持。

根据计划，节日当天早晨，该连在距营房不远的“汇山”集体展示“索科尔派体操”，接着个别体操运动员表演双杠、鞍马和“山羊”、跳远、跳高（为此连队从体育馆运来这些器材）、全体“叠罗汉”等“节目”。接下来是“战斗游戏”——各排进行趣味体育比赛，例如“茨冈人式摔跤”[1]、袋鼠跳赛跑、带鸡蛋赛跑等。

在比赛和游戏结束时，连队返回营地，迅速换上列队制服，参加当天在连队圣像面前举行的祈祷仪式，最后一如既往地享用“大餐”。

与排中军士一起制定好该计划后，军士长设法说服他的连长——马里宁上尉同意这种创新，继而寻求团司令的许可。

白俄团司令部非常赞许此事。原本我们计划邀请白俄团所有军官及其家属，以及士兵的亲戚朋友参加这个“体操节日”，但谁也没有想到，白俄团司令会邀请万国商团团长和司令部军官来参加这个不足为道的节日。

---

① “茨冈人式摔跤”是一个摔跤游戏。两人平躺于地，方向相反，身体右侧相接。一方用右腿勾住对手右腿，用右手抓住对手右侧身体，双方向各自左侧使力，将另一方翻转过己方一侧为胜。

作为一名“老兵”和“父亲般的指挥官”，汤慕思上校对白俄团二连的主动精神表示赞赏，决定带上总部成员和几名高级军官，亲自出席此一节日的庆祝活动。

尽管二连并没有得到工作免除或是减轻的待遇，但该连还是为节日做了充分的准备，将所有空闲时间都用于筹备工作，不惜牺牲了值勤后的休息时间。

二连队员自费购买了统一的背心和白色橡胶鞋，公家发放的笔直短裤让这套“运动装”看起来更协调统一，这套行头赋予了二连绝佳的外形。

汇山公园是一个面积不大但非常舒适的小公园，里面有很多树木、灌木丛、花坛和林间草地，是一个美丽的“舞台”。

到指定时间时，白俄团的军官和贵宾们开始聚集到公园，在特意摆放的凳子和长椅上就座，偶然得知消息的其他连队士兵们也都聚拢过来。

身着“运动服”的二连排好队，等候白俄团司令的到来。出人意料的是，万国商团团长及总部成员和白俄团司令一起出现在公园大门口。“立正!”全连肃立，向最高领导敬礼。万国商团团长回礼后，走向客席并准许开始表演。

在军士长的指挥下，连队开始了操前报数，接着整齐地做完了“体操入场式”，并做了几个“体操回合”。在表演末尾，连队变成展开队形，接着各自回到各排。

运动员单项比赛和各排的比赛开始了。裁判是白俄团其他连队的军官。尽管节目看起来有点长了，但一切都进行得顺利而优美。

所有人都注意到，团长在比赛期间把他的副官派去了某个地方。副官很快就带回大量银杯、花火及其他奖品。这是一个令人意外的惊喜，连队士兵们感谢这位“老司令”的细心关照。

万国商团团长亲自给获胜者颁奖。

节目和祈祷仪式结束后，万国商团团长和所有白俄团军官一起在二连的军官餐厅就餐，当然，谈话的内容都是刚才所见以及白俄团在上海体育界出力的机会。

这个“特别连日”的影响在几个月后才显现出来——白俄团有了各种类型的运动队，逐渐为自己赢得上海最优秀的业余运动队的名声。随后，这种名声传出上海，白俄团运动队不仅获得很多“上海”冠军，还获得许多“中国”冠军。二连有理由将自己视为白俄团业余运动的奠基者。

到1932年末，该团已经牢固树立了“上海万国商团最优秀、最可靠军队”的声誉。英国驻沪正规军的司令显然也这样认为。例如，在10月14日的白俄团命令中，司令公开了英军兰开夏营营长的一封信。该营即将离开上海前往天津的新驻地。

> 亲爱的季梅：
>
> 在我营离开之日，您安排了雄壮威武的仪仗队前来送行，特来信致谢并祝您一切顺利。
>
> 如此出色的队列令我营所有人都赞叹不已。
>
> 我们的新驻地离您不远，希望我们有机会与您再次相见。
>
> 如果您路过此地，请别忘了探访您的“邻居”。如果我是您，再次出发北上之时，我会毫不犹豫地前来叙旧。
>
> 您忠诚的沃伊斯（Войс）中校

白俄团于11月13日命令中公开的另一封信是英军阿尔斯特步

枪营营长寄给万国商团团长的。

亲爱的汤慕思上校：

在离开上海之前，我认为我有责任代表我营所有人员感谢您昨天下午派遣一支白俄团仪仗队到百老汇（Бродвей）送行，感谢您所赋予的这一无上荣光。

仪仗队的仪表、队列和姿态激起我内心最深的敬意，如果您能向季梅少校，参与仪仗队的白俄团官兵们转达我的由衷感谢，我将不胜感激。

您真诚的 МИ① 上校

上海潮湿阴冷的冬天开始了。11 月 7 日，根据万国商团命令，白俄团换上了冬季制服。

显然，二连的体育节触发了团长汤慕思上校的深思，或许可以像英国军队那样，在白俄团大力发展运动队，参加上海租界的比赛。

11 月，团长和英军的一位营长谈妥（我觉得是阿尔斯特步枪营），让这位营长为整个白俄团组织一次“器械训练”演示。

令我大为不解的是（我从未想过，英国人是器械训练迷），这个营竟然有一支 20—25 人组成的、出色的体操器械队。

这次“演示”在胶州公园的某个地方进行。

我们团的连队以“行军队形”到达，分别围坐在场地的三面。演示台上已经安装好单杠、双杠和几个“鞍马”。

---

① 原文只留下了简写，姓名不详。

英国体操运动员非常利落、优美地将相当难的体操动作完成，白俄观众难掩激动。他们漂亮的体操服和独一无二的队形给人留下难忘印象。后来，每当白俄团的运动队进行公开表演的时候，英国体操员就是那绣花的“花底儿”，是我们的榜样。在“表演”之后，英国人非常热情地做东，招待所有队员喝茶和软饮，吃三明治。

11月22日的白俄团命令摘录了万国商团11月21日第143号命令：

> 兹批准1932年2月16日起成立白俄团。白俄团由一连、二连、四连构成的白俄分队（常备军）和三连俄国义勇队（义勇军）组成。

依照惯例，11月是举行各种比赛的月份：队列比赛、（步枪和机关枪）射击比赛、刺刀搏击、行军等。

万国商团团长汤慕思上校越来越“心系”白俄团，他要求它有完美的队列操练、堪称模范的秩序和铁一般的纪律，为此尽心提供一切机会。在他的来信和发万国商团全部队伍的命令中，他总是提到白俄团在生活和工作中对其他部队的“示范意义”和有益影响。

例如，11月29日，万国商团第151号命令中宣布：

> **白俄团的机枪射击**
>
> 射击场上的纪律水平非常好。队列变换准确的同时，可以立即成功执行给定的命令。

这充分证明，教官非常重视对人员进行机枪训练，各个方面表现得都非常出色。

值得注意的是，（白俄团）在机枪射击表现中，没有一次“延迟”。

我希望在我军其他部队的机枪射击表现中，也能看到这样突出的特点——遵守不少于四发子弹连发的原则，这会带来更强战力。这完全打破了某些人的错误观点，即比赛中两弹连发才是更有效的。

1932年12月18日10时30分，在星加坡路（今余姚路）和胶州路拐角的阅兵场，举行了一次白俄团阅兵仪式。万国商团团长参加了阅兵，结束后他颁发了流动奖杯及个人在年度比赛中获得的奖品。

12月19日是白俄团的节日，举行祈祷仪式，并为“蒙难”的皇室吟唱圣歌《永恒的记忆》（*Вечная память*）。各方来宾参加了军官早宴。

12月21日，万国商团命令宣布，白俄团常备军只休息到1933年1月9日，休息时军队早上7点起床，只操练2个小时，其余时间用于运动。

1933年

在我看来，白俄团司令季梅少校和万国商团总部发生不快的原因在季梅本人，确切地说，冲突的症结是季梅的个人性格。

1927年，海军上校福明退休后，季梅被任命为万国商团白俄团司令，部分原因是为了“节省”拨给白俄团的薪水，因为如果从别处招一名军官履职，工部局就得额外支付酬劳。当时季梅已是一名工部局雇员（骑警中士），因此他从一个部门转移到另一部门（从巡捕房转到万国商团）几乎没有造成工部局任何额外花费。

当时已有很多前帝俄军官在工部局效力，工部局从中找到一名“能担大任者”并不难，但是他们最终选择了季梅，这主要是因为季梅和他的夫人与当时工部局副董事贝尔将军一家有私交，贝尔将军推举季梅做候选人。

但很遗憾的是，骑兵近卫军军官季梅自然对“步兵的军差”一无所知，对此也不太感兴趣。这位“老爷”不认为自己有必要全身心地融入他所指挥的步兵军队生活中。那时，这支队伍正在忘我地努力工作，忠诚为工部局服务，一步步改变作为“临时”（即在上海面临威胁之时）雇员的不稳定地位，使自己逐渐成长为公共租界在任何“动乱”甚至是军事冲突时必须倚靠的、最值得信赖的力量。

季梅没当过队列官，他的工作重心集中在联系白俄团司令部和万国商团总部。他受命指挥队伍，虽然在这方面无所作为，甚至对“步兵队形”和“步兵营房”生活一无所知，却常常敏感地（有时是过于敏感地）为队伍在工作和队列操练中的得失成败感到不安。

季梅经常因为一丁点疏漏或不顺，就在私人场合和下发俄国分队的命令中，严厉斥责其他官兵，却又不说明原因。有时他的惩罚过于严格，如狂风暴雨般汹涌而来，令他的所有下属紧张兮兮，甚至不得不在工作和队列操练之余也时时“保持警惕”。一切都取决于他的心情，他可以因为在去洗手间的时候，连长的手下喊“立正”声“骚扰”了他，而严厉地责备这位连长。同时，他又因为一名心不在焉的士兵没有在黑夜中发现他，没有向他致以军令规定的“敬意”，而准备让这名士兵配备“全副武装罚站”。

季梅从来不参与平日的操练，有时也不检查队员站岗的情况，不过他倒是总是出席检阅，虽然他不直接参与到演习之中。他本人从不在检阅中指挥白俄团，而是让自己的副手伊万诺夫上尉来完成。在我看来，季梅少校的权威很单薄，他并不了解，也不能正确地给出“步兵（行军）指令”。只有在万国商团“拉练”期间，他才会走在白俄团队伍前头。

和“鸡鸣而起”的队员相比，季梅的“一天”可谓“姗姗来迟”，但结束得也晚得多，有时还要占用第二天早上的时间，因为他通常晚上都在营房外的熟人圈子和各个总会里度过。

虽说不是每天，不过季梅外出到万国商团总部是家常便饭，但他英语说得很糟，总是需要翻译通信员的陪同，在万国商团总部度过大半个上午，午餐后，他把白天剩下的时间和整个晚上腾出来，开始“社交生活”。

季梅并不“指挥”白俄团，而是通过最严格的纪律“治理”白俄团，在这方面，“季梅时期”的白俄团和法国外籍军团极为相似。目的是达成了——白俄团不断成熟，巩固了自己的职业地位，但是达成目的的“手段”和时机、环境有待商榷。毕竟白俄团在招纳人员的时候“精挑细选”，这些极其优秀的人才完全不需要粗鲁的吆喝，他们明白事理，最重要的是，他们需要“长官做模范”，但季梅并不是这样的人。

季梅作为这支部队的司令官，唯一值得称道的是“自主精神”。他总能设法和英国“顶头上司”保持来往。在这方面，他是一个榜样：他很明白自己在万国商团军官等级秩序中的位置，在任何情况下他都不会往下滑哪怕一小步。

1932年下半年，对季梅有利的“工部局高层格局”开始转坏——不太喜欢俄国人的麦克诺登准将当选为工部局总董，贝尔则退出了工部局董事会。同时，新任万国商团团长汤慕思上校从英国调派前来，就其性格类型而言，完全与季梅相反。

“水火不容的两人”自然话不投机，龃龉日生，新任万国商团副官菲利普·卡特（Филипп Кэтт）上尉又在两人矛盾中煽风点火。

为了更加清晰地描述当时的场景，我认为有必要简单评价一下汤慕思上校和卡特上尉。在他们的任期内，这些“龃龉”滋生，最后导致季梅被白俄团强制解雇，还被工部局彻底开除。

汤慕思上校是英军军官、营长，出生于新西兰，参加过第一次世界大战，其间多次受重伤。他个子很高（超过6英尺），身材优美，已经上了年纪（约50岁）。他显然是那种“父亲般的指挥官”，深受各族、各军的广大士兵爱戴。他从早到晚过着士兵的生活：雷打不动地出席万国商团义勇队在操练厅的队列操练和在靶子场的射击活动，安排检阅视察，在命令中表扬队伍达成的成绩，又以温和但坚决的口吻要求改正他所注意到的不足。

看到白俄团的第一眼，汤慕思上校就明白，白俄团是整个万国商团最优秀、训练最为有素和最具战力的队伍。因此，他对白俄团投以特别的关注，尽力让它（尽管白俄团的人员经常变化）的素质不逊色于任何英国正规军。在这方面，他的确取得了很多成效。

前任团长亚本派曼上校成功地提升了白俄团的工作和生活条件；汤慕思上校则在训练、装备和军械方面取得了特别成果，把白俄团打造成一支外观上与英国正规军无异的队伍。

他经常突然降临白俄团驻地，不停举行检阅视察，紧急把白俄团个别连队召唤到操练厅（在操练厅检查连队之后，他会邀请连队军官前往万国商团总部，并给他们安排保护租界某一地界的战术任务）。白俄团逐渐摆脱了不合时势的陈规惯例，被“拖入现代军事的轨道中”——汤慕思上校本人对现代军事有精妙理解。

新任万国商团副官、苏格兰近卫军军官菲利普·卡特上尉是汤慕思上校的好帮手。

卡特上尉是位相当年轻的军官（大概 26—28 岁），高个子，体形优美，一表人才，留着“威廉式”（а - ля - Вильгельм）小胡子（既令他得意，又让他费心）。他很明显就是纯粹“爱当兵”的人，因为他在近卫军步兵中工作过一段时间，所以会用同样的标准来要求万国商团的各连队。

遗憾的是，他没有汤慕思上校那样的工作和生活经验，因此他一开始训练万国商团队员的方法就是不得当的。他对待普通义勇兵（通常，这些义勇兵不是沪上外国洋行的大班，就是经理）时“官气十足”，把他们看成“士兵”，这当然会让义勇兵们感到不满，要知道，他们只要向万国商团总部提出申请，派一个手下的听差将自己的武器、制服和装备上交军需库，就可以随时辞去万国商团的职务。义勇队队长向万国商团团长抱怨卡特的行径，很多对“新风气”不满的义勇兵自愿解职了。团长显然也给他亲密的左右手、这位过于热心的副官“降了降温”。

卡特上尉将全部精力和所有知识（毫无疑问，他的知识很丰富）投入到白俄团。这支队伍作为万国商团领报酬的常备军，不得不“忍受”这位副官一些粗鲁又刻薄的举动。但是，卡特只要求他能做到的事情、白俄团必须完成的事情，而这都是为了让白俄团不逊色于（如果不能优于）英军！因此，卡特的“粗鲁行为”并没有让白俄团上下官兵感到特别痛苦，他们会从好的方面来看待卡特上尉对白俄团的期望，虽然这种期望是不切实际的。白俄团队员嘲笑他、滑稽地模仿他（当然，是他不在场的情况下），但不变的是人们对他的欣赏，欣赏他是一名表里如一的模范军官，是“军人的楷模”。

卡特上尉在司令部的房间阳台就对着操练厅，驻在“大本营”营房的白俄团通常就在这里操练。卡特在这个房间里度过了所有的操练时间——他一边关注着各种新情况，一边为晋升少校衔努力应对“拐弯抹角”的考验，提高自己的军务知识。

令我们惊讶的是，卡特能以不同寻常的速度完成所有工作。同时，他默默地做好榜样，努力追求白俄团队员也达到这样的速度。他常常像是有意地穿着操练服来到操练厅，观看一会儿训练，有时会做些指示或者评价，接着回到司令部办公室，但是五分钟后，他就会再次穿着规整的便服出现在阳台上。队员们注意到以后自然大为惊奇，他怎么能在这么短的时间内如此精细准确地做完这些事呢？为何队员就没法在接命“晚间紧急出防”时两三分钟内穿好衣服?!

卡特经常在最令人意想不到的时间“突袭”白俄团营房。他检查了房屋、厨房、仓库，做出评论和指示，当然还会向万国商团团长报告他的检查结果，而团长则通过“上海万国商团总部命令”这一常规方式做必要的改变，安排改进。

汤慕思上校和卡特上尉很快就注意到，季梅少校把他的工作推给了副手和其他军官们，自己并没有实际指挥，而只是“治理”白俄团。

这显然是导致他们不和的原因，而要将季梅辞退的理由并不难找。

1933 年 1 月 1 日，季梅少校在白俄团命令中宣布：

> 向我团的全体官兵致以新年问候！
>
> 过去的一年是白俄团生涯中不平凡的一年——这一年中日冲突日渐迫近，在这一艰难时期，我团所有队员承担起保护租界及租界公民不受侵犯的责任。
>
> 白俄分队扩充为白俄团并封赏团旗，正是我团光荣完成任务的成果。
>
> 总体上看，白俄团作风严谨，这令我充分相信，在全体队员的共同努力下，我团的威望还将继续提高。
>
> 我谨代表白俄团司令部，为所取得的成就向所有队员表示由衷感谢，并衷心祝愿大家生活幸福、仕途亨通。

1 月 3 日，白俄团命令中公布了一篇电文：

致上海白俄团司令季梅少校，上海。

苏格兰卫队向您致以1933年的良好祝愿。

署名：布兰德上尉

伦敦

1月5日是尼古拉·尼古拉耶维奇大公逝世4周年纪念日，白俄团举行安息弥撒。

1月7日是俄国圣诞节的第一天，白俄团举行祈祷仪式，全团休假一天。

白俄团过着6年来逐步建立起来的正常生活，似乎没有任何预兆显示，把白俄团拉出生活常轨（虽然只是一段很短的时间）的重大事件已经越来越临近了；与此同时，这些事件也奠定了白俄团“新纪元”的开端，直到白俄团不复存在（1947年）。

接下来的14年中，白俄团的地位不断巩固，没有人再提出解散该团的问题。白俄团的根本任务发生了变化，工作性质发生了变化，行动依据的章程也发生了变化，但是保留白俄团的必要性和价值始终得到广泛承认——白俄团是公共租界最可靠的军事力量。对于上海公共租界而言，白俄团是不可或缺的。工部局今后担忧的是，如何筹得维持白俄团的资金。

1933年2月9日，白俄团命令宣布：

兹公布万国商团2月9日命令的翻译稿。

命令：

自1933年2月9日起，暂时解除季梅少校任白俄团司令一职。

自 1933 年 2 月 9 日起，伊万诺夫上尉临时担任白俄团司令。

自今日起临时履职。

署名：伊万诺夫上尉

这道命令像是凭空一声惊雷，白俄团队员们谁也没想到，“万能的”季梅少校竟然会失去万国商团总部的垂青。

季梅被撤职后，白俄团也失去了与工部局的交际联系，与上海的外侨和白俄侨民的交情亦受影响。在接下来的历程中，白俄团失去了私人交际中的支持，处于孤立无援的境地。

巩固白俄团地位的唯一资本是它的纪律性、堪称模范的军事素养以及所有队员恪尽职守的工作态度。

临时担任白俄团司令的谢苗·德米特里耶维奇·伊万诺夫上尉将全部注意力都转到这些“资本”上。

伊万诺夫上尉是俄军上校，是个“大学生”（好像是修完了彼得格勒大学经济系和历史语言学系的课程），毕业于米哈伊洛夫斯基炮兵学校（Михайловское Артиллерийское Училище），并作为外贝加尔哥萨克炮兵连的一员，参加过第一次世界大战。

在从前线撤回途中，伊万诺夫经历了革命，在外贝加尔地区加入了谢苗诺夫（Семенов）军事首领发起的白军运动，指挥过白军的一个中俄炮兵连（русско - китайская батарея），之后又被任命为赤塔军事学校（Читанское Военное Училище）炮兵部课程军官。

随着白军从滨海边区撤离，伊万诺夫指挥的步兵团后来加入了格列博夫将军麾下的远东哥萨克军团。

伊万诺夫上校在吴淞口和黄浦江水域经历了近 4 年的“船上禁闭”生活，先是担任陆战队队长，后担任司令的副官。

1927 年 1 月，公共租界工部局决定在“白俄侨民”的基础上建立一支队伍，以保护租界免受日渐接近的南方革命军的威胁，伊万诺夫上校将剩余的“远东人”作为队伍骨干，参与组建万国商团俄国队，并被任命为俄国队一连连长。

伊万诺夫受过良好教育，博学多才。他充满活力，做事果断，意志坚强，是骨子里充满责任感的人，脚踏实地，言而有信。他不仅对下属严格，更是严以待己。他热爱军事，爱护士兵，将部队利益看得高于一切，不允许纵容或放任可能有损部队利益的事情发生。

他遇事看得远，得益于这种远见卓识和创造力。他得以制定并实施了创建“白俄团私有产业”（собственное полковое хозяйство）的计划。后来，正是因为有此计划，白俄团不仅有机会维持其在中国享有盛誉的优秀运动队，也能把营房弄得舒适整洁，让到白俄团“当兵”成为俄国年轻人的“梦想”。

他在内战期间多次严重受伤，依靠自己的意志力康复了，1933 年他已经和身体强健的人无异。只是他总是带着几枚红色子弹在身边，以“纪念”那场令他获得“圣乔治勋章”的战争。

他从来不贪求个人安逸和生活便利，尽力培养下属保持这种朴素，甚至有点“禁欲主义”的精神。他的交友圈子非常有限，一生都在军营，与他带领的士兵一道度过。他和所有好长官一样，非常了解自己的士兵。

他就是这样的一个人。根据万国商团 1933 年 2 月 9 日命令，谢苗·德米特里耶维奇·伊万诺夫上尉临时担任上海白俄团司令。

伊万诺夫从他的前任长官季梅少校那里接手的是一支纪律严

明、训练有素的军队（他作为连长和白俄团团附，也为这支队伍花费了不少心力）。这支军队的地位仍然相当不稳固，因为养活部队的庞大开销迫使工部局（在纳税人的压力下）多次讨论减员或完全解散该团。不过，季梅在“统治集团”和上海侨民中私交甚广，这极大地减轻了“争取白俄团延续”的压力。但是，季梅被解雇后，人际关系方面的支持也随之而去。

伊万诺夫上尉手中只有一张“王牌”——那就是不管是在战乱时期，还是和平时期，多次展现其纪律性、高素质以及对待职务兢兢业业的白俄团全体队员。

不过，白俄团队员们并没有费神琢磨“一团之长”变更的原因，纪律要求不允许他们讨论“无关紧要的话题”、进行“自由思考”，平时的强化队列操练和差务让他们很快就会忘掉发生了什么事。

作为军人，驻沪英军司令佛莱明将军和万国商团团长汤慕思上校，他们真诚地喜欢白俄团并重视其作为军事单位的意义。也许是考虑到白俄团士兵的心境，他们马上将白俄团推向了“上海城市生活的台前”，使它有机会凭借自己的力量，而不是“找后台”来巩固其社会地位。

3 月 12 日，佛莱明将军在操练厅视察白俄团三连，结果相当令人满意。

3 月 22 日，白俄团命令摘录了 3 月 17 日《工部局公报》公布的内容：“三连（义勇队）少尉马尔科夫（B. M. Марков）自愿解职。中士谢尔盖·巴拉诺夫斯基升任少尉。”

3 月 27 日，万国商团团长参观了白俄团常备连队的“巷战”操练，对此感到非常满意。团长在正式命令中，对参加这次操练的所有队员表示赞赏和感谢。

在我看来，1933 年 3 月 27 日的这次“视察”是对全团成员，也是对新任司令的一次“测验”。白俄团一如既往地为此次视察做了充分准备。

当时，我是二连军士长，受命一早到万国商团司令部做汤慕思上校的“勤务兵”。万国商团副官卡特上尉接见了我（顺便说一句，他很喜欢我那茂密的胡须，而那时我们团正流行蓄这样的胡须），带我去见团长，我向团长报告我是来听他差遣的。

在我看来，团长不知为何心神不安，他平常的友善微笑消失了，似乎忧心忡忡。

我那天的“差事”一开始就“非同一般”。团长过着非常简朴的生活，所以大概是出于节约，他决定乘坐他副官那辆很小的汽车前往，开车的是个中国司机。“老板”坐在汽车后座上，我勉强挤进了驾驶员旁边的副座。我坐得太不舒服了，佩剑很碍事，又怕压褶我那浆洗、熨好还抛光了铜器的制服。

副官的“辛格牌”（Зингер，英 singer）小汽车汇入外滩的车流中，向花园桥（今外白渡桥）方向开去。一切都很顺利，可是在我们到达弧形桥面的陡坡时，发生了一件令人尴尬的事。汽车马达怎么也拉不动了，在团长的取笑声里，副官和我从车上下来，把车推上了坡顶。此时驶过身边的司机不停摁响喇叭取笑我们。

这件事好像稍稍扭转了团长的坏心情，他一路上都在笑话我和副官，直到我们到达集合地点。白俄团正在这里等待“长官”到达。

团长用俄语问候：“士兵们，你们好！”（他这句话说得很清楚，但词尾没有用“ы”，而用了“у”。）伊万诺夫上尉大声命令士兵问好，随即士兵用俄语齐声回应。视察开始了，内容是向集合地点 1 英里开外的地方展开“进攻”演习。“敌方”所在的大广场曾是名叫“月园”（луна - парк，英 moon park）杂技团使用的娱乐场地，现在这个广场上散落着成堆的砖头、废铁和各种建筑材料，构成了一个不错的“防御”掩体。

“敌人”已就位，并向所有通向该广场的道路派出观察哨和哨兵队，白俄团其余队员则必须沿着这些道路发起“进攻”。

“防守方”手里有刘易斯机枪的木制模型（我们团木匠做的，制作非常精良，尺寸也很精确，在后来的教学训练中，不需要瞄准时，总是用这些模型来训练，它们也属于白俄团管理的武器）。“防守方”用红色和蓝色的小旗来表示机枪和步枪火力点。进攻者和防守者都提前准备了大量竹制的旋转摇铃，生动地模拟出机枪声。此外，防守方还有很多鞭炮，可以发出震耳欲聋的爆炸声。

进攻刚一开始，团长和伊万诺夫上尉就走到先头部队背后，好避免因为他们的现身而让进攻行动被过早发现，并在后方仔细观看进攻的过程和队员的行动。

我走在副官身后，他向我指出他认为错误或不正常的地方，并命令我将所有指示都记在野战手册上，在训练结束后向白俄团司令报告。我所有的记录如下：装备配制不正确，步枪无意间掉落地面，帽上的团徽不够清洁，安装机枪时动作粗鲁，没有正确利用掩体防弹等等。但最好笑的是，他发现一连军士长博罗京后脑勺的头发不够短，下令将其写入报告。我为可怜的伊万·米哈伊尔[1]感到

---

① 即博罗京。

难过，他全身心地投入到连队进攻中，腿有点跛，满身是汗，在一次轮流半弯腰“进军”时经过卡特面前，他的“癖好”——对长发的钟爱，就这样被发现了。这种喜好，我们团里的长官已经不那么计较了，但我此时却必须记录下来。

但是，总的来说，“进攻”行动进展很顺利，团长和副官都很满意。

“进攻”行动的终场是向广场发起冲锋，当摇铃震耳欲聋的嘎嘎声、鞭炮的隆隆声响起时，士兵们的心情大好。

“视察”非常成功。白俄团在新任团司令的领导下，在第一次“测验”中取得佳绩。

1933年3月30日，白俄团命令中公布了万国商团命令摘录：

> 伊万诺夫上尉自今年3月1日起正式指挥白俄团。
>
> 克拉斯诺乌索夫军士长获准担任四连尉官。
>
> 哈林军士长调到二连担任同职。
>
> 达维兹克（Давыдзик）中士获准担任四连军士长。

4月15日是东正教复活节。白俄团全体休假一天，在爱尔考克路营房举行晨祷和开斋仪式。包括万国商团团长和总部成员在内的高级军官和贵宾们，以及英军大队的指挥官们，在酒馆里举行开斋仪式。餐食很丰富，但是不像季梅在任时期所有“宴会”常有的那般奢侈。

当天，白俄团命令宣布：波洛尼科中尉晋升为上尉，获批担任四连连长一职；库兹明少尉晋升为中尉。

4月28日10时，佛莱明将军在汇山公园视察白俄团。陪同的有万国商团司令部和英国正规军的众多军官。

在完成检阅行军后，白俄团各连队展示了“驱散人群”“清除叛军占领的城区”和“动乱时期保卫某城区”战术。行军和示范演习都完成得很出色。

佛莱明将军通过万国商团团长表达其满意之情，赞赏白俄团全体成员出色的军容和队列操练，同时表扬全体军官及士官调度得当、善于完成战术任务，展现出整个白俄团雄厚的知识储备和出色的训练能力。

参加这次视察的万国商团团长及其他军官都对白俄团所展示的操练感到十分满意。

在新任白俄团司令的领导下，第二次“测验”非常顺利地通过了。

万国商团团长和副官毫不动摇地努力“锤炼”白俄团，希望他们能在外观、营地配置和生活方式上与英军大队毫无差异。

但是，要实现这一想法，白俄团人员的“流动性”是一大障碍。白俄团士兵在入伍时签订了 13 个月的合同，其中第一个月是试用期，之后合同每 3 个月续签一次。

因此，白俄团人员更换频繁。除了“合同期满”正常解职的情况，还有一些人按“军规”被强制解雇，有时还有“临阵脱逃”的情况，即该成员未工作至合同期满，就擅自离岗。

最后一种情况使得有必要从新入团人员的薪金中专门扣留一部分，作为“规矩工作”的特别保证金。当该士兵按照合法程序辞职时，预先扣除的钱才会退还给他。

在白俄团队员签署的“服务条款”（合同）中有一段规定，工部局每月扣除成员工资的 10%，并将这笔钱以 7.5%的利息率存入汇丰银行，作为“优质工作奖金”。该奖金仅发给在该团服役至少 5 年，以合法程序辞职的队员。但凡拿到该奖金后，该队员无权再次入团。

白俄团通常会在每日命令中，宣布各种规范队员工作和生活的命令，并定期重复。在整个白俄团生涯中，这些命令有数百条。它们规定了士兵生活和工作的每处细节。若刊登这些命令的内容，将会占去一整本书的篇幅，因此尽管它们是我所书写的“整个”万国商团白俄团历史的一部分，很遗憾我并不能悉数刊出它们。这段历史文献只能在“俄国档案馆”的书架上。上海白俄团二连最后一任连长帕维尔·伊万诺维奇·加帕诺维奇上尉（现居住在旧金山）在这件事上帮助了我。他响应了我撰写《团史》的号召，给我寄来了 20 多个整齐装订的笔记本，其中包括加帕诺维奇及其尉官在给下属队员上“语文”课时使用的文件——白俄团命令的“连队副本”（下达到他所属连）。我并不需要对这些命令加以注释，它们本身就可以准确概括白俄团，但是这些文件实在太多了，因此我以这些文件为基础，仅对白俄团的生活和工作进行描述。不过，我也会在下文中引述一些 1933 年初有代表性的文件。

1933 年 3 月 17 日白俄团第 76 号命令第 3 条

为了避免军官不知晓白俄团下发命令的情况发生，今后，所有军官都应在下发到连或下发到队的每份文件副本背面签字，确认已读。

1933 年 3 月 20 日白俄团第 79 号命令第 2 条

长久以来，我关注到白俄团一些视力差的队员在工作期间戴夹鼻眼镜（пенсне）。上述情况是绝对禁止的。连长们应该采取措施，到4月初时，让那些需要戴眼镜的人买到眼镜，不要再戴着夹鼻眼镜上班。

眼镜必须是寻常样式（椭圆形白框），绝不允许戴八角形镜片的眼镜或其他形状的眼镜，也不允许戴金边眼镜和角质边眼镜。

1933年3月21日白俄团第80号命令第3条

根据万国商团团长对我所做指示，我宣布施行以下条例：

1. 值勤夜归的队员必须出席第二天早上的训练。午餐后开始值勤的人员也应该出席当天早上的训练。

2. 早起后到13时15分之间，各连的值日兵不能睡觉或躺在床上。

从值日岗轮换下来的队员，应该参加宿舍的晨扫。

从起床到13时15分之间，只有值守华德路监狱的夜班卫队及遵医嘱卧床的病患可以躺在床上。因此，除了华德路夜班值勤队和病患的床外，房间中所有床铺连同上面的毯子等应一起卷起。

从训练开始到结束，宿舍里不应该有闲人（什么事也没在做的人）。

3. 只能在周二和周四晚间对宿舍地板进行清洗。周末大扫除应在一早开始进行。

每天早晨，地板只能用扫帚或浸湿的拖把（但要挤干）清扫。白天，应该根据地面情况决定是否清扫。

塘山路（今唐山路）营地楼梯和走廊以及公共区域，例如医疗站、值班室、餐厅、酒馆等，视情况进行清扫。

4. 所有需要清除灰尘和污物的毯子、床上用品及其他物品，应在周六或其他日子——如果有清理必要时——拍打干净。

5. 除了日常检查制服外，连长和班长还必须对队员使用的以下公物进行特别检查。

1）武器、弹药、装备和钢盔——每周六检查。

2）制帽、弗伦奇式[①]冬季军上衣、短裤、长裤和军大衣——在每个月的第1个周一或周二检查。

3）夏季头盔、弗伦奇式夏季军上衣、内裤、长裤、衬衫和雨衣——在每月的第2个周二或周三检查。

4）皮鞋、网球鞋、裹腿、工作服、袜子（3双）——每个月的第3个周三或周四检查。

5）所有的床上用品（床垫、枕头、毯子、床单［3张］及防寒床品）——每个月第4个周四或周五检查。

上述检查在下午训练时间，14点30分至17时40分之间用一个小时（由连长和班长决定）完成。

6. 事务长必须每月两次对厨房设备、食堂的财产以及所有餐具进行实地检查（每月中旬和下旬）。

1933年5月8日白俄团第128号命令第2条

我发现，存在军士长、排长和班长与其下属聚餐的情况。

考虑到上述情况的危害性，今后绝对禁止长官和下属一起休假和同游。

在1933年6月以前，白俄团一直以旧的俄国《纪律章程》

① 以英国元帅弗伦奇（1852—1925）命名的军上衣，有四个贴兜、带扣带。

为依据，对违反纪律的行为进行处分。但在 1933 年 6 月 1 日，一部专门的《白俄团章程》（*Устав Русского Полка*）得到通过，它是根据工部局制定的有关雇员条例所编写的。该章程非常详细，虽然我保留了其原本，但我最终没有将其全部刊出。在此，我仅把章程的“卷”（各篇）和“小标题”列出，因为仅从这个列表也可以看出，白俄团每位成员的生活在何种细节程度上为法令所规定。

章程的开端就声明，《章程》以英文和俄文版本颁发，如对文本阐释产生任何疑问，以英文本为准。

第一篇　纪律

第二篇　军官和队员的过失行为

小标题有——做下流事、不服从、诽谤、不遵守命令、玩忽职守、辜负信任、贿赂、非法或过分地使用权力、与患病有关的行为不端、开小差、擅自缺勤、工作迟到、不注意卫生、损坏公家制服等物品、醉酒、工作中醉酒、前往严禁访问的场所、参与商行活动（做合伙人）、放高利贷、收礼、做假证、他人过失中做帮凶或教唆者、民事犯罪。

第三篇　惩罚和工资的扣除

小标题有——惩罚清单、轻罚、重罚、没收工资、拘捕、依军纪解雇。

本篇公布了详细的“处罚标准”，规定军官对过失行为——醉酒、丢失公家财产等有进行处分的权利。

第四篇　过失行为者的拘捕和审理程序

小标题有——拘捕（软禁和逮捕）、醉酒时拘捕、调查指控、在连队“逮捕令”中应遵循的程序（即由连长对“案件”进行审理时）、团内“逮捕令”中应遵循的程序（即由团司令审理案件时）。

第五篇　日程（日程全文引述）

	冬季	夏季
起床	06：00	05：00
晨检	06：40	05：20
早餐	06：45	06：30
清扫	07：00	07：15
操练第1小时	08：10	08：00
检查宿舍	09：00	08：00
连长发布“命令”——据其指定时间	10：00	
司令发布“命令”——据其指定时间	10：30	
操练第2小时	09：10	11：15
值日军官检查宿舍——根据指示	11：00	
操练第3小时	10：10	
午餐	12：00	12：30
操练第4小时	14：00	
操练第5小时（讲课、体操等）	15：00	
加罚训练	16：10	17：00
晚餐	19：00	19：00
归营号	20：30	22：00
熄灯	22：15	22：15

第五篇小标题有——

军团的命令，连长和团司令的“命令”，操练，晨检和晚检，在连队“医疗站”获得补助，保持卫生，医疗委员会，营房秩序（全套制服及配件、装备、便服的存放等），故障和必要的维修，个人到访营房，值班人员，供暖、照明和用水，赌博，将个人衣物借予他人，营房中饮酒，书信来往，投诉，有过失的人员，“进城”休假，沿街“闲逛”，公共聚会，假期中的行为举止，休假时的制服穿戴，敬礼，“保养室”的规定及使用规则，形象——剪发、剃须等。

经白俄团司令批准，自1933年6月14日起，白俄团改遵循新《章程》。

1933年6月8日，为了在团内鼓励发展体育运动，有计划地推广操练并使之系统化，当时担任四连尉官的克拉斯诺乌索夫军士长被任命为白俄团运动项目管理员。

6月20日，斯捷潘尼谢夫上尉被任命为白俄团团附。白俄团进行了军官调动：

洛巴诺夫中尉获批临时担任一连连长。

根据万国商团下发命令，裁撤白俄团副官一职，加帕诺维奇中尉被调至一连，担任尉官。

库罗奇金中尉调至四连，切尔诺斯维托夫中尉调至四连，库兹明中尉调至二连，军士长克拉斯诺乌索夫调至一连，以上几人都担任尉官。

6月26日，伊万诺夫上尉升少校衔，并从1933年4月1日起被正式任命为白俄团司令，而斯捷潘尼谢夫上尉则被任命为团附（根据万国商团1933年6月26日第28号命令第2条）。

摘自白俄团1933年6月27日第178号命令第2条

在依法履行白俄团司令一职之际，我宣布：我要向我代指挥期间尽忠职守的全体官兵表达最深切的敬意。

我希望，全团上下所有队员，继续为保持白俄团声誉、为彰显俄罗斯民族的声望出力。

目前，我们团既没有朋友，也没有庇护者，因此无须指望任何外来支持。

由万国商团团长所指挥的白俄团就是自己的代表，因此它应该依靠自己的力量开拓道路。

我将用实际行动指挥白俄团向诚实、耿直和开放的方向前进，因此，如果有谁，他胸中跳动着一颗俄国士兵的心脏；良知没有丢掉为人的原则；才智愿为个人，也愿为他人服务；宗教信仰没有被“胡言乱语”（无神论）所蒙蔽；心怀祖国，没有迷失自己；劳动初衷是一种深思熟虑和积极向上的个人意愿——谁就是我的同路人！

我们充分了解周围的环境，相互信任，怀抱对共同事业的兴趣。最后，在紧密的团结中，我们将继续践行微不足道的工作。

上帝帮助我们！

新任司令开始“合法地”指挥白俄团后，立即公开宣布他的纲领——俄国的爱国主义；以诚实和勤恳的态度对待工作；在没有外部支持的情况下，为巩固摇摇欲坠的地位和为彰显白俄团声誉而进行艰苦努力。

他公开地对所有持不同看法的人说“道不同不相为谋”（也就是说，他们应该离开白俄团），因此所有现在批评谢苗·德米特里耶维奇·伊万诺夫的人（这样的批评者是有的）——都是不诚实的人，不管是在白俄团的鼎盛时期，还是在白俄团“上海生涯”最困难的时期——第二次世界大战期间，他们曾掩盖自己真实的观点和期望，用谦虚和表面的服从做伪装，继续享用白俄团提供给他们的物质福利。要知道，第二次世界大战期间，上百名白俄失业者找不到工作，在城市街头饱受冻馁之苦。

这些“自私鬼”，他们根本没有权利来责怪别人，更没有权利指摘一个真正创建白俄团，并承担指挥责任，直到它终结（1947年）的人。

他在命令中呼吁诚实的人们坚持不懈，努力工作，因此对那些做实事的人而言，在伊万诺夫手下工作并不难，但是懒汉和玩忽职守的人总会被他训斥或惩罚。

遗憾的是，伊万诺夫温柔的个性不允许他“实行清洗”（在这方面万国商团司令部绝对会支持他）——那样的话，他会工作得更轻松些，白俄团也会因内部优化而更上一层楼。

1933 年 7 月 7 日，根据万国商团公布在工部局 1436 号报纸上的命令，克拉斯诺乌索夫军士长于 1933 年 7 月 1 日升任少尉。

伊万诺夫少校非常了解白俄团的生活，了解这数百名健康、充满活力的年轻人身上所蕴藏的潜力。他决定开发这种潜力，并特别注意体育运动，毕竟“健康的精神寓于健康的体魄中”。

当时，白俄团刚刚兴起的运动队（我是白俄团的体育管理员）得到白俄团司令的鼎力支持，他很乐意满足我拨款发展运动事业、购买运动器材的请求。

我们得以在靶子场建造了一个绝佳的“体操场”，为各种跳高、跳远运动装置好了跳坑，修建了跑道，甚至还从捷克斯洛伐克邮购了双杠和移动式单杠。毫无疑问，这些都是上海最好的。

白俄团的运动队几乎涵盖了各个领域的运动（当然，运动队按“赛季”划分），它们都在当地“联盟”报名登记，开始进入上海的运动界。一开始运动队只能拿到较低的等级（第 5 级），到白俄团解散前，有队伍不仅拿到了“上海”的冠军，还有队伍拿过“全中国”的冠军！

这一切得益于白俄团司令对运动事业的欢迎态度。他本人曾是一名出色的足球运动员，也经常穿上球鞋，来到靶子场的球场射射门。

靶子场的驻扎地可供运动员使用，但得把军官营房和“900 码”射界之间——划分给我们做足球场的区域，修葺平整并整饬就绪（清理石头）。这不是一件容易事儿，因为队员自由活动时间有限，而且资金欠缺，不能雇用工人，即便中国劳力也雇不起。

白俄团司令还是决定修葺足球场，于是工程开始了——先对场地进行水平测量（所谓“水平仪”，是切尔诺斯维托夫中尉用枪管和水平线做的），驻扎在靶子场的连队投入空闲时间（有时还投入下午操练的时间）做泥土工。就这样干了大约两年，才将足球场修好，白俄团有了用于从事各种运动的专属运动场。

1933 年 7 月 11 日白俄团第 192－A 号命令第 1 条

“健康的精神寓于健康的体魄中”，这句话应该作为每个军人的座右铭。

锻炼身体，可以培养你的精神、勇气、毅力、纪律性和友爱精神。

通过我们的共同努力，并且在白俄团司令的协助下，我们在推广运动的一个半月时间内，取得了一些成果。

我们已经拥有配合默契的足球队员和排球队员，还有拳击手、赛跑运动员、跳高运动员、跳远运动员和其他田径运动员。我希望在不久的将来团内组织一次运动会，晚些时候再推荐足球运动员、拳击手和其他运动员参加各种联赛。

但是，为了养成运动的习惯并将运动提升到应有的高度，不可或缺的是组织机构、统筹能力、资金、对体育的热爱和互相帮助的精神。

1. 全团上下都应该发展体育运动，使之成为风尚。

连长、班长和尉官应该鼓励大家参与健康的运动，自身也应该参与进来。

军士长和军士有义务以身作则，主动促进、鼓励和启发他人。因故不能参加运动的队员，有义务偶尔帮运动员承担他们的工作重担。

运动员们则必须本着认真、勤奋和热情的态度，而非因为强迫和碍于呼吁，投身到白俄团的运动事业中。

2. 购买各种运动器材、器材维修、运动员的比赛奖品及其他费用都需要资金。由于缺少团费，因此为体育项目专门下拨资金是非常困难的。

我们有必要成立一个“体育基金”。

除了之前下发给体育管理员克拉斯诺乌索夫少尉的120元，和已经花在体育建设上的费用，我再次拨款80元。

这样，白俄团存到体育基金中的200元是第一笔存款。

之后，白俄团无力再对此用项拨款，因此我呼吁所有官兵支持这一健康、有益的活动。虽然并不强制要求大家响应我的呼吁，但如果我的呼吁不至于沦落为“旷野里的呼声”，我将感到非常高兴。

体育基金的唯一来源只能是队员月捐。发展体育事业的第一阶段需要双倍的费用，因此我将非常感谢赞同我的想法，并自愿从每月底薪（包括每年加薪）中扣除5%向体育基金捐款的所有人。

这笔钱应由连长和班长在发放薪资时组织收集。收取得来的资金以我的名义提交给白俄团司令部，根据命令进行登记。

我预先声明，上述募资并非必需的和强制的，随着发展体育事业方面的紧急需求不在，我将通过命令减少募资数额。

3. 每个连（每个班）都应该是一个独立的体育单位。

各连要尽可能地创设：

1个足球队（11人和4名替补）、1个排球队（6人和2名替补）、1个板球队（11人和4名替补）、拳击手（6人以上）、摔跤手（4人以上）、器械体操队（单杠、双杠、木马等——10人以上）。

长跑（4人以上）、短跑（4人以上）、跨栏（4人以上）、撑竿跳高（4人以上）、跳高（4人以上）、跳远（4人以上）、掷标枪（4人以上）、掷铁饼（4人以上）、推铅球（4人以上）

索科尔体操和运动会——适用于剩下没有参加特定运动队的所有人。

队员希望在2个以上的运动队训练的愿望应该得到鼓励，

但他们只能做2支队伍的正式成员，其余队伍中只能做替补，不计入本命令规定的替补队员人数。

随着时间的推移，体育管理员克拉斯诺乌索夫少尉组织了各个运动队最优秀的运动员，参加各种（联赛或单项）比赛，与其他上海运动队同场竞技。

应该给这些运动队加以照顾，给他们提供训练时间，并任命小组长（队长）。每个队伍都应该有自己的小组长（队长）。

每个连（班）的体育管理员是军士长，所有小组长（队长）都直接隶属于军士长。

连长（班长）对体育活动应该进行持续的监督和鼓励。

白俄团的体育管理员仍然是克拉斯诺乌索夫少尉。各连的体育管理员（军士长）直接隶属于他。

连长（班长）、团体育管理员、连队的体育管理员以及运动员本人的体育活动，应在充分协调、达成一致的情况下进行，以不损害公务为前提。

1933年8月14日白俄团第226号命令第2条

根据万国商团团长的命令，因为合同期满而希望辞职的白俄团队员，须得在合同期满两周前提交辞职申请。

不执行上述安排将被视为违约（参阅合同第9条）。

10月14日，洛巴诺夫中尉升上尉衔，获批担任一连连长。

10月19日，白俄团与小酒馆所有者的合同中止。白俄团开始运作自己的小酒馆，任命了“常设委员会”负责这一事项。

这是白俄团发展庞大私有产业的开始，完全是司令的个人想法。用白俄团的私有资金来经营小酒馆，可以将它翻修一新并维持当时团里偏好的那种气氛，小酒馆营业带来的巨额收入以前进了私人老板的腰包，现在可用于满足团里事业需求——体育运动、图书馆、自己的乐团等。

在将这一想法付诸实践时，白俄团司令得到了万国商团团长和总部的充分理解和支持。

到白俄团解散时，它有一个配备了一切必需品的绝佳的小酒馆（所有都是白俄团的财产），服务人员是非军职的残疾人——前白俄团士兵们（如果不是这份工作，他们会如同乞丐蜷缩在角落里，艰难度日）。白俄团有一个藏有成千上万卷书籍的优美的图书馆，其中很多书是极为珍稀的；白俄团还有自己的弦乐队、上海最好的体育馆，其中配备了完备的体操器材、可拆卸的拳击台和巨大的摔跤垫。正是得益于白俄团小酒馆的存在，我们才有机会拥有这一切。

10 月份，白俄团举行了队际间的体育比赛。各种运动项目的获胜连都获得了流动奖杯。

11 月 8 日，排际间的队列操练比赛结束。塔萨索夫（Тарасов）军士指挥的一连三排得了第一名，被授予万国商团的流动奖杯。

11 月 14 日，送别离开上海的英军司令佛莱明将军。

11 月 25 日，步枪射击比赛结束。步枪射击的冠军是一连，该连获得流动奖杯。

12 月 9 日，举行队际间的机枪射击比赛。冠军又是一连，该连获得流动奖杯。

在急行军、队列操练、步枪和机枪射击中获得最高分数的白俄团最佳排是戈洛夏波夫（Голощапов）军士指挥的一连二排，该排获得“汤慕思上校杯”。在包括体育在内的所有比赛中，最佳连队是一连，该连获颁“贝尔杯”。

12月17日8点45分，在跑马厅举行白俄团阅兵，接着万国商团团长向获胜者分别颁发了奖品。10时，白俄团加入“万国商团”总拉练，接着参加了靶子场“公众看台”附近为汤慕思上校举行的正式欢送会。

12月18日，三连（义勇队）达曼斯基少尉被提升为中尉。

12月19日是“团日”。白俄团在靶子场举行祈祷仪式，享用盛大的节日午餐。军官桌席上就座的还有军官夫人、万国商团团长、副官和其他的贵宾。

12月20日傍晚，在靶子场的军官餐厅里吃了午餐——为汤慕思上校饯行。

白俄团给即将离任的万国商团团长送上一份礼物——列宾画作《查波罗什人给土耳其苏丹的回信》的复制品，将信中文字翻译成英文附在画上，同时附赠一面小型白俄团团旗。

汤慕思上校结束了他的任期，退休离开上海，回到了他的祖国——新西兰。

如果我说汤慕思上校是最受欢迎和爱戴的万国商团团长，应不致有人反对。无论是军官，还是士兵；是“义勇”部队，还是“常备”军，他受到所有人的爱戴。他是一个“父亲般的司令”——细心、懂得关心人，是一位要求有度的长官，是一个有魅力的人。

他对白俄团尤其秉持一种父亲般的态度，在工作中认定新任团司令伊万诺夫少校的认真态度和工作能力后，他始终给予他帮助，白俄团因此转入正轨——获得新的英国制服（英国正规军）、装备、全套刘易斯机关枪等。

这位“老人家”收到白俄团的礼物后非常感动。他长久审视着画作，赞不绝口，从里面寻找和白俄团军官相似的人物：“这是你！

洛巴诺夫！”他一边指着画作里一位身材敦实、正开怀大笑的查波罗什人，一边这样说道。汤慕思上校笑着说：“等我在家里看到这幅画时，我会想起我现在眼前的、你们的模样。”

在汤慕思上校离开上海以后，我们和他的信件来往持续到1942年，那时上海仍置身于欧洲战事外，而汤慕思上校远在英国加入英国海岸的志愿卫队，似乎是在炮兵队！那时，这位曾经的上校再次“入了伍”，军衔仅是少尉。在信中，他带着年轻军官的那种兴头，描述他的部队如何向德军飞机开火。

收到汤慕思上校的最后一封信已是在第二次世界大战后。彼时他在非洲，住在自己建筑师儿子那里，还去猎杀“大家伙”呢。他给我们所有人留下了最美好的回忆，最后死在了非洲。他初见白俄团时就喜欢上了它，但因为被迫解雇了司令季梅少校，对白俄团有些失去信心。然而，新任司令伊万诺夫少校设法恢复了他的信任。在之后的日子里，汤慕思上校成了白俄团最好的朋友和庇护者。

1933 年 12 月 20 日，万国商团批准，新加入白俄团的士兵所签署的 13 个月的“合同”生效。

12 月 28 日，白俄团命令中公开了来自汤慕思上校的一封信：

> 我很遗憾，12 月 19 日和白俄团告别了，没有机会向官兵们表示感谢，感谢他们合资买到如此令人惊叹的珍贵礼物，在第二天赠予我。因此，能否劳驾您向官兵们转达，我非常珍惜他们对我的美好祝愿。这幅能形象说明查波罗什哥萨克出色气概的壮丽画作，与你们对信仰虔诚、对结果不顾的精神非常契合。正是这种气概，帮助你们所有人度过了一系列考验。
>
> 这幅画及对画作的说明将永远挂在我家中的显要位置。我

希望在我死后，它会继续挂在子孙后代的家中。它将永远是我在上海度过的三年美好时光的最佳纪念。和诸位同伍，我深感荣幸。

祝愿大家今后幸福如意。

您真诚的汤慕思上校

1934年

1933年间，白俄团在军容军纪和队列操练方面已达到英国正规军的标准，并在1934年通过强化性的训练继续保持这一水平。

1934年开年，上层的英籍军官更替引人瞩目：赛克礼（Таккэрэй）将军接替驻沪英军司令佛莱明将军，万国商团团长汤慕思上校退休后的位置则为葛利安（Грэам）上校取代。

此时，白俄团已经牢牢地赢得了工部局和英国陆军部的好感。为上海公共租界服务的“身着英式制服的俄国士兵”不仅成为这个多民族侨民社区不可或缺的一部分，更是成了它的骄傲。

为了突出该团的“俄国性”——白俄团团旗（带有Ш. М. С.[①]徽章的俄国三色旗）已经部分展现了这种特性——白俄团司令请求工部局当局，允许白俄团在连队驻扎地升起俄国三色旗。这一请求得到了允许。

白俄团遵守为其量身制定的《章程》，在规定的框架内过着内部生活。但总体而言，世界经济萧条也影响了上海公共租界的财政情况，在开支上厉行节约的必要性愈加突出。因此，在不损害白俄团队员生活水平的前提下，高层对经济方面的条件倍加注意。营房

---

①“工部局”俄文首字母缩写。

内的居住条件、制服、餐食和基本薪资非常好，以至于在白俄团当兵仍是非常令人向往的。

新任万国商团团长葛利安上校从他的前任那里接手了这份“遗产”——训练出色的白俄团和人数众多的义勇兵连队，接着他将其全部注意力转向改造司令部——培养高级军官以应对突发性的全团动员，并统一各个部队的训练。

万国商团司令部为全体军官组织了战术方面的课程，为士官则组织了“枪械”方面（刘易斯机枪和303步枪[①]）的培训，接着军官和士官必须以培训内容为指导，继续训练他们的手下。

白俄团收到指示，要求其队员出力，用油漆绘制巨型的上海平面地图（划分为各个防区）。司令部将根据此图，和全体军官进行保卫租界的战术演习，并对紧急出防时的城市区域分别展开研究。

随着万国商团的产业不断扩大，供应和运输部门需要越来越多的军需官和仓库管理员。通常，这些职位都是由非军职的雇员填补。但根据万国商团总部命令，为厉行节约，由白俄团调派称职人员担任职务。这些人员可获得（外调期间）临时军衔提升，薪水也会相应增加。

上海的生活从未消停过——如果没有“例行的”中日冲突，也总是有因各种借口和原因而爆发的罢工和示威游行。这些日子里，巡捕房的街头巡逻队加强了，但这显然不够，因此白俄团里长期保有一个“值班排”待命，接到警报后5分钟内到达“骚乱”地点。这些值班排经常接到“假警报”，不止一次将全团连队紧急召出。因为白俄团总能及时到达召唤地点，且军容整洁，这令万国商团团长

---

① 指英国旧式恩菲尔德步枪。

完全相信，在他的麾下有一支准备充分、具有战斗力的部队，能够维持和恢复秩序，直到万国商团义勇兵出防或英军到达。

是年底，团长对整个万国商团进行了一次“动员试验”，并对其结果感到满意：经他改造的司令部机构运行无阻，各队指挥官很好地应对布置给他们的战术任务，受过良好统一训练的队员迅速且有效地执行长官的指示。

当然，在这次动员实验中，“丙”营（白俄团在万国商团系统中的另一个名称）是确保行动成功推进的基础和核心。

得益于白俄团司令的庇护——他非常乐意满足队员在体育方面的需求，白俄团的体育生活得以发展迅速。今年，白俄团内成立了“体育俱乐部”，后来成为上海租界最有实力的体育团体。

1934年白俄团因为最优秀的军官之一——库罗奇金中尉因病（结核病）辞职而变得黯然失色。为了恢复身体，他去了“北满”，最后却在那里去世。

我注意到以下一些1934年里有代表性的白俄团命令：

1934年1月9日白俄团第9号命令第2条

我注意到，一些队员未经我的允许在报纸上发表言论或出版小册子。

未经我的特别许可，绝对禁止在报纸、期刊发表言论或出版任何形式的书籍和小册子。

1934年1月19日白俄团第19号命令第2条

以下公布汤慕思上校今年1月19日致万国商团的第4号告别令，译自英文。

“在我交出万国商团指挥权之际，我想向万国商团的所有人说明，我是多么珍惜诸位在我指挥期间给予的信任和支持。

我带着最深切的遗憾之情和万国商团告别，我将永远保存和你们共事的幸福回忆，尤其会记得1932年那些令人难忘的日子。

无论在哪种情况下，我都有信心，万国商团仍将通过尽忠职守、献身职责来保持其传统，延续过去获得的良好声誉。

再见！祝大家幸福！”

1934年2月9日白俄团第40号命令第2条

2月11日，星期日，早上9点。在靶子场的一连驻地、塘山路的二连和四连驻地升起俄国国旗，每个营地都布置一个排在军官的指挥下带枪举行仪式。

洛巴诺夫上尉和马里宁上尉主持升旗仪式。

以后，升旗不再举行仪式，只在早起时刻升上，日落时候降下。

周日升大旗，平日升小旗。

1934年2月19日白俄团第50号命令第3条

鉴于自身的病情，四连的库罗奇金中尉今天从白俄团离职。

在从未间断的7年零1个月里，库罗奇金中尉脚踏实地地担任队列军官。

库罗奇金中尉的离开是白俄团军官队伍的巨大损失。

“敬爱的尼古拉·伊万诺维奇：[①]

---

① 即库罗奇金。

请允许我代表白俄团的官兵，对您从白俄团退休表示最深切的遗憾。同时，请接受我们对您沉重病情的关心。

我以白俄团的名义，对您在团中的卓越工作表示由衷感谢。

请接受我发自内心的美好祝愿，希望您早日脱离令您烦扰的疾病，愿您未来诸事顺遂、仕途亨通。上帝保佑您!”

1934年5月11日白俄团第131号命令

达维兹克军士长晋升为少尉，试用期3个月。

克罗特科夫中士晋升为军士长，在正式批准前，试用期3个月，转至四连担任连队军士长。

1934年5月29日白俄团第149号命令第2条

今日，我通过万国商团副官卡特上尉收到了一份送给白俄团的礼物——一只银质军号，上面题写：“汤慕思上校致万国商团白俄团，1934年1月3日。”

在白俄团里，汤慕思上校的名字是一个荣耀的名字。我认为，提起这个名字，白俄团所有队员充满了与之相关的美好回忆。

很高兴收到这份礼物，它将成为连接过去与当下的纽带，并且永远使我们想起备受尊敬的前长官汤慕思上校。

我们回首过去，努力从这份礼物中寻找汤慕思上校的身影，在精神上向他表示真诚感谢，并向他的一生致以最美好的祝愿。

汤慕思上校的礼物——这只银质军号，应和团旗一起保存，并只在执行重要任务时——比如团阅兵、仪仗队仪式等使用。

1934 年 7 月 3 日白俄团第 184 号命令第 3 条

我曾在城里目睹，休假的士兵在街道、电车和饭店大骂不雅之词。他人的反馈也证实了这一点，休假白俄士兵在上海街头举止粗鲁。

同时，我每天都听到士兵在驻地骂娘。

我要求白俄团所有队员革除这一令人反感的习惯，各个层级的指挥官采取措施根除士兵中间的说脏话这一坏习惯。

1934 年 7 月 4 日，根据万国商团命令，三连（义勇队）少尉巴拉诺夫斯基晋升为中尉。

1934 年 7 月 5 日白俄团第 186 号命令第 2 条

我注意到，很多白俄团队员在休假时，穿着制服长裤的同时，穿漆皮鞋或便鞋。我要求立即停止这种行为。

1934 年 7 月 11 日白俄团第 192 号命令第 2 条

为了使所有运动员更加紧密和切实地团结在一起，我命令设立一种新的运动队组织形式。为此，我宣布：

1. 以全体运动员为基础，创建“上海白俄团体育俱乐部”。

2. 任命白俄团体育管理员为俱乐部主席。

3. 我任命白俄团运动部管理员——克拉斯诺乌索夫中尉为俱乐部主席。

4. 俱乐部会员为参与某项特定运动的所有白俄团运动员。运动员名单随本命令附上。

5. 各个层级的指挥官以及俱乐部会员本人，应采取一切可能措施，令能力较弱或刚参加体育运动的运动员也注册为俱乐部会员。

……俱乐部主席在一个月内，研制出《上海白俄团体育俱乐部章程》草案，并交我审批。

……所有有关俱乐部组织的事宜，俱乐部主席直接与我或团附联系。

1934年7月30日白俄团第211号命令第3条

临时借调到万国商团总部担任某职务的白俄团队员，为赋予其工作权威，在借调之时或之后（即在其调任后工作期间）晋升（提升）为以下军衔——这些队员为暂时升职。

上述晋升或提升只是为了使军衔与新的委派职务相匹配，同时也为了增加其工作权威。

上述借调队员在因岗位需求结束或某些其他原因返回连队时，如果连队中没有符合其职级的空缺，则回归之前的状态，即恢复至他们借调到万国商团总部时所在职级。

不能将这一法令视为惩罚或降低权威。如果队员完全没有过错，恢复之前的军衔不必经过白俄团司令的审理。

1934年8月15日白俄团第227号命令第2条

不管是步枪弹药，还是手枪弹药，我坚决禁止所有士兵手头留有实弹、弹壳、子弹或训练用的空弹。

在任何射击训练中，指挥官应进行监督，确保没有一颗子弹或弹壳被带离靶场。

保有上述物品的人一经发现，将受到最严厉的处罚。

1934年8月20日白俄团第237号命令第2条

最近，我注意到白俄团许多队员留的头发过长，蓄起了络腮胡。

我提醒连长注意，根据白俄团1932年6月2日第154号命令第4条，上述现象不允许发生。

1934年10月26日白俄团第299号命令第3条

长期以来，一连146号士兵阿列克谢·克拉布科夫（Клабуков Алексей）为万国商团总部进行各种绘图工作。

在他完成并上交所有图纸时，万国商团团长注意到，克拉布科夫所绘制的图纸精密且准确。10月25日，我收到了万国商团总部于10月22日下发的第A. 2/43号信件，团长本人在信中对克拉布科夫勤奋的工作态度和优良的画工表示感谢。

根据万国商团团长的命令，我代表官方向克拉布科夫致谢。我为收到这封如此令人愉快的信件感到高兴。

1934年11月29日白俄团第333号命令第2条

我认为在本命令中简要地谈谈当前的世界政治经济局势，以及白俄团军事产业有关的问题，是有益的。

席卷全球的这场经济萧条不仅打破了各国人民的生活平衡，也损害了国际关系。工业生产大量产品，对产品的需求却很低迷，货物充斥市场，阻遏了国内外的商品交换。

经济危机使得大型国有、私营企业缩减业务，由此必然导致企业裁员。巨大的劳动力供应和对劳动力的需求不足，造成了世界范围内前所未有的失业情景。

大量失业人群对公众舆论的呼吁和对政府机构的要求，迫使许多国家的统治阶级改变国内外政策。通常，这种行动的结果是某些国家政治经济实力出乎意料地衰落，另一些国家则有所上升。

世界萧条也不可避免地影响了上海的经济生活，特别是公共租界。进口货物的高关税抬高了商品价格，降低了市场购买力。市场上商品泛滥的同时需求低迷，导致企业裁员、降低工资。来自其他国家的失业者涌入上海，加剧了这种失业情况，制造了劳工之间的竞争。上海的贸易危机导致一些企业破产，另一些企业则业务减少，这可能会影响工部局经济收支。

一方面，上海面临经济萧条；另一方面，工部局的即时开支十分庞大，这要求找到一种节省和降低工部局庶务支出的方法。

长期以来，所有部门都引用了工部局的节约制度，包括万国商团，自然也有我所领导的白俄团。应当指出的是，引入节约制度不会触动白俄团的生命线，更不会影响其战斗力、内部薪资和外在形象。庶务机构缩减开支，不涉及队列部门。

根据上述情况，我呼吁各职级的指挥官和所有队员，在办理军务时勤俭节约。

针对每一个需求、每一项支出，都必须衡量满足该需求的必要程度或该需求的重要性和不可替代性。

我们应合理、一丝不苟和毫不动摇地勤俭节约，但不得削弱部队的战斗力。

同时，我呼吁全体官兵节省自己的钱，进行储蓄，始终记住“艰苦日子”可能突然降临。

12 月 16 日，万国商团进行了一次全体动员试验，试验顺利进行，效果良好。在 12 月 17 日第 58 号万国商团命令第 1 条中，万国商团团长对军容极其齐整、表现勤勉努力的各队伍感到十分满意。“在新方案和新条件下，万国商团很好地执行了这次动员试验，这表明部队指挥官们在培训和教育队员方面投入了大量精力。”动员试验的结果表明，万国商团的动员方案完全符合既定要求，只需很小改动就可以用作将来实战。

万国商团团长和各部队指挥官召开了一系列会议，以辨清和消除动员方案、各大队司令部间联络、各大队司令部的组织等方面的不足。

1935 年

1935 年，万国商团总部发生巨大变化，以前只有万国商团团长、副官和万国商团军士长是英国正规军的军官，但是今年万国商团向正规军化大大倾斜——英军又派出一名少校担任万国商团总部的参谋长、一名上尉担任副参谋长、一名中尉担任“甲”营和“乙”营的副官。

此外，一名英军少校被任命为白俄团军事顾问。

白俄团在军营生活、队列操练和外形上，越来越像英国正规军。

白俄团的队列队形依然是俄国式的，不过在俄国枪法技术中增添了英国元素。连队的分编、日程和操练均按英国军队章程进行。

可以感受到，万国商团，特别是白俄团在为某些大事做准备。这些事件是士兵们力所不逮的，为此需要正规军。

万国商团团长在利用正规军军官强化司令部后，又制定了丰富的军官战术训练计划，继而制定了全员的训练计划。

建造专用“炮兵沙盘”（ландшафт，英 landscape）、“射击沙盘”和“沙箱”的任务又落到了白俄团头上——“课堂上”需要利用这些器材进行操演。

白俄团每个连都有这样的沙箱和靶标，队员们以班、排、连为单位，兴致盎然地使用这些器材勤奋研究战术。每逢周一、周六，白俄团连队都会在虹口公园进行战术演练，以检验他们在课堂上掌握的知识。虹口公园的巨大空间和茂密、多样的植被，为这样的演练提供了绝佳场所。

1935 年 5 月 6 日，为纪念英国国王乔治五世加冕 25 周年，英军驻沪司令部在跑马厅组织了一次“军操表演”。

除了英军之外，万国商团也参加了这场“军操表演”，形象展示了万国商团成立（1854 年）以来武器和战斗编队不断演变的历程。

“军操表演”非常精彩，组织也很得当。

跑马厅看台上挤满了拿着专用入场券进来的观众，附近所有建筑物的阳台和窗户也被“外包出去作看台”，一些房主“从中赚了钱”。除了 5 月 6 日的正式表演外，我们还进行了总彩排。这次彩排准许当地国际学校的学生和表演参与者的亲朋好友进场观看。

几乎就在跑马厅正中央、“牌坊”的旁边，搭建起了一个竹制的“莫斯科克里姆林宫”。漆黑的夜晚，所有的灯都熄灭了。庞大的英国驻军和海军部队混编管乐队演奏了柴可夫斯基的《1812 序曲》。在音乐伴奏下，“克里姆林宫的大火”开始燃烧，烧着的竹子噼啪作响，火舌舔舐着克里姆林宫的城墙和塔楼，火星飞扬……

万国商团的出场也非常漂亮。在漆黑一片中，传来步兵鼓稀疏的鼓点声，映照天空的聚光灯束此刻转向鼓声的方向，照亮了白俄团的 4 个排。他们穿着特意为“军操表演”缝制的万国商团 1854 年制服。鼓手走在前面，接着是连长（洛巴诺夫上尉），然后是混成连的 4 个排，以排为纵队，各排保持距离，跟在排长后面——这是“连队行军”。

突然，前方出现了骑兵（万国商团骑兵队）。步兵连队此时已经径直走到了公众看台前。连长洪亮的命令传来，连队排成一个“方阵”准备击退骑兵的攻击——前排“跪膝”，后排“站立”，三声空弹齐射。“骑兵的进攻被击退后”，步兵连队又重新排成各排纵列，观众报以经久不息的掌声，他们在鼓声的伴奏下走向暗处。而在聚光灯照射的地方，在“敌军”零落的炮火中，新的部队已经登场。他们以班为单位陆续走来，接着做着跃进的动作，分散为散兵线。机关枪逐渐传到散兵线中，在这些机关枪的火力掩护下，散兵起身向前移动，最后走进暗处。接着入场的士兵在机关枪之上增添了装甲车，然后是坦克……就这样，一幅囊括 1854 到 1935 年发展变迁的画面展现在观众眼前。

英国陆军和水兵们展示了许多有趣的节目，有栖居在英帝国的各个民族的舞蹈，还有大批士兵手持不同颜色的彩灯，通过复杂的队形变化，组成的英国国旗和国王徽章的图样……这样精美生动的画面还有很多。

“军操表演”末尾，公众看台前的灯光舞台上正在展示舞蹈，在这个看台正对面有一个用框架和亚麻布搭建起来的“恩尼斯基林（Иннискиллинг）[①] 城堡”。参加“军操表演”的军队在跑马厅中间重新列队，所有这一切，都是在浓重的黑暗中进行的，当聚光灯的光线照亮这座“城堡”和“城堡”旁列队的军队（其中包括白俄团）时，“混编乐团”开始演奏英国国歌——《天佑国王》，“军操表演”至此结束。

---

① 又译英尼斯基林，此时驻防上海的英军为恩尼斯基林火枪营，因此在“军操表演”中搭建恩尼斯基林城堡为标志。

白俄团的混成连为此次“军操表演”在靶子场的足球场进行了紧张的筹备，准备很出色。

白俄团的主要职责：守卫华德路监狱、街道巡逻、服务万国商团的各个部门（运输、军需官等），而最重要的是——负责受召前往“骚乱地点”的“值班排和值班连”保留下来，保证白俄团长期处于“戒备状态”。

万国商团团长努力以白俄团为范式，在万国商团中建立统一的训练方法。因此，他下令白俄团，按照万国商团命令中公布的安排表，向所有连队“展示”（即教授）“驱散人群”和“清理叛乱者所占领城区”的战术。

白俄团连队通常以三个排为一组，依次进行展示。

很快，白俄团就因“驱散人群”战术而出名，乃至于驻沪英军都对此产生兴趣，邀请白俄团向他们展示这一战术。

公共租界巡捕房的长官已经习惯将白俄团看作“骚乱”发生时的常用后备队，因此他很自然地有了一个想法——让白俄团队员熟悉巡捕的工作。万国商团团长也持同样的看法。结果，根据万国商团命令，所有白俄团军官和士官都应熟悉巡捕工作。为此，白俄团队员分组（每组 1 名军官和 4 名士官）轮流前往齐物浦路（今江浦路），担任为期一周的巡捕房预备队，和预备队一起受召出动，进行日常例行的搜查、搜捕和封锁。

参加联赛和其他各类比赛的白俄团运动队，尤其是在拳击、法式摔跤以及排球领域，已经为自己赢得了名声。白俄团的拳击手和足球运动员已经不止一次在体育比赛中，与英军、美国海军以及上海中外俱乐部的球队交手，并赢得美誉。

白俄团已有了自己的弦乐团，但是白俄团司令决定“调整”这一事业，创建“音乐-文学小组”，安排一名军官担任组长。这个小组承担了在白俄团营房组织音乐会和晚会的义务。

为了满足白俄团演奏者们的需求，司令甚至为他们买了一架钢琴，放在有 2 个连驻扎的爱尔考克路小酒馆里。

很快，“小组”在爱尔考克路组织的晚会非常成功。白俄团弦乐团除了在团内表演，还开始外出演出，传播了白俄团的名声。

万国商团团长葛利安上校和白俄团“打成一片”，与白俄团共度团内家庭般的生活。他坚持参加所有的庆祝活动和典礼。在复活节晨祷过后，他会单独祝福每个队员，和他们握手并赠送装饰精美的“复活节彩蛋”。他很喜欢这个俄国习俗，白俄团士兵们也很感谢万国商团团长对他们表现出特别关注。

白俄团的瓦西里耶夫中尉，曾是沃利斯克士官武备学校的学员（他是我在哥萨克军事寄宿中学[①]、士官武备学校、军事学校的“同窗”，我们又在同一个营服役）。他向团司令提出了一个想法——出版士兵个人笔记手册，这个手册类似于我们在士官武备学校的“同志”手册。[②] 根据瓦西里耶夫的想法，这本册子将会囊括所有必需的军务资料、白俄团简史和其他有益的材料。白俄团司令批准了这个想法，并于 1935 年出版了《士兵手册》。

被迫离开白俄团后，季梅少校和白俄团停止了来往。1935 年，他去世了，应伊万诺夫少校的申请，白俄团派出一个连队到季梅所埋葬的墓地吊唁。在教堂举行安魂弥撒时，成对的哨兵军官在棺木前肃立。我认为，逝者的遗孀肯定了伊万诺夫少校的这一高尚

① 上士官武备校前的预备学校。——原文注

② 笔记手册是旧俄时期士官学校常发放的专门印刷笔记本，本中附以专业、百科、生活、运动、文学方面的知识，加以日历、日程表、学生守则等信息。

之举。

9月，因为工部局不再为白俄团军官餐厅发放购置餐具的资金，根据万国商团命令，白俄团为此成立了“军官餐厅基金”。这个因需所成立的基金，在白俄团解散前，改善了白俄团军官的聚会场所。这个聚会场所有精美的家具、油画、从捷克斯洛伐克邮购的厨具、装有各式各样饮品的雕花酒柜、训练有素的中国茶房，聚会的房间同时还供作闲暇时间的休息室——这一切都给人留下深刻的印象。军官餐厅成了白俄团营房的“门面”，可以接待最尊贵的客人。

简单来说，今年都发生了这些事：

1月3日，根据万国商团命令，伯克-墨菲（Барк - Марфи）上尉（英军阿尔斯特步枪第1大队）被任命为“丙”营（白俄团）的“军事顾问”。

1月9日，万国商团命令宣布，伯克-墨菲上尉升少校衔。

1月14日第2号万国商团命令宣布：

以下所列士兵，获得上海工部局警务处的衷心感谢，他们于1934年12月21日采取迅速果断的行动，协助市政当局逮捕了正准备逃离华德路盗窃地点的中国小偷。

“丙”营（白俄团）第178号士兵舍斯塔科夫（М. И. Шестаков）。

“丙”营（白俄团）第239号士兵彼得洛夫（В. Е. Петров）。

以下摘录自万国商团团长所收信件的文字，提到了上述士兵的出色行为，兹以公布周知：

我很高兴将白俄团彼得洛夫和舍斯塔科夫迅速且英勇的行为告知您，他们于12月21日逮捕了一名正准备逃离华德路盗窃地点的中国小偷。倘若您能向彼得洛夫和舍斯塔科夫转达上海工部局巡捕房的衷心感谢，我将不胜感激。

警务处处长贾尔德（Жеррард）

1934年12月27日

1935年1月16日白俄团第16号命令第2条

兹公布自万国商团1935年1月14日第2号命令摘录的翻译稿（原为英文）。

“武器——韦伯利左轮手枪和柯尔特自动手枪”

严禁拆卸军用左轮手枪，就算是训练用左轮手枪也绝对禁止拆卸。只有高水平的武器专家、通过武器技术课程的军官、具备军事知识学院证书或专业武器教官课程合格证的军士长，才可以拆卸枪支。

应立即停止以下操作：拧松、拧紧或改装左轮手枪的手柄，用胶带或砂纸缠绕手枪，拧松扳机弹簧，拧松或拧紧螺丝，或对发放给队员的左轮手枪（或自动手枪）进行任何改装。

部队指挥官必须在本命令发布后的最初几次操练中，检查下发至该部队的所有左轮手枪（韦伯利455型和柯尔特45型）。

所有被改装过的武器，都应送返万国商团总部的武器仓库进行校正。

将来在左轮手枪比赛中，若发现枪支经过上述改装，则无论肇事者是军官、士官还是士兵，都将被取消参赛资格。

1月21日，万国商团命令中宣布了万国商团各连“1935年射击比赛”步枪射击的结果。作为“常备军”的白俄团一、二和四连没有参加比赛，但是三连（义勇队）获得了第二名。

1月23日，白俄团命令中公布了英军“恩尼斯基林火枪营”营长给万国商团团长的一封信。

亲爱的上校：

您批准白俄团向我营展示巷战技术，真是有劳您了。

对我营的军官和士官而言，这次展示非常有趣且有价值。希望您能代为感谢墨菲少校、伊万诺夫少校和应我们请求参加这次展示的两个连队。

1月25日清晨，驻沪英军司令（赛克礼准将）观看了白俄团在虹口公园进行的战术演习，大约在11点钟，他先是视察了靶子场的连队宿舍，接着视察了爱尔考克路宿舍。

1月28日早上7点，白俄团宣布进入动员状态，穿上“动员”制服。每个营地的每个排，都处于5分钟内出动的待命状态。晚上，白俄团转回“正常状态”。

1935年2月10日白俄团第41号命令第2节

根据2月9日墨菲少校所转达的万国商团团长的口头命令，今后（今年2月9日之后）按照“白俄团现行命令”（Стандинг ордер）中阐明的规则，对士官实施的处罚添加一条：剥夺为期（不超过）21天的假期，并禁止到访小酒馆。

这一惩罚被命名为“剥夺士官特权”。

这样一来，将有两种“剥夺士官特权”的惩罚：

（1）常规惩罚，即休假只能穿军装，休假不晚于晚上9点30分，惩罚不超过21天；

（2）重罚，即剥夺假期和禁止到访小酒馆，惩罚不超过21天。

1935年2月25日白俄团第56号命令第4条

我收到万国商团轻炮队（легкая батарея）队长克劳（Кроу）上尉的来信，他对白俄团弦乐团在2月16日舞会上的演奏表达感谢，并感谢一连派遣前去担任宪兵的6个人的尽职尽责。

我应克劳上尉要求，向白俄团乐队指挥费多托夫（Федотов）下士以及在该乐队中参与演奏的所有队员表示衷心的感谢，感谢他们出色的演出给参加舞会的听众带来愉悦。同时，我感谢一连承担了宪兵工作的队员，你们的飒爽形象和认真态度吸引了公众的关注，令人赏心悦目。

应当注意，我团队员在军乐队中的工作是极有价值和有益的，因为白俄团乐队在公开表演中以优美的演奏吸引了公众的目光，尤其在上海外侨面前宣传了整个白俄团。

我再次衷心感谢乐团负责人加帕诺维奇中尉、指挥费多托夫下士及所有乐团演奏者，感谢他们为提高乐团的演奏水平而付出的勤奋努力，为白俄团赢得了声望。

1935年3月5日，万国商团团长下令，周一至周六，上午7点到10点，在虹口公园进行战术练习。

3月9日，白俄团在爱尔考克路营房的餐厅和小酒馆里举办了一场非常成功的晚间舞会。舞会特别邀请了爵士乐团前来演奏。舞会原定于凌晨2点结束，但应大多数来宾的恳求，司令允许延长至3点。

1935年3月13日，根据万国商团3月11日第10号命令，达维兹克少尉被提升为中尉。

4月11日，由于白俄团即将参加英王乔治五世的庆祝典礼，队员的（两周）年假向后推迟了两周。

1935年4月15日，加帕诺维奇中尉受命在队员中创立一个“音乐-文学小组”。创建小组的目的是将团内的音乐、文学、声乐、表演人才凝聚起来，定期组织内部音乐会、晚会等。

4月24日：4月15日的万国商团命令宣布，派往万国商团工作的英军皇家步枪旅道格拉斯（А. С. Дуглас）上尉晋升为少校，并被任命为具少校衔的旅参谋长（Бригадный Майор，即万国商团参谋长）。

4月28日是东正教复活节。复活节晨祷在爱尔考克路营地的餐厅举行。在队员结束晨祷仪式，走向十字架后，万国商团团长将复活节彩蛋分发给队员，并祝他们节日快乐。全体军官和嘉宾在爱尔考克路营地的小酒馆里进行开斋仪式，弦乐队进行演奏。士兵按连为单位在自己的营房举行开斋仪式。

5月1日是国际劳动节（工人的节日）。从早上7点到傍晚，全团都在处于15分钟内出防的待命状态。

1935年5月6日，英王乔治五世登基25周年纪念日。白俄团120名队员及5名军官组成的混成连参加了跑马场上的“军操表演”。万国商团为表演参与者缝制了一套专门制服：红色的衬衣和黑色带红色镶边的长裤，装饰着羽毛的“提洛尔帽”——这曾是上海万国商团19世纪的制服。

晚上9点，混成连与英军一起在跑马场展示了从19世纪到现在的武器和战术演变。万国商团团长非常满意，并对混成连的出色表现表示感谢。

1935年5月7日白俄团第127号命令第2条

昨天，5月6日，万国商团团长委派我转达他的满意之情，白俄团出色完成了它在“军操表演”中的任务，并托我感谢白俄团队员在“军操表演”中展现出良好的姿态、军容、步伐和齐射。执行司令委派任务的同时，我要衷心感谢参加表演的军官和其他队员，他们为准备演出辛勤付出，并很好地发挥了自己的作用。我为所听到的赞赏感到满意和自豪。

万国商团司令部下令，每周派遣1名军官和4名中士到工部局巡捕房预备队（位于齐物浦路）熟悉巡捕的职责（例如搜查、疏散人群等）。

白俄团的外派人员暂时听从巡捕预备队队长指示，遵守预备队的规章和纪律。调派期限为1星期。白俄团所有尉官、军士长和中士都应该熟悉巡捕职责。第一支小队在克拉斯诺乌索夫中尉的指挥下于5月12日被派出。

5月22日，白俄团在命令中，向参与万国商团各大队步枪射击比赛的参赛者表示感谢。白俄团有20人参加了比赛。“丙”营（白俄团）获得命中“环数”第一名，并赢得了“大队杯”（Батальонный кубок)。

5 月 30 日，白俄团在命令中，宣布年度步枪和机枪分类射击的结果。45 人进入“神步枪手”级别，69 人进入“神机枪手”级别。

1935 年 6 月 24 日白俄团第 175 号命令第 2 条

白俄团或白俄团某队在紧急出动或动员时，机关枪的弹匣应按以下方式填装：五颗实弹，两个空位，五颗实弹，两个空位——直到装满整个弹匣。

1935 年 6 月 26 日白俄团第 177 号命令第 2 条

今日，我为白俄团酒馆购买了“马特尼”（Матри）牌钢琴。钢琴应该安放在爱尔考克路营房的小酒馆。

爱尔考克路营房的领头连长，安排合适的钢琴演奏日期和时间，同时制定使用乐谱和钢琴的必要规则。

1935 年 7 月 17 日白俄团第 198 号命令第 4 条

今天我注意到，白俄团很多队员缠的裹腿很低，不到膝关节，很显然，他们的直接上司并没有加以注意。我下令禁止这一行为。

1935 年 8 月 13 日白俄团第 225 号命令第 2 条

今天，我收到哈尔滨涅斯托尔大主教的一枚纪念章，其背面雕刻着——“致上海俄国团，殉教圣徒纪念，1935 年，哈尔滨”。哈尔滨为“被害”的国王——俄皇尼古拉二世以及南斯拉夫国王亚历山大一世建成教堂，雕刻了这枚纪念章以作纪念。

应涅斯托尔大主教请求，白俄团参与这一涉及“全俄”的善事，我从小酒馆的收入中拿出20墨银[①]寄去作为白俄团的捐助。

1935年8月8日白俄团第220号命令第2条

准确如实地执行以下命令：

1. 必须根据《现行命令》第5章第39条，在连队的病历簿上进行标注。

(1) 仅需要给予补助的队员，标记为“补助并工作”。

(2) 需要治疗，但能够承担普通工作的队员，标记“甲”。

(3) 需要治疗，仅能够承担轻松工作的队员，标记“乙”。

2.“补助并工作”的标记由医生登记，针对其他所有情况，医生标注“寻医”。

检查完病人后，白俄团医生本人做出“甲”“乙”和“丙”或“去医院”的标注，并签名确证无误。

3. 在白俄团医生不接诊的日子里，除了“去医院”，都由医士进行标注，但在医生第一次接诊病人时，病人应向医生出示已有的“甲”“乙”“丙”的标注。

1935年9月5日白俄团第248号命令第4条

根据《现行命令》H24点，接受“第3号惩罚”的士兵必须每天由医生进行检查。

---

① мексиканский доллар，英mexican dollar，墨西哥银圆，又叫作“墨银”或“鹰洋”，清末传入中国流通。

未来，设立以下程序：

连队的值班人员每天将所有关禁闭的人登记在病历簿中，并在姓氏的同一栏后面注明“关禁闭”。

“医生标注”一栏应该根据今年白俄团第220号命令第2条第1点填写。此外，医生还应在此栏指出，关禁闭者身患何种疾病，如果确认为生病，则应给予怎样的补助。

1935年8月3日白俄团第215号命令第2条

我注意到，并非所有在白俄团医疗站接受过治疗的队员，都登记在病历簿中。

在没有病历簿的情况下，连队的医生不应为生病的队员（军官除外）接诊。病历簿必须由军士长签字，在紧急情况下，由连队值班人员签字。

1935年12月4日上海白俄团第19号指示

1. 白俄团的每个士兵（所有职级）应定期（4个月一次）接受医生的检查以确定健康状况（是否患花柳病）。

2. 各连队和各班就此建立专门表格（表格已附上）。

3. 医生每天检查一组，一组10—15人。

4. 表格由连长监督登记，队员根据连长命令前去进行例行检查。

5. 初步检查应在本月完成。

1935年11月20日白俄团第324号命令第3条

根据万国商团司令部的命令，白俄团的医疗部门负责为该团的每位士兵开具体检表（медицинский лист）。体检表开具的方法如下：

1. 编外人员被录用时，对应连的连长就为其准备一张体检表（用铅笔写上连队号码）。将填写好的体检表交到连队医疗站，由医生保存到签署合同之日。

2. 录用新兵时，白俄团医生在体检表上签名，连长将该表与合同一起提交给团司令部。等体检表和合同从团司令部返还时，连长将体检表转交给团医生，医生开始按照既定程序管理表格。

3. 当队员从一连转到另一连时，必须由连长将体检表和合同一起转交。

1935年11月30日白俄团第334号命令第3条

作为11月20日第324号命令第3条的补充，我声明：

不论士兵（任一职级）因何种原因从白俄团离职，辞职或被辞人员的体检表，都从医疗站转交至对应连长，连长将其附在合同上，送到司令部保存。

1935年12月4日白俄团第338号命令第2条

根据万国商团司令部指示（今年12月2日2/13号指导性文件摘要），当白俄团向工部局卫生处[①]申报某位白俄团的官兵审核时，连长和班长必须从万国商团司令部处收到任命通知后，再直接将体检单转交给白俄团医生，由医生提交工部局卫

① медицинская комиссия，直译医疗委员会，根据上下文及背景资料，工作内容接近工部局卫生处。

生处处长签字。

1935 年 9 月 10 日，万国商团命令宣布，由于商团副官卡特上尉即将前往英国，将免去现职。

1935 年 9 月 19 日，[①] 万国商团团长视察了爱尔考克路营地的宿舍和华德路监狱的警卫室。

1935 年 9 月 19 日白俄团第 262 号命令第 2 条

9 月 18 日收到命令，要为万国商团团长视察做准备，于是白俄团所有连队、所有班级要将一切归置有序。

团长检查了华德路监狱的警卫室和所有岗哨，发现一切正常，只是枕套显得很脏，但这一情况并不算是白俄团的过失。在视察爱尔考克路营地时，所有房间看起来都干净整洁，秩序井然。

由于时间紧迫，团长没有到靶子场的营房检查。根据团长的指示，我和伯克-墨菲少校检查了这个营地，这里同样状态良好、秩序井然。

我感谢全体连长、班长和尉官在他们所带的队伍中维持了良好秩序。

在视察期间，我看到房间整洁有序、物资摆放正确，为此我代表白俄团向所有队员表达感谢。

1935 年 9 月 20 日白俄团第 263 号命令第 2 条

为了压缩开销，工部局不再发放资金给白俄团军官餐厅购

---

① 原文为 1936 年，有误。

买餐具和必需品。

万国商团团长在1935年9月14日第Ф/4/1号命令信中指示，成立“军官餐厅基金”。

为了满足需要，他下令从“捐款账户”中一次性划拨总额5%的资金。此外，每月从小酒馆的净利润中扣除全体军官每月在酒馆消费一定百分比的金额，作为所获得的净利润。扣除参照以下计算方法：假设当月的净利润为330元，其中军官买了100元的商品，（各个职级）士兵买了3 200元的商品，由此可见，卖出的3 300元商品中获得的净利润为330元。

换句话说，每向小酒馆付1元，就获得1/10的利润。军官支付100元则带来10元的净利润。军官带来的净利润为10元，这10元就应该存入“军官餐厅基金”。

将来在确定应转入“军官餐厅基金”的金额时，以上述计算方法为指导。

上述规定将于今年8月1日起生效。

1935年9月30日白俄团第273号命令第2条

根据万国商团团长今年9月9日Ф/4/1号指导性文件摘要，以及9月14日Ф/4/1号指导性文件摘要，自9月29日起，在我所指挥的白俄团成立“军官餐厅基金”。

我将管理上述基金账簿和报表的职责委托给我的副手斯捷潘尼谢夫上尉。

1935年9月25日，根据万国商团命令，三连（义勇队）索科洛夫军士长晋升为少尉，库列什（Кулеш）中士晋升为该连军士长。

1935年10月3日，根据万国商团团长的命令，白俄团向万国商团菲律宾队展示了“驱散人群”战术。

今后，应根据以下时间表向其他连队进行“驱散人群”战术的实践展示：

10月19日——日本队

10月26日——中华队

11月2日——“乙”队

11月16日——上海苏格兰队

11月30日——美国队

12月7日——“甲”队

1935年10月6日下午3点，前白俄团司令、近卫军上校（上海万国商团少校）季梅去世。

白俄团对逝者致敬：棺木旁肃立着荣誉哨兵（2名军官）。葬礼进行时，一个连队横排站立在通往墓地的路旁，并在抬起棺木时“举枪敬礼”。白俄团还为墓地建造花环。

1935年10月16日白俄团第289号命令第3条

二连32/361号士兵舍恩·米哈伊尔（Шен Михаил），于10月12日晚上大约8时走过狄思威路、鸭绿路（今鸭绿江路）街角，看到一个中国人正在袭击第2110号巡捕。舍恩立即前去帮助巡捕，并协助后者将袭击者逮捕、扭送嘉兴路巡捕房。

我代表官方感谢舍恩为巡捕提供帮助，并希望舍恩的行为能成为团内其他队员的榜样。

1935年9月30日白俄团第273号命令第3条

我注意到，有些队员进城休假时，身着制服长裤，同时穿着低帮漆皮鞋。

我要求大家加以注意，在此提醒所有队员，身着制服时，只能穿着公家版式的高帮鞋。

1935年10月23日白俄团第296号命令第4条

兹补充今年9月30日白俄团第273号命令第3条。我允许休假的白俄团队员在假期穿制服时，穿公家版式的高帮鞋或与之差异不大的鞋子。

11月1日，万国商团团长对克里沃舍伊（Кривошей）、谢尔盖耶夫以及韦列谢京（Верещетин）表达感谢，他们娴熟并仔细地完成了建造炮兵沙盘和沙盒、制作零件并为其上色的工作，以供万国商团司令部操练使用。

1935年11月5日白俄团第309号命令第3条

11月4日，四连139号士兵胡杰科夫（Худеков）——首支白俄团足球队队员，在没有充分理由的情况下，将他的运动服和球鞋带到达维兹克中尉的房间，并向后者报告，他将不再为球队踢球。

根据上述情况以及运动项目负责人克拉斯诺乌索夫中尉的

多次报告，我得出结论，白俄团很多队员将体育活动视为一种业余活动，而非义务。

兹以本命令澄清，白俄团的体育生活开始于1933年5月30日，即万国商团团长之命令生效时，因此在该命令取消之前，体育项目并非业余锻炼，而是队员义务，等同于队列操练。

自1933年5月30日至1935年10月1日，我团为支持体育活动花费了4 964元47分（参见1935年10月7日白俄团第290号命令中所公布的统计表81）。

在诸如拳击、摔跤、足球、排球（一队和二队）和轻量级举重等专业运动队中，为了不滥竽充数、不造成多余花销，只有那些素质超群，能弘扬白俄团名声，同时能以个人技术为白俄团带来益处的人才能加入，这是很自然的事情。

剩下的所有队员，要为白俄团优秀运动员承担一些额外的值勤任务。若有可能，大家都应该参加体育运动。

对于旨在参加团内既定比赛的运动队，应指派具备该项运动能力的所有队员加入。

只有白俄团医生下发的证明可以免除队员参与体育运动的义务。

这样一来，只要有维持白俄团体育活动的资金来源和人力资源，只要万国商团团长的命令有效，体育活动就应该以强制的形式存在。（未得到医生免除运动许可的）白俄团队员参与运动应被视为义务性的工作训练。

白俄团队员因参与体育运动犯下的过失，应看作工作期间犯下的过失，根据白俄团现有的纪律法令予以审理。

作为一名司令，我想带领白俄团走上有道德、有组织、有纪律的道路，而非纪律涣散、道德败坏的道路。

在尚有能力的时候，我将努力至少在白俄团的一些队员中，奠定健康心灵和强健体魄的基础。这一基础在现代生活中是必不可少的。

1935年11月30日白俄团第334号命令第2条

今后定下以下规矩：

1. 白俄团的每个拳击手和摔跤手都应接受白俄团医生检查，以确定其是否适合该运动。

同理，第一次检查后，拳击手和摔跤手应该接受医生定期检查。我将间隔定为两个月，也就是说，每个拳击手和摔跤手应每两个月检查一次。

2. 医生应将检查结果记录在专门的表单上，签上姓名缩写以证实无误。上述表单由连长保存，万勿销毁。由连长负责派人前往受检。

3. 军士长要在病历簿上登记每个受检者，标记“拳击手（或摔跤手）受检”。

4. 如果一名拳击手或摔跤手调到另一连队，应用红色墨水笔在表单的名字下划线，并标上相应的标记。

5. 连长将被调动的拳击手或摔跤手最近一次的检查日期告知给该队员新归属的连长，新连长应在其表单中填上被调动人的姓名。

6. 连长应该在最短时期内准备好表单，并派出队员受检。

7. 表单格式分发各连。

1935 年 12 月 2 日，上海万国商团命令中宣布：

第 288 条　人员的增加

英军东兰开夏郡团的曼乐夫（M. Мэйлов）上尉被录为万国商团司令部固定成员，自 1935 年 9 月 22 日，担任参谋官。

英军巴德福德郡和哈德福德郡团的克德上尉和雷诺中尉被录为司令部固定成员，并于 1935 年 11 月 4 日起，分别担任“甲”营和“乙”营的副官。

1935 年 12 月 16 日，用于打印《士兵手册》的材料已交到印刷厂。瓦西里耶夫中尉编写的材料包括日历记事本和许多士兵在服役期间必需的有益的资料。

1935 年 12 月 19 日，“团日”。白俄团在爱尔考克路营地举行祈祷仪式，连队安排了大餐。

同日约晚上 8 时，两个值班排被召唤到静安寺路巡捕房协助巡捕。

警报发出的原因是，有大量示威者试图穿过华界进入租界。

尽管今天是节日（“团日”），但这两个排还是快速到达了指定地点。队员执行命令迅速，状态良好，准备充分，完成了安排给他们的任务。葛利安上校对此感到十分满意。

1935 年 4 月 9 日，在得到白俄团司令允许后，白俄团体育负责人克拉斯诺乌索夫中尉，向上海报刊寄去一篇短文。

心声

白俄运动员在上海租界的生活是艰难的。

对他们中的大多数人来说，运动是一个梦想，只有付出艰苦努力才能使梦想成真。

对于外国人而言，运动在大多数情况下是一种消遣，是一种昂贵且不易得到的享受。因此，和真正的运动员并列的，还有如此多"蹩脚的运动员"，他们仅仅是追逐时尚潮流，没有感受到运动真正的魅力。

与这些人相反，白俄运动员是真正热爱之人，他们愿意为自我提高而不断努力。但是，这项工作需要强大的意志力。这就是为何，为数众多的上海俄侨只奉献了几个年轻人从事体育运动，但他们都是年轻人中最优秀的几个。

白俄体育组织入不敷出，无法为运动员提供所有必要的便利，困难时期甚至无力提供财务支持。因此，一些运动员转到了外国体育俱乐部，而另一些人则放弃业余身份，转而成为能维持生计的专业运动员。

白俄的业余体育运动正在被削弱：资深的运动老将悉数离开，最优秀的那些年轻运动员转为"职业者"，替代他们的只有无数上海俄侨青年中余下的几个选手……

走的人多，来的人少，原因就是物质上的匮乏。要有饭吃，就得工作，而工作不会给你留出做运动的时间。

万国商团白俄团的重要意义也就不言而喻了。白俄团的体育俱乐部可以平衡上海俄侨的运动生活。

白俄团的营房，令那些对生活感到挫折、疲惫的年轻人有机会暂歇、复原，为新的工作积聚力量，而这份新的工作最终为他指引方向，将保障他未来物质上的富足。

不必忧心明日的状态安抚了他们的神经，健康的生活增强了他们的体魄，每个人都能有空闲时间为独立工作做准备，“创造一些自我的幸福”。

当然，懒惰疏忽的人很少考虑未来，不懂得利用所有机会，不久就会后悔。但是心灵健康的青年人经过深思熟虑，进入白俄团以后，不会无所事事。工作之余，经常看到士兵在学习英语、在学习函授学校教科书或阅读俄文经典著作。身体健康且醉心运动的人，可以在团内找到他需要的一切。白俄团给这类年轻人提供所需要的一切，广泛地支持和发展各个领域的运动。

年轻运动员在免受物质压迫的前提下，为自身的运动兴趣而努力，很快就提高了竞技水平。这成功激发了他们对新成就的渴望，同时也吸引了“新生”，新人随时准备好学习，并且不甘输给自己的同事——老运动员。这就是每个月白俄团的体育俱乐部运动员人数在增加，其水平稳定上升的原因。

这里不是争吵、算个人账的地方——唯一的追求是身体素质的提高，即健康的体育精神。

当然，士兵也有懒惰、什么也不想做的时刻，但军事纪律规范了整个白俄团的生活，迫使大家克服自己一时的软弱，沉住气继续用功，这是白俄团体育训练不间断的保证。

大概没人想过，万国商团白俄团在上海俄国人的体育生活中扮演多么重要的角色！

但若有人注意这一点，那么他很清楚，白俄团在做大量的工作，不仅在困难时期保存俄侨青年运动员，而且吸引更多新人，以强化俄国运动队伍。

有多少优秀的俄侨运动员，在厌倦了上海虽然自在却半饥半饱的生活后，来到白俄团的营房，在安稳的环境中，热情地投入自己的爱好。他们又呼朋唤友，使他们成为新运动员。他们在找到更好的职位后，以精力充沛的状态离开白俄团，依然参与到上海俄侨的体育运动中。这个军事家庭在困难时刻为他们提供支持，使他们有机会安稳生活和自我提升。不见得有哪个运动员会负面地评价这样的家庭。没有白俄团，人数完全占劣势的上海俄侨体育组织，因为相互冲突、缺乏团结，会更加羸弱不堪。曾有“俄罗斯之鹰”（Сокол）①，还有“俄国田径协会”（РОА）和一些较小的体育组织，他们害怕竞争，恐惧失去独立性，避免彼此产生紧密联系。

白俄团的营房，联合了“俄国田径协会”和“俄罗斯之鹰”的成员，摒除了人为制造的隔离。主张在体育领域与多方合作的白俄团，成为联合上海俄侨运动员的缓冲带。

白俄团毫不声张地在上海维护和发展俄罗斯民族体育，扮演一个并不招摇的角色。他们所做的有益工作，展现的巨大意义是言之不尽的。

对于普通公众来说，这项工作仍然未被注意到——白俄团没有广告，没有自夸。这也许可以解释，为什么上海俄国人对白俄团运动员的成就漠不关心，对他们的工作缺乏关注，表现出来就是缺席白俄团的比赛，有时甚至在白俄团运动员失利时（幸运的是，这样的失利很少）发表令人难受的评论、邪恶的

---

① 旧称俄罗斯索科勒。

埋怨——这时失利的运动员需要同胞的精神支持而不是谴责和恶评。

这是怎么了?!那些自己没有为青年运动员做任何事情的人（或更确切地说，他们就没有尝试过为他们尽一点力）在嫉妒，嫉妒那些成功完成这一任务的人?!还是说，他们只是不愿意理解白俄团所做工作的重要性和价值?!无论哪种情况，这都是不好的，成了我们白俄团运动队的软肋，而非铠甲!

运动员与白俄团的紧密联系，将使所有上海俄侨运动员团结起来。公众对年轻人的关注将激励这些青年更上一层楼，在上海运动场上长盛不衰。

1936年

与往年一样，白俄团以“进一步正规化”为纲度过了1936年。显然，在英国陆军部的坚持下，万国商团司令部努力将白俄团建造成一支正规部队，无论是外形，还是内部管理和操练都与英军无异。

“正规化”的必要性不言自明，因为此时欧洲已经“弥漫着火药味”——大战正在逼近；而东方的日本终于变得肆无忌惮，几近自认为是中国的主人。

上海需要一支紧密团结、训练有素、纪律严明的部队。这支部队作为常驻卫戍军，可以在危急时刻充当上海防御体系的基础、万国商团的骨干。

万国商团白俄团就是这样一支部队。

今年，白俄团按照英国正规军的模式，对连队进行了“重新编排”，按照身高给各连安排了高矮相兼的队员。虽然队员进行了重排，白俄团依然采用旧俄军的队形，即高个子士兵站在队列右翼，队列高度向矮个子站立的左翼依序下降。但在队列操练中，白俄团又采用英军的“集合”（Фолл ин，英 fall in）方式，即连队队形中，高个子士兵站在两翼，队列高度逐渐向矮个子站立的中部降低。这种队形的优点在于，当朝着某个侧翼移动时，“腿长的侧翼兵”不必顾虑在中间“晃荡”的矮个子战友，照顾他们的步伐大小和移动速度。

白俄团队列操练日臻成熟，连制服也采用了英式军装，已经和英国正规军在外观上无异。只有士兵们肩挎的皮质子弹夹——第一次世界大战遗留的“旧物”才会“暴露”他们。

不过，在英军司令部的坚持之下，今年白俄团收到了英国正规军的战斗装备——“套装”(вэб экуипмент，英 web equipment)。为了保持和谐一致，皮质子弹夹、散乱的粗麻布行李袋和老式的椭圆行军水壶，这些需要以一定顺序单独穿戴的军备物品不复使用。取而代之的是，士兵可以立马上身的全套装备——包括子弹夹、水壶、皮套（用来携带刺刀的“盘扣”）和背囊等全部在内。这一套“套装”的重量更重，需要多加清洁和保养，但可以完美契合士兵体型，给士兵外形增添不少特殊的美感，且在穿衣速度上具有很大优势。

通过忠诚地服务工部局，白俄团不仅赢得“未来职业的保证”(工部局董事会已不再考虑解散白俄团)，甚至有了递补缺额的权利——警务处“外侨警员”空缺职位时，可为公共租界警务处补充新人。

这已算是一个巨大的成就，因为工部局警务处提供的物质条件不仅是俄国侨民，也是英国侨民梦寐以求的。白俄团候选人在“训练基地”——“后备队分队”学习巡捕工作的细节后，进入正规巡捕岗位。

显然，万国商团团长下定决心要将白俄团打造为整支万国商团的核心力量：所有常设部门都开始由白俄团队员提供服务，由此，工部局就有了常驻的可靠人力，而不必向英国正规军申请必要人员补充，也不必为后者支付高额薪资。今年，除万国商团自带司机的装甲车队和炮兵队之外，万国商团运输队的任务都转交给白俄团负责，为此，白俄团成立了专业司机小队与之对接。

今年，白俄团团体生活水平根据指挥官伊万诺夫少校深思熟虑的计划继续提升。伊万诺夫少校善于从军官中挑选助手，将位于靶子场的专属运动场加以修缮，运动场现在已是“上海运动员的梦想之地”。伊万诺夫少校还创建了白俄团专属的图书馆，将这一新成就作为白俄团成立10周年的献礼。

瓦西里耶夫中尉是图书馆永远的“热心人”，他得到白俄团司令的支持——后者为这项极为有益的“历史性”创举提供了巨大帮助。这为白俄团带来了新的“荣耀”。

以上是对今年白俄团生活的简要总结，我可以通过命令和指示举例说明，正好我手中还存有这些命令文件的副本！

1月13日，白俄团在爱尔考克路营房的餐厅和小酒馆举办了“俄国新年聚会”，并为所有队员和客人举办了舞会。整个晚会由加帕诺维奇中尉主持的委员会负责，该委员会由连队军士长博罗京、哈林和克罗特科夫组成。晚会于9点开始，嘉朋满座，白俄团专门雇了一支爵士乐团为之助兴，白俄团弦乐团也演奏了几首曲子，另有白俄团表演爱好者的节目。晚会进行得既顺利又欢乐。

1月23日英王乔治五世逝世，为表示哀悼，白俄团第23号命令宣布：

为哀悼已故的英国国王乔治五世，白俄团驻扎地在1月26日星期日和1月28日星期二挂半旗。1月28日星期二，将举行国王乔治五世的葬礼，因此白俄团内不举行任何体育比赛和演奏会、不吹号。

1936年3月26日白俄团第86号命令第2条

兹定于3月29日，星期日上午9点30分，在靶子场进行白俄团阅兵式总彩排。万国商团团长将会出席彩排活动。在阅兵仪式行将结束时，将为1935—1936年度白俄团的所有比赛颁发奖品和纪念品，军官、军士长和军士的个人奖品及流动奖杯除外。

彩排和游行将根据连长下发的口头命令进行。

1936年3月27日白俄团第87号命令第2条

兹定于4月5日，上午9点45分，在靶子场营地的足球场举行一次白俄团阅兵。工部局总董莅临检阅，出席的还有工部局董事、万国商团团长、司令部高级官员以及所邀请的嘉宾。

各连队应于8点45分到达，清点、检查制服和装备。

用于展示“驱散人群”战术、机枪表演和冲锋演示的所有武器装备，应根据我团附的命令，沿着虹口公园的篱笆放好。各连队应在9点30分就位，准备进行阅兵。

8点45分前，应根据波洛尼科上尉的命令，安排好警务员（右袖戴红色袖标）。队员安排：一连8人，二连7人（停车场2人，1人做保护器材的值日兵），四连3人。

在阅兵仪式结束时，各连散开并准备展示“驱散人群”战术、机枪表演和冲锋演示。

四连派出的小队应移开木桩、绳索和标杆，将椅子和长凳移到足球场中间，巡捕小队应要求全体观众也移步场地中间。

在“驱散人群”展示结束时，一连连长应立即进行封锁

（根据我的命令）。在通往“小靶场”的路上安排岗哨，不要放入任何无关人员。

在冲锋展示完毕后，各连（听信号）以连队纵列在虹口公园背面、排球场左侧的足球场集合。四连站在篱笆最前面，接着是三连、二连和一连。各连把枪排好，队员解散；但除了邀请客人到场的队员，其他人不能离开足球场。

我团将会在军官营房附近为官方来宾和军官邀请的嘉宾搭建一个帐篷，并为各级官兵的客人提供小酒馆及旁边的一个帐篷。这几处地方将为客人提供为时1小时的茶点。接着，根据二连连长的命令，发“集合”信号，各连集合。一、二、四连各自领回驻扎地，三连解散。

在整个阅兵结束之前，加帕诺维奇中尉需在指定地点集中弦乐团，为接待官方来宾进行演奏准备。

前来观看游行的人士，其私人轿车沿着军官营房旁足球场的铁丝网停放。

白俄团将为全体官兵发放专门的请帖。若请帖不够，亦允许没有请帖的嘉宾入场。

1936年4月6日白俄团第97号命令第3条

据出席阅兵的工部局总董安诺德（Арнхолд）、4位工部局董事、万国商团团长评价，昨日，即4月5日，白俄团的年度阅兵进行得很顺利。

我注意到仅有三种情况，妨碍了我们以完全流畅的形式完成阅兵和所有表演展示：

1. 军乐队的节奏很慢，因此阅兵仪式进行得有些迟缓、参差不齐。

2. 在“驱散人群”展示期间，汽车发生故障，导致有些延迟。

3. 步兵排发动冲锋期间，机枪卡住了，这在一定程度上削弱了射击效果。

但是，无论如何，这些差错并不是白俄团队员的过失造成的。

我代表白俄团衷心感谢所有官兵，感谢你们为准备阅兵所付出的劳动，感谢你们在阅兵期间的努力。

4月12日是复活节。白俄团在爱尔考克路营地完成了复活节晨祷。除了白俄团队员，亦有贵宾参加了晨祷。万国商团团长葛利安上校看上去非常满意，他为走向十字架结束祷告的队员们分发了复活节彩蛋。

4月18日是万国商团年度拉练。英军驻沪司令赛克礼莅临检阅。据万国商团团长评价，“白俄团（‘丙’营）展现了良好的形象，队员衣冠干净整洁，军容端正，步伐整齐、坚定、美观。总的来说，‘丙’营展现了良好的训练素质、形象和纪律”。

1936年5月20日，为建立统一的连队高矮次序，并平衡新老兵、机枪手、射手、乐手、运动员等的数量关系，白俄团的一些队员从本连转到了他连。平均而言，大约每连有20个人转去他连。

1936年6月26日白俄团第178号命令第3条

兹公布万国商团团长收到的驻沪英军司令信件副本（译自英文）：

“亲爱的葛利安，借此机会，我要感谢您命白俄团参加了昨天的检阅典礼。我认为，他们很好地完成了分配给他们的任务，并且具备优美的形象。请向他们转达我的感激之情，并告诉他们，我非常看重他们在此次典礼中的参与。

签名：赛克礼准将

1936年8月22日白俄团第235号命令第2条

兹公布万国商团团长收到的驻沪英军司令信件副本（译自英文）：

内容：赛克礼准将正式动身离开

“赛克礼准将请我向万国商团转达感谢，在他正式离任那一天，万国商团派遣了一支仪仗队对他表达关心。

此外，他想传达，仪仗队保持着高水平的队列操练成果，这正是白俄团卫队的闻名之处。”

签名：英国驻沪旅级少校、伦尼（Т. Ж. Рэнни）上尉

1936年10月20日，白俄团收到英军“套装”，根据白俄团命令，该装备应从10月22日起穿戴，并下令将旧皮革装备和背囊上交给万国商团司令部。

1936年11月6日白俄团第311号命令第2条

为了纪念白俄团成立10周年，兹决定建立专属图书馆。

单靠白俄团的资金无法充分达成此目标。因此，图书馆初期的活动将非常有限，图书馆无法满足读者的所有需求。

由于能力有限，图书馆将建在靶子场营地内。所有驻靶子

场营地和爱尔考克路营地的白俄团队员都有权使用图书馆。

图书馆能否进一步发展，将取决于它的读者及白俄团全体队员的关切。

图书馆将基于两个办法补充书籍：

1. 利用图书馆从小酒馆获得的收入以及从读者订阅费中获得的资金自行补充。

2. 白俄团队员及其朋友的响应，也就是他们自愿向图书馆捐赠实物，如书籍、(俄语和外语) 杂志等。

白俄团将会一次性向图书馆拨款 150 元，后续每月存入 15 元。读者的订阅费定为每月 50 分。图书馆的开馆日期将另行通知。

待图书馆积累了足够多的书籍和资金之后，预计将在爱尔考克路营地开设一个分馆。若发展顺利，根据图书馆的资金和读者的需求，建议增设一个主库，它将成为白俄团军事历史博物馆的一部分。

我热情呼吁全体军官和队员，为这一有益的使命出力。

所有与图书馆有关的问题，请联系瓦西里耶夫中尉或阿尔捷米耶夫（Артемьев）中士。

管理白俄团图书馆的任务托付给瓦西里耶夫中尉，他受命制定图书馆书籍的使用规则。

1936 年 11 月 9 日，白俄团司令部下达了一项口头命令，从白俄团中指定 16 人，调派至工部局警务处预备队工作。

11 月 16 日，调派工部局警务处预备队的有：

一连军士长博罗京、中士戈洛夏波夫、中士乌先科（Усенко）、下士巴济列夫（Базылев）、准下士日洛奇金（Жилочкин）、佩列加采夫（Перегайцев）和克鲁迪亚（Крутья）。

二连下士伊尔琴科（Ильченко）、叶林（Елин）、兹博罗夫斯基（Зборовский）和万科夫（Ваньков）。

四连塔宾斯基（Табенский）、普罗科菲耶夫（Прокофьев）、列硕科（Лешок）、哈格迈尔（Хагемейер）和米古诺夫（Мигунов）。

在1936年11月16日白俄团第319号命令第2条中，白俄团司令宣布，上述中的人员将调至工部局警务处任职，并指出：

> 我向博罗京军士长以及上述所有士兵们表示衷心感谢，感谢他们在白俄团出色的工作，感谢他们为保持我团的声誉所做的一切努力。
>
> 我衷心祝愿他们在新岗位上取得显著成就，祝愿每个人生活幸福。我希望他们以出色的工作和得体的举止继续保持白俄团纯洁的名声，在新职场中再创佳绩。
>
> 祝一帆风顺！上帝帮助你们！

从1936年12月13日起，白俄团位于靶子路营地的图书馆开门营业，12月25日位于爱尔考克路营地的分馆也开放了。两个营地的医士分别被任命为图书管理员。

1937年

1937年是大事频发的一年。这一年，白俄团光荣地完成了担当万国商团“骨干”的使命，随时准备践行军队职责。

1937年7月中旬到11月中旬，中日两国爆发军事冲突，这场战争一直持续到第二次世界大战结束方停止。在此期间，白俄团在租界边界执行军事任务。

万国商团宣布动员1小时后，白俄团已经控制了公共租界最为重要和危险的边界——京沪铁路“上海北站”附近的“乙”防舍。敌对双方此时正在火车站附近进行尤为激烈、胶着和漫长的战斗，不仅使用了大量的机枪和冲锋枪，还调遣了炮兵和空军进行轰炸。

这场军事冲突开始之际，恰逢白俄团队员享受一年一度为期两周的休假之时，其中大约有3名军官和40名队员正结队出营休假。很多休假者选在青岛（Циндао）—— 一座位于黄海沿岸的美丽疗养小城度假。第一次世界大战后，这座早先为德国人所占有的城市现已被日本人接管，以其美丽的海滩和良好的气候闻名于世。

因为日元很便宜（日本发生大地震后日元价格下跌），万国商团支薪是用中国“大洋”（даян）。因此，白俄团队员能以相当低的价钱住在私人寄宿公寓（бордингхауз）的精致房间中，品尝可口且营养丰富的饭菜，享受大自然慷慨奉献的所有美景。

那时的“避暑小队”——白俄团官兵，包括白俄团司令、我和达维兹克中尉在内，8 月 1 日至 16 日期间正在青岛度假。除军官外，还有二连军士长哈林、几名士官和各连队员也在青岛休息，共计差不多有 20 人。

淞沪会战爆发肇始（8 月 12 日），恰逢是我们在青岛的最后几天。我们忧心忡忡地等待一艘日本班船从大连开来青岛，再将我们转运到上海。

鉴于中日两国已然开始采取军事行动，为中国沿海地区服务的日本船只受命前往日本装载即将派往“上海前线”的部队，因此轮船班期和路线发生意外变更。

尽管我们出乎意料地被困青岛，但白俄团队员们（除了司令和军官们）显然并没有因为此次变故感到痛苦，因为目前没有办法离开青岛到达被战火包围的上海，使他们有机会“合法地”（“鉴于非人为的情况”）、没有确定期限地休息。

但因假期被迫延迟的窃喜心情，很快因为同胞们的惊慌，甚至近乎恐慌的情绪，一下冷却下来。那些从上海来避暑的“平民”，几乎陷入绝境。许多人已经耗尽他们的钱财，正在等着乘下一班汽船回到上海。

他们成群结队地聚集在沙滩上，讨论当前局势，当他们得知万国商团白俄团司令官正在青岛时，就立马来向他寻求建议和帮助。

收到白俄团司令部关于万国商团全体出防的电报（发自白俄团司令助手斯捷潘尼谢夫少校）后，伊万诺夫少校命令所有“白俄团避暑队员”与他保持固定的直接联系，清点并节约资金，不要离开青岛。

除了白俄团队员，还有相当多公共租界警务处的欧洲巡捕以及大量工部局其他部门的欧洲职员，这段时间也在青岛度年假。这批工部局职员中还有一名万国商团的高级军官曼恩（Манн）少校。

我们的高级军官立即与上海建立联系，保持稳定的通信，很快就收到一条来自上海的通知：为了将我们撤回，专门从英国的一家汽船公司租用了一艘船，以供使用。该船已从上海出港（但是只搭载从青岛撤回上海的万国商团、警务处和工部局职员，且只搭载男性）。

那群六神无主的“避暑平民”留在了青岛，我们没有哪怕一丝机会来帮助他们，因为我们所乘的轮船需要沿着长江和黄浦江战区“突进”到上海，此时中日两国正在进行激烈的战斗。我们启程离开青岛，虽然手无寸铁，却也在舰上演习了所有预防手段，返回上海。

我们没遇到什么麻烦就通过了这段水路，但在进入黄浦江入海口时，遭到炮火袭击，轮船被迫掉头返回宽阔的长江水域，在那里停泊。

不过，很快有两艘英国舰队的摩托艇驶来，载着全副武装的士兵，我们借助他们快速灵活的小艇，顺利地从吴淞口溜进上海，抵达外滩。

中国军队的大炮和机关枪从黄浦江右岸（浦东方向）朝着江湾、杨树浦、汇山和虹口几个地方射击。日本人以同样的方式予以回击。我们的船就在两者阵地之间穿行。

我们在外滩海关码头附近上岸，在那里又遭到了炮弹轰炸和射手随机扫射。这里不远处就坐落着日本驻沪总领事馆，领馆大楼对面停靠着日本巡洋舰——出云号，它们是中国军队固定不变的标靶。

我们一下船就“赶上趟了”：在外滩附近大通银行一栋未完工的大楼里，白俄团连队已在此临时驻扎，我们一下船就立即着手“工作”。

之后，我会按照惯例，按时间顺序描述这些军事活动的过程。现在我仅对1937年间白俄团情况做简要概述。

自“万国商团俄国队”成立之日，到今年已满10年，“俄国队”为“白俄团”奠定了基础。根据万国商团军队部署，白俄团在万国商团中被定为“丙营”。

近几年，万国商团司令部（当然，是协同驻沪英军司令部一起）对白俄团内部生活规章、军备和编队进行了改革，这使白俄团表面上与英国正规军无异，跟不上的只有……英语。因为大部分白俄团队员，甚至大部分军官都不懂英语，这让万国商团司令部非常头疼。

因此，1937年，根据万国商团司令部命令，经工部局同意，委派一名“官方”教师（由工部局雇用）到白俄团教授英语课。所有军官加上完全不会讲英语或听不懂英语的近百名队员一起上课。

1937年举行了英王乔治六世和伊丽莎白皇后的加冕仪式。白俄团也和英国驻军及各舰队军队一起，参加了隆重的庆祝活动——派出了150人组成的混成连，参加了5月10日、11日和12日在跑马厅举行的传统“军操表演”。

白俄团的内部生活并非一帆风顺。曾有人企图抢劫我团位于靶子场营地的小酒馆，但由于我们的留守值勤队保持警惕而未能得手。7月25日，二连连长马里宁上尉猝然离世，他是白俄团最受尊敬的军官之一，一位原俄国“基干”军官（上校），一名西伯利亚哥萨克人。他以一种庄重的方式去世，“爸爸”（不仅白俄团士兵这样称呼马里宁上校，军官们也这样称呼他）被庄严地埋葬在静安寺路的墓地中，赋予其与军衔和职务相称的军事荣誉。

“国王死了，国王万岁！”工作依旧循着正轨进行，“爸爸”的职位被一名称职的军官（西伯利亚哥萨克军中尉）瓦西里耶夫中尉所代替。他曾是“爸爸”的尉官，由于其严谨的态度、出色的军事知识和对军差的热爱，在团中也很受欢迎。“为人严格，但很公正”——这是士兵们得知任命后下的“判语”。

1937 年 7 月，上海空气中弥漫着中日战争日渐迫近的浓烈气息：在江湾举行的国际田径比赛，将为今年即将在柏林举行的奥运会挑选“中国队”运动员，所有顶尖的中外运动员都参加了比赛，只有日本人缺席以示抗议。与此同时，中日两国“平民”在上海街头的暴力活动愈加频繁，日本驻虹口的军队强化了日间和夜间演习。根据万国商团总部命令，白俄团两个营地都设立了警报信号（警报器和警钟），以召唤值班排紧急出动。

1937 年 8 月 12 日，日本人以挑衅的方式将中国人卷进了这场战争——一名日本军官带着一名士兵驾驶员，骑着前面带筐的摩托车，装着失误迷失方向的样子，开到了位于虹桥的中国军用机场。在哨兵喊停之后，他们没有停顿，直接闯进了机场。中国警卫开火，日本军人被杀——这就是开启战争的口实。日本人当然早就有所准备，已然蓄势待发。被杀的军官和士兵不过是“先驱兵”，有意为祖国事业献出生命。日本人中类似的狂热英雄从未绝迹过。

这件事发生在 8 月 12 日晚上，同日晚上 8 点，万国商团宣布总动员。晚上 9 点，租界和闸北的边界上，“丙”营（白俄团）已在“乙”防舍阵地值守，关闭了火车北站区域通向租界的所有铁门通道，并开始匆忙用沙袋建起战壕。

几乎就在同时，中日军队在闸北、虹桥、江湾和吴淞口等地爆发了激烈的战斗，炮兵（包括重炮兵和海军炮兵）和坦克发动攻击。

白俄团将守卫华德路“中国监狱”（更确切地说是关押中国人的监狱）的任务交给了万国商团中华队，全员前往战场，仅在靶子场和爱尔考克路营地中留有少量卫队。

鉴于黄浦江沿岸的杨树浦和汇山区域，距离我们在爱尔考克路的营房不远处，已经发生了激烈战斗。居住在这些区域的万国商团官兵的家眷（还有一部分是不相干的白俄侨民）在俄侨义勇兵难以置信，甚至可说是“臆造”的“保护”许诺下，搬到了爱尔考克路的营地。数以千计的中日士兵作战，手拿武器解决“家务事”，在被战火蹂躏的区域中，该营地的卫队不过是战区人口中的一小撮。

次日（8月13日）早上，靶子场营地的情况极为困难。该营地位于租界北部边界，远离租界中心，在几乎全是日本人居住的虹口区。离营地不远的地方（500码左右），有一栋巨大的多层钢筋混凝土大楼，里面驻扎着日本驻军司令部，安置了大量日本步兵和坦克部队。在这座军营旁边，有一条通往江湾和吴淞口的铁路和公路，终点就是中方进行抵抗的核心地带，军队也设在这里。

江湾路穿过了白俄团驻扎区域——靶子场的靶垛。驻留靶子场营地的白俄团小队守卫着这个靶垛和整个靶子场。这个小队负责人是克罗特科夫，他尚是军士长军衔，但已经在履行二连尉官的职责（马里宁上尉死后，这是团内的人事调动和最新任命）。

日本人预料到中国空军将从吴淞口发起袭击，决定在靶子场安装高射炮。他们派了一名军官与一队士兵走在炮兵纵列的前头，日本军官向克罗特科夫提出要求，希望他给守大门的队员下令打开大门，放日本人进靶子场。他们很明显是来摸摸底的（因为他们也不希望与工部局和驻沪英国司令部公开决裂）。

克罗特科夫根据万国商团总部的命令，拒绝满足日本军官的要求。尽管后者以使用武力来威胁，但克罗特科夫的坚决、镇定和沉着占了上风，日本人最终没有盲动，返回了营地，没能在受白俄团保护的工部局“领地”上安装大炮。

但是，上海当地的军事局势促使外国防御力量集中到租界中心的苏州河一带，缩小了防御圈。因此，8 月 14 日，白俄团开始从靶子场营地撤离并转移财产。克罗特科夫在卡车数量完全不够（只有 2 辆），而且交战军队时常扫射的情况下，出色地执行了这一行动。当我们的卡车沿四川北路移动时，中日军队就沿着这条路在虹口公园和闸北区域展开巷战。

同一时间，租界各个区域的边界线上，都有中日军队的战斗发生。白俄团在前线接替了英军威尔士燧发枪团，值班排紧急出防到租界内各个爆发“骚乱”的区域。

到 8 月 14 日，中日军队在汇山的战斗已经相当靠近爱尔考克路营地，以至于白俄团下令撤离该营地的官兵家眷，并于 8 月 19 日几乎将所有营地财产都撤出。在白俄团庶务长西莫尔多夫上尉的领导下，撤离工作非常成功，万国商团总部派出了足够多的卡车供其使用（计有 20 辆之多）。

在爱尔考克路空荡荡的营房中，只剩下白俄团队员的一点个人财物，小酒馆中还有不少货品。这个区域已是空无一人，平民们此时都逃到公共租界的中心地带或法租界中去了。只有关押中国人的华德路监狱中（该监狱距离爱尔考克路营房仅有几百码），有一小队欧洲守卫在看管着没法全部转移到安全地带的囚犯。（其中部分囚犯已被送往公共租界中心区域，仍由白俄团卫队看管。）

到了深秋时分，战事的阴云已经远离上海，我们得以自由探访之前的驻地。我听说了一个故事，这个故事是日本人作为军人、作为民族主义爱国者的清晰写照。

故事是这样的。我们从爱尔考克路营房撤退后，一名俄国残疾军人把这栋空空的三层建筑当成了自己的避难所。他孤身一人，没有工作又无家可归，于是下定决心，既然已经豁出去了，倒不如占了谁家的公寓和“餐桌”（我们小酒馆里的货物），总好过逃到某个地方，然后饿着肚子在街头徘徊，无处可去。

据他描述，我们的营房和华德路监狱所在区域转手过好几趟——一会儿到了日本人手里，一会儿又被中国人占领，但两者都没有进过营房，因为他们进攻的目标是黄浦江江岸，继而是日本驻沪总领事馆旁边的花园桥。

但有一次，在前线稍微平静的那段时间，一个日军步兵排在军官的指挥下冲进了营房。士兵们急急忙忙地搜寻房屋，但没有抢走任何东西。他们自然马上发现了装满货物的白俄团小酒馆，并向军官报告了这一情况。

在小酒馆内门的对面，通过一条小走廊，连接着一扇通向餐厅的门。我们在餐厅装置了一座教堂，里面有圣像壁和所有必要的教堂器具。餐厅的墙壁上装饰着沙皇画像。餐厅的一个角落专门分给了“苏沃洛夫”，在餐厅一入门的地方装置了一个极好的体育场。

当日本人出现在营房时，这位俄国残疾人正躲在餐厅里。进来的日本军官厉声叫住了他，残疾人走近军官并解释说，他只是无家可归才住在这里，因为他没有其他容身之地，于是军官不再管他，走去检查餐厅。

他走到教堂的祭坛前停了下来，恭敬地向圣像鞠了一躬，接着环视了餐厅的墙壁，走到了亚历山德罗维奇·尼古拉二世的巨幅画像前。“真得看看日本军官那时的样子！”这位俄国残疾人激动地说，“日本军官‘立正’站好，清楚地敬了一个礼，然后向我们沙皇的画像深鞠躬。”看到长官这样的神态，站在餐厅门口的日本士兵们呆住不动了。检查完餐厅后，军官来到了小酒馆，允许他的士兵们喝库存的啤酒。

纪律性、对他人信仰的尊重，以及对君主的无限热爱和崇敬，在日本人身上生长得如此根深蒂固，以至于我都想以他们做我们俄罗斯人的榜样。

与此同时，万国商团和外国驻军守卫着租界中心地带，边界线上的战争每天都会带来一些令人难过的意外事故。一名受伤的中国飞行员（他是俄国人，不过为中国人工作）不敢带着两枚未扔的炸弹强行着陆，因此决定将它们扔在靶子场，好减轻飞机的负荷。城市的街道上挤满了成千上万的城市居民和难民，他投下了炸弹，但是……他失算了，这些炸弹没有命中几乎空着的靶子场，而是落到了两三百码以外、西藏路和爱多亚路的拐角处，落到了正从公共租界前往法租界的乌泱泱的难民中间。

炸弹爆炸，炸死炸伤数百名中国人和几名欧洲人。在中国炮兵例行从浦东方向向黄浦江扫射期间（中国炮兵枪法不好，炮弹并不总能够命中目标——日本人扎根的闸北），其中一枚炮弹在“首都”戏院爆炸，几名平民受伤，英国领馆就坐落在“首都”影院的正后方，值勤的白俄团一名卫队队员因此受伤。另一枚炮弹落入了位于租界主要街道南京路正中的先施公司，造成巨大破坏和人员伤亡。

这些事故发生后，白俄团队员立即赶到现场，恢复秩序，保护财产。

随着（暂时）取胜的日军将中国军队赶离上海华界，这座城市的生活开始逐渐恢复到从前的状态，几乎与战前“无异”。

为了节省工部局的开支，万国商团先是部分复员，后来全体复员，其中就包括了白俄团三连（义勇队）。这导致白俄团剩下的三个常备连的执勤任务增加：与英国和美国驻沪军队交替守卫租界边界（虽然卫队更少了），协助巡捕在城市街道巡逻，守卫靶子场的汽油库，最后是守卫位于租界西区的日本棉纺织厂——留在租界且对日本人恨之入骨的中国人，随时可能放火毁了这些工厂。此外，白俄团依旧负责守卫跨越苏州河的桥梁——从华界进入租界的通道。

10 月底，上海发生一些事件，让白俄团多了将近整整 4 年（直到太平洋战争爆发）让人“头痛”的新的“固定执勤”任务。

我将简要描述这些事件。尽管付出了沉重的代价，日本人总算是将中国军队赶出了闸北，战事转到了“外地”。但是在闸北与租界接壤的一个区域，离西藏路桥不远的地方，一个砖砌的仓库中隐蔽着中国军队的一个“营”（说得好听点）。实际上，这不是中国正规军的一个营，只是从京沪铁路火车北站的激烈战斗中幸存下来的某营的残兵。这支残兵中还有一些总是跟着中国军队的苦力搬运工——他们的辎重队，以及无法及时离开战区的流浪汉。

该营营长已战死，但是蒋介石任命了一个上校（后来晋升为将军）接替指挥，名叫谢晋元。此外，这个营的副官（后来晋升为少校）也活了下来，我忘了他的名字。他是一个非常“令人不快”的人！

这个“营”在日本人的强攻下退守到租界边界，留守在苏州河岸边的这个仓库。谢将军为了鼓舞中国人在上海失守之后的士气，显然也是在蒋介石的指示下，决定把这个仓库塑造成“凡尔登”[1]。

这位将军做出这一决定，明摆着是利用了仓库背面可以通往租界边界铁丝围栏的情况，英国威尔士燧发枪团的“中立部队”就在那里值守。

当时，如果日军从闸北向这座仓库强力开火，他们的子弹，特别是炮弹，可能会落在租界的中心区域，工部局和英军司令部自然会立即表示抗议。

中国媒体大肆宣传这些“注定失败的英雄”，声称他们坚守阵地，决心在对日斗争中以死报国。

在新闻界声嘶力竭地哭喊并称赞这个“死路一条的军营”时，“英雄”们安稳地待在营房里面，嗑着瓜子，和威尔士燧发枪团互开玩笑，只偶尔对着出现在视野里的日本人打几枪。[2] 但是，日军有所顾虑，害怕对公共租界造成损失，几乎被剥夺了向中国守军开枪的机会。

没人知道这场“戏”会演多久。要是日本人能挖个地道潜入，就能把整个“凡尔登”和躲在里面的所谓“军营”——士兵掺杂苦力的部队炸个粉碎。

但是，日本人做了不同的决定：他们向工部局和英国司令部下了最后通牒，要求他们“强迫”这个“营”走出来，并在租界地盘拘留他们。否则，他们将不考虑公共租界的伤亡，用炮火把仓库夷为平地。

---

① “凡尔登”是在第一次世界大战期间以其防御而闻名的法国要塞，抵御了德国人几乎一整年的围攻。——原文注

② 此处对四行仓库保卫战的描述明显与事实不符。

作为对日方最后通牒的回应，英国司令部决定“说服”中国孤军进入租界接受拘留。很显然，司令部做了“明显暗示”：中国很快就没枪没粮了，对他们而言，要么接受拘留，要么向日方投降。为了奖励“中国凡尔登英雄”的“顺从”，英国司令部大概承诺了在拘留期间给他们一些好处。

简而言之，“理智”或是“肚子”做了主。1937 年 10 月 31 日，将军带着他“死路一条的军营”走“后门”到了威尔士燧发枪团的驻地，为此特别调遣的卡车正在等待他们，将他们转运到星加坡路上匆忙建成（但非常“舒适”）的竹制营房中，位于普陀（Путу）巡捕房区域，胶州公园的后方。白俄团受命立即派遣一支由连长（上尉）、中尉和 45 名队员组成的卫队“看管”这个军营。

“白俄团的溃疡”就这样开始发作了，在接下来 4 年时间里，给我们带来了很多烦心事，因为我们每天都需轮替地守着这个“孤军营”。

我在 10 月 31 日第一次执勤。卫队是一连的人，由连长洛巴诺夫上尉指挥。

接下来，在依时序书写白俄团历史时，我可能不得不多次提及这个“孤军营”，描述他们在拘留营中的生活，他们的纪律和秩序，最后将军如何被杀，还会写到英国陆军部和上海工部局对他们态度的转变。

这个“孤军营”的营地成了中国爱国者的朝圣之地。他们依然真诚地把该营士兵看作英雄，每当白俄团卫队尝试强制这些英雄服从工部局为他们制定的规则（工部局中有大量日本顾问），中国公众都认为，英雄遭到容身中国的“外来俄国人”的暴力、压迫和敌视。也就是说，面对殷勤接待他们的这个国家，俄国人却在对待它的士兵时，表现得口蜜腹剑、忘恩负义。之后，我肯定不得不讲更多与此相关的事情，所以现在我仅指出，英国陆军部在当天清楚表明了对“孤军营”官兵的态度。

大概因为“孤军营”主要是在英国陆军部的坚持和建议下进入拘留营中的，英军司令在第一天（在之后很长一段时间内则是定期）派遣他的一名司令部校官去“拜访”谢将军。类似的拜访原是定期的，后来次数越来越少，“访问者”的军衔也越来越低。最后，英军不再拜访，但事态已经定型了——谢将军和该“营”的士兵们确实把自己想象成英雄般的战士，而把白俄团卫兵看作傲慢的压迫者、东郭先生的中山狼。

反感情绪就这样开始滋生，后来变成了白俄团与受拘禁的中国军人之间的敌意，最终演变成流血冲突和令人沉痛的不快。甚至在第二次世界大战之后，这一事件的回声仍在久久回响。我将晚点再写这件事，眼前我先编写完 1937 年发生的事情。

在上海战乱期间，白俄团失去了营房，被暂时安置在新大通银行未完工的大楼里（部分房间甚至没有窗户和地板），这里离外滩不远，离租界主要街道南京路和四川路路口不远。

万国商团团长想给白俄团队员提供便利，他命令其中一连和司机队搬到工部局所在地——住到工部局大楼里。

1937 年 12 月 13 日，团长葛利安上校结束任期后，将万国商团指挥权移交给了来自英国的新任指挥官——洪璧（Хорнби）上校。

葛利安上校是一位关心人、体贴人的司令。在他指挥万国商团的第一阶段中，白俄团的装备、制服和餐食改善了不少，但他没能捍卫“我的团”（他如此称呼白俄团）。1937 年 7 月，工部局在所有部门实行节约制度，略微降低了白俄团的薪酬。这对白俄团的人事产生不利影响，在纪律要求严格、训练和工作都很艰苦的情况下，减薪不仅降低了白俄团的“募兵”吸引力，也给部分白俄团队员带来精神打击，萌生转去法租界的想法，因为那里的薪水更高，更轻松，巡捕的工作更“清净”，纪律和学习要求不严格。外在的吸引力和内部的维护能力，才是令万国商团白俄团优越于“法国队”的地方。当然，我们可以肯定地说，葛利安上校已经尽己所能来避免减薪，但是纳税人更为强势。

令我感到遗憾的是，上海的战事要是提前一个月开始，就不会有这次减薪，白俄团也不会有“法国队”这样强大的竞争者。“法国队”用最好的物质条件加以诱惑，吸引了身强力壮的年轻人去那里工作。

1937年1月17日白俄团第17号命令第2条

根据工部局命令，1927年1月17日，在两个连队基础上成立了上海万国商团独立俄国队。

1927年6月9日，俄国队减员并合并为一连。

1928年8月1日，俄国队再次扩充为两连。

1928年10月13日，三连（义勇队）成立。1932年3月1日，成立了四连。自1932年2月16日起，所有连队合并起来，组成了万国商团白俄团。

官方文件中并没有正式指定俄国队和白俄团的先后承续关系，因此根据上述信息资料，1927年1月17日这一天可被看作白俄团诞生的日子。

但是从军队发展的角度看，并不能将这天看作白俄团成立

10周年的纪念日，因此今天，即1937年1月17日，仅仅是后来组成白俄团的创始部队成立10周年纪念日。

毫无疑问的是，对于白俄团全体官兵来说，今天是令人愉快的，是弘扬国家精神、最令人精神振奋的一天。

就让今天成为所有人回忆过去10年不懈努力的日子。在这10年中，我们创建了亲爱的白俄团，并牢牢树立了声誉。

在白俄团成立10周年之际，我向全体官兵表示问候，并衷心祝愿每一个人生活幸福，祝愿我团繁荣发展。

白俄团万岁！

3月12日，根据工部局决议，英语教师彭哈努利科（Пенхаллурик）先生被派到白俄团。每个营地选出40名完全不通英语的人、15名稍通英语的人前来学习。

对于接受指派的队员来说，英语学习是强制性的。购买书籍和参考书的费用由学生自行承担，全部军官都应学习英语。

白俄团第127号命令第2条

兹公布万国商团团长给下属各部队指挥官第182/62号信件副本（译自英语）。

在英王乔治六世和皇后伊丽莎白加冕之际，我向皇室侍从长发送了以下电报：

加冕礼举行在即，在万国商团服役的全体英籍士兵，奉恳转达他们最热切的祝愿，祝国王陛下和皇后长寿安康。

在万国商团服役的所有其他国籍的校官，即美国、中国、日本、挪威、葡萄牙、菲律宾和俄国的校官，都请求将他们的美好祝愿连同英国战友的祝愿一并转达。

万国商团团长葛利安上校

我想要代表万国商团英国士兵说，我们非常重视将其他国籍校官的祝愿加到致国王和皇后的电报中。

万国商团团长葛利安上校书

1937年5月4日

5月10日、11日和12日，在英王乔治六世和皇后伊丽莎白举行加冕典礼之际，150名白俄团队员参加了位于靶子场的加冕典礼演出。这些天里，参加演出的队员出色地完成了任务，得到驻沪英军司令马德（А. П. Д. Тэлфер-Смоллэт）准将注意。

1937年7月1日，为了节省开支，工部局设立了所有白俄团队员的新的薪资标准。这一变化不仅涉及基本工资，还影响到日后的涨薪。对于老兵而言，此次更改导致薪金减少约5元。

1936年11月6日到1937年7月1日，白俄团图书馆开始运转。也就是说，在7个半月的时间里，白俄团成功地创建了一座藏书规模和质量都相当不错的图书馆，藏书已达1 862册。

1937年7月5日，根据万国商团命令，西莫尔多夫中尉升为上尉。

1937年7月21日白俄团第202号命令第2条

从1932年开始指挥白俄团起，我就设立了连队礼拜圣像的日子，即“连日”：

一连是9月12日；

二连是10月14日；

四连是7月28日。

“连日”的庆祝活动包括两个部分，第一部分是宗教活动：由牧师带领进行规定的祈祷，另一部分是官方活动：制作大餐、邀请客人、宴席款待、相互问候等。

要以适当的形式完成第二部分庆祝活动，每个“连日”大约花费65元—70元。

白俄团当前1937—1938年度的预算已压缩到最少。

为了在不超支的情况下执行我团的预算计划，我必须取消“连日”庆祝活动的第二部分。

1937年7月25日，二连连长马里宁上尉在上海公济医院去世。逝者头一天在城里的家中感到不适，7月24日晚上10点左右，他回到连里，并在7月25日凌晨3点30分陷入昏迷，在被送往医院后去世，至死也未恢复知觉。

7月28日有以下职务任命：二连连长——瓦西里耶夫中尉，二连尉官——四连军士长克罗特科夫，四连军士长——马特维奇科（Матвейчик）中士。

8月12日，根据万国商团总部的命令，在爱尔考克路营地办公室附近安装了警报器，并且在靶子路营地的车库上方安装了一个大铃铛，都用于紧急呼叫值班排。

同日，根据万国商团团长命令，白俄团应在21时前在工部局大楼集合。20时，万国商团宣布总动员。

21时，根据万国商团总部的新命令，“丙”营（白俄团）接管“乙”防舍，并派出一个卫队前往工部局屠宰场。

8月13日，中日军队在火车北站附近展开军事行动。白俄团派到华德路（监狱）的卫队由万国商团中华队接替。换下来的卫队立即回到连队。

日本海军陆战队司令部要求打开靶子场的大门，以便在靶子场中安装防空炮。尽管日本军官以使用武力相威胁，但把守大门卫队拒绝满足这一要求。

8月14日，万国商团总部下令从靶子场撤退。克罗特科夫军士长从早上9点开始撤离。由于靶子场营地处在交战双方的阵地中间，撤退行动在中日部队的扫射下进行。

为了快速撤离营地，万国商团司令部雇用了10辆卡车，但这些车辆被日本人的警戒哨截住了。靶子路营地的所有物资仅使用剩下的两辆万国商团卡车运到爱尔考克路营地。撤退工作于下午3时完成。

中午12时，一个值班排前往杨树浦巡捕房镇压爆发的“骚乱”。

晚上8时，聚集在爱尔考克路营地的全体官兵家眷疏散至法租界，同时还有休假结束的士兵和从医院回来的病员偕同家眷撤离。

晚间，“乙”防舍的“丙”营（白俄团）由“甲”营和“乙”营替下，然后被送往北海路（距防御区最近的后方）的工部局小学休息。

8月16日，“丙”营（白俄团）再次守卫“乙”防舍。

8月17日，白俄团三连的一名士兵被一枚炮弹碎片炸伤腿部。

当天，根据万国商团命令，瓦西里耶夫中尉升为上尉，克罗特科夫军士长升为少尉。

8月18日，白俄团和英国皇家威尔士燧发枪大队轮替。白俄团被分配到新大通银行大楼，三连被分配到工部局大楼。

8 月 19 日，爱尔考克路营地撤退。西莫尔托夫上尉利用万国商团总部提供给他的 20 辆卡车，主持疏散工作。

8 月 20 日，白俄团担任苏州河桥梁的守卫任务，并于 15 时派出一个小队押送米店运输大米的卡车。

8 月 22 日，白俄团从华德路撤离了部分中国囚犯。囚犯从华德路撤离到租界期间，由瓦西里耶夫上尉指挥的二连进行看管。

在乍浦桥放哨的士兵别兹戈多夫（Безгодов）因流弹碎片受了轻伤。

8 月 23 日 5 时 15 分，一颗重炮在先施公司爆炸后，二连的两个排被派到老闸巡捕房，封锁街道并协助巡捕清理现场。

8 月 24 日，根据万国商团命令，在动员期间，阿列克森科医生临时晋升中尉，马特维奇科中士晋升为军士长。

从 8 月 26 日开始，白俄团派出保护租界中心区的值勤队员每天都在增加。我团受托保卫桥梁，开着车巡逻街道，徒步巡逻并护送装运大米的卡车到米店，在跑马厅守卫汽油库，还有 3 个卫队看守日本棉纺织厂。

8 月 30 日，三连（义勇队）部分复员。

9 月 22 日，道路巡逻和守卫桥梁的任务取消，与此同时，白俄团沿着爱德华七世大道，在外滩到地丰路（今乌鲁木齐北路）（沿着法租界边界）的路口设置哨所。每个路口的哨所有 2—4 个人。

10 月 31 日，根据万国商团总部命令，白俄团派遣一支卫队（2 名军官和 45 名士兵）到星加坡的营地看守被拘留的孤军营。

11 月 12 日，万国商团复员。

1937年11月16日白俄团第320号命令第11条

兹公布万国商团团长的通函（译自英文）。

致所有万国商团队员：

在解除万国商团动员状态之时，我想借此机会代表我本人和司令部军官，向所有队员表示感谢，感谢他们与司令部密切合作，出色地履行义务。

我认为，在整个动员期间，我们非常成功地完成了任务。

（签名）万国商团团长葛利安上校

1937年11月17日白俄团第321号命令第1条

根据11月15日从万国商团司令部收到的419/35号命令摘要及1937年8月11日第45号命令，我宣布：

1. 晋升为军士长的士官或晋升为军官的军士长，和晋升一级军衔的军官一样，在晋升新的职级（军士长）或军衔后，自晋升之日起两年内，都视作暂代职务。只有在两年过后，万国商团总部才会出具认定书，以证明其合法担任该军衔。

2. 以下军官所任军衔获得批准，视为合法：

伊万诺夫少校，资历自1933年4月1日算起。

斯捷潘尼谢夫上尉，资历自1931年5月19日算起。

波洛尼科上尉，资历自1935年4月8日算起。

洛巴诺夫上尉，资历自1935年10月3日算起。

加帕诺维奇中尉，资历自1932年8月1日算起。

切尔诺斯维托夫中尉，资历自1934年3月8日算起。

库兹明中尉，资历自1934年3月8日算起。

克拉斯诺乌索夫中尉，资历自1936年7月2日算起。

达维兹克中尉，资历自1937年2月2日算起。

3. 下列士官的称号获得批准，视为合法：哈林少校，资历自1934年8月2日算起。

4. 将来，对于每位军官或军士长，从晋升到下一个军衔或称号之日算起，经过两年后，应将报告和相应的认定书送交万国商团司令部，以请示批准当前军衔或称号为合法。

1937年11月23日白俄团第327号命令第1条

以下，我将公布工部局总董与万国商团团长的来往信函（译自英文）。

亲爱的葛利安上校：

现在万国商团已经复员，我借此机会，代表工部局对所有队员表示感谢。我每天到访您的司令部，这个指挥整个万国商团的机构给我留下了深刻印象。此外，我经常走访万国商团个别连队，亲眼得见司令部下达的命令如何贯彻执行。

同样令我赞叹的是，部队指挥官和全体队员准确无误地履行职责。

上海工部局非常了解，万国商团不仅御敌于界外，而且还与工部局巡捕和特警（Специальная Полиция）一起维护上海（租界）的内部安全，其辛劳不可估量。

您真诚的总董樊克令

参见231/343

万国商团团长回复：

亲爱的樊克令先生：

白俄团的军官们请我代表他们及他们的下属，感谢您的来信，信件文本已经分发给所有队员。

您真诚的葛利安

1937年11月24日，白俄团任命一个委员会，负责弄清靶子路营地和爱尔考克路营地丢失物资的数量和价值，对官兵们因战事撤离虹口公园和汇山区域后遗留在私人公寓中的财产亦做摸查。委员会由斯捷潘尼谢夫上尉担任主席，成员包括波洛尼科上尉、加帕诺维奇中尉和克罗特科夫少尉。

1937年12月13日，万国商团团长葛利安上校将万国商团指挥权交给来自英国的洪璧上校。

1937年12月19日，在葛利安上校动身前往英国之前，他收到了白俄团队员送上的礼物——一块金表和一支金笔。

同时，葛利安上校向白俄团军官餐厅回赠了一个礼物——一个银烟盒。

在葛利安上校离开的那天，白俄团派出了一个仪仗队。

白俄团在整个1937年期间的生活和工作，和往常一样，受到《现行命令》和各类命令的规范。这些命令见证了“白俄团长官”对下属的严加管束和关心爱护。遗憾的是，由于篇幅局限，我无法将这些命令尽数放入书中。

1938年

1938年，白俄团开始将1937年上海战事撕裂的“伤口”一一抚平。

但是，直至白俄团消失，一些伤口还是没能完全愈合。

其中一个好不了的伤痛就是白俄团的运动生活。

白俄团的运动生活规制有序、安排得当，是吸引强健的白俄青年加入白俄团的“诱饵”之一。许多上海的俄侨运动员不怎么有机会为自己最钟爱的运动项目展开规律训练，以提升自我实力。究其原因，他们囿于工作，抽不出时间，又居住在私人公寓中，使用城市体育场馆极不方便，也难以找到训练必需的合适搭档。

这种情况常常逼得他们做出放弃“公职”而去“参军”——加入白俄团的决定。白俄团的工作要繁重得多，有时报酬还比干“公职”要低，但是白俄团拥有自己运转有序、设备完善的足球场，同时可用于排球、篮球、板球及各种田径运动。

白俄团两个营地都有规整的“体育场”，配备了所有必要器械。此外，白俄团从国外（捷克斯洛伐克）邮购了便携式钢制体操器械，根据运动需要，安装在适宜位置。

白俄团拥有全上海最好的可移动拳击台、最丰富的拳击设备和着装、法式摔跤[①]（французская борьба）的“摔跤垫”。

足球鞋，田径运动员、拳击手和摔跤手的运动鞋，标枪，铁饼，铅球，跳高杆，还有美观的运动服——这些装备在白俄团应有尽有，而且还免费发到每位运动员手里。每个队都有足量的各种球。白俄团运动队拥有质量最顶尖的装备，令没有机会“享有这种奢侈”的其他上海运动俱乐部不胜羡慕。

最为重要的是，白俄团对所有运动队进行固定的规律训练，并适当地调整了执勤班次（在军士长的协助下进行内部调整）。

每名白俄团运动员每周至少参加 2 至 3 次训练（视“赛季”而定），所有训练都是在白俄团运动管理员的监督下、由专业教练指导进行。训练讲究纪律和秩序——这才是通往成功的直接途径。

举个例子，拳击教练是前“中国冠军”——奥列格·谢维列夫（Олег Шевелев），他不仅是著名的拳击手，还是一名出色的教练。

前“世界冠军”阿列克谢·安德烈耶维奇·德米特里耶夫传授摔跤术，他曾在 1918 年赢得法式摔跤的世界冠军。别看阿列克谢（我们的运动员叫他“阿廖沙叔叔”）年纪不小，他依旧力劲儿很大，高度敏捷，还具备出色的摔跤术知识。此外，他是体育运动的大行家，有他在白俄团工作实在难得。

每逢周六日，白俄团都会组织友谊赛（足球和排球比赛有时在工作日举行），对阵驻沪外国部队、海军陆战队运动队以及各种中外体育俱乐部。

因此，难怪白俄团运动员随时准备着参加体育比赛。1937 年，白俄团运动队是上海最佳运动队（除了中国人和英国军人“称王称

---

① 法式摔跤是 20 世纪 40 年代以前，俄国对于古典式摔跤的称呼。

霸”的足球领域），麾下队伍不仅拿了很多个“上海”冠军，还拿了多个全“中国”的冠军（如排球队）。

白俄团运动员名声远播，还传到了哈尔滨、香港。万国商团团长甚至倡议，派我和拳击队一起去会见“英军第二队”——好像是乌尔斯特步枪营，他们当时驻扎在香港。遗憾的是，由于战事在上海爆发，最终不了了之。

1937 年的战事彻底摧毁了白俄团的运动生活。白俄团失去了靶子场的运动场，因为日军在战争期间将它挖成战壕，做炮班的掩体（这个运动场上驻扎着重型野战炮兵）。淞沪会战结束后，白俄团运动员再次获得了使用该场地的权利和机会，因为白俄团运动队和全部队员，和其他外国驻军部队一样，进出租界仍不受限制。但是运动场已经被日本人糟蹋得面目全非，以致光修复它又要费上好几年的“辛勤劳动”，要知道白俄团差不多花了三年才“打造”出这个运动场！

爱尔考克路营房美丽的体育场、拳击台、便携式体操器械和其他设备都存留了下来，但是营房荒废了些时日，需要好一番清扫和维修。而鉴于此后上海的战略形势，整个白俄团不得不长期驻扎在租界中心城区。

不过，白俄团的拳击手和摔跤手有时还是会去这个营房，到体育馆训练。为此，万国商团为之提供了必要的交通工具。但这些人不过是曾经（虽然过去还不久）强大、精诚团结的白俄团运动队的“散兵游勇”！

毕竟，在将近 9 个月的军差里，白俄团队员们不知经历多少不眠之夜和汗流浃背，对于躺在床铺上休息这样的寻常事儿，甚至想都不敢想。这种苦差事打破了白俄团运动的日常规律。一切都得从头再来，而且高强度的工作和队列操练减慢了白俄团运动队的召集过程，拖延了很长时间。

在太平洋战争爆发前，白俄团勉强组织起了拳击手和排球运动员，在外滩的白俄团新营房和工部局大楼万国商团体育馆里练习，这里为他们配备了训练所用的房间。

在白俄团拳击队复兴过程中，万国商团团长起了重要作用。为了鼓励白俄团开展拳击运动，他允许白俄团最佳拳击手亮相上海跑狗场的职业拳击台，参加有偿比赛。这在英国军队中早先是不被允许的，但在驻沪美国海军陆战队中向来流行。

1937年7月，白俄团体育事业受到打击，薪水减少，白俄团失去其在法租界白俄队面前的巨大优势。到1938年，受到高薪诱惑的俄侨青年，都被法租界白俄队相当轻松的工作、“清净的”巡捕职务、并不严格的纪律要求给吸引过去了。

但是，白俄团司令精心管理的私有产业，犹如一张“王牌”。他非常善于利用这张“王牌”，使白俄团的军营生活变得越来越有吸引力。营房里安装了乒乓球桌，就算是上海的老牌总会也没法相提并论。每逢周日，白俄团小酒馆会定期组织“午后舞会”，白俄团队员可以邀请熟人前来参加，以相对便宜的价格招待他们吃喝。我们还有自己专属的图书馆。有了这些好处，白俄团队员在繁重的工作和队列操练之余，可以在营房中休息得像在家中一般自在。白俄团营房像“家庭般舒适”。

队员的工资和津贴也略有改善，一些士兵还获得了在营外“过夜”的机会。

白俄团在承担繁重的军事和巡逻任务期间，已失去了先前的队列准确度和光彩外表，但战后很快得以纠正，队列操练得到强化。

1938 年 4 月，白俄团在万国商团年度游行中再次展示了“光辉形象”。

自这次游行起始，白俄团被特别授予撑团旗沿街游行的权利。根据英国军事传统，这项特权仅会授予“以城市命名”的军团。英国人把这叫作“城市自由”①，并为接受这项特权举行隆重的仪式。就这样，万国商团白俄团成为名副其实的“上海白俄团”。

1938 年，万国商团总部发生了一些人事变动：万国商团团长道格拉斯少校去往英国，威尔士燧发枪团军官高平（Корбин）少校受命接替他的职位——战争期间，他率领的枪团曾在“乙”防区和我团进行轮换。

这一年，万国商团司令部鉴于新近积累的战事经验，可能也是预估到战争有卷土重来的可能性，除了加强队列操练外，尤其注重修建野战防御工事。通常，白俄团是各种创新的“实验田”，各种经验都在这里实践。

一开始，切尔诺斯维托夫中尉只是教授一队白俄团士兵，后来他领导所有队员，匆忙但系统地完成了用沙袋修建战壕和简易避弹所的课程，还教会他们安装永久型和临时型铁丝网的办法。

之后，根据万国商团总部的命令，当各连队在靶子场进行分类射击或在万国商团操练厅举行“营地集会”时，白俄团工程队在一名军官领导下，定期向其余连队展示建造防御工事技术。

执勤任务非常繁重。除了守卫租界的中心区域、租界的核心区

---

① “城市自由”（Freedom of the City）是由市政当局为获得该市市民信任的军事单位所颁发的一项荣誉，是公民与部队联结关系之确认，有时被称为“入城自由”（Freedom of Entry）。该荣誉的其中一项特权就是允许该军事部队在城中举行阅兵。

(变电站、屠宰场、工部局大楼)之外,白俄团还派出了大量步巡队来协助巡捕,保护租界内的日本洋行,并时刻准备着召唤配备卡车的两个值班排。如果城市任何一处发生“骚乱”或工人罢工,这些值班排必须第一时间前往该地。他们始终处于“五分钟出动”的待命状态,即不更衣,只是卸下装备。不仅如此,在值班排当差的队员并不能免去队列操练的任务。

随着中国军队从上海撤往内陆,中日“民众”之间的冲突事件并未减少。租界中日本工厂受到暗中破坏、纵火焚烧甚至劫掠一空的情况愈演愈烈,规模也越来越大,白俄团值班排总是“忙得团团转”。

白俄团卫队又成了驻守在星加坡路营地的常驻值勤队,看管拘禁于此的孤军营。

这支卫队的工作要耗费 1 名军官和 40 名士兵一整天的时间。客观地说,在这支卫队里当差不仅是最恼人的,而且也是最困难的,因为这份工作总是充满意外,迫使每个队员时常(甚至在警卫室休息时)“保持警惕”。这个“营”的士兵及其长官穷尽可能地为白俄团卫队“添堵”,而没有意识到这是他们的“俄国保安”,后者只是贯彻了他们“上级”——公共租界工部局的命令保护他们。中国军队在上海失利后,日本人在工部局中发挥了尤为重要的影响,他们试图“(凭借战胜者的威势)合法地限制其俘虏的权利”。

中国报界为白俄团卫队压迫他们的英雄而大声呼号,但英雄们却不服从营地的规定、制造骚乱、耍流氓,同时利用白俄团队员无权使用手中武器对付他们这一点,嘲弄我们站岗的队员,曾有多起企图逃出营地的事件,不过大多数都遭到了白俄团卫队队员阻止。

卫队岗哨分散(营地占地很大),彼此之间没有电话通讯,加之夜间灯光灰暗，卫队军官和军士（卫队士官）需要每 15 分钟—20 分钟检查一次岗哨，不时进入营地内部查看被拘留者的营房。卫队 24 小时值守，这不仅是艰难的体力活，而且非常危险。

之后的情况表明，英雄们已经“随心所欲”，甚至可以谋杀他人了。他们最后杀死了他们的将军，还试图杀死团附。一个军官或军士，随时都可能非死即残。

卫队清晨换班时尤其令人感到不快。整个孤军营在空地列队，卫队长官必须根据值班簿上标出的现员数进行清点。有时会发现“误算”（即有人晚上逃出了营地），幸运的是这种情况很少见，因为每次逃逸都是白俄官兵履历表中的重大减分项，还会给白俄团队员们的“完美工作涂上污点”。我尤感高兴的是，在我执行任务期间，营地中没有逃逸现象，但即便如此，当我离开这支卫队时已然筋疲力尽。

因为白俄团队员有权对逃跑者使用枪械，有几次逃逸事件是以试图逃跑的中国人遭到枪击，受伤甚至死亡告终。

白俄团卫队乃至整个白俄团在承担这一令人不快的执勤任务时，就像落在了铁砧和锤子之间—— 一方面，工部局要求维持营地的严格秩序；另一方面，被拘留的中国人完全不愿意与卫队合作，他们甚至公开对“白俄压迫者”表达敌意。

白俄团司令试图与被拘禁者搞好关系，他甚至取得万国商团司令部的许可，为这些“兵匪”① 举行白俄团运动队参加的观摩性的运动比赛，以供娱乐（作为改善关系的信号）。但是这些为被拘禁者“解闷”的官兵们的好心却没有得到好报，孤军营只有极少数人

① 这是白俄团对孤军营中国将士的蔑称。

对体育活动感兴趣并参与进来，其余人则宁愿沉郁地在营地周围游荡，或在小屋的床上闲躺着——他们不是士兵，而是碰巧变成英雄的中国“苦力”[①]。他们的迫切需求不过是吃饱睡好、渴望自由，为此他们暂时失去了权利，却也因此保住了性命。

英国陆军部从一开始就对这些穿着中国军装的“苦力”表现出异常温和的态度，为了说服他们不致伤及公共租界平民，这种态度甚至是超过友好而显得过于“亲昵”，由此赋予了这些“英雄”自命为真英雄的权利。

根据英国军方此举的“精神”，白俄团也向卫队发出命令：对这些英雄要礼貌客气，但同时不得让他们逃离营地，因为一旦发生逃逸事件，会在工部局掀起轩然大波。作为工部局顾问的日本人将这些被拘禁者看作“无敌日军的俘虏”，（可能是受其日本军事司令部的指示）紧密地追踪着孤军营的一举一动。

但是该如何防止逃跑呢？没人告诉白俄团警卫官们该怎么做。在万国商团总部的默许下，白俄团司令和军官们自发加固了营地周围的篱笆，在篱笆上安装了铁蒺藜，在必要的地方设置竹制的哨塔，并逐步引入营地生活守则。

起初甚至有这样的规定：在卫队换班之时和晚间“就寝号”吹响之后，卫队长官要带着类似报告的文件来见中国将军，听取他对于改善营地内部生活的意见。但是，英军司令代表逐渐不再“访问将军”。不久之后，白俄团来看守营地的卫队军官也停止此类“访问”。

在起先几个月里，成千上万的中国访客凭着从工部局办理的专

① “苦力”是 19、20 世纪外国人对于中国劳动人民的蔑称。

门通行证涌入了这座拘留营，从早到晚，络绎不绝。通行证的使用有这样一种漏洞：一个受拘禁者换上访客给他带来的衣服，出示通行证，然后离开拘留营。接着过一段时间，营里冒出来一个“访客”——通行证的所有者，他声称他的通行证在拘留营里丢失了。这种情况曾经出现过，“访客”能够轻松地通过巡捕证明，他不是被拘留人员，接着离开拘留营，用这样的方式“释放”了一名被羁押者。

根据万国商团总部的命令，逐渐将访客人数限制到最少，他们在营地逗留的时间仅限于白天（天黑之前）。最初，访客在进入营地时不会被搜身，同样不被搜身的还有“将军的女秘书”，这位年轻貌美的中国女子每天都来看他，在他那里一直待到深夜。实际上，她是中国群众送给将军支使的“姘妇”。这些访客可以神不知鬼不觉地将武器在内的任何物品带到拘留营，因此站岗的队员须得有“鹰眼”来制止这种“走私活动”。

卫队与被拘留者的关系日渐恶化，“星加坡路的拘留营”逐渐成为工部局必须解决的难题之一。

万国商团总部考虑到中国民众“极不公正”地指控白俄团队员残忍、独断，为了保护队员，大概也是在工部局的坚持下，总部决定专门设立“拘留营卫队长”一职，任命一名英国军官担任，作为俄国卫队队员和被拘禁者之间的一个“缓冲带”。

1938 年 4 月，白俄团“军事顾问”（实际上是“白俄团的英国司令”）伯克-墨菲少校受命担任此职。他上任以来，拘留营的情况并没有多少好转，但通过此项任命，白俄团军官——卫队长的责任重担的确减轻不少。

伯克-墨菲少校每天都来探访拘留营，每天都拜访将军，花了不少时间，显然他在试图说服将军遵守工部局为拘留营制定的规则。但是，这些口舌几乎是白费了，因为孤军营士兵的行为越来越“挑衅”，不仅对待白俄团卫队队员如此，对待伯克-墨菲少校本人也是如此。

1938 年 8 月初，被拘禁者在他们的营房空地上安装了一座非常高，甚至在营房外都能瞧见的旗杆，举行了尤其隆重的典礼后，在旗杆上升起了中国国旗。卫队长立即通过电话向白俄团司令部报告了这一情况，白俄团司令部则向万国商团司令部和工部局上报。

当然，日本人不可能对中国国旗的出现视而不见，他们立即向工部局强烈抗议，要求降旗。

将军拒绝应工部局要求降旗。“下令-抗命”的回合持续好几天，最后工部局向被拘留者发了撤除旗帜的最后通牒，如果中国人不履行工部局的要求，白俄团则会武力降旗。

结果是一场流血冲突。在这次搏斗中，白俄团队员的纪律性、所受的训练和合力猛攻发挥了决定性作用。白俄团队员虽然配有步枪值勤，枪管朝下挎在肩上，但能使得上的却只有木制的警棍。根据白俄团指挥官预先制定的计划，队员集结成队，击溃了用酒瓶、石头和长棍武装的孤军将士第一波顽强抵抗，并将他们赶进了营房，接着将旗帜降了下来。在流血冲突中，白俄团 8 人受伤（其中 2 人重伤），2 名孤军士兵丧生，孤军营几乎半数人都受伤了。秩序得以恢复，但是白俄卫队和被拘禁者开始公然敌对，这种关系一直持续到太平洋战争爆发拘留营被撤销。

要理解白俄团队员在拘留营当差时所面临的困难，我不得不简要描述一下这个营地的结构和里面的“规矩”。

白俄团在 1937 年战事中落下这个名为“中国拘留营”的“病

根”，最终“害起病来”，甚至于不得不在1938年8月12日用流血的“手术”来医治。

我将提供一些关于该营的细节，他们的住所和生活、他们是什么人、他们和白俄团卫队队员的关系如何，为什么最后演变成“双方势均力敌”的流血冲突——这是因为白俄团队员没有使用火器，面对被拘留者的石头、瓶子、废铁块或长棍，仅仅用木制警棍（约14英寸长）进行回击。

当孤军营被扣留在公共租界时，上海当局立即用卡车将他们转运到租界荒地上草草建成的竹制营房中。这片宽广的土地在胶州公园北部，一堵不高但很牢固的石墙将这块地（东边）和胶州路隔开了。这块地其余两面（北面和西面）与星加坡路和工部局工务处的小仓库之间隔着矮小细密的竹篱笆。

整个场地被竹篱笆大致隔成了两半：西边这一半被营房占了，东边这一半则作为散步和运动等之用——拘留者一般为了打发他们闲得发慌的时光就会做这些事。

拘留营的入口大门在西北角，旁边修了一个不大的竹屋，作为白俄团守卫们的“警卫室”。

鉴于拘留营这种结构情况，如果被拘留者有心的话，甚至不用想法子“逃出”拘留营，所有想走的人都能直接“离开”。

万国商团总部立即下令在营地的西侧和北侧建造细密的铁丝网，在营地与胶州公园、胶州路之间的砖墙上迅速加建了低矮的铁丝网。

渐渐地，在白俄团司令的亲自指挥下，这些粗陋的障碍物得到加强。工作主要由白俄团“作业小组”在军官指导下完成的，其中指挥工作大部分是我担当的。这些工程需要好几个月的时间，因为被拘禁的中国人老是想方设法地阻碍我们加固这些障碍物，认为侵犯了他们的民族自尊和“英雄地位”、限制了他们的权利——坚固的铁丝网会渐渐让他们成为囚徒，而非他们所自诩的自愿受拘留者。

拘留营的公厕坐落在北部围墙一线，位于星加坡路后方。公厕的底部是砖墙的一部分，围墙和公厕竹屋顶之间有几扇窗户（虽然是用铁蒺藜编成的），星加坡路上有几个小型中国工厂，被拘留者可以通过这些窗户自在地和经常路过此路的中国工人交谈几句。

在白俄团队员的“努力”下，星加坡路离厕所墙壁约一码半的地方，又建起了一个铁丝路障，将之置于拘留营大门哨兵的监督下。

孤军营的士兵每半个连分摊一间营房，军官则有单独的房间。其中一间营房中建了一个“医疗站”（病情严重的病人去警务处医院治病）、一个堆放食材的仓库，连队厨房有单独的房间。

将军享有一个小巧舒适的屋子，配有优质的家具（心怀感激的中国居民的礼物）。他的生活非常封闭，几乎所有时间都与他年轻的“秘书”待在一起，这位“秘书”每天早上上班，一直待到深夜。

甚至有人给将军送上了蒙古马，他每天都骑马去营地的运动场，有时一天骑两次。

起初，孤军营还在运动场上做队列操练，过一阵就不再做这些无用功，士兵们要不就在院子里阴沉地徘徊，要不就爬上营房的屋顶或者躲在角落用力朝白俄团哨兵扔石头，以捉弄在铁丝路障巡逻或在哨塔站岗的我方队员为乐。

被拘留者通过厕所的窗户不停与路人交谈，大概是在挑起路人抵抗白俄卫队。之后，卫队长曾“招呼队员取枪”，并调派了正在警卫室轮班休息的哨兵，驱散聚集在公厕对面的人群。

曾有两个被拘留者企图逃跑，他们在厕所窗户的铁丝上豁了个窟窿，跳过了铁丝路障，接着沿着星加坡路朝着中国工厂的方向跑，试图融入沿街行走的人群中。哨兵在大门口处开了精准的一枪，打伤了其中一人腿部，将“逃犯”抓回营地。

还有一次更为严重的情形，一名中国被拘留者通过厕所窗户鼓动了一大群中国工人攻击白俄卫队。哨兵“被迫”从星加坡路朝这名士兵开枪。哨兵这一枪“正中”这位士兵，当场杀死了他。这一流血事件“令人不解”。调查委员会接白俄团司令的命令对哨兵进行讯问（我是这个调查委员会的一分子），发现哨兵开枪的行为没有充分依据，因为在开枪那一刻前，卫队还没有“驱散人群”，而且哨兵甚至也没有通知卫队长。他若面临被这群工人缴械的危险，可以向空中开枪来通知卫队，把他们召唤到事发现场来。有人以某种方式“暗中了结”此事——开枪的士兵被开除职务，但在第二次世界大战结束前，没人因此受到司法处罚。到时我再讲述这件事。现在，我仅简要介绍一下 1938 年 8 月 12 日发生的那场“激战”，当时白俄团受命平息营中发生的“叛乱”。

8 月 12 日上午，伯克-墨菲少校拿着工部局的最后通牒来到拘留营，要求降下国旗。他身后是 10 辆万国商团运输卡车组成的车队，坐满了“围剿队员”。

车队停在胶州路和星加坡路的拐角，为避免暴露，没有开去星加坡路，队员只与营地大门的哨兵进行眼神交流。但孤军营设在营房屋顶的观察哨注意到了车队的移动。尖锐的哨声作响，接着传来口令声，整个营地响起警报，中国官兵急忙“武装起来”——他们预先在营地各点准备了石堆和空瓶子。一大批被拘留者马上冲到警卫室，此时伯克-墨菲少校正在那里。看到他，中国官兵停了下来，伯克-墨菲少校再次将工部局的最后通牒转达给将军。将军当场表示拒绝。

之后，大批孤军将士开始推搡白俄团队员，但遭到了后者齐心协力地顽强抵挡。此时，根据伯克-墨菲少校发出的信号，白俄团车队已经靠近拘留营大门，队员在车辆行进时已经跳下了车，在白俄团司令和两名队长（波洛尼科上尉和洛巴诺夫上尉）的带领下跑向冲突地点。白俄团队员在军官指挥下以分散的小队，向营内中国将士发起猛攻，被拘留者随即向后撤退，四散逃跑。

在“主力部队进攻”的同时，一个小分队（在我的指挥下）跳到分隔营地及运动场的围墙和铁丝路障后方，在离将军房屋不远处切断了中国将士撤退到运动场的路线。

整个混战持续了大约 10 分钟。“溃败”的孤军将士被白俄团队员赶入营房。

“战斗结束了”，被拘留者被赶进营房，旗帜降下，旗杆被砍。在营房和我方警卫室之间的过道上躺着受伤的中国人（其中 2 人因受伤而死亡），间或发现我方伤员（有 8 人，其中 2 人为重伤）。星加坡路上传来救护车发出的警笛声，车是我们有先见之明的长官提前叫来的。救护者开始将流血冲突中受伤的俄国人和中国人分别送到不同医院。白俄团队员立即乘上卡车离开拘留营，回到营地，准确且忠实地执行了工部局的命令。

后来，我们在各种中外报刊上读到“中方报道文章”时，是多么憋屈。这些文章将白俄团士兵们“污蔑”为“杀人犯、压迫者和忘恩负义的人”，威胁要进行报复，但工部局却三缄其口，一语不发，不为这些尽忠职守的人说一句话。

此事发生后，拘留营周围的铁丝网被加高、加固，在营地北侧几近正中的位置为白俄团卫队建立了一个新的警卫室，旧的拘留营大门缠上了层层的铁蒺藜，只为我方站岗、巡逻的哨兵留下一条窄窄的通道。

新警卫室处在一个特别不妥的位置上——公厕附近，公厕旁的砖墙把警卫室和营地隔开。这堵墙上打了一扇小窄门，这扇和砖墙连在一起的门就通向警卫室，营地那侧则是孤军营的厨房和场地、仓库等。

这个相当高的围墙上面居然没有带刺的铁丝网，卫队也完全看不到围墙另一边的孤军将士在做什么。警卫室距营地五六码，正好是在中国人的“鼻子下”过活。经常有石头和空瓶子飞过这堵墙，朝着轮班休息中的警卫员砸来。当有人为卫队队员送来午餐或晚餐时，营中将士就试图通过围墙，向经过小窄门的送饭人浇厕所里的脏东西。

白俄团队员与被拘留者发生冲突后，拘留营的秩序变得更为严格。访客人数被极度压缩，他们进入拘留营之前，在警卫室接受搜身检查。送往孤军营厨房的食品，通过警卫室的小窄门，直接送到营地中心（将军的屋子）。这扇门旁边常驻一名哨兵，仅根据警卫长或卫队军士的命令为访客进出或食品运输开门放行。卫队会对食物进行彻底检查，任何携带食物的中国人都不允许进入营地。在这扇门附近，安装（依旧是我们自行安装）了一整片纵横交错的铁丝网，以杜绝大量被拘留者冲开岗哨或趁哨兵开门时袭击哨兵的可能性。

在我看来，哨兵站岗，尤其是放晚哨，要比在警卫室“轮班休息”好多了。因为站岗时视野开阔，而且和营地（也就是“敌人”）之间隔着不少的铁丝网。在离警卫室（即轮休的警卫员所在处）五六码的地方，有一个相当高的石墙，队员观测不到对面的情况，营中人可以从墙后（事先商量并准备好必要的梯子）跃过，扑向我们的队员。营地中的竹子应有尽有，所有的营房都是用竹子搭建的，所以要制作这样的竹梯子并不是什么难事。

这种情况迫使卫队官兵非常频繁地轮换着进入营地，绕着所有的围墙和房间走一圈。我个人一直不停地这样做：我走一圈大约花半个小时，当我返回时，我的中士立即开始绕圈，每次我们都会改变“行进路线”。坦白说，在绕圈时，我并没有感到很镇定，心中暗自害怕被营中人缴械。但一直以来，我值勤时都没有一例逃逸事件，或严重违反拘留营规则的情况发生。

这份恼人且没一点好处的差事进一步阻碍了俄侨青年进入白俄团的脚步。与此同时，这份差事也教会了队员们在执行上级命令时要时时保持警惕和准确。卫队犹如“前线哨所”一样，在这儿当差要承受体力和精神上的巨大压力。

恐怕我对这个“白俄团的溃疡”着墨过多了，但是我需要如此才能解释，为什么在第二次世界大战之后，尽管南京国民政府承认白俄团在第二次世界大战期间的工作无可指摘，白俄团和日本人合作的阴影也无法将它的贡献玷污，还把白俄团留作巡捕，继续效劳，但白俄团某些队员仍然受到了一些中国民众的“迫害”。

白俄团几名成员（包括一名军官）甚至在毫无说明的情况下就遭到监禁。

白俄团 1938 年经历的事件可简要概述如下：

1938 年 1 月 4 日，工部局批准了白俄团司令的呈请，鉴于生活物价腾升，提高了所有队员的工资。工资每月增加 5 元，此次涨薪是暂时的。

1 月 17 日，道格拉斯少校前往英国后，英国威尔士燧发枪团高平少校受命接任。在道格拉斯少校离开前，他收到了白俄团赠予的礼物—— 一个银质烟盒。道格拉斯少校则赠给白俄团的“军官餐厅”4 个银质烟灰缸和 2 个银质花火。

1938 年 1 月 28 日白俄团第 28 号命令第 1 条

1937 年 12 月，我向万国商团团长递交了一份申请，希望授权白俄团的拳击手登上职业拳击台，通过比赛赢得酬劳。

团长同意了我的请求，将白俄团职业拳击手的人数限制为最多 8 名。

团长还批准了同时提交的、为白俄团拳击手制定的守则。

（为减少篇幅，此处跳过非常详细的规则。）

1938 年 2 月 23 日白俄团第 54 号命令第 1 条

今后，允许位于外滩 6 号的白俄团小酒馆逢周日举办舞会，其间须遵守本命令特别附上的守则。

（为节省空间，此处也跳过这些规则。）

1938 年 3 月 24 日，根据白俄团命令，队员戴上有“Р. П. Ш. В. К. ”[①] 字样的肩章。

---

① Р. П. Ш. В. К. 为“上海万国商团白俄团”俄文首字母缩写。

1938年4月4日白俄团第94号命令第2条

根据我今年3月21日的呼吁，我手下的全体队员分3个月共筹集了725“上海元”（шанхайские доллары），[①] 用于购买教堂所需的一块土地。

4月3日，这笔钱全部交给了教会委员会，捐款签名单为129号，登记以“奉献日”（День Жертв）的名义，其中将我的捐赠写为：“上海万国商团白俄团司令、全体官兵一次性捐出现金725‘上海元’。”

作为收款依据，委员会给我开具了1938年4月3日第8088a号收据。

我感谢全体官兵热烈响应我帮助教会的号召。

4月10日，万国商团全团游行。与前一年不同，白俄团因其特别贡献，获得了“上海城市自由（奖）”，展开团旗在街道行军。当白俄团从外滩转到南京路时，他们排成“双排”纵列行进，从华懋饭店（今和平饭店）窗户里抛出了如雨般的花束。白俄团队员们一如往常地齐步前进，步伐坚定、精神饱满，引得观众激动不已、赞叹连连。

1938年9月23日白俄团第266号命令第2条

今年初，工部局决定为万国商团、救火队、警务处全体人员颁发奖章，以表彰他们在1937年8月12日至11月12日淞

① 根据此时的货币情况与购买力而言，译者认为应为银圆。

沪会战期间，为工部局提供的服务。

1937年8月12日至11月12日期间，持续或临时在我麾下的白俄团（“丙”营）工作的全体官兵，将被工部局授予奖章，上面镌刻有：“兹以表彰1937年8月12日至11月12日之服务。”

依据：万国商团38年6月27日第26号命令第40条。

1938年12月6日白俄团第340号命令第2条

12月2日，我向万国商团总部提交申请，希望允许白俄团队员休假时在外过夜。

万国商团总部12月5日回信，我的申请得到批准，须符合以下条件：遵守《（白俄团）章程》。

1939、1940、1941年

我决定将这三年放在同一章节中讲述，首先是因为我手中涉及1939年和1940年的文件（命令等）实在太少了，因此我对这些年的描述只得非常简短；其次，也因为这是我在万国商团正规军——白俄团服役的最后几年，各年情形非常相似。

到1939年，白俄团终于恢复了元气，不再担心被解散。

1939年，白俄团的队列操练和整个军事训练已经日臻成熟。

在上级视察或游行列队时，白俄团那量身定制的漂亮制服、英式新装备和“套装”，自成“一道风景”。

白俄团驻扎在外滩两栋设备齐全的“临时营房”（以前P&O汽船公司大厦和外滩拐角、位于九江路的道胜银行清算委员会大楼）。白俄团营房有着军队独有的整洁感，非常舒适。

这一切都得益于白俄团指挥官伊万诺夫少校的远见卓识，还有他旺盛的精力、坚强的意志、对待责任坚持且诚恳的态度。他不仅提前规划了白俄团的生活和工作，而且高瞻远瞩，知道如何挑选助手，用自己的想法吸引他们，维持后者“不变的激情”，虽然他有时也会对那些丢了决心、对待工作热情不高、一时表现出懈怠的人动用他的权威。

伊万诺夫少校是做事准确、执行有力的典范，不管形势如何，总是毫不动摇地追求既定目标。他对自己的下属亦是如此要求。

白俄团队员活儿很多，工作繁重，但是司令以不懈的关心减轻他们的压力。他们得以在辛勤劳动后，在“自家营房”舒适的家庭氛围中放松身心。

空气中“散发着强烈的战争气息”。希特勒和墨索里尼开始动武，已经将武器对准欧洲和非洲一些软弱无力的国家。日本人在上海击溃中国军队后，自恃强权，越来越肆无忌惮，源源不断地向中国输入大量部队，向中国北部、西部和南部内陆渗透地越来越远。

日本人在上海招摇过市，甚至不惧与外国人及其军队公开发生冲突。他们凭武力夺取了上海华界，自视为上海的主人。

意大利人的表现也好不到哪里去。公共租界的外国驻军有两三个英军大队、一个美国海军陆战队、万国商团和日本军队，另外还有一个意大利大队——“第一萨沃伊手榴弹兵大队”（1 - й Савойский Гренадерский Батальон）。

我得为他们说句公道话。无论从外形还是士兵组成来看，这都是一支很不错的队伍。士兵们穿着整齐的钢灰色制服，穿着皮短靴，头戴高高的帽子，上面有一个巨大的帽徽——“意大利之鹰”。这支大队的运动员很优秀，有足球、拳击和田径运动员。但大概除了北部的蒂罗尔人，意大利人都没有“运动员精神”，每次比赛失利总是少不了大打出手。有意大利士兵参加的比赛，总是有成百上千名观众——他们的战友前来观看，这些人人手一把刀子，在裁判做出不利于意大利队的判罚或者对手犯规时，随时准备拿出刀子“理论”一番。这是一种“体育流氓”行为，贬损了意大利运动员的价值。

第二次世界大战期间，即将成为军事对手的国家相互间的敌对情绪已经发展到顶点，这种情绪甚至笼罩了上海的运动场上。

不过谁都没有日本人做得过分，他们试图将公共租界工部局玩弄于股掌之中，但遭到了外侨们一致而坚决的抵抗。为了实现这一目标，上海外侨为即将到来的（通常在5月）新一届工部局总董和董事会选举，即“纳税人会议”上的选举，发起了强势的准备活动。

我记不准是哪一年（可能是1941年），因为租界华人纳税人站在欧洲人一边，日本人确信自己在合法选举中获胜机会渺然，居然决定在会议当天放火烧掉举行新选举时老一届工部局成员就座的三个看台，好毁掉这次会议。这些看台是带顶的竹棚，就在跑马厅的围场中间、“观众席”的对面，“观众席”是纳税人选民所坐的地方。因为预计到此次会议选民众多，没有哪个礼堂能容纳下所有人，因此安排在跑马厅举行。

工部局的情报部门隐约意识到，日本人有意破坏这次会议，因此命令当时驻扎在跑马厅的白俄团守卫这三个看台和整个周边区域，以防止日本人在会议期间安装定时炸弹，或采取其他破坏秩序的恐怖手段。

在这次纳税人会议的前一晚，凌晨天还黑着的时候，一群日本人在离西藏路不远的跑马厅围墙上凿出一个豁口，开着汽车闯进跑马厅，熄了灯的汽车沿着跑道向看台方向疾驰而来。

白俄团哨兵隐约听到一阵发动机噪声，就朝发出噪声的方向察看。汽车在接近看台时开始减速，日本人从车里扔出了几个燃着煤油的燃烧瓶，想要把竹制礼台烧毁，接着他们沿着赛马圈全速前进，消失在夜色里。

哨兵向他们开了几枪，但因为天黑，没有击中目标。枪声触发白俄团“大门门卫”的警报，大火被立即扑灭了。

纳税人会议于同日午后举行，会场上人满为患。观众席上挤满了选民，全体老一届工部局成员在礼台就座，为首的是总董恺自威先生（他是英国怡和洋行的大班）。

当总董正在做工部局去年工作报告时，一名日本顾问（我记不得他的姓名）从他的位置上跳下来，就地向恺自威开了两枪，打伤了他的手臂。看台上的高级警官立即将日本人缴械，恢复现场秩序。会议继续进行。美国律师樊克令先生当选为工部局新一届总董。

早在会议开始之前，配备有柯尔特手枪的白俄团队员和巡捕就被安插在公众中，他们收到警示，各国人员（包括中国人和日本人）混杂的地方就可能发生事故。日本人公开表明他们对租界外侨的敌意，这比意大利人在运动中的“流氓行为”还要糟糕。

但是，外国租界赖以存续和假以统治的国际法依旧约束着日本人，他们还不至于太过目无法纪。这一时期，可用的外国军事力量（英国人、美国人和白俄团）实在太薄弱了，根本抵抗不了驻扎在上海及其周边地区的大量日、意军队。

这几年里，上海租界的生活与平常无异，但我能感受到所有人都在等待大战爆发。

英军大队开始从上海转移到新加坡、欧洲。在万国商团、工部局警务处和其他部门任职的英军军官都离开了，上海当地的侨民马上补上了他们的职位。

警务处外侨巡捕失去了人员补充来源，那些“潜在的候选人”，即英国人（大部分是英军士官）需要回国参军报效祖国。因此，工部局决定用白俄侨民来填补外侨巡捕的空缺。工部局只接收白俄团队员填作上海巡捕，因为他们是“可靠的白人移民”，而且已有工作经验，受过良好的训练。

一名高级帮办处长和数名高级军官组成“特别警务委员会”，视需要定期在跑马厅的白俄团营房集会，测验白俄团指挥官举荐到警务处的候选人。实际上，这个委员会仅检测了工作必需的英语水平，其余考核部分，他们全部听取了白俄团司令的评价和推荐语。

工部局的这一做法进一步提高了白俄团的威望，因为在公共租界当巡捕的工资特别高，所以这份工作成为所有上海青年俄侨的“梦想”。白俄团长久以来忠实地服务于工部局，以身作则，因此赢得了为警务处提供“补充人员”这项特权。

位于戈登路的工部局巡捕房预备队是所有年轻欧洲巡捕的“培训基地”，预备队人员扩张后，被划分为一个单独的巡捕单位，受上一级白俄巡捕指挥。这个巡捕预备队本质上是“俄国式”的，因为它完全复制了白俄团营房的生活细节和很多白俄团的运行管理规则，创造了一个“营外之营”，好似白俄团的一个“独立连队”。警务处处长在巡捕队伍中运用“白俄团规矩”，意味着承认伊万诺夫少校制定的规章切实而具有价值。

上海的运动生活一如往常。“运动赛季”的一年日程如下：深秋和冬季是足球、曲棍球、排球、篮球、器械体操比赛；从春季开始，到热天到来前，有各种田径比赛；夏天举行网球、板球、水球、棒球比赛；初秋时节，天气特别沉闷，接着又是暴雨和台风的季节，运动活动暂时停滞，直到秋末冬初，如此年复一年。除了夏秋最炎热的那几个月，拳击运动几乎全年都很活跃，摔跤也不时流行一阵。

拳击和足球是英军最钟爱的运动，因此万国商团高层激励白俄团拳击手在上海业余拳击台亮相，还坚持出席白俄团“军团拳击赛”（полковый боксинг）。我们的比赛遵从军事纪律和军队规范，总以一种尤为美观的形式进行。

台上裁判、台下评判员及军方嘉宾身着漂亮的“军官礼服”①出现在拳击赛场，白俄团所有军官也同样穿着礼服前来，女士身着晚礼服，普通观众则大部分身穿黑色礼服。

在白俄团历史上，我们曾多次推荐拳击队参加所谓“团队拳击”，与某军队或某舰队的拳击队进行比赛。这类比赛一般依照英式军事拳击的规则进行。

尽管白俄团拳击队是从有限的 450 人中选出的佼佼者组成的——当时英军大队拳击队的候选人有近千人之多，但白俄团总能在拳赛中载誉而归。我尽量再对这段“历史”补充几件可以描绘当时白俄团生活的“故事”，其中当然也包括“团队拳击”。

1939 年 9 月 3 日，欧洲爆发战争。希特勒的部队推进至波兰，而后者与英国签订了军事互助协约。于是，英、法对德宣战。

欧洲战争爆发造成公共租界外侨人人自危。其他欧洲人躲着意大利人（当时还没有参战）和德国人，“抱团”取暖。白俄侨民的状况开始转好，因为洋行和工部局机构需要大量白俄侨民做劳动力，而英军已经开始在欧洲作战，回乡入伍的英国人所空留的职位开始由白俄侨民所填补。

对于这些新入职的白俄职员来说，最好的推荐信就是白俄团司令部的推荐意见。白俄团一些队员，为了搞到一个好处更多的职

① месс дресс，英 mess dress，是军队、警察、消防及其他公共服务人员在特定典礼、集会及其他公私场合穿着的一种特殊半正式制服。

务，陆续提出辞职。也有一些“鬼点子多的人”，他们加入白俄团不过是为了服役一段时间后以某个“充分的理由”辞职，在解职之际拿到必要的推荐信。

为了遏制这种反常现象，白俄团司令伊万诺夫少校在命令中宣布，坚决在全团执行以下规则：“介绍信”只发给自愿离开白俄团的队员，给推荐信并非白俄团司令的义务，仅是他的善举，他可以选择发放与否，而无须解释理由。该命令在一定程度上抑制了白俄团人员“外流”为文职人员，定员人数得以维持。同时，万国商团总部充分了解现有情况后，亦要求从白俄团辞职的每个人都须说明原因。

以上措施可以维持白俄团的定员人数，但因为工作繁重，收入还很微薄，很难指望白俄团队员会珍惜这份工作。于是白俄团开始逐渐改善队员的物质条件，全体军官签署了一份特别的“任命书”，赋予队员等同于工部局其他正式雇员的所有权利。

英军从上海撤到了他们下一个目的地，我们的“老熟人”威尔士燧发枪团和我们互换了纪念礼物后，离开上海。我们送出一面小巧的白俄团团旗和一枚白俄团银质团徽，他们则送我们放大了几倍的银质军徽——镶嵌在精致盒子中的一枚“爆炸的炸弹”。在他们出发前，白俄团全体军官受邀去他们的“军官餐厅”参加送别酒会。

1940年，最后一个英军大队——苏格兰“西福斯高地”步兵队（Сифорс Хайландерс）离开上海。他们的驻地在跑马总会“旧大楼”，这是一个漂亮舒适且位于市中心的住处。很快，白俄团接到命令，进驻这一“营地”。

跑马总会大楼（新旧大楼集合在一起）大致沿马霍路（今黄陂

北路）呈南北延伸，大楼南侧坐落着“旧看台”，已经划归白俄团，作为其营地的一部分。紧挨跑马总会大楼的建筑是为赛马观众所建的“新看台”和跑马厅秘书和高级职员的公寓，看台和公寓间相互连通。“新看台”是一个宽阔石阶梯围成的倾斜看台，沿着整个新旧大楼东侧从三楼的高度逐渐降低，直到地面“围场”高度。围场就在“赛马道（绿道）”旁边，有一条沙土的“工作道”围住跑马厅的内场。内场中划分出各种运动场，还有些玲珑的（网球、保龄球、板球等）“俱乐部”。甲级联赛（1－я Дивизия Лиги）的运动队从来都选在跑马厅举办最顶尖的比赛，平日这里在教打高尔夫球。

白俄团队员自在舒适地住在底楼，“继承”了一个占地很大的专用体育馆，白俄团随即配备各种体育器械，团中的拳击台也搬了过来。

底楼有“值班室”、给“大门门卫”所用的警卫室、拘留室、厨房、食品库房、军需库和理发室。公共厕所和淋浴间位于营房西侧的一个小院子里，紧邻连队所在地。

二楼的南端是白俄团司令部办公室、一个“访客等候室”、一个“保健室”和白俄团医疗站。

一道南北向的内墙将整栋跑马总会大楼的二楼和三楼分成两半，从二楼沿墙向上，可以通向一个从白俄团司令部延伸出来的露天的内阳台。在这个阳台上可以看到白俄团整个营地，沿内墙右侧（东侧）是一些小房间，里面住着连队的军士长、医士和文书。

二楼的北端有一个宽敞明亮的餐厅，餐厅窗户朝着马霍路，其中一个角落里布置出一座白俄团的教堂，带有讲台、祭坛和大量圣像、宗教用具。

这个“内阳台”的尽头是一个通向三楼——“军官走廊”的铁

梯子，右侧（东侧）是几扇通向跑马厅“新看台”顶层的巨大玻璃门，沿着走廊的西墙安置着设备齐全的厕所、淋浴室、台球室、起居室、餐厅和供军官使用的独立房间。当军官值勤或因其他原因留在营房时，他们就会使用这些房间。白俄团司令、各连连长有自己的独立房间，士官则是两人一间。

整个营房的侧面（西侧）面向马霍路，东侧部分则面向跑马厅观众看台。从军官走廊看出去，是跑马厅的绝佳景色，还能看到周围的建筑群落。三楼南端安置了一个白俄团小酒馆，小酒馆东墙和军官走廊一样，是面向跑马厅，但现已紧闭的几扇玻璃门。只有两扇门还开着，人爬上看台台阶后可以通过这两扇门进入小酒馆。小酒馆的一部分划作白俄团图书馆，里面两个大玻璃柜展示着白俄团的战利品——各种比赛的流动奖杯。

这是白俄团历史上最好的营房，便利且舒适，整个团都能住下，而且在市中心、条件优渥，有整个跑马厅可用来训练，雨天时，连队房间也完全足够。

白俄团一直在这个营地中驻扎到解散为止。

正对白俄团营房的“围场”里，有足以用于检阅和游行的空间。该“围场”的唯一不便之处就是它的表面铺了沥青，与赛道形成一定的倾斜角度，这使得转弯动作，尤其是“绕圈”转弯，很难“干净利落”。

跑马总会秘书奥尔生（Олсэн）先生领衔的跑马总会管理局和白俄团司令保持着非常友好的关系，并尽一切可能满足我们的需求。

在赛马日里，只有一个矮小的便携式铁护栏将观众看台（即“新看台”）与白俄团驻地内相连的看台分开，白俄团队员和客人们可以坐在“自家的看台”上免费观看赛马，想赌马的人可以去总会中下注。站在护栏旁边的俄国保镖们毫不阻碍，护栏的目的大概是不允许闲杂人等进入白俄团，不过可以让白俄团队员从这个小型拒马通过。全体军官都可以毫无障碍地“直达”主看台。

1940 年，白俄团顾问伯克-墨菲少校返回英国，但没有任命继任者。所有万国商团司令部的正规军军官都撤离了，替补他们职位的是上海侨民、第一次世界大战期间的前英军军官。

1940 年 11 月，白俄团全体军官受邀参加了工部局总董和董事们特意为他们举办的鸡尾酒会。在这次酒会中唱主角的是与英国政府关系密切的工部局的真正领袖，多年来担任工部局总办的费利溥（Годфрей－Филлипс）。酒会期间，白俄团营地中长久流传的谣言得到证实。这个谣言不仅受到军官，而且受到所有队员的热烈讨论——白俄团[①]应从万国商团中调离，纳入工部局警务处之中。

在发生对日战争的情况下，万国商团作为一个由各国连队组成的军事单位，内部已经相互敌对，存在的必要性与依据已经消失。公共租界仍然保有万国商团，其存续与否是因为与世界各个大国有利害关系，而与各国所处阵营无关。公共租界应该且只能由其“民用警卫队”——巡捕进行防卫。

因此，由于预期对日战争行将开启，工部局（可能英国并未外交介入）决定将白俄团移交给警务处，仍保留其军队建制之整体性。工部局利用这项法案，保留这支可靠的作战部队，当战争出现

① 这里实际指的是白俄团中领薪资的常备军，包括一连、二连和四连。作者仍称白俄团，有概念混淆。但文件中明确了实际区别，转移至警务处的这部分部队称白俄分队（意即编制上纳入白俄团的俄国义勇队除外），随着转移完成，白俄团不复存在。

对英国有利之结果时，可以再次使之变作当地义勇军的一部分；就这样，工部局将租界保护权移交给了这支部队，虽然它在警务处还是新手，但已凭借有纪律、有秩序的精神面貌和模范工作赢得各方信任。

“告别酒会”在悲伤的气氛中举行。工部局总董、总办和董事们不吝言辞地称赞白俄团，白俄团军官们心痛地接受现实——毕竟，对他们来说，这是“十二年军旅生涯的终结”，虽然他们有特殊地位，终究也变成“巡捕”了。

为了表扬白俄团为公共租界所立下的功劳，工部局为白俄团全体军官保留了他们所获得的军衔和勋章。

1940 年 11 月 24 日，万国商团团长为全体团中军官组织了一场鸡尾酒会，这也是为即将离开万国商团行伍的白俄团所举行的告别酒会。

1940 年 12 月 5 日，万国商团团长葛利安上校[①]在他组织的鸡尾酒会上，和白俄团及整个万国商团进行最终的告别——他即将去英国了。他的继任者曼恩上校是上海外侨，澳大利亚军队的一名退役军官，同时也兼任星加坡路拘留营卫队长的职责。

即将调动到警务处的白俄团，在物质方面得到很多好处——薪水更高，工作更轻松，纪律更宽松。

对于“老百姓”来说，在警务处工作是一种诱饵，但对白俄团而言，这种转变会消磨真正的军人精神。白俄团军官和士兵们早在 1927 年就入伍了，继续他们在祖国时就已开启的军旅生涯。这些职业军人不仅已习惯严格的军事纪律，而且已与军差相伴的种种艰辛

① 原文有误，此时离任的万国商团团长是洪璧。

融为一体，他们热爱这种军事秩序，并珍惜自己作为“军人”的称号。对于他们来说，过渡到“巡捕”并不是一件令人愉快的事情。但是他们不争辩，因为知道争辩也没有用。

1941 年 1 月 15 日，根据万国商团命令，白俄团脱离万国商团，正式归工部局警务处处长包文（Борн）少校差遣。

第二天，即 1941 年 1 月 16 日，白俄团更名为“上海工部局警务处俄国辅助队”（Русский Вспомогательный Отряд Шанхайской Муниципальной Полиции）。

白俄团的内部生活并没有改变，但是在操练大纲中，除了通常的队列操练外，引入了学习《巡捕守则》的内容，所有队员都通过了训练课程和柯尔特手枪、汤普森冲锋枪射击课程。白俄团军官们结队前往巡捕基地（Полицейское депо）出差，在那里接受比列兵队员更为广泛的巡捕课程。

物质条件得到改善。由于预计战争将要爆发，工部局变得更好说话了，警务处处长包文少校对他的新队伍表现出特别的关心，那就是——加薪，除了“编外”人员（在工作 6 年后解职），其他人还获得特别“奖金”。每名队员有每月两次“全天请假”的权利。

很快，辅助队队员们收到了新的深蓝色巡捕制服，肩章上有银色的镂空图案——“Р. В. О. Ш. М. П.”（上海工部局警务处俄国辅助队）。军官们收到了巡捕军官制服，上面仍带有他们在万国商团中获得的“星标”[①]——白俄团司令收到警务处高级帮办处长的制服，上尉收到帮办处长制服，中尉收到督察长制服。制服是用上好

① 此指代表军衔的星状标识。

的料子精心量身缝制的。带帽檐的军官制帽上绣着宽阔的银饰线（根据军衔而定），上面有一颗又大又厚重的银色星徽，星徽上面有珐琅制的“Ш. М. С.”（工部局俄文首字母缩写）图形。士兵们收到了警务处统一样式的警棍，这根短光漆小棍代替了原先的“枪架（Стэк）”，作为他们的“冷兵器”。

队员们的步枪上交到万国商团仓库，取而代之的是从警务处仓库——“军需库”领取柯尔特30型手枪和汤普森冲锋枪。军官领到手的是柯尔特45型手枪。

辅助队的值班室变成了警务处的“审事间”（Чардж рум，Charge room）。“军械库”（армори）就安排在那里，辅助队队员在出门工作时，从那里领取手枪和子弹，当他们值勤返回时，则将武器交回此处。

在“审事间”又宽又长的柜台上，有一个幅面很大的“警务事件簿”（книга происшествий），值班军士在上面记录俄国辅助队队员在岗期间发生的所有事件。每天早上，这本簿子被上呈给辅助队司令部，副官（当时预备队副官是我）对重要事件进行汇总，并将情况编写成特别的报告表。接着大概每天上午9点，警务处总部专门派来一名摩托车手前来收取报告表，将之送交警务处最高长官查看。

俄国辅助队就像一个独立的巡捕站点。警务处司令部特别指派了一名正巡官（Чиф-Инспектор）来联络俄国辅助队。联络官是英国人塔茨托尔（Ф. Тэтстолл），他全日都在预备队。

俄国辅助队的直接上司（我们司令的上级）是警务处的高级帮办处长之一——罗伯逊（Робертсон）先生，他同时“号令”着所有警务处预备队、培训基地和印度巡捕。

警务处高级官员们对俄国辅助队关怀备至、极为友善。他们非常明白，挂名在俄国辅助队下、听由他们差遣的，实际是一支最为可靠、有纪律且训练有素的部队，是一支强大的武装力量。

俄国辅助队的警官很快和正规巡捕警官建立了良好关系。说到这段关系的结成，辅助队在“军官餐厅”举办的鸡尾酒会、玩台球或在我们军官餐厅的吧台“偶尔来杯伏特加”的活动发挥了不小的作用。

正规巡捕中的“中等级官员”（巡官、副巡官和巡长）对俄国辅助队警官的态度大为不同。他们无法容忍这样一个事实，即白俄团军官们到了警务处以后，可以保留已经获得的星级，马上穿上“军官制服”，而他们在警务处工作了几十年，却要一如往常地安于巡长或者巡官袖章，佩戴最长的警棍。

不过，俄国辅助队警官几乎天天和他们在各个巡捕房打照面，辅助队军官餐厅中的热情接待起了作用，这些不愉快渐渐消散了。

正规巡捕警官对俄国辅助队队员的态度非常友善。他们乐意为后者解惑，并原谅队员因经验不足造成的一些小失误。

巡捕工作和懒散自由的态度大大压缩了队列操练的时间，辅助队队员们开始丢失其堪称模范的仪态，纪律性逐渐下降。俄国士兵素质再高，也需要“严厉长官的鹰眼”盯着，但现在这种监督作用几乎不存在了，因为每个出勤的辅助队队员都有单独任务，值勤警官在岗时，在每 4 小时一次的轮岗中，最多看到队员一次，而且照面时军官只是坐着摩托车顺路检查值勤而已。

渐渐地，俄国辅助队队长伊万诺夫少校不得不再次应用“军队式的严格要求”，采取措施将纪律性提高到以前的水平：加强对过失行为的处分，引入“黑板”制度[1]来应对恶意违反纪律和规矩的人，对过失者施以“罚练”，对于尤其顽固和不收敛行为的人给予辞退警告，也有一些人按军规被开除了。

与此同时，营房配备的设施日益增多。为了满足队员的需要，小酒馆内甚至安装了两台电话，一名值班员守在电话旁，负责接听“城里”捕房打来的电话。

随着纪律性下降，加上队员又有了大量空闲时间，队员一般会去城里休假。许多队员是原白俄团运动队或是弦乐团和合唱团的成员，他们到警务处工作后，开始将这些原本的义务看成非必要的兴趣活动。辅助队的运动队和弦乐团面临一种窘境，若它们不解散，水准自然也会降低。根据辅助队新命令（当然，该命令取得了警务处长官们的许可），队长申明，该队的“运动队和乐团”和日常工作、队列操练一样，仍是义务活动。

随着苏德战争开启，苏联已成了英美两国的盟友，上海俄侨中的红色宣传愈加强大！

苏联特工试图以各种借口将白俄侨民拉入他们的阵营——不是参与红十字会，就是呼吁帮助德占俄国地区受难的人们，诸如此类。上海的俄国侨民一分为二——上演“赤”“白”之争（两边势力大致相当）。

两边各有广播站、报纸，两边都在宣传鼓动。苏联“假爱国者们”的衣襟上系着红色花结，他们不仅打扮成这样出现在街头，还出现在公共场所，甚至试图渗透进俄国辅助队位于跑马厅的营房。

得知此事后，伊万诺夫少校发布了一项严厉的命令，重申进

---

① “黑板”制度从字面意义理解，应为将违反纪律者写在一块黑板上予以公示。

入辅助队（白俄分队）之“基本条件”，即“要求”：必须是白俄侨民，并且与苏联没有任何联系。这个命令在“并且”上加了着重号，如此一来，继续和苏联保持联系的队员就使自己陷入一种困境中——当他被征入辅助队时，他提供了虚假信息，因此他将被立即解雇。

在战争结束前，这项措施有助于保持辅助队“一心向白”，但“红色瘟疫”还是成功地在白俄团广大队员中扎下了根，导致悲惨事件发生——在战争迫近的年代，即日本人在东方挑起战争时期，白俄团队员被捕，以及大量前白俄团队员听信苏联宣传，在1947年“回到祖国”。只有军官和老干部们没有“屈从”于苏联的影响，对如同国旗般的白俄团团旗“矢志不渝”。

我将拿出一些命令从“官方”角度证实上述文字。这种命令很多，在白俄团（分队）的整个生涯中有重要意义；遗憾的是，我仅保留了其中一小部分，不过它们已非常具有代表性。

1939年5月4日白俄团第124号命令第2条

收到1939年5月2日万国商团总部222/14号信件及公共租界警务处处长1939年3月1日命令，兹公布该命令内容（译自英文）：吸收俄国国民进入上海工部局警务处任职。

警务处处长下令执行以下命令：

今日起，任何曾在万国商团白俄团或俄国义勇队（三连）服役的俄国国民，如受到白俄团司令适当举荐，本人有意进入上海工部局警务处任职，都可被接纳吸收。

签名 警务处帮办处长 费尔本

1939年8月3日白俄团第215号命令第3条

到目前为止，我向解职的队员发放白俄团工作证明，并不因为这是队员之权利，也不因为我应承担法律义务。

这是由于我出于个人礼貌，真诚希望对已辞职队员的工作表达我的感谢，并希望通过评价他们的行事作风和工作成绩，为他们未来的去向提供哪怕一丁点帮助。遗憾的是，实践表明，很多辞职的队员不珍惜我的善意，辜负我给予他们的信任。在过去半年中，我确信，许多在这段时间服务于白俄团的队员，不理解我以人性、真诚的态度对待他们，试图以行动破坏我之事业。

我不在白俄团队员中谋求廉价的人气，也不贪图市井名望，我追求的是保卫白俄团，增强其威望。

许多人忘记了一点，我不是白俄团的独裁者，也不是白俄团的主人，而是和所有官兵一样的职员。唯一的区别是，最高当局委托我来指挥白俄团、管理白俄团队员之生活，享有命令和依法惩处的权利。

兹向全体白俄团队员宣布将来之规定：

1. 对以下人员不再发放白俄团工作证书：

(1) 在合约到期之前辞职的队员，因健康问题被医疗委员会解雇的队员除外。

(2) 被强制解雇——在收到我方通知后解雇的队员。

(3) 由于合同期满，提出个人自愿离职申请的队员，但其提出日期晚于1933年8月13日白俄团第226号命令第2条所规定之期限——超过合约期两周。

(4) 经我鉴定，其行为为他人做了恶劣示范或对白俄团有害之队员。

2. 对以下人员不发放推荐信和各种证明：

(1) 根据处分清单或经我鉴定，其行为举止不可借鉴或品行不佳的队员。

(2) 从军团离职后，其言行举止表达出对白俄团敌视态度，或以行为玷污自身身份的队员。

我再次提醒，是否发放白俄团工作证明是我的个人权利，而非法律意义上的义务。希望以上命令作为我所安排的众多措施之一，在生效后能提高队伍的纪律性，开导某些放纵过度的队员。

上海白俄团 1941 年 1 月 15 日第 15 号命令

第 2 条

根据万国商团 1941 年 1 月 14 日的一项特殊命令，自 1941 年 1 月 16 日起，我所指挥的万国商团白俄分队[①]（Отдельный Русский Отряд）转至上海工部局警务处部门工作。

第 3 条

1. 1932 年 2 月 16 日，通过合并白俄分队（1927 年 1 月 17 日成立）与万国商团俄国义勇队（1928 年 10 月 13 日成立），建立了万国商团白俄团（“丙”营）。为了奖赏白俄团的特殊功绩，1932 年 4 月 3 日，工部局授予白俄团一面团旗。

1941 年 1 月 16 日，白俄分队和俄国义勇队（三连）分离，

---

① 此指白俄团中，除却义勇队（三连）的白俄分队。随着白俄分队转入警务处，白俄团亦不复存在。

白俄分队转入工部局警务处，这一命令中止了万国商团白俄团（“丙”营）的历史。

鉴于白俄分队队员资历老、人数多，工部局在1940年7月26日第1821期工部局报刊中公开发布命令，保留上海白俄团受赏的团旗，并维持其传承的权利不变。

根据工部局的这项决定，自1月16日起，团旗及法令授予团旗的自然权利与法律权利转归白俄分队所有，白俄分队从指定日期起转入工部局警务处工作。

由于万国商团白俄团不复存在，我作为团司令的功能亦消失，我认为我有责任向全体军官以及各级别的士兵们表达我的满意之情，不管他们曾于何时在白俄团工作，感谢他们为白俄团之荣耀、为社会之福祉、为不辜负当局的信任所付出的诚实劳动。

令我感到骄傲的是，无论是统治阶级代表，还是外国侨民，当然包括俄国侨民和上海本地居民，在以往14年间，都没有为信任万国商团白俄团而感到后悔或抱怨。

白俄团在上海史中留下了自己的印记，它的标志就是俄国的三色国旗和他们作为俄罗斯的儿子与生俱来的优秀品质——道德秩序感和军事荣誉感。

2. 随着白俄分队调动到工部局警务处，白俄分队失去了和万国商团义勇队（三连）的工作联系，而后者为维系白俄团的威望及上海俄侨的好名声做出了不少努力。

白俄团义勇队（三连）作为万国商团的一员，志愿服务上海租界侨民，和其他外国侨民平等履行公共职责，为上海的俄侨群体提供了莫大帮助。

在与义勇队（三连）切断工作联系之际，我想对其队长萨维奥洛夫（К. П. Савелов）上尉、全体官兵表达诚挚谢意，感谢他们在9年间作为白俄团的一员，表现出认真尽职的态度和为公益牺牲的精神。这个训练有素的军事单位在万国商团中代表了上海白俄侨民群体。

我将白俄分队和仍留在万国商团的义勇队（三连）分离，但我相信，曾经的精神纽带会将白俄团两个组成单位的所有队员紧密地联系，未来他们的友谊和信任不会改变。

我衷心祝愿义勇队（三连）队长暨全体官兵生活幸福、仕途亨通。我毫不怀疑，他们将尽一切努力将该队的声望和高尚精神维持在应有的高度。

3. 14年间，在万国商团行伍之中，白俄分队无论从外形还是从工作性质来看，都是正规军事部队。

不管是万国商团命令、工部局总董的信件，还是工部局的年度报告，都多次提到白俄分队的大致情况，夸赞其队员勤恳认真。有时白俄分队的工作是在极其“微妙”，甚至是非常困难的条件下进行的，但是队员们虔诚地保存着旧俄军的传统和遗风，光荣地承担所有工作重担，他们是谦虚、服从和纪律的模范。

随着白俄分队转移到警务处就职，队员的工作性质、外在形象有所变化，但其内核——服从命令、谦虚谨慎、纪律严明、热心工作的俄国士兵，这是从来不变的。

公共租界当局将白俄分队调派到警务处，他们相信俄国士兵的精神是毫不动摇的——这种精神并非有特定的形式，当局还通过保留白俄分队传承1932年赏赐的上海白俄团团旗的方式，坚定队员们的精神信念。

团旗的旗面上有帝俄国旗作为“国家”的标志，旗子两面绣有“工部局”的字样，这是最高当局的标志。受工部局召唤，保卫并贯彻当局法律的白俄团，将会参加工部局警务处的所有阅兵。

这面旗帜的存在就是白俄分队独立性和民族性的表现。对白俄分队队员而言，这是神圣且长久的激励，鼓励他们为军队之荣誉和社会之福祉诚实履行职责。

白俄分队司令部的组织和权利，管理机关、军官和士官组成保持不变，只是在武器、制服和工作性质方面发生变化。

感谢我麾下的全体队员，感谢他们在14年间为保持白俄分队的鲜明特点做出的努力。正是这些特点，令白俄分队获得优秀部队的荣誉。

我同样希望，在工部局警务处的新职场中，他们不减勤奋。

上帝保佑！

第4条①

从1月16日起，万国商团白俄团（“丙”营）不复存在。

万国商团白俄分队转入工部局警务处，受警务处处长节制。

义勇队（三连）继续留在万国商团的队伍中，并直接受万国商团团长节制。

---

① 原文“第3条”，疑误，应为第4条。

1941年1月16日工部局警务处俄国辅助队1号命令

第2条

根据1941年1月11日上海工部局警务处总部第162号通函，今天，我所指挥的万国商团白俄分队转入工部局警务处。

第3条

在转入工部局警务处工作后，我指挥之白俄分队被命名为“上海工部局警务处俄国辅助队”。

根据我所任职位，我被称为“上海工部局警务处俄国辅助队队长”。

上海万国商团团长洪璧上校的特别命令（译自英文）

1941年1月13日，星期二。

第1条　白俄分队转至上海工部局警务处

自1941年1月15日午夜开始，将移交万国商团白俄分队至工部局警务处。

万国商团失去了这支优秀部队，深感遗憾，它自1927年成立，就在维护租界和平与秩序方面发挥了重要作用。

万国商团和整个上海滩都视白俄分队为骄傲。无论如何，白俄团在工部局警务处辅助队的新角色，仍旧会让我们以之为豪，因为他们会让承载了辉煌过去的芳名在新环境中继续闪耀。

万国商团以最美好的祝愿伴随您。

1941年3月28日俄国辅助队第72号命令第2条

从今日起，取消原白俄团用于定义每一队员职务状况的

"士兵"一词，代之以以下名词定义：辅助警员、辅助代理下士、辅助下士、辅助中士、辅助军士长。

除了全体军官，所有队员总体被称为"队员"。

依据：警务处处长1941年3月27日命令。

1941年4月25日俄国辅助队第100号命令

第2条

4月24日下午4时，在跑马厅观众看台前的空地举行阅兵和赏赐仪式，工部局警务处向俄国辅助队旗帜赠花环带，并向队员赠工作奖章。在1月16日转入工部局警务处之前，原白俄团曾作为万国商团的一员连续工作了12年以上。

工部局警务处处长包文少校观看了阅兵，并举行了花环带和奖章授予仪式。

阅兵进行得非常成功。

阅兵结束后，警务处处长视察了辅助队的住处。

警务处处长对原白俄团队员漂亮的外形和良好的住所感到满意。

我要代表官方感谢全体军官和队员，感谢他们的努力。他们姿态端庄、步伐整齐，出色地完成训练动作，展现出英勇的面貌。感谢他们整理营房，为准备警务处处长视察付出劳动。

第3条

我祝贺辅助队队员们收到了工部局警务处处长和全体警官赠予团旗的花环带。

我希望，辅助队队员们不辜负工部局警务处处长和全体警官的信任。这种厚望已通过赠予花环带的行动体现出来。

警务处处长命令

1941 年 4 月 24 日

工部局警务处全体警官怀揣良好的祝愿，在俄国辅助队加入巡捕行列之际，满心欢喜地亲手递交工部局警务处敬赠给俄国辅助队旗帜的花环带。

我们相信，在请俄国辅助队接受警务处赠予鲜花的同时，警官们会幸福地意识到，俄国辅助队在履行职责时，以其极具特色、忠诚有益的工作，不仅增添了白俄团的荣誉，同时也增添了工部局警务处的荣誉。

1941 年 8 月 4 日俄国辅助队第 201 号命令第 2 条

根据上海工部局为我指挥之俄国辅助队所制定章程，在其运作期间（自 1927 年 1 月 21 日到现在），辅助队应由俄国人组成，且必须有俄罗斯民族的政治信念（“反布尔什维克”）。

依此规定，根据既定的青年入队手续，每个新入队者，除了需出示规定的身份证明文件——如护照或公证，还应向辅助队呈交上海俄侨委员会的证书，以证明其政治可靠、与任何反民族主义的政治圈子无交集。

如此一来，如果不伪造、犯罪或像变色龙般隐藏自己真正的政治面貌（奸细们卑鄙下流本性的固有特点），俄国布尔什维克是不可能渗透到辅助队中的。

另外，我也不允许任何队员在辅助队工作期间改换政治信念、转换到对白俄侨民充满恶意的布尔什维克分子阵营中。

因此，辅助队的全部生活与工作必须立足于白俄民族主义意识形态，以俄国东正教信仰为原则，坚决抵制一切异教思想及一切与俄国民族精神相异之物。

辅助队政治意识形态的自我表达就是，白俄团旗帜和俄国国旗承载旧俄帝国的俄罗斯民族色彩，而精神生活则体现为信奉东正教教义，遵循古老的俄罗斯旧习俗。

在俄国国旗庇护下的辅助队队员，受俄国侨民社区合法代表保护，并受俄国东正教教会照管，每个队员都应是模范士兵，是在沪白俄侨民的重要成员，是布尔什维主义思想上的敌人，特别应该是苏联政府的敌人。

因此，我坚决严禁队员对布尔什维克尤其是苏联政府表现出好感、同情或友好，无论何时何地、无论以哪种表现方式，不管是唱歌、演奏苏联歌曲、佩戴徽章，还是捐款、印刷和阅读报刊、前往具有布尔什维克意识形态色彩的地点，更别说作为成员或访客前往这些地方。

违反此禁令将被视为侮辱辅助队的意识形态的行为，是故意损害辅助队名誉、贬低工部局警务处声望的举动，将损害上海工部局的威名。

有此过失者将根据辅助队《处分章程》第4条、第5条和第8条受到纪律追责，并根据既定的诉讼程序受到惩罚。

1941年10月21日俄国辅助队第279号命令第2条

我建议全体军官和各级队员，今后为方便起见，平日里不要佩戴勋章、绶带，只佩戴1937年参与防卫上海而获得的绶带，以及万国商团服役期满奖励的勋章、绶带（如有）。

在阅兵或有命令时才佩戴勋章、绶带。

本命令并不意味着所有俄国勋章、绶带失效，仅出于实际目的，建议采用此新的佩戴规则。

1942年

1941年12月7日的一次聚会中，我和妻子在一位俄国老水手家中进晚餐，这位水手是某个中国公司的轮船船长，次日就要出发远航。那天好像是他的生日，我印象中是个周日。

到了午夜时分，客人们准备各自离开，我们叫了出租车，穿好外套坐在客厅里。谈话的主题突然转到了欧洲战争，其中一位客人发问："那你们怎么看，我们这东边会发生战争吗?"主人家的儿子（上海电站的工程师）立马应了声："没什么可担心的，这里不会有战争。"在场没有一个人反对他，这大概是大家内心深处的共识。

当然，上海的欧洲居民都为这场持续了近两年的欧洲战争感到心神不宁，但是他们又开始习惯于"上海已经幸免于难"的想法，我们会像往常一样过日子，一切正常，甚至认为这个偏执的想法也很正常。

谁都没有想到，正是此时，日本人不宣而战，在珍珠港击溃了美国海军舰队，击沉了不久前从上海驶往菲律宾的美国海军陆战队第四联队余部之战舰。

12月8日上午，我像往常一样早起，吃了早饭后步行前往巴士站，好乘车去跑马厅的辅助队营地上班（距离仅1英里半）。在大概早上 7 点时，我在车站碰到一名英国人——英美烟公司的一名职员，我通常和他同时搭车上班。

尽管辅助队副官规定从早上 9 点开始办公，但我一般早上 7 点 30 分就会到队里，马上开始将昨天在岗队员记录的报告由俄语翻译成英语。9 点多时，警务处总部专门派来摩托车手在各个巡捕房收集报告，并将这些报告送交司令部，以供警务处处长决策。

我们的公交早该到站了，但迟迟没来，我们以为不过是公交公司的时刻表经常不准罢了。周围大概已经聚集了十来名乘客，大家推测汽车可能在半路出了点事，所以不得不去坐电车或者拦出租车，要不就像我一样靠步行。

就在此时，一辆几近超载的公交车终于出现，驶到站台停下，我们爬上了车。

我们在公交车上听到一个令人震惊的消息：一位欧洲乘客刚刚在广播中听到日本驻沪军事司令部的通报，称日本已加入德国和意大利的联盟，向英国、美国和法国宣战，并已经占领了上海。日军司令部敦促上海居民冷静应对事态，继续照常工作。

5 分钟后，我已抵达营地，在“军官餐厅”听到了最新的消息：黎明时分，日本人向停靠在外滩对面，黄浦江上的英、美战舰指挥官发出最后通牒，要求他们投降。美国人投降了，英国人则升了旗，开始为一场强弱悬殊、毫无希望的战斗做准备。日本人将几挺野战炮推到外滩，向英国炮舰开了几炮，接着其陆战队员在英国炮舰登陆，用战斗手段占领炮舰。

英国水兵们光荣地继承了海军上将纳尔逊（Нельсон）在特拉

法尔加战役后流传数百年的传统，“尽了个人责任”，[①] 而美国人则一如既往地把这项事业看作“无利可图的生意”，因此以损失民族自豪感为代价早早放弃抵抗。

很快，辅助队的“联络官”、正巡官塔茨托尔从警务处总部来到我们队里，并向我们确认了业已掌握的有关上海事变的消息，照常转达总部的工作指令，要求特别注意，街上不能有人群聚集、骚乱和示威游行。

根据警务处的命令，所有高级官员都必须“上街”值勤，亲自检视和监督日军公开占领公共租界期间的街道秩序。

我得为英国人和日本人说句公道话。第一，尽管日本人为“半官方”的俘虏[②]所创设的新规定而感到激动和苦恼，但他们仍然光荣而庄重地履行保护租界的职责，他们并不招摇，而是“平静、稳重地进驻租界，没有任何过火行为”。

城市街道，尤其是街道的十字路口，满是武装起来的巡捕——既有欧洲巡捕、印度巡捕，也有华人巡捕。上海的城市生活“一切照旧”，遵循着一种“最高的、完全不同寻常的”秩序。

辅助队队员照常在楼下值班室领取武器后开始工作，在阅兵场接受队列操练，日常工作在司令部办公室进行。表面上，什么都没有改变，但是通常整天都在辅助队的塔茨托尔缺席了——他被召回了警务处总部。

接近午餐时间时，日本人已将他们的部队安排到租界各个区域，并驻扎在他们先前指定的工部局大楼和营房中，这些营房是在

---

① 纳尔逊为近代英国著名海军将领，他在特拉法尔加战役中英勇牺牲，曾打出旗语“英格兰期望每个人尽到他的责任”以激励战士。

② 此指公共租界当局。

英美部队撤离上海后腾出来的。

突然，辅助队队长的窗户外，从马霍路上传来越来越响的单调的隆隆声、坦克“履带”的哗啦声、发动机的噪声。我看向窗外，看到一列长长的日本轻型坦克，沿着整个跑马厅大楼蜿蜒而停。

通往辅助队司令部的外楼梯上很快传来脚步声，司令部办公室的门“砰”地被打开，两名日本士兵出现在门边。他们一边走进房间，一边用日语喊叫恐吓，还用步枪对着桌子方向做“准备射击”动作——桌子后面坐着我们的长官伊万诺夫少校。一名日本军官跟在士兵身后走进来，用相当差劲的英语问了一个荒谬至极的问题：“这里驻着什么部队？”

得知这是工部局警务处俄国辅助队、伊万诺夫少校是指挥官后，日本军官来到桌子前，用放在司令桌上的电话不知给谁拨了过去，用日语简短交谈后，日本军官沉默着将电话交给伊万诺夫少校，电话那头是一名警务处帮办处长，是个日本人，他宣布警务处已移交给日本政府管理，要求辅助队在得到进一步命令之前应继续工作。

日本军官颇有礼貌，又很有威严地告辞了，他在士兵们的陪同下走出了辅助队司令部，坦克纵队继续前进。

毫无疑问的是，日本人不仅非常了解“跑马厅驻扎了什么部队”，而且他们也清楚地知道其人员构成、各个队员的情况，因为“他们的人”——公共租界工部局警务处中的日本职员肯定已经将这些信息提供给了他们的军事司令部。

我发觉，每个人心中都感到不安。多年来的正常生活结束了，新政权的半个敌人、“非自愿的职员”新生涯开始了，对未来的忧虑不由自主地潜入心中。

当白俄团从万国商团调到警务处时，工部局总董在鸡尾酒会上所说的话依旧回响在耳边。他在发言中表示，自己怀抱希望，并深深相信，白俄团将在新职场——巡捕队伍中继续忠实的模范工作。眼前仍浮现着英国驻华公使给所有欧洲雇员（包括英国人）的致辞。在这份印在上海报刊上的致辞中，公使呼吁所有人在任何情况下都应留守岗位，保护公共租界，直到拥有一个更美好、更平静的未来。

新的“主人”——日本人来了。以征服者姿态前来的他们，将会如何对待按“英国法律”行事的工部局职员——只能日久见人心了。

12月8日当晚，警务处几乎所有高级英国长官都聚集在我们的“军官餐厅”中——有高级帮办处长史密斯（Смайс）上尉、贝克（Бэкер）、萨姆森（Самсон）、“自己人”罗伯逊、艾尔斯（Айерс）、威杜森（Виддоусон），自然也有塔茨托尔，还有“巡捕大队”的一些长官。他们中有许多人已经计划从舒适的公寓搬到跑马总会大楼寒碜的小公寓或小房间里去，通常这些地方住的是来上海参加赛马的外地成员。

他们都感到心急如焚。警务处处长包文少校及高级帮办处长史密斯和萨姆森，加上英国外交官和万国商团几名高官（包括最后一任团长曼恩上校），不久后，将会乘坐“与日本人说好”的最后一艘轮船离开上海。这艘船会把他们带到位于非洲西海岸的中立国际港口——洛伦佐-马科斯（Лоренцо - Маркос）港。其余英国人依旧继续工作，但是得从处长职位退居帮办，将长官让位于日本人。

在这种情况下，日本人的行为非常合理。他们并未破坏工部局的结构，而是为己所用，在未打破正常生活的前提下逐步引入自己的规则制度，租界依然是“公共”租界。

警务处各部门的日本新长官都是原先工部局警务处的旧职员（日本组），以前在英国人领导下担任卑微之职，现在他们成了上司，而他们前上司则成了下属。

为了保护公共租界的完整性、保护其庞大的资产，英国人根据驻华英国公使的命令，继续在工部局各部门服务，执行新长官——其军事敌人的命令。

不在工部局岗位上的英国人则被关进集中营。很快，那些对新上司不满或被上司怀疑为“破坏者”的“工部局职员分子”也都被送往集中营。

塔茨托尔正巡官仍然是我们警务处总部的联络官，但是我们的直属上司、“培训基地、所有巡捕后备队和印度组的长官”、亲爱的罗伯逊先生被免职了，很快他被关进了拘留营。2月22日，工部局警务处前日本督察长须贺崎（Суказаки）[①] 接替了他的职务。

他是一个心灵美丽的人，也是一名勤恳热心的老职员，并没有对自己以前的英国长官——现在的下属怀有或表现出敌意，和所有人都处得来。他英语说得很好，而且我甚至觉得，他仍然热爱他在工部局警务处的工作。

渡正监（Ватари）先生被任命为警务处新处长，他是一名职业外交官，高个子，是个仪表堂堂的日本人。真正的警务处处长是宪兵少校五岛茂（Гото），与大多数日本人一样，外表平平无奇，但为人意志坚定、性格刚强，其官方身份是“刑事科”“特别（即政治）科”的负责人，但实际上掌控着整个工部局。

---

① 此为俄文音译的日文名字。

五岛茂总是穿着便服出门，这样可以悄声无息地混在人群中。单从外貌上看，他就像一个小公务员或商店掌柜，混入人群中根本分辨不出来。他不抽烟喝酒，但是在节日时分（特别是在日本人隆重庆祝的新年）会在单身公寓里举办“招待会”。当然，我们都是几个月后才知道的，不过我认为在此交代此人性格时，说说这些是合适的。

“招待会”有一个奇怪的特征，宴席有点像慷慨好客的俄国老式复活节或圣诞节的餐桌，摆满了各种各样的小吃、种类丰富的饮品。节日那天，他的下属们来拜访他。一名仆人前来迎接，将他们的名片放在接待室摆着的专用托盘上，然后将他们带到餐厅。客人常常碰不见主人，但会有服务生为他们殷勤服务，提供饮料和小吃。主人有时会出乎意料地从隔壁房间出现，与客人互致问候和祝福，他在请来宾不要客气、像在家一般随意的同时，又会突然消失。

工作之余的这种热情好客、亲切友善的任性态度，及对待下属的客气礼貌并没有妨碍五岛茂少校做一个非常严格苛刻的上司，他的欧洲下属们也很快意识到了这一点。在日本人手下工作的艰难时期里，意外被逮捕并发配拘留营的情况并不罕见。巡官沙罗克（Шаррок）、副巡官帕夫琴斯基（Павчинский）、最豪华的夜总会和轮盘赌场所有者法伦（Фаррэн）等人，人们不会忘记他们被逮捕、遭到酷刑，最后死亡的经历。沙罗克和帕夫琴斯基被撤职后，被关进一个“特别集中营”，据传闻，他们在审讯中遭到残忍的殴打，很快就死了。法伦则被关在船舱的桥楼室中，难以忍受折磨，于是……在非常不可思议的情况下上吊自杀了（或许是在日本宪兵的“帮助”下）。而在法伦死后，他的看守员很快被捕，也上吊自杀了。所有这些人都曾在五岛茂所管理的部门工作。

欧洲巡捕开始警惕起来，比以前更加准确和周到地开展工作。他们越来越频繁地来我们的“军官餐厅”，坦诚地与我们分享他们的悲伤、恐惧和焦虑。他们依然如从前一样信任我们，却少了昔日的傲慢。

1942 年，白俄分队（现在以辅助队的名义）为工部局服务的第 15 年，就这样开始了。

进入公共租界领地的日本军队占领了上海外侨的总会、银行、学校等公共场所，清空了所有房屋。这些房屋以前曾被外国人使用，如今他们都在集中营里。日军“特别科”（Специальный Отдел）[①] 司令部位于静安寺路英国乡下总会大楼内，成了我们“最亲近的邻居”。

日本人占领租界后，“孤军营”的问题也就“迎刃而解”了。在东方爆发战争后不久，一列汽车载着为数不多的日本军事守卫驶向星加坡路拘留营。被拘留者被令携带个人物品离开营地、登上汽车。他们毫不抵抗地执行了这一命令。之后他们被带到某个地方，我们再也没听说过他们的事。听华人巡捕说，其中一些人立即去了汪伪政府的中国军队当兵，站在日本人一边和蒋介石部队作战，那些在营地中以“士兵”自居的普通“苦力”则被赶到街上，小部分冥顽不化的“蒋介石分子”则被关在集中营或监狱中。[②]

表面上看，上海没有一丁点变化，但由于难民不断从战乱地区逃来上海，上海的中国居民人口大大增加。

自然，海上贸易完全停滞，上海仅依靠能在中国生产和获取的

① 特别科，又称政治部、特别部，日本译为特高课。
② 此处关于“孤军营”的描述与史实不符。

物资为生。

因此，商店的许多外国商品消失了，货架上出现了质量低劣、数量不足的本地制造的商品。有现金的狡猾商人设法囤积物资并藏匿起来，之后，几乎在整个战争期间，他们都在从事“黑市”交易，大赚特赚。

洋行削减了业务量，造成许多低级雇员失业。

在东方爆发战争的头几个月，上海的面包和其他食品，再到衣服和鞋子等，所有物品都供不应求。日本军事司令部为了积存军需汽油，将私家车数量限制到最低，结果大部分城市的交通工具逐渐改用“木炭”动力。这一时期，汽车被改装为使用木炭生成的蒸汽驱动的机动车，为此人们专门在汽车上加装了特殊的装置炉，以便生成蒸汽。

很多人不得不开始乞讨。街上到处是饿着肚子、衣衫褴褛的乞丐，他们纠缠每个过路人，索取（甚至要求）施舍。但是，只要路人给一个乞丐施舍，这个好心的施主就落入了另一群“死乞白赖”人的包围中……走在城市的大街小巷，都是这样没完没了。

巡捕拿这些乞丐没办法，因为他们没法将乞丐扫出大街并关在哪里看管着，毕竟养不活这么多的饥民！哪里有粮食给他们充饥呢?！这时候，饥荒开始了，而饥荒催生了乞讨。

俄裔乞丐的数量也大大增多了，他们在城中四处游荡，不害怕巡捕的追捕，并以各种借口（主要是以失业）勒索他人的施舍。失业成潮已成事实，情况日益恶化，让越来越多的贫困者流落街头。

绑架和抢劫活动加剧，这让许多中国富人不得不和日本人在东方建立的“新秩序”上保持步调一致（只有如此才能保证自己一如既往地过着富足的生活），他们会雇用随身保镖。这一工作（看守和保镖）通常由前俄国军人担任，但此时已无法吸收所有俄裔失业者。

人们将公共租界巡捕队和法租界白俄队的俄国队员（也由日本人与汪伪上海市政府接管）看作幸运儿，心里羡慕他们。

在公共租界街道上，可以碰到穿着破烂、脏兮兮的白俄装卸工，他们像中国"苦力"一样，用手推车运送各种货物，试图与中国人竞争。以前外国租界是不允许这样做的，因为这会"掉了欧洲人的价"，而现在这种景象引得中国人幸灾乐祸地"嘲笑和讥讽"，他们觉得这很正常——在胜利的亚洲人面前，欧洲人该遭到羞辱。在这一观点上，日本人和中国人完全团结一致。

由于没有其他"活计"，辅助队几乎没人自愿解职。"编外人员"① 人数已降至最低。当然，增加辅助队人员编制完全是天方夜谭。因为辅助队名义上继续服务于公共租界工部局，而不是日本人，日本人没法取缔从公共租界工部局"继承"来的辅助队，好不容易"容"下了我们。

早在 1938 年秋天，随着日本人占领上海及周边地区，一大批中国"激进分子"和"强盗"随着各省难民潮进入上海（尤其是租界）。抢劫、谋杀、绑架、纵火、炮弹和定时炸弹爆炸、盗窃汽车、窃取工部局财产和城市设备——这类情况与日俱增。

日本"胜利者"处处都有，但置身于中国群众中的他们依然感到不安。抓捕杀手和投弹手非常困难，因为中国人不但不参与抓捕活动，甚至愿意协助"犯罪分子"从现场逃跑，"犯罪分子"能够

---

① 指等待编内职位空缺，只享有食堂餐食和旧制服，但在队里接受训练的人。——原文注

毫无痕迹地混入人群。

这种情况迫使日本军事司令部采用一种“特殊的自我保护系统”——保甲制度。保甲系统的成员就是上海居民——中国人自己。整个租界被划分为各个保甲区，并安装高高的竹篱笆和大门，以封锁所有的过道、小巷和游廊，每个特定区域的全体居民都有义务对本区进行全天保护并为本区内发生的犯罪承担责任。每个保甲员有自己的“保长”，由保长分配本区的值勤队伍。

在某些事故、恐怖行动、绑架事件发生时，首个发现者要吹响警哨，该保甲区所有人也要马上跟着吹哨，所有大门和通道关闭，以方便巡捕和日本宪兵开展缉拿工作。

保甲制度非常有效，虽然它极为残酷，残酷之处在于它花费了大量时间，并且对不够认真对待其职责的人实施严厉的惩罚。

建立了这个制度后，日本人立即着手“教化”居民，使其习惯于配合保甲法、与巡捕合作。为此，日本人经常组织“模拟犯罪”演习，当恐怖行动或抢劫突然发生时，偶然在现场的目击者必须根据制定的指示行事——发出警报、尾随罪犯、呼叫巡捕等。日本宪兵观看演习过程，逮捕并严厉惩罚未参加演习或消极参与的人。

渐渐地，日本人以与生俱来的顽固和残酷“训练”中国人采取“自保措施”，迫使他们与巡捕和日本军事当局合作。

警务处队员必须参加这些“模拟罪犯”演习。但由于他们是武装人员，在演习过程中可能会失误伤害或杀死“假想罪犯”，因此日军司令部和警务处总部下发了无数指示命令加以防范，“罪犯”本人则在袖子上别白红相间的袖标。那些不参加演习的巡捕将受到最严格的纪律处分。巡捕不得不在站岗和巡逻时提高警惕性，时时警戒，原本已经非常繁重累人的巡逻工作因此变得更加艰难。

饥荒在城中大行其道。死于冻馁的尸体愈加频繁地出现在街头，巡捕必须立即查明原因（饥饿、寒冻还是犯罪谋杀）并向上级报告。

白俄辅助队的餐食变得越来越差，但不管怎么说，他们还能定期地吃饱饭，甚至还能有剩饭。而俄国穷人和中国穷人经常守在营房的大门和围栏边上等着这些残羹冷炙，景象悲惨，引起人们对营房可能被盗的担忧，营房的“居民”长期都在“移动”中——不是在岗，就是在训练，或者在休假。结果，队长不得不下达专门的命令，禁止将食物带到大街上，并在餐厅设立值日，还采取了其他限制队员营中自由生活的规定。

无知的中国群众和中国工人、职员（尤其是城市公用事业公司的职员）充满恶意地看待俄国人——大概是唯一一群不被关在集中营铁丝网里的外国人。这种态度可能得到了日本人的默许。辅助队队员（穿着制服）乘电车和公交上下班时，经常有打架事件发生，“挑事者”永远是受到群众支持的华人售票员。

中国人害怕上岗期间的白俄巡捕，因为巡捕有权逮捕破坏秩序者，将他们带到巡捕房处以罚款或其他处罚。但在城市公交上，有背后“势力”给华人售票员撑腰，而他们也利用了这一点。尽管辅助队队长经常向警务处总部报告，总部也保证，每次投诉都会与公用事业的行政部门共同处理，但这种不愉快的事件还是天天发生。

生活必需品，尤其是服装的价格一路飙升。辅助队队员开始注意到，公家制服“遗失”的情况越来越普遍。它们很可能流入了旧货市场。这种情况迫使队长对全团队员的制服进行每日检查，检视队员外出休假时携带的东西，同时减少休假次数，晚间关闭从营地到练兵场、到大街的一些出口。这些是令人不快，但绝对必要的措施。

巡捕工作之余，用于队列操练的时间实在不多，而工作本身所赋予的许多“自由”，导致俄国辅助队纪律下降，以至于辅助队命令（及警务处命令）中甚至会强调，必须向军官敬礼——这种现象以前在白俄团是不可能发生的。辅助队军官们采取了一切可能的措施，来维持营地的纪律秩序，但当队员在大街上站岗执勤时，暂时脱离上级控制，会按自己的性格和考量行事。

要记住，在这一时期，苏联已经站在盟国一方对德国作战，因此得以在上海租界大肆宣传。日本人意识到苏联是他们的敌人，但由于尚未对苏宣战，他们被迫忍受苏联在上海的宣传活动。

在静安寺路上，离我的公寓不远处，有一座大花园，花园深处坐落着一座公馆——“苏联贸易代表处”（Советское торговое представительство）。这座庄园被高高的铁栅栏所包围，一个面色沉郁的健壮华人看守常年站在紧闭的大门边，德国牧羊犬在院子四处疯跑。这个“巢穴”一点也不像一个和平性质的贸易代表处。况且当时的苏俄有什么好与上海贸易的?！当然是一无所有。

这是苏联在上海开展工作的“谍报中心”，主要是在上海的俄侨和中国居民中活动。苏联的宣传当然也渗透到辅助队营地中，休假期间，在苏维埃宣传员柔声细语的影响下，白俄青年逐渐陷入深思，为浴血奋战，抗击德国侵略者的“祖国”忧虑。

根据仍有效的规定，只有白俄移民才能在白俄团当差，因此营房中没有人公开谈论苏联，但当队员在岗值勤和休假期间，苏联特工有了“改造”白俄青年的机会。尽管军官群体都“忠心向白”，但苏联特工还是成功地影响了队员。毕竟，辅助队队员大部分时间都在营地外，不受上级的监督和影响。

自从日本控制公共租界，已经过去了 4 个月，其间日本并未将工部局推倒重来，而是逐步引入和落实其规则。

在这 4 个月中，对日本人而言最危险的英国高级职员已被剔除，那些仍留职的人逐渐习惯了和日本人一起工作，安于现状，忍受其军事失败带来的欺侮和耻辱——他们的失利正被日本人拿来大肆宣传。这些英国职员忠实地遵从其公使的命令——“继续保卫公共租界，力争保持其完整性，直到战争结束”。

1941 年 12 月 8 日美国海军在珍珠港被击溃，太平洋战争爆发。12 月 10 日，日本人在英属马来亚附近水域击沉了英属远东舰队的旗舰“威尔士亲王”（*Принц Уэльский*）号和“反击”（*Репулс*）号巡洋舰。香港于 12 月 25 日沦陷。1942 年 1 月 3 日，日本占领马尼拉。2 月 11 日，强大而令人生畏的新加坡沦陷。日本的胜利进军似乎永无止境！每次胜利后，租界中心、跑马厅、上海的各个角落都会升起热气球，上面挂着的巨大汉字记述着日军最新的胜仗。

这样做当然是为了“吓唬”中国人，灌输“日本人战无不胜”的思想。毕竟日语和中文的文法相同，每个汉字或词组都表示相同的意思，只是发音不同。

在日本取得胜利，而英国人倍感屈辱的日子里，许多高级官员晚上聚集在我们的“军官餐厅”，借几杯薄酒与我们分享他们的伤心事。但是他们总是以这样的话来结束抱怨：“最后的最后，我们肯定会胜利，英国可能输掉所有战斗，但除了最后一场！”

队长除了平日关心辅助队、留心自己的工作和举止之外，还要做一个“外交官”。毕竟，英国人常常聚集在我们的屋檐下，把我们当成志同道合的朋友，与此同时我们又为日本人领导的工部局做事，从他们手里拿薪水。日本人决定了辅助队是能继续挺下去，还是找个借口被解散。

队长要想法子和共事15年、志同道合的英国朋友维持老交情，同时培养与新来的“日本主人”的友好关系。因为辅助队，尤其是其军官，只有取得日本人信任，才能指望该组织继续存在下去。

辅助队必须想办法拉近共同保护公共租界，却又互相军事敌对的双方，并改善他们的关系。

1942年5月8日，队长伊万诺夫少校决定在“军官餐厅”请军官吃午餐，警务处高层的英国长官和日本长官都受邀参加。午餐后，辅助队体育馆内有拳击表演，在午餐期间、拳击表演之后，以及鸡尾酒会期间，队属弦乐队演奏助兴。

我将1942年5月8日的这次午餐会，与1941年白俄分队从万国商团转入警务处后，为“警务处上司”安排的那次午餐会相比较。两次都是双方共事前的“初次认识”。两次午餐会的“行动地点”也是相同的——位于跑马厅营房的“军官餐厅”。同样的环境，同样的客厅墙上的肖像画和图画，同样的队属弦乐团为来宾到来和午宴助兴，同样的侍者穿着浆洗得笔挺的白蓝工作服，但……所有人——客人、主人和仆人的心境却完全不同。

1941年那天晚上6时30分，白俄团军官餐厅里的一张长桌上摆满了俄式冷盘小吃，还摆好了餐具。在隔壁的客厅里，我们的“警务处新上司”们和我们的新同事——警务处高级警官们一个接一个（但又快又齐）地聚集起来，我们的旧上司和同事——万国商团的高级军官们也来了。

所有开车来的人都有专门的白俄团“宪兵”在看台底层台阶处迎接他们，打开车门并为司机指示停车地点。如果长官没有带司机，则会有“宪兵”亲自泊车。

在看台顶层的“餐厅”入口处，司令伊万诺夫少校在此迎客（这次午宴不携带伴侣，因此队长一个人迎客）。互致问候、相互应酬后，客人走到军官营房的走廊，白俄团的一名军官就在这里“接住”他，引入客厅。侍者分别送来饮料、香烟和配鸡尾酒的“零食”（смолл чао），白俄团军官不停地招待客人。

按照预想的那样，警务处处长包文少校最后一个来，司令迎接了他，在弦乐队《迎宾进行曲》的乐声下，司令带领处长来到客厅，加入大家。

客厅宽敞，可容下很多人。来宾与白俄团军官成群站着，“大老板”们一边绕着人群走动，一边进行亲切的交谈，推杯换盏，觥筹交错。走廊上传来欧洲作曲家令人愉悦的乐曲。

尽管对着走廊和马霍路的玻璃门都敞开着，但客厅还是满是烟味，融洽而嘈杂的对话中充满了欢声笑语，“大老板”喊得比谁都响。对这些前英国正规军军官来说，鸡尾酒会和午宴是习以为常的乐事。

到了用餐时间。根据“军官餐厅”负责人加帕诺维奇上尉的指示，餐厅里响起锣声。来宾们（根据走廊上张贴的入座表了解自己的座位）分别入席。

我们提供的是俄式午餐——冷盘小吃、饮品，然后慢慢上其他菜品：汤、鱼、野味、肉，不停续添的沙拉、甜品、咖啡等，此外还有摆放在桌上的大量饮品。

午餐结束，客人们移步客厅和台球室。台球桌上已经安好“金字塔”，客厅摆有小吃餐桌。饭厅桌子上的所有餐具都快速收好，在地上清理出玩“套环游戏”（кольцо，又称 куойтс）的地方，墙上挂起了玩“射箭”（стрелки，又称 дартс）游戏用的靶子。客厅里散发着浓郁的俄国菜气味，配的是味道更浓郁的俄国酒和英国酒。不过，“老人们”（包括警务处处长在内）很快被吸引到“套环”“射箭”游戏中，组成两支队伍——比赛开始。军官餐厅里的欢声笑语嗡嗡作响，台球室里传来击球声、热烈的谈话声、笑声，但这些声音经常淹没在洛巴诺夫上尉震耳欲聋的哈哈大笑声中——他不仅是台球的忠实拥趸，而且还是“酒神巴克斯”（Бахус）的忠实拥趸，是这群人的核心。

不知不觉中，10 个小时过去了。客人开始四散离开，有的人回家了，有的人继续饮酒作乐。我很幸运的是，在得知我从未玩过轮盘赌后，警务处帮办处长萨姆森和警务处处长私人秘书艾尔斯邀请我与他们一起去“法伦”那里[①]（位于租界西区）。我们不仅在“法伦”那里玩得很开心，我甚至还赢了一点，毕竟新手总是走运的。我们从“法伦”那里开车去了俄国退伍军官总会（Русское Офицерское собрание）喝杯伏特加。大约凌晨 2 点，亲爱的同伴才把我送回营房，他们再自行回家。

这次午宴的主要目的是彻底放松和建立信赖——和新同事第一次（而且似乎不会是最后一次）见面时，彼此信任。虽然我们是讲不同语言的欧洲人，但都在为保护上海公共租界欧洲人的生命和财产共同出力。

1942 年 5 月 8 日下午 6 时 30 分，同样的情况、同样的“主人家”（辅助队队长和军官们），但客人“各色各样”，更别说他们的穿着大不如前——没有英国军队（以及上海万国商团）、警务处那样色彩鲜艳的军官礼服，所有人都穿着（第一期）巡捕操练制服。

---

① 即赌场。

警务处处长、帮办处长和一些日本高级军官则穿便服。

和以前一样，警务处的英国军官走过来亲切地和我打招呼，但从他们的眼神和口气中，却能感受到某种焦虑和窘迫。警务处日本军官（战胜者）落落大方地慢步走来，好奇地环顾他们尚不熟悉的环境。辅助队军官们试图让他们加入大家的谈话，但很不成功，尽管许多日本军官都是“老职员”，在工部局警务处日本组工作了很多年。但我们并不熟悉彼此，主要原因是他们几乎从不喝酒或很少喝酒，因此他们始终是“欧洲人中的日本人”，而不是“普通人”。

警务处处长渡正监（之前与警务处没有任何来往的外交官）和他的高级帮办处长（事实上的警务处处长）宪兵少将五岛茂的到来，使情况更加复杂。五岛茂是一个非常严格、苛刻的上级，他根本不喝酒，而渡正监也很少喝酒。

走廊上的辅助队弦乐团弹奏了日本的《爱国（Айкоку）进行曲》迎接渡正监和五岛茂，他们显然很喜欢。弦乐团之后的演奏节目中还有几首日本曲子，他们听到以后，似乎精神为之一振，孤绝高傲的面貌放松了些。

根据新长官批准的策划方案，出席者都按照座位卡“论资排辈”（根据所任职位）、依次而坐。午餐过程很无聊，而以餐后马上要去观看辅助队拳击表演为借口，午餐很快结束。拳击表演结束时，大家在军官餐厅里“小酌一杯”，日本来宾很快四散回家了，只有一些英国人留了下来，他们逗留了好一段时间，推心置腹地追忆往昔、构建美好未来之希望——对他们来说，当下不可能有什么好事。

我们的“酒席”一是为拉近“不相容”的人；二是让“大日本”长官了解辅助队军官和整个队伍，给长官们留下良好印象（尽管落到日本长官手下的辅助队完全不是自愿为日本效劳）。就这样，“酒席”匆匆结束了。

显然，第二个目标实现了，因为接下来几天辅助队发生了一件悲惨事，日本长官却还是友善以待，甚至在一定程度上信任全体队员，将微妙和关键的工作仍委托给辅助队处理，甚至不允许“中国拥护者”[①] 插手。上述事件，我会在之后的历史中予以讲述。

苏联的宣传攻势已在辅助队队员中成功培养了一批亲苏“干部”。这些“干部”设法组织了一批“头脑发热”的人，他们计划不仅仅要逃出辅助队，更要离开上海，摆脱日军包围，加入中国共产党第四军[②]——这支军队正在远离上海的某个省份对日作战。

5 月 10 日，我队举办酒席和拳击表演后的第二天早上，连队军士长报告给连长，其下属整个班共计 6 人逃离。

辅助队不可避免地要向警务处总部报告，接受轮询、审讯，最后日本长官来了。5 月 19 日和 21 日，日本宪兵突然来到辅助队营地，并在各连逮捕了 12 名队员。

辅助队落入了日本宪兵的监视范围，随时随地要将“所有大门打开”。

我不知道这些逃犯有没有成功找到中国军队（据传闻，他们被日本人逮捕枪决了）。但他们给辅助队帮了倒忙，也没有给抗日阵线带来任何好处。

他们以自己的愚蠢行为，让几近 400 名白俄侨民的地位摇摇欲坠，这些人在已然穷困贫瘠的上海履行自己保卫公共租界职责，仅

---

① 指为汪伪政府效力的汉奸。

② 应为新四军。

仅是为了养家糊口。

辅助队队长在日本人占领上海后的新形势下，成功建立起来一些微弱的信任，就这样被这些“糊涂蛋”给抹杀了。我们不知还需要重新努力、顽强工作、神经紧张多少个月，加上辅助队队长伊万诺夫少校的个人外交能力，才能够再次得到“主人”信任，以保全辅助队直至战争结束?!

是伊万诺夫少校坚不可摧的意志力、对辅助队的责任感、圆滑有分寸的处事方式，让400名俄国人（后面是500名）成功度过艰难的战争时期，有衣穿，有饭吃，同时还从事有益的事业。要是没有伊万诺夫少校，我认为辅助队早就被日本人解散了。毕竟有一班辅助队队员向日本人的敌人投诚，足够作为解散的理由了。当时上海失业和乞讨的人数仍在快速增长。

关于辅助队队长谢苗·德米特里耶维奇·伊万诺夫在这段艰难时期所扮演的重要角色，我将会在“故事”末尾着重讲述。在描述接下来的生活与工作经历之前，我不能不说明：之后的很多事看起来可能有些奇怪，甚至令人感到屈辱，但实为环境和事态发展所迫。

队长牺牲自己，承担了所有责任。不仅在现在的长官，还在将来的长官面前，为拯救他的队伍——辅助队而卑躬屈膝。荣誉和赞美属于他！战后，英国人从集中营归来，他们理解并赞叹伊万诺夫少校保护辅助队的行为、他的自我牺牲，还继续与他保持先前的友好关系。那些在战争时期多亏队长才过得顺风顺水的队员，现在却有非议之声。很遗憾，我对他们无法做类似评价，他们一定会为此感到羞耻！我必须对这些谬见给予辩驳。

警务处的巡捕受到上海当局特别信任，被赋予“凡人”想都不敢想的权利，但与此同时，他们总是受到上海居民的反控、诽谤和诬告。如果哪位巡捕由于严谨不怎么受到这些居民“控告”的话，后来更成为针对对象——中国居民总是对巡捕求全责备，而且从来不放过任何这样做的机会。

“滥用权力”和收受“贿赂”是警务处的软肋。如果巡捕面对第一项指控时，还能以局势或被逮捕者的举动为借口，勉强为自己开脱的话，那么开脱受贿的指控就难得多了。

那时的中国，全部生活几乎都建立在贿赂上。贿赂帮你中标获得合同，贿赂帮你拿到必要文件，贿赂帮你获得职务或工作，贿赂常常还能帮你免于逮捕，等等。

不法之徒落网后，被巡捕带去巡捕房缴纳罚款或接受拘留，这时他声称巡捕从他那里受贿，但对数额不满意，所以现在将他带到捕房来——这对犯罪者来说是不费吹灰之力的事。但愿这名巡捕的口袋里可别有什么钱——如果口袋里有钱，即使没有证据证明受贿，巡捕也会“被怀疑收受贿赂”。毕竟，提出并接受贿赂时不可能有证人。

《巡捕守则》严格要求，巡捕上班时不能身带现金或他人的贵重物品，因为这可能会在遭到受贿指控时，败坏他们的名誉。

当然，工部局巡捕不收贿赂是不可能的，辅助队队员也不例外，但是中国民众对欧洲巡捕（在这种情况下是俄国巡捕）的敌对态度，导致俄籍巡捕勒索和受贿的指控异常之多。

警务处总部从巡捕房收到这类控告后，会立即向辅助队队长警告其队员的不当行为，这是非常可耻的。先是有队员被逮捕，接着是宪兵的监视，不信任辅助队，现在还加上如此不当的行为！

颁布严厉的法令，对队员晓之以理和专门训练队员的做法几乎无济于事，纪律性已经日渐走低，巡捕几近“义务性”的工作和完全没有队列操练导致这种现象时有发生。

苏联的宣传在破坏纪律方面显然也发挥了重要作用，这种宣传在辅助队中传播得越来越广，并且越来越深入地渗透到民众心中。日本宪兵在辅助队实施逮捕两个月之后，队长得知，队员中仍有亲苏的宣传活动——怂恿队员改换为苏联国籍，同时提供“老熟人”做中介，据说可以轻易地做到此事。当时苏联是英美两国的“朋友”和盟友，而白俄侨民“什么都不是”，不过是随日本人摆布的走狗。

8月，辅助队4连队员（士兵鲁巴诺夫）的居所中发现了苏联书籍。根据辅助队的生活指导规定，苏联文学作品为违禁品。在日本人得知情况之前，队长需要制止这种反常和危险的现象，但温和的讲课、发布命令、谈话等方法并不能影响已经被宣传鼓动起来的辅助队广大队员，于是决定在没有日本人参与的情况下，采取常规性突击搜查的“家法”。连队军士长和中士排长在所有连队军官及队员本人在场的情况下进行搜查。鉴于当前局势，这种“证人在场的自我搜查”是一种令人不快但必要的措施。

欧洲巡捕（俄裔巡捕）的“外勤”工作变得越来越辛苦，因为在日本人的宣传下，中国民众总预备着侮辱“白人鬼子”（即欧洲人）的自尊。若只是粗鲁蛮横的“言语攻击”的话，中国人不会受到惩罚，甚至不会被带到巡捕房接受案件调查。

日本人正在中国普罗大众中寻找盟友，引进并实施“东亚新秩序”。对于接受并投身这一运动的中国人，日本人还提出了“亚洲是亚洲人的亚洲”的口号。欧洲人甚至是上海市政机构的职员，其权利都比不上对日本战胜者奴颜婢膝、走合作道路的中国“苦力”。

巡捕与保甲长的冲突特别频繁且令人不快，保甲长出于某种原因也自认自己是“警察”，经常妨碍辅助队队员出外勤，公开站在中国“不法分子”一边，并尽其所能阻碍辅助队巡捕运用法律力量对付“违法分子”。有时，这些冲突导致欧洲巡捕不得不逮捕一名保甲长，将其带到巡捕房“汇报”情况。

日本人从保甲长那里得到了实在的帮助（因为保甲长并非自愿，他们甚至可能违背了自己的意愿，只是借由现已建立的制度，保护日本人免受中国“恐怖分子”袭击），所以总是袒护保甲长，而抓捕了“违法分子”——保甲长的欧洲巡捕，常常遭到不应有的谴责。

警务处总部为此下发了无数道命令，简直多到荒谬。例如，在必须逮捕保甲长时，要“礼貌地陪同他”到警务处，而不是逮捕他。在巡捕房，罪人总是被宣告无罪，“赢过”欧洲巡捕后，变得更加放肆无礼。

随着辅助队纪律性下降，不认真对待工作职责的情况愈加频繁地出现。单人放哨（没有长官监督）的工作形式更是助长了歪风。巡捕房关于辅助队队员的投诉越来越多，指责他们在换班之前就离开岗位，在远未到规定时间之前就报告“换班”。在等待换班期间，哨所所在地区没有巡捕的监视。值班巡官或巡长批评队员提前离岗完全是理所应当的，但许多辅助队队员报以粗鲁的回应，反而又导致值班巡官大为光火。值班巡官，甚至是巡长愈加频繁地投诉辅助队队员缺乏纪律、工作草率、衣冠不整。很多队员不赞同他们的说法，带着报告到巡捕房。一年以前，这种现象简直闻所未闻！当时辅助队是警务处的门面，是本单位纪律最严明的队伍。在巡捕房做事的队员和值班巡官（巡官和巡长）之间的关系日渐恶化，对俄国辅助队的事业和地位产生了不利影响，留下了队伍不可靠的坏名声。

东方战争使得日本人对金属产生大量需求，他们以各种形式到处搜寻。战争末期，百老汇沿线的电车线路被拆除，很多金属制的纪念碑被搬走，其中包括普希金纪念碑，这显然是中国人为了卖给日本人而偷走的，但是他们没在战争结束前完成交易，战后，这个构造极其丑陋的雕像重新出现在法租界上的一个公园里。因缺乏汽油而无法动弹的私家车，被日本人当作“废铁”征用或收购了，然后用特制的锻压机压成金属块，转运到日本工厂中被改制成枪支炮弹。日本人以相当高的价格收购所有废铁，而机智的中国失业者发现这是件有利可图的事——城市街道上的钢铁，特别是市政设施中的铜制零件纷纷丢失。带有许多铜零件的消防栓被“掠夺”得尤为严重。由于消防栓故障，灭火队也就无法及时扑灭在该地区发生的火灾。

警务处总部发布命令，要求队员们密切留意工部局财产，发现偷盗，立即逮捕偷盗者，但落实这些命令极为困难。上海现有成千上万无家可归、饥肠辘辘的流浪者成群结队地在城市中游荡，加上数量惊人的乞丐，随时准备干点坏事，更不用说窃取工部局财产这样的“小事”了。要用警察手段和他们斗争是完全不可能的。消除这种反常现象，需铲除其根源——失业和饥饿，但是当局对此无能为力，因为日本控制下的整个国家都在挨饿。

与寻常“小毛贼”同时出现的，还有偷盗行业的所谓“大盗”。例如，曾经有一些人打着工部局电站或自来水站员工的幌子，镇静地在守卫电站巡捕队员的眼皮底下，在变电站内挑选了所有有价值、适合出售的东西，然后告诉外面的警卫，他们带走了一些零件去修理，面无表情地离开。

上海“滑头们”的创造力总是独树一帜。在东方爆发战争之前，上海报纸上出现了一些类似笑话的札记文章，其所述确实是发生在这个巨大国际都市的真人真事。

例如，一个小偷站在汇山黄浦江码头的某个地方，从一架军用炮艇（似乎是美国炮舰）甲板上盗窃了一挺机关枪。再如，小偷偷了会审公堂大厅里的挂钟！法庭根据这些时钟留意开庭时间，但在开庭期间，当大厅里挤满了观众和巡捕队员时，挂钟却被盗了。

最有趣的事可能是一个中国小偷以干洗店员工的名义捉弄人，“扒光”了工部局警务处的一名欧洲探员。这件事发生在城中心、工部局大楼对面的中央捕房。中央捕房和警务处总部在同一座巨大的多层建筑中。建筑正面对着福州路，在四川路拐角处，那里曾是上海最大的欧式风格的酒店之一（我忘记了酒店名字）。警务处楼房后面有一个小内院，有一个车库、一个军械库，还有供暂时调来总部和中央捕房工作的单身警察使用的生活区。只有福州路入口可以穿过警务处大楼下的铁门，进入庭院。这个大门长期有华人巡捕守卫。居住在营房中的工部局警务处欧洲探员有非常舒适的单间，共用一个餐厅。那个小偷显然与服务过这些探员的服务生有联系，了解了“受害者”的房间位置。在某个晴天，小偷注意到探员因公外出了，他平静地走过大门，进入探员的房间，收起他所有的衣服，然后毫不遮掩地把“挂在衣架上的衣服”直接带了出去。“受害者”隔壁房间的欧洲探员碰见了，困惑地问了小偷一个问题：“你要将这些衣服拿去哪里?”小偷平静地说：“拿去洗衣店。”没有人怀疑过，小偷可以进入探员的“巢穴”，“洗劫”他最可怕的对手。小偷大概认为这名探员在外虽是罪犯的灾星，在家里反而是容易下手的“受害者”。

现在，上海街头的盗贼数量与日俱增，与他们斗争越来越困难。

1942年11月，日本人显然已觉察到，因为军工产业远远落后于美国，他们开始在战斗中“喘不过气来”。日军当局宣布在上海严格执行“敌机袭击时灯火管制”的命令。根据这个命令，位于跑马厅的辅助队营房立即在窗户上安装了特殊的遮光窗帘，在灯上装灯罩，并在训练计划中加入必须研究“灯火管制”的指令。演习警报经常会响起，打扰人们休息，这给营房生活带来极大不便，因为所有人必须在几乎全黑的环境中行动和工作。

“空袭”的警笛声响起，整个城市立即陷入完全黑暗之中，而在漆黑无月的夜晚，驾车上街是极其危险的。尽管要“管制灯光”，但城市生活仍照常在继续。在“停电”期间，小偷和抢劫犯更易逍遥法外，投身自己的“事业”中。盗窃和抢劫活动大大加剧，因为巡捕看不清岗哨附近的情况，几乎无力和他们斗争。

日本统治下的第一个整年即将结束。

到今年年底，辅助队失去了其出色的军容和严格的纪律，成了当局“迫于无奈容忍下的”的警务处部队，没有获得当局特别信任。

我们感谢上帝，从1942年2月22日起，辅助队被派到警务处高级帮办处长之一——须贺崎先生手下，接受其指挥和调遣。他对辅助队以前在万国商团和工部局警务处的工作情况很了解，看重我们，尽其所能地表示关心，在困难情况下，会帮我们求情或提出好建议来帮助队长伊万诺夫少校。

须贺崎是工部局警务处日本组的一名巡官。多年来，他一直和英国人共事、受他们指挥，因此他学会了理解他们，与英国人处得好。在整个战争期间，作为一名日本人，他没有对英国人以敌视之，而是以友相待，只不过是因为不得已的情况站在了敌对者的立场上。须贺崎是日本爱国者（和所有日本人一样），但他认为没有必要与手无寸铁的敌人作战或摧毁敌人创造的美好事物。他试图使他的“亲英”倾向适应日本人的需求。从这个角度来看，他前所未有地与辅助队契合。时间证明，须贺崎是一名绅士、一个出色的员工、一个好人，同时是一个非常贴心的上司。

他接替了罗伯逊先生——日本人上台前指挥工部局警务处所有预备队、印度组、所有培训基地的长官。工部局权力移交到日本人手里后，罗伯逊作为工部局警务处最高级的军官之一，自然被视作新当局的威胁，因此被免职。须贺崎接任职务后，从罗伯逊那里“继承”了正巡官塔茨托尔，他一直是辅助队与警务处总部之间的联络官。

须贺崎将塔茨托尔留任原职，因此辅助队营房中没有一个日本人，而辅助队与总部之间的联系依然通过整天待在辅助队的塔茨托尔维持。须贺崎和塔茨托尔一直维持很好的朋友关系，这对“须贺崎-塔茨托尔”组合极大地减轻了队长的工作压力，并对辅助队的工作生活产生了有利影响。多亏了塔茨托尔的参与，须贺崎开始心系辅助队，理解其处境。他非常赞赏并尊敬辅助队队长伊万诺夫少校，正确地评价他为一个体贴且严格的长官，是一个非常认真负责、充满朝气的员工，完全值得当局信任。由于须贺崎信任伊万诺夫少校及其副手们，辅助队才逐渐开始巩固其地位。1942 年就这样结束了。

1943 年

辅助队的这段历史和当时发生的战事紧密勾连，并受制于战局，因此我认为有必要对这些战事进行简要总结，并在此背景下描述辅助队的工作生活。

俄罗斯有一句谚语说“虽然管它叫锅，但不要将它放到火炉里”（Хоть горшком назови，только в печку не ставь），这句话的含义可以翻译如下：“你可以贬低我，甚至以言语和威胁激怒我，但不要妄想真的欺侮我。”1943—1945 年，辅助队不仅是日本人和中国人口中的“锅”，还被他们放进了最热的“炉子”里。战争结束时，走出“火炉”的辅助队已经半死不活了。“新主人”不仅从辅助队身上扒掉了“七层皮”（照理不应该这样做），而且还连皮一起刮了肉，在战事行将结束时，剩下了几近裸露的“骨骼”。

1942 年初，日本人仍有军事胜利。1942 年 1 月 22 日，他们占领了拉包尔岛（остров Рабол），3 月 8 日在新几内亚（Новая Гвинея）登陆，直接威胁到澳大利亚。当时的澳大利亚几乎手无寸铁，他们的军队数量不多，大部分都和英国人一起在欧洲或非洲的战场上战斗。

日本空军肆无忌惮地袭击澳大利亚北端达尔文港（порт Дарвин），日本潜艇则下到南端，甚至进入了悉尼港（Сиднейская гавань）内。

澳大利亚总理指出，该国受到巨大且明摆着的威胁，受其要求，澳大利亚部队从非洲撤出并返回本土作战。

虽然美国极不情愿、久久拖延，但还是同意往澳大利亚派遣一些陆军部队及部分海空军舰队。此时欧洲正准备反击，在海岸线某处登陆，以打开“第二战线”，也需要这支舰队。

但是澳大利亚明显面临更紧迫的危险，因此英美不得不将部分部队“分给”澳大利亚。

美国的麦克阿瑟（МакАртур）将军被任命为南太平洋联合部队总司令，非常积极地承担此事。不久，他与澳大利亚政府一起设法组织了足够的部队，前往阻止日本占领新几内亚。

1942 年 5 月，美国空军开始对日本展开空袭，轰炸东京和其他人口稠密的城市。日本人将这看作惨无人道的政策，于是以野蛮手段报复被俘的美国飞行员作为回应——这些飞行员因设备故障或损坏而不幸落入日本人手中。

1942 年 5 月 4 日至 8 日，美英澳联合舰队和日本舰队在珊瑚海（Коралловое море）遭遇，痛击日本海军及其开往新几内亚的运输舰。

1942 年 6 月 4 日，美国海军的飞机在中途岛下方成功轰炸了一个正向新几内亚行驶的日军分舰队，这是太平洋对日作战中的转折一战。

尽管日本人仍继续其攻占新几内亚的军事行动，并于 1942 年 7 月到达距莫尔斯比港（порт Морэсби）约 30 英里的地方，但他们的前进速度极其缓慢，最终完全停滞。这主要是因为在美国人的支持下，澳大利亚军队英雄气概和士气大涨。

几乎就在同时，1944 年 5 月，英国人（第 14 军斯利姆将军）发动反攻，到 12 月将日军赶出了缅甸。

1944 年 10 月 20 日，美国占领了菲律宾群岛最大岛——莱特岛（остров Лейт），并很快在菲律宾各处登陆。

盟军各地转入对日反攻，建立了统一战线。

1943 年 12 月 1 日，预期日本即将军事总崩溃，美国总统罗斯福与英国首相温斯顿·丘吉尔在开罗讨论了未来日本边界线的问题。

在这次会议上，为鼓励中国人继续抗日斗争，“在华外国租界”问题也得到解决。会议决定，在 19 世纪初中国战败于欧洲国家后，“条约规定的”所有由欧洲大国管理和控制的中国沿江沿海港口都交还给中国。罗斯福和丘吉尔正式放弃美英在这些港口和外国租界的所有权利。

根据协约[①]条款，上海（外国租界）重新归中国所有，公共租界不再作为独立于中国的单元存在。

当时统治上海的日本人立即利用了这一权利——日本人立即将公共租界（接着是法租界）移交给了“官方合法所有者”——汪伪政府，但后者实际上只是日本人的棋子。

公共租界不存在了，因此也失去了特别自治的必要性。

在菲律宾登陆的美国军队，与英国人和中国人协同行动，向中国内陆的日本人发动进攻。美国军机大胆深入腹地轰炸，摧毁了日本人的后方。作为日本陆军最大的供应转运中心之一的上海，自然也落入这支空军的轰炸范围。

---

① 此应指会议成果《开罗宣言》。

1944年底和1945年初（战争结束之前），美国空袭变得非常频繁，而日本人采取违反军事道德的狡猾手段——把平民当作盾牌做掩护。

事实上，美国人在对上海进行空袭时，将夷平日本军需库和设施作为目标，并不想给平民（尤其是欧洲人）带来损失，因此他们避免轰炸服务当地居民需求的公用企业（电站、水站和燃气站）。

组织得当的美国驻沪“情报机构”为他们准确提供了关押美国人和英国人的集中营位置信息。从反轰炸的角度说，电站、水站和燃气站是“安全”的地方，日本人将这些地点作为盾牌掩护，躲藏美国空军的炸弹——将他们的军需库设在了电站、水站和燃气站附近。他们认为，飞行员因为担心出现“瞄准”失误，不会冒险对这些军需库投弹。但是，日本人的算盘打错了——美国军机投弹的准确性堪称完美，飞行员在不损害公用企业的情况下，将大量炸弹投在了日本军需库。其间只出现过一次失误，一枚炸弹掉入电站院子里。

接着，日本人又采用了另一种方法——他们开始将欧洲人居住的公寓大楼低层腾空，并将腾出的房屋用作军需库。在这些建筑物的高层中住着欧洲平民，如此确保日本人能在这些独特的公寓仓库中储存包括炮弹和弹药在内的军用物资。例如，在战争结束前，他们曾将坦克停放在我们营地所在的跑马厅大楼低层。

日本人开始将关押英国人和美国人的集中营四处转移。他们显然希望这些集中营被他们自己人的飞机轰炸，但因为上海的美国特工训练有素，及时告知所有变动，最终未能如愿。

不过，上海有过一次至今仍然成谜的事件。1945年春，一个美国飞行员轰炸了汇山区兆丰路（今高阳路）区域，这里有一个铁丝网围着的德国犹太难民的“犹太人区”。这些难民恐惧希特勒纳粹分子的迫害，早在 1940 年就逃往上海。兆丰路上，这个“犹太人区”旁边坐落着一个大型的日本军需库。这次，飞行员犯下了巨大“失误”（如果是失误的话）——他们向这个大型“犹太人区”扔了炸弹，造成数百名犹太难民死亡。轰炸发生后，辅助队接到警报立即出动，用两三天时间清理该区域，救出死伤者，清理落满了建筑材料和家具碎片等的街道。这幅混乱不堪的景象令人感到恐惧。

美国空袭的后果非常严峻，撇开这个不说，人们不由得对日本人报以怜悯和同情之微笑。美国人就像玩“猫和老鼠”一样与日本人玩耍。美国空军是无懈可击的，因为他们飞得高；空地上密密地占满了日本人的小口径高射炮，它们却没办法命中目标，飞到差不多一半距离就在空中爆炸。这些炮弹大概只能让美国飞行员发笑。

在警笛发出“突袭”信号之后，人们通常能听到日本军机的轰鸣声，因为害怕被美军轰炸，日本军机从机场（虹桥、江湾等机场）起飞后保持低空飞往某个“省”。当然，这并不是因为日本人胆小如鼠，后来他们通过创建“神风特攻队”证明，事实正好相反。他们明白，凭借他们过时的装备，显然无法在上海与强大的现代美国空军作战。

随着前线军事形势发生变化，辅助队的工作要求也在发生变化，最后（在《开罗宣言》签订之后）甚至辅助队的外形也变了。

辅助队队员如果在重要十字路口的路障、拒马处值勤，像从前一样装备柯尔特手枪或步枪出“外勤”，但工作渐渐地从纯粹的巡捕（所谓“战警”）巡逻，转变成维持“买米队伍”的秩序、规范道路交通。

在美国发动空袭之前，所有辅助队队员都通过了“防空防御”

的课程。日本人甚至还把这种“技巧”教给了保甲长。队员还必须研究消防方法，即如何操纵消防车。到 1944 年底，辅助队的主要使命显然已被看作援助空袭受害者和扑灭空袭引起的火灾。为此，辅助队营房中至少要有 5 名军官以及将近一半的队员和车辆“待命”。

我将简要描述辅助队在这一艰苦战争时期中的工作生活。

到 1943 年，整个“大上海”警务处被划分为 3 个“警局”。第一警局负责前公共租界（上海的中心区），第二警局负责虹口区、上海华界以及华界附近的城市北部，第三警局负责法租界和公共租界西区。

日本人是这些警局的负责人，以前公共租界和法租界警务处的英法员工担任帮办。

辅助队的组织结构一如往常——包括 3 个连（每连由 4 个排组成）和辅助队司令部小队，后者包括 1 个专门服务辅助队的司机队，有大约 20 辆雪佛兰牌运输车、1 辆“公用车”（ютилити, utility）和几辆侧面“带框”的摩托车。此外，当局还向辅助队发放了许多辆自行车，由司机小队监管。队员军衔和职称保持不变，工部局警务处的制服也不变。

警务处第一警局司令部发生了一些纯粹是外在形式的变化，我们的“直接上司”须贺崎被称为俄国辅助队督察官（контролирующий офицер），正巡官塔茨托尔仍然是联络官。

战乱中的上海与世隔绝，现在是名副其实的一穷二白，尤其紧缺的是衣服和鞋子。上海拿得出纸料，但布料和橡胶来自国外，日本战败后上海已经没有远洋交通。因此，队长格外要求珍惜并合理穿戴公家制服，现在新进入队的队员已经不再发给新制服，而是从离开辅助队的队员那里“继承”，或者从警务处仓库领取旧制服。

到1943年，日本人已经占领中国大部分地区，但他们还不能认为自己是这个辽阔国家的正主。“北满”（及伪满洲帝国）与苏联毗邻，由于日本人将邻国苏联看作必有一战的军事对手，因此日本需在“北满”驻扎大量精锐部队。菲律宾、马来亚、缅甸——都需要越来越多的增援部队。因此，日本人只能在中国境内的中心地带保留人数相对较少的驻军，在这些地区，聚居人口众多，中国共产党的军队——游击队得以毫无阻碍地开展工作，有时甚至触及上海郊区（浦东区）。中国共产党军队的特工到处都是，他们在上海当然也有人。无线电这种理想的通讯方式已被共产党特工们广泛使用，因此日本人被迫采取严格措施，以尽量减少上海与敌对力量联系的可能性（直到战争结束都没能消除这种联系）。

日本当局宣布，对所有无线电设备进行注册登记，将大多数没收（没有赔偿），并放入专门仓库中“保管”，仅保留过时的低功率设备，同时进行相应改装，进一步削弱其强度之后才留给居民使用。未登记无线电设备会招致日本宪兵队最严厉的逮捕和迫害。

所有上海居民都必须注册登记，取得专门的“居民卡”——身份证明。同时，想改变国籍（竟然有人想变成中国国籍?!）的欧洲人，应通过“警务处特别部”完成手续，该部门负责监视上海的政治生活。

货币急剧贬值，工资不够用，因此巡捕勒索和收受贿赂的情况大幅增加。日本人是天性尤为“诚实”的人，不能容忍盗窃和勒索。难怪说，日本不久前还存在一种习俗，即如果小偷在实施偷窃时被抓获，要把他的手指切掉。

上海工部局，尤其是工部局中华组和印度组，利用其制服和地位，对贿赂向来来者不拒。对贿赂的处罚显然不够严格，因此日本人大大加强了惩罚手段，同时引入用钱奖励“模范工作”的做法。辅助队和其他警局一样，设立了专门的“奖励委员会”，以监督奖金分配。

微薄的薪水让辅助队的一些队员使用各种花招来增加收入。例如，已婚队员可以因为有妻室而收到特别津贴，因此结婚的人数增加了。但也曾出现这样的情况，即队员经上级认可在律师处办理结婚，但在上级不知情的情况下，在同一律师处立即办理离婚，继续享受“家庭津贴”。

偶然撞见这种情况后，队长不得不采用一种原始方法，检验辅助队领用家庭津贴者之家庭状况——每 3 个月一次，后来是每 6 个月一次，丈夫——辅助队队员及其妻子应该一起来到辅助队司令部，找辅助队副官斯捷潘尼谢夫少校，签署一份特别声明，以证明其“家庭状况”。这类“检阅”引得其他队员笑声不断，但有积极效果。

1944 年[①] 4 月 14 日，位于跑马厅的可迁移式教堂受上海主教约翰批准为辅助队的“家庭教会”，以显灵者圣尼古拉・米尔里基斯基的名义，登记为主教教堂。牧师大祭司谢尔盖・勃罗京（Сергий Бородин）被任命为常驻牧师，服务辅助队的精神需求。大主教约翰本人则通常每月访问一次辅助队营房，与不值勤的队员进行精神上的对话，然后在“军官餐厅”和军官们喝茶。

辅助队越来越没有从前那样出色的军容，也没有从前营房中堪称模范的条理。队员值勤回来后休息了几个小时，然后又去上班

① 作者误，应为 1943 年。

了，因此，按从前章程制定的每日在床上“摆放好所有制服和设备”以供长官检查核实的规定只得取消。床铺从早到晚都塞成一团，有时还藏污纳垢，这在从前辅助队的营房中是绝不允许的。

1943年8月1日，由须贺崎指挥的警务处部门（包括所有巡捕预备队、训练科、印捕和俄国辅助队）更名为“巡捕总队”（Общий полицейский корпус），须贺崎被称为“主任”。

军事失利产生了影响，日本人试图从上海抽身，并尽快将仍在岗位的英国人送进集中营。我们的正巡官塔茨托尔也属于此类人员。但即使在这种情况下，须贺崎还是帮了他很多忙，向他提供了很多罐头产品，存放在辅助队仓库中，并在必要时送给塔茨托尔与前妻之子（通过他的俄国妻子）——后者没有与父母一起进集中营。

警务处总部任命一名俄国“正规”巡捕——罗戈文科（Роговенко）代替塔茨托尔做联络官，为“提高其威望”，将其升为正巡官。

罗戈文科整天都待在辅助队。在我看来，在这些艰难的岁月中，他确实帮助了队长。我队军官对他非常友好，谈论当时发生的战争时，不对他隐瞒自己的想法。我们信任罗戈文科，认为他是“白俄人”，但战争结束后，竟然发现他有苏联护照。

警务处工作和训练计划中增加了日语必修课程。授课老师大多数是日语说得好的韩国人或中国人，他们开始定期到访辅助队，定期组织测试，但是实际上没什么可检查的，因为学生在学习这种语言上并没有特别的成绩表现。

1943年12月17日，《开罗宣言》缔结后不久，俄国辅助队更名为“警察总武备学校第四分队”（4 – й Отряд Обще – Полицейского Корпуса)。一个“新时代”开启了。日本人将公共租界（后来还有法租界）“移交”给汪伪政府，后者授权上海市长接管外国租界。警务处总部发生一些变动。市长现在“兼任”上海警务处处长。渡正监被任命为“警务处首席帮办处长”（Главный помощник Начальника Полиции)。但实际上，整个警务处与以前一样，由外表朴实的日本宪兵少校五岛茂控制，他仍然是警务处特别部和侦缉部长官。

新任最高“长官”陈公博（Чен Кун - по）市长指示，要提高巡捕威望，杜绝收受贿赂并加强纪律。命令当然仍是命令，但是一切都照旧进行。

1944年

分队[①]队员的财务状况一月比一月差了，餐食也变得寒酸，食之无味。于是，队员们开始抱怨。

早在2月时，队长就已预见到警务处总部计划改变给养方法，在物资匮乏背景下，一举解决给养难题造成的“头痛”——采用“正规”警务处实行的做法，即在捕房居住和搭伙的单身巡捕可以领取特殊的给养津贴，自行组织“合伙饭”。

警务处总部显然已就有关事宜做了充分讨论。罗戈文科将此事告诉伊万诺夫少校，伊万诺夫决定立即采取措施，以防相关命令使得他和全队措手不及。

他决定提前找人了解对此问题的意见。通过连队军士长询问后，他发现分队绝大多数队员对此都持积极态度。于是他下令从队员中选出一个特别委员会，细致研究该问题——如何组织分队的合伙饭？

队长本人是一个非常务实的人，也是一名受过教育的经济学家，他的建议和解释对委员会的工作很有用。3月初，委员会完成

① 自1943年底，原俄国辅助队更名为“警察总武备学校第四分队”，以下简称“分队”。

了工作。3 月底，接到警务处总部命令，从 1944 年 4 月 1 日起分队转为自行给养。

由于队长有远见，准备工作及时完成，分队得以迅速而轻松地转用全新的供给方式。

自从转换为自行合伙做饭后，怨言消失了。分队队员自己选择“合作社社员”“自食其力”，因此在不满意时，可以自行纠正状况。

成家了的队员可以收到“给养费”，获准回家吃午饭和晚饭（如果当时没在上班的话）或带饭上班，但带饭的队员只能在分队餐厅中吃饭。

成家了的队员身着便服时，出行费用很高，因为只能在穿着制服的前提下才可以免费乘坐电车和公共汽车。穿着制服休假也被禁止。因此，队长（通过须贺崎）向警务处总部递交了申请，使已成家的队员获准穿制服回家。

到 1944 年 6 月，日本人已达成目标——汪伪政府接收了前法租界。

法租界白俄队当时被称为“警察总武备学校第五分队”（5 - го Отряда Обще - Полицейского корпуса），受命加入我们“第四分队”。

这个命令最初在前法租界白俄队中引起了强烈的“思想动荡”，因为他们仍然记得万国商团白俄团的严格纪律，记得在这个卓越的部队中，强化队列操练司空见惯，营房中的规矩说一不二。他们耿耿于怀的还有一点——法租界白俄队的收入比公共租界白俄团队员高，而且他们的工作要比在白俄团轻松得多。

但现实情况很快说服了他们，因为也没有别的办法。当时，要在上海寻到份职务或工作是完全不可能的，而第四分队（前白俄团）仍然有自己打理得井井有条的产业，能让队员不至于受饥，还能养家。

前法租界白俄队的军官也收到转往第四分队，并保留其军衔的命令。

1944 年 7 月 4 日，“前法国人”① 搬到了我们位于跑马厅的营房。他们转来 9 名军官和 221 名队员，我们第四分队的总人数达到 21 名军官（包括医生）和 437 名队员。

“法国人”工作的第一个月是试用期，在此期间，若对工作不满意，他们有权辞职。

值得称赞的是，绝大多数队员留了下来，没有因为我们队的严格（白俄团纪律性的可怜残余）和规矩而退却。法租界白俄队前军官们只有 3 人留在我们队伍中：基博尔特（И. В. Киборт）中尉、韦杰尔尼科夫（Ведерников）中尉和施赖德尔（Шрейдер）中尉，他们几乎一直工作到分队被解散为止。

根据白俄团时期司令的规定，每位军官除了直接的工作职责外，还承担着监督管理白俄团私有产业某一部门的额外责任。“法国”军官自然也参与到这项工作中，在战争结束前的艰难时日里，为产业的成功运营做出了巨大贡献。

1944 年 8 月以来，美国的空袭几乎一日不落。军机昼夜不停地飞来飞去。我们的营地有一面对着跑马厅的巨大空地，从这个方向可以看到天上的轰炸机，它们在阳光下闪闪发亮，还能听到它们发动机的有力轰鸣。通常，在它们飞越跑马厅上空几分钟后，就能听到它们扔下的炸弹的爆炸声，接着飞行队飞回，有时会在天空中用尾烟写下字母“V”——这个字母的意思是“胜利”。显然，飞行员

① 即原法租界俄国队队员。

们想让滞留在上海的欧洲人知道，对日作战的胜利已经近在眼前。

日本人利用保甲法紧张训练中国人如何在发生空袭前进行预防、对伤者开展医疗救助、扑灭炸弹爆炸点引发的火灾。由 3 名军官和 10 名队员组成的特别小组教会所有保甲长“这项深奥的技术”，然后让他们继续教上海平民。

人们利用沙袋将建筑的地下室、砖砌的公共厕所和其他合适的建筑物变成了“防空洞”，沿着人行道挖出又窄又深的沟渠，人可以隐藏其中躲避炸弹和炮弹碎片。居民做好准备，希望在猛烈空袭或上海内外发生战斗时，尽可能减少损失。关于战争的可怕谣言已经流传开来——“日本人要在上海战斗至最后一刻”。

分队队员的假期越来越少，因为必须有 50％的人员时刻待命，以应对破坏行为或火灾警报。休假的队员接到指示，在发生空袭时，应立即返回营地或前往最近的巡捕房，听巡捕房长官或值班员命令行动。只有那些处于“休息日”——合法全天休息的人，才能置身事外。

空袭警报每次响起时，分队营地的最高军官必须立即通过电话向警务处总部报告准备好出警的实有人员。分队队员本就辛苦的工作变得更加紧张。没有一个军官或队员能够提前安排好时间回家吃午餐、晚餐或休假，他们时刻警惕、准备在第一声警报响起时返回营房。

我被迫多次体验过这种“快乐”——晚上，在昏暗的房间里迅速穿好衣服，在一片漆黑中骑着自行车从静安寺路的公寓到哈同路（今铜仁路）的跑马厅营地。[1] 我觉得眼前这条街在“微微颤动”，只有在我走近或骑车到跟前时才能弄清，到底我碰见的是人还

---

① 原文如此，有误。

是车。

我们的袖子上戴着专门的袖标（白色袖标上面绣着红色的汉字）。这个袖标表示，即使在空袭期间——所有居民都必须居家或留守防空洞，在“解除警报”信号之前不许上街，分队军官有权在街道上穿行。

我们逐渐适应了这样的营房生活，在昏暗的房间里，大家安静地睡觉、打牌、下跳棋、下象棋，一边闲谈，一边猜想着：“这一切什么时候才结束?”“今天会有警报，还是相安无事，晚上能好好睡觉吗?”

1945年

强化训练、抓紧纪律的最佳方法是检阅或视察。因此，尽管工作辛苦，面临令人忧虑的形势，第四分队仍有定期的视察活动。但此视察非彼视察，在过去，“我们的白俄团”会在管乐队伴奏声中，跟在飘扬的白俄团团旗——俄国三色国旗后面迈着整齐步伐前进，引得成千上万的观众聚集前来观看，引起暴风雨般的热烈掌声。

现在，第四分队在检阅期间展示其在防空防卫、灭火和对事故地点受害者进行急救方面的知识，然后分成2排，在队鼓手和号手的伴奏声中，端正地走过检阅长官面前。

但是所有队员都非常重视检阅，在队列方面加紧准备，修补、清洁并熨平他们本已破破烂烂的制服。

除了主持检阅的长官（有时是上海市长）之外，通常还有日本陆军和海军代表（高官）、警务处高级军官和保甲长代表出席。闲杂观众一律不允许进场。检阅通常在我们营房对面的跑马厅中举行。

尽管缺乏队列操练、平时工作繁重，但即使在艰难的战争年代，第四分队仍能博得“训练有素、纪律严明、值得依赖”的名声。

在过去的几年中，每次视察或检阅前，白俄团命令中通常会有保留条件——如“如果天气允许的话”。而现在类似命令中说的是——“如果没有空袭的话”。

往常，司令官在白俄团命令中对视察或检阅做评价，并反馈“长官和出席的‘大官’们”的意见后，会对全体官兵表达感谢，感谢他们为准备视察所付出的劳动，感谢他们出色地接受检阅（所有视察白俄团都出色完成了）。现在，类似命令的说辞会有所不同。例如，在 1945 年 3 月 14 日，“上海市长”周佛海对分队进行视察后，队长伊万诺夫少校在感谢语后宣布：“给所有参与检阅者每人半磅面包奖励作午餐。”如果您现在阅读此命令，会不由自主地产生这个问题：“为什么发面包?”答案不言自明。1945 年，上海的给养问题是如此严峻，以至于要花大力气、以高价才能弄到食品。按证配给的口粮不够吃，“半磅面包”作奖励，对于纪律性高且受过良好训练却是半饥半饱的人（这些人有能力维持这支部队的威望）来说，是最好的奖励。

现在谈到 1945 年那艰难的几个月，我不由自主地回忆起，我们在营地外的个人家庭生活。

寒冷的冬季，上海潮湿多雨的冷天仿佛可以浸人骨髓。那时我们在分队司令部穿着大衣，戴着帽子和手套，在犹如冰冷“水泥箱”的营房中工作。没有一个炉子生着火，人们整天裹着大衣度日，成家了的队员不由自主地产生这样的想法：“家里人现在在做什么呢?”其实家里的情况并没有更好，反而常常更糟。

为了节省燃料，日本人被迫降低用电用气的标准。既定的配给通常不够做饭，更不用说洗热水澡了……简直想也不敢想。铸铁炉灶每间公寓都有，但经常没有能烧的东西。有时按配给证发放的石炭，与其说是炭，不如说是“石”，而且发放的数量很少。人们可以在“自由市场”上购买到“煤球”，但狡猾的中国商人几乎全用灰渣和黏土，掺上一点煤灰制成煤球，这种煤球甚至烧都烧不燃。

巡捕偶尔会从警务处总部领到大米和煤球带回家用，这被看作工部局雇员的一项重大特权。在集市上买“半磅”（而不是“1磅”）肉是很平常的事情。面包很少，而且得通过配给证领取，质量很差。给孩子喝一瓶新鲜牛奶是极大的奢侈。牛油已经很多个月没见过了，人们用提纯很差、气味难闻的中国豆油烹制食物。

整座上海城的人们又冻又饿，但依旧奋力过着正常生活——显然，这是人的天性！人们互相串门、做客、庆祝命名日。只是以前，我们去参加庆祝命名日时，给主人翁带去各式各样的贵重礼物，而且不会问自己“别人会给他送什么?”或者“会不会买重复?”这样的问题。现在，去参加命名日时，根据“生活”习惯，我们通常会相互说好送什么给过命名日的男孩或女孩。“八分之一磅”的咖啡粉、一小罐六盎司的罐装牛奶、半磅糖——这些礼物可以做成一杯热咖啡，来丰富餐桌，而我们已经好几个月没有见到咖啡了。加了罐装牛奶的咖啡是宽绰的人力车夫们爱喝的，他们有时赚得比保护上海法律与秩序的分队队员还多，真是命运的讽刺！

主要由营养不良和寒季引发的疾病自发地蔓延开来，公济医院已停止接受患者。分队创建了自己的医务室，队员在这里接受治疗。只有在最严重的情况下，患者才被送往医院。

1945 年 8 月 6 日，第一枚原子弹在日本广岛爆炸；8 月 9 日，第二枚原子弹在长崎爆炸。

实际上，美国在以这种恐怖、不人道的方式加速他们在太平洋已经赢得的军事斗争。战争快要结束时，原子弹拯救了成千上万的士兵免于死亡和残疾，但也炸死炸残了成千上万的老人、妇女和儿童，摧毁了他们的住宅。采用这种战争方式，未必能用当前局势所需来辩白。

战争结束了。所有仍在前线顽抗的日本军队接到天皇的命令，放下武器，向胜利者投降。

再来一颗原子弹就可以将整个日本从地表上抹去，但美国人在军事技术，特别是空军上的优势说明，打败日本不需要再来一颗原子弹。日本天皇于是下令前线停止抵抗。

1945 年 8 月 9 日，日本人接受了美国提出的投降条件，太平洋战争结束，但是“北满”的战事还持续了一段时间，苏联军队“阴险地”进攻了日本，并于 8 月 8 日，也就是在广岛被炸两天后、长崎被炸一天后，对日宣战。在此之前胆怯等候的苏联“豺狼”，现在在“阴险地”袭击已经半死的“日本虎”，将其撕成碎片。

战争结束的消息几乎立即在上海传开了。美国代表下了飞机，他们在虹桥区某处停放了一辆“吉普车”，然后乘车到达位于市中心工部局大楼对面的汉密尔顿饭店（Хамилтон Отель），在那里建立了他们的司令部。

从日本人的表情可以看出，他们的精神被所发生的事摧毁了。但表面上看上海仍没有改变——城市的街道维持着以前的秩序，居民的生活照常进行。

随后，事情就像万花筒般千变万化。日本人将他们的坦克、装甲车和卡车等拉到跑马厅，准备将其交付给美国人。

日本人已经被解除武装。他们使用汽车时特别不爱惜，甚至故意损坏它们。美国军车出现在上海街道上。在指定的那日（我不记得日期了），盟友们正式入城，首先开来的是中国军队，他们受到中国群众的热烈欢迎，后面出现了美国军队。

上海发生无数次庆祝胜利的示威游行。其中一次游行经过我们在马霍路的营房。这次游行群众的前排围满了中、美、英三国的国旗，在队伍里拿着苏联国旗的是日加诺夫——曾经的俄军上尉、《在澳大利亚的俄国人》画册的编辑出版者。尚在不久前，他还被看作“热忱的白俄侨民”。与他同行的还有一小撮苏联青年，在我们营地窗前露面时，嚷叫了一通。

分队继续在外开展日常工作，队员一如往常配备柯尔特38型手枪出勤。

盟军进城后，马上打开了关押英国人和美国人的集中营大门。

解放的第一天晚上，罗伯逊（我们的前高级长官）、正巡官塔茨托尔和工部局警务处的一些前雇员来到我们营地。某个骑兵军官和他们一同前来。我们在军官餐厅非常简单（因为我们一无所有），却也非常热情地招待了这些贵宾。所有人都为战争结束感到高兴，但一个想法不由自主地潜入了我们心中：“那我们会怎么样？毕竟公共租界已经没了，中国新一届政府会希望我们继续为它效力吗？”

罗伯逊向我们保证，我们将继续工作，因为中国人邀请他担任前租界地区警察事务的顾问，他将会维护“他的第四分队”。

英国人经常到访我们的军官餐厅。在其中一次探访中，罗伯逊沿着看台走到等候他的汽车时跌倒了，摔断了锁骨。在分队医疗站一番急救后，我们将他送往公济医院，在那里给他的伤处上了石膏。罗伯逊“离队”至少五六个星期，当然，也没能考虑任何工作上的事。当时，事件的发展非常迅速——城市里得有一支警察队伍。新的上海市政府在了解了分队队长、军官和所有队员在战争期间的工作、举止后，宣布将分队留下续用。

新一届上海市政府的某位“大代表”来了，“检查”分队时神色严厉，大骂日本人和汪伪政府，说恭维蒋介石的话。巡视完分队，“大代表”表示，新政府对所有军官和队员的工作、行为感到十分满意，因此将整个分队留任原职；但如果有人不满意其工作条件，可自愿辞职。

只有极少数队员愿意提出辞职。

分队的制帽上换了新帽徽：中央是白底上一块镀金贴片，上面是一颗国民党的蓝星，周围是米穗。我们从仓库领取了破得不行的华人巡捕制服。一名新的“督察官”—— 一个中国人（我忘了他的名字）出现在分队营地。他曾是上海工部局警务处中华组的高级警官，在日本人手下担任老闸巡捕房（这个位于租界正中的捕房意义最为重大）长官的职务。他在英国人手下做事时就听闻白俄团，因此对我们很好。

日本人陆续向中国人交出其军事财产。这些“财产”中，有大量的战马和载重用马。这些可怜的牲口被战败者和胜利者都遗忘了，在杨树浦的某个地方，接连几天没吃没喝地拴在马桩上，瘦得皮包骨头。

某位中国骑兵将军被任命为前公共租界和法租界地区的新一任警务处处长。了解这些马匹的状况之后，他立即决定利用马匹创建一个骑巡队。这支队伍会很美观，不需任何特殊的费用，而且很有用，因为可以骑马抵达城市最偏远的地区巡逻。

但是，去哪里能找到这么多可以骑马的巡捕呢？这个问题不问自答——那当然是在分队能找到。白俄团在公共租界多年工作生涯中，工作任务多次变换，但总能非常成功地应对落到自己头上的新任务。白俄团队员有时是士兵，有时是巡捕、消防员或者卫生员，但无论是哪种身份，总能非常出色地履行职责。

队长伊万诺夫少校收到命令，要求查明分队可以提供多少人来组建骑巡队，其余人员被转移到一个警察特别后备队，走路、骑自行车或乘坐我们的卡车出警。

骑巡队仍留在跑马厅，特别后备队将前往戈登路，住在那边的巡捕基地营房里。

“骑警”有100多名，组成3个排：一排由斯捷潘尼谢夫少校携科洛托维（Кротовый）中尉指挥，二排由克拉斯诺乌索夫上尉携达维兹克中尉指挥，三排由加帕诺维奇上尉携基伯尔特（Кибopт）中尉指挥。

这个骑巡队直接隶属于队长伊万诺夫少校指挥，分队庶务长西莫尔多夫上尉也留在骑兵队中。

其余队员在波洛尼科和洛巴诺夫上尉的指挥下，转移到戈登路。

第四分队分为人员几乎相等的两个部分，相互之间基本失去了联系，因为这两支人马不仅在给养方面，而且在工作内容方面，都完全不同。实际上，伊万诺夫少校仅仅在名义上还是整个分队的队长。

某位年轻的中国军官被任命为我们骑巡警队的联络官，显然……是来监督我们的（或许是政治委员?!）。他不会说英语，但很平易近人。我们通过一名华人翻译与他交谈，翻译也是警务处总部暂调过来的。

伊万诺夫少校的首要任务是在不让马匹累垮的情况下，将它们从杨树浦转移到跑马厅，这项任务非常困难，因为当时马儿已经半死不活了。这次“转移”任务（大约五六英里）花了整整一天的时间，伊万诺夫少校仍以其固有的认真和谨慎完成了任务。马匹立即被引到了跑马厅的漂亮草地上，在近三周的时间里，马匹在白俄分队专门值日兵的看管下散养、长膘。只有在饮马时才把它们逮回来，饮毕再次放归马群。

大约三周后，它们被转移到跑马厅漂亮的石砌马厩中，每两匹马由一名中国马夫来照顾。在“打理”马匹的时候，骑巡队队员到场监督这些中国马夫用燕麦喂养马匹，给它们清洗。一个月后，我们几乎认不出这些牲口了——它们漂亮、高大又结实，准备好“参军入伍”了。

这段时间里，骑巡队已经将马匹按颜色划分给各排—— 一排接收黑马，我的二排接收枣红马，三排接收棕红马，根据马的毛色来决定归哪个排最容易。骑巡队收到近 300 匹马，每个人都差不多有 3 匹马可骑。一位日本兽医在中国医士的陪同和监督下，每天早晚两次来马厩给马儿看病。

我们收到了日军骑兵的马鞍，各排都开始练习骑马。我们在跑马厅的场地进行练习，获准使用“绿”道（赛马道），但使用不能过分。

除了训练外，每个队员逢早间，有时是晚上，还会“训训”那些并不直属骑巡队某位队员，而是作为后备的马匹。这项工作非常累人，久未使役的马匹会给骑手带来很多麻烦。

在一次骑行中，伊万诺夫少校决定自己动手驯服一匹烈马，最后却以失败告终——这匹马拼命地尥蹶子，身子立起来试图甩掉马鞍，又袭步奔驰，然后急停，最后跌倒在地，把伊万诺夫少校压在身下。队长锁骨骨折，被送进医院。我们的中国“政治委员”也被一匹马摔伤了，脸上流着血，被抬进了骑巡队医疗站，但没有骨折。值得称赞的是，两三天后，这位中国军官脸上还缠着绷带，就驾着自己的马儿和我们一起晨练、骑行。

“大领导”安排了自己的骑巡队在跑马厅“绿道”上接受视察。因为队长在医院养病，暂代队长事务的斯捷潘尼谢夫少校正忙于骑巡队司令部的事，我不得不主持这次“阅兵”。我们在这次视察中虽然没有展示什么特别技术，不过一切都很顺利——长官表示感谢，没有骑手从马上摔下来，马儿也很听话。

曾有一次，我们全部人员骑马上街走了许久——这是一次“武力的炫耀”。在此期间，我们这位可能从未骑过马的督察官不得不将队首的位置让给我，因为他的那匹马不听话，不肯领头，却很乐意跟在我的马后“做第二名”。

我们每天都会派遣 6—8 名骑手组成的巡逻队前往城市偏远地区——杨树浦、浦东区、虹桥和原法租界巡逻。在虹桥的一次巡逻中，我得以确证，日本人的确在为顽守上海做准备——他们在这一地区修建了战壕、避弹所和巨大的反坦克沟渠陷阱。

我们每天在司令部与“政治委员”一起研讨制定巡逻路线，我们考虑的是巡逻时间不超过 4 个小时。在巡逻期间，巡逻队长走访沿途所有巡捕房，在那里做报告并接收警务处总部的指示（如有）。

警报时有响起，因为自从中国群众经历了击败日军时令人陶醉的时光后，又照旧过从前的日子——工厂“暴动”、罢工不断，民众聚集街头示威。上海的大学生一直是这些活动主要的煽动者。

在这种情况下，骑巡队通常视示威的严重性，派出一名军官，指挥一至两班队员出警。

骑巡队的出现总能让群众立马清醒。一个星期天的下午，督察官出人意料地来到骑巡队，并下令 2 个排——我的排和加帕诺维奇上尉的排准备就绪。据其解释，大学生和群众在基督教青年会大楼附近的广场上组织示威游行。

人群汹涌，群情激昂。我们靠近这个广场时，“步巡”队正在与示威的学生领袖进行谈判。我们稳健地紧紧站在人群旁，关注着谈判的进展，等待当局下令是向人群逼近，还是返回我们的营房。

马儿不习惯站在原地，焦躁不安，马路是水泥地，滑得站不稳。我基本确定，如果要下令向人群逼近，我们肯定能驱散人群，但同时不能避免会有损失，因为人群的喊声很容易让马匹受惊，而马匹很容易因此滑倒。幸运的是，一切都顺利结束了——警务处长官与示威者谈妥，人群被“步巡”队推搡着逐渐散去。我们向这群分散的人群又逼近一点，之后接到返回营地的命令。

鉴于原第四分队“固定”队伍分为两部分（步巡和骑巡），考虑到原第四分队队员日渐增强的辞职冲动（没有新人代替辞职者），清算分队现已不再需要的私有产业的问题凸显出来。队长伊万诺夫少校仍躺在医院治疗骨折，但他在病床上仍做出了指示。

经警务处总部批准，一个特别清算委员会成立，原第四分队骑巡和步巡队员经选举进入委员会作为代表，委员会主席由一名军官担任。

该委员会受命通过公开拍卖清算分队的私有财产。拍卖会在跑马厅营房的小酒馆中举行。我们美丽而珍贵的图书馆、运动器材、小酒馆的商品和餐具等等，全都被拍卖了。售卖所得的钱由委员会根据队员的服务年限，在所有有权拿钱的成员之间合理分配。

在一天之内（甚至可以说半天之内），分队失去了在上海经营多年后所创造的一切。所有产业都卖得很便宜，因为有收购商抓住这个机会，相互串谋，压低价格买入。

很长一段时间以来，我一直感到自己病怏怏的——大概我的神经已经放松了，而且我对一家子忍饥挨饿感到厌倦。所以当前正巡官塔茨托尔和督察长威多森（Виддоусон）提议我到美国宪兵预备队（американская вспомогательная рота военной полиции，后来扩编为营）担任尉官、军衔为少尉时，我决定辞去骑巡队的职务。那会儿这两位前工部局警务处官员已经在此担任军官职务了。

1945 年 12 月 16 日，我提交了一份辞职报告，离开了骑巡队。

我在万国商团白俄团（当时称为骑巡队）的工作就这样结束了。骑巡队人员此时正在快速流失，虽然又延续了两年，但已经完全失去了独立性。

队长伊万诺夫少校一直工作至终，另有个别“骑兵”队员继续工作，他们和华人巡捕一起生活在位于新闸路的宿舍里。我多次去那里探望过队长，见证了他的艰难生活，不由自主地为他坚韧的心灵、他对下属的诚意、他的责任感而感到惊叹。

或许有人会在我的“故事”后面增加戈登路“机动后备队”（подвижный резерв）的工作经历，而队长本人似乎也不反对在白俄团历史的最后阶段加上“骑兵”这段工作历程，这些都是我辞职之后的事。若如此安排，那么这个故事还没有完全结束。

光荣、称赞和荣誉属于队长伊万诺夫少校和白俄团所有队员，他们作为“没有公民权”的白俄侨民，设法建立了一支俄罗斯民族的军队，将为之效劳看作一种荣誉，其芳名远播上海租界，享誉沪外！！他们凭借其“完美的模范工作”，获得了白俄团专属的团旗，还获得每日在营地悬挂俄国三色国旗的权利！它们是“全面的模范军事单位”，作为上海固定驻军中最可靠和纪律最严明的队伍，在英国驻华司令部和工部局董事会中，赢得了极好的声誉，甚至作为保卫者，受到上海民众尊重和爱戴。

白俄团指挥官和队员们创建了“白俄团”，忠实地履行了对祖国的职责，在“荒乱萧条”的苏联时期，为俄罗斯民族及其军队之荣耀添砖加瓦。荣誉与称赞属于他们！

白俄分队（白俄团）不再存在之后，伊万诺夫少校本人和极少数下属仍在继续和中国人一起当巡捕。即使在极端困难的时期，伊万诺夫少校也没有放下对前下属的道义责任，关心着他们的命运。当他们有需要时，他会立即向他们伸出援手。

不快之事发生在 1946 年 6 月，中国方面撤销了戈登路“机动人员”洛巴诺夫上尉、楚梅林（Чумерин）中尉、切鲁舍夫（Черушев）警官和卢克扬诺夫斯基（Лукьяновский）警官的职务，逮捕他们，将之关在华德路监狱。

在“毫无依据”的情况下，他们被中国方面指控有罪——该罪状与白俄团看守星加坡路“中国孤军营”一事有关，他们与中国罪犯一起被关入监狱。①

同时，前白俄团士兵梅谢里亚科夫（Мещеряков）被捕入狱，他是星加坡路拘留营哨所的一名哨兵。他在看守哨所时，独自面对拘留营一名中国士兵囚犯“煽动”起来的人群，出于“自卫”开了一枪，“意外”杀死了这名“教唆的”士兵。这一事件我已在前文中详细提及。当梅谢里亚科夫被捕时，他早已不是白俄团队员。

伊万诺夫少校收到有关逮捕事件的消息后，立即开始为释放被捕者奔走，并组织了一次筹款活动，为“无辜”被告的前白俄团队员雇用律师。

我收集了一些伊万诺夫少校有关此事的信件和报告，以及上

---

① 白俄团这些队员犯罪证据确凿，原文如此，因作者立场关系。

海俄国报刊对此事的评论。伊万诺夫少校获得与被捕者会面的许可（我陪同他在华德路监狱参加了这次会面）。后来少校设法令他们被释放了，但梅谢里亚科夫除外，他被中国法庭判处服刑 8 年。

新政府、新“当局”就是这样“酬谢”了白俄团——这支在多年里保卫租界居民（主要是华人）生命与财产安全的部队。

对白俄团的这种“感谢”还没到此结束。有一些欧洲人，对待前白俄团队员也没比中国人好到哪里去。根据工作条件（合同），白俄团每名队员每月所得薪水的 10% 被扣除到退休金（Супе-раннюэ-йшен）中，这在白俄团被称作“优秀工作奖金”（Гуд Сэрвис Бонус）。这笔钱存放在汇丰银行上海分行，年利率为 7.5%。

在白俄团（白俄分队）即将解散时，一些老队员，特别是军官账户上，有了相当可观的一笔钱。但直到现在，白俄团前队员们都无法取到自己的这笔钱款。前上海工部局其他职员也陷入了同样的处境，他们损失了更大数目的“额外工资”。英国职员最终还是拿到了他们应得的钱——当他们抵达伦敦以后，英国政府以“救济款”（релив мони）的形式偿还给了他们。其他国家的政府对其在上海工部局供职的国民，也可能做了类似的“补偿”。

根据《开罗协定》，中国收回上海公共租界及其所有财产、产业，但相应地也承担了工部局运行上海相关的债务。毫无疑问，上海工部局前雇员的“额外工资”也属于该偿还的债务。

蒋介石政府在偿还了上海工部局中国雇员工资后，根本不考虑抓紧处理欧洲人的欠款。

于是，战争结束后，离开集中营的英国人（前上海工部局雇员）成立了一个专门的委员会，负责研究这一问题，甚至还请了专门的中国律师。

有一群“争取个人财产者”最终落脚在澳大利亚，组织了一个特别委员会，负责推动声讨“额外工资”的事宜。不过，委员会委托研究该问题并确定下一步诉讼方向的律师，得出完全出人意料的结论——上海公共租界工部局已经不复存在，因此“没有起诉对象”。这位“明智的律师”最后建议我们……去找本国的国家元首，也就是说，我们白俄侨民似乎应该去找苏联的斯大林同志！

正如我已经提及过的，英国向上海工部局的本国职员付清了债务，美国大概也这样做了。在澳大利亚的布里斯班这儿，我曾和白俄团及工部局警务处的同事们（如今已故的库兹明中尉和多莫日罗夫中尉）一起，作为“士兵联盟”（Солдатский Союз）分会的会员，向该组织提出了这一问题。联盟的主席和秘书非常同情我们的遭遇。他们先让一名联邦议会议员负责这项工作，然后将此事报告给澳大利亚总理。总理内阁认为无法满足我们的要求，最终回拒了我们。

但是这件事并没有结束。“士兵联盟”将这件事报告到了当时伦敦举行的英联邦总理会议上，那好像是在 1954 年，结果……我们再次遭拒。

从我所保存的一堆记录来看，英联邦国家总理们的意见对我们不利。总结起来就是：

1. 为上海工部局工作是我们的私事，这份工作就像是两人之间的商务合约。公共租界不是英国的皇家殖民地，当局人员是与英国政府无关的个人。

上海的历史，特别是白俄团的历史证明了总理们的推论多么荒谬。战争爆发时，英国驻上海公使①给上海工部局的职员下发命令，

---

① 疑误，应为驻沪意领事。

请求他们留在岗位上继续在公共租界工作，保护租界直到战争结束，总理们拿什么来解释这一点呢?!公使甚至还曾要求当时在外国度假的那些人立即返回上海!

2. 加拿大总理甚至声称，在上海工部局任职的加拿大人，如果在加拿大工作将带来更多益处，所以他并不赞赏加拿大人在上海工作。

“彼拉多”洗了手，[①] 躲到一边去了!

3. 根据多数总理们的看法，存放在汇丰银行工部局雇员账户中的“额外钱款”，是私人存款，是个人（指工部局）存入的。现在这些存款的丢失，与战争引发银行倒闭时，很多在外国银行存钱的存款人遭受损失的情况，没有什么不同。

不过，汇丰银行到今天仍然存在!

读完这些论点之后，我不由自主地想到：如果公共租界是一家私营企业，那为什么当时丘吉尔不问这个企业的主人是否同意，就把这个企业交还给了中国人?!

这次拒绝是没有转机的，我们不再为这件事各方奔走了。

白俄分队（白俄团）的队员，特别是老兵（几乎包括所有军官）于 1927—1928 年，在他们年富力强的时候参加工作，近 20 年来，他们一直尽忠职守，指望的是工部局给予肯定，在他们晚年时候不会忘记他们。但是结果呢？完全不是这样！公义在哪里？忠实、尽职尽责地工作 20 年，感谢和回报在哪里?!

---

① “彼拉多”指借他人之手犯罪并逃避罪责的人，“洗了手”是讽刺总理享了好处却换了一副面孔逃避问题。

译后记

西人大规模侨居上海在五口通商之后。开埠十年间，沪上外侨社群并无本地武装，小刀会起义烽烟再起，为求自保而自发组织有“上海本埠义勇队”（Shanghai Local Volunteer Corps），这成为近代中国乃至整个亚洲最早的此类组织。此后近90年间（1853—1942年），上海本埠义勇队演变成“万国商团”（Shanghai Volunteer Corps），相伴上海城市之近代崛起，对内弹压、对外戍守，几乎无役不与，历史地位十分显要，是外国租界侵犯中国主权，实为“国中之国”的重要标识。

第二次世界大战中，外国租界覆灭，万国商团星散，客观上亦造成万国商团相关之史料分布全球各地。据本人学力所及，万国商团现存世而成系统的文献并不多见，其中最重要的二种即本书所收录的英文 *Eighty-Five Years of the Shanghai Volunteer Corps*（《万国商团85周年》）和俄文 *Шанхайский русский полк*，1927－1945（《上海白俄团（1927—1945）》）。

《万国商团85周年》属于纪念画册性质，编纂于1938年，此时恰值万国商团成军85周年之际，上海万国印刷所“鉴于万国商团对上海租界稳定繁荣所做出的卓越贡献”，请库宁（I. I. Kounin）组织修撰，由亚伦（A. Yaron）负责配图，刊行于世。全书共计287

页（大量广告占据不少篇幅），插图 800 余幅，鞣鳄鱼皮作封面，全彩页印制，记述了万国商团自筹组至 1938 年的长期嬗变。编者虽非专业史家，贵在编制此书时态度认真，钩沉轶事，多是首发，以故文献价值颇高，欲了解万国商团者大多会从是书入手。本书并非初译，上海市档案馆多年前就曾组织一批工作人员，编有一本《“上海万国商团”史料简编》，主要取材于《万国商团 85 周年》。遗憾的是，这本史料集并未编纂完毕，仅由人钢笔誊写在草稿纸上，存稿一直放在馆里，迄今未得示人；后来，上海市历史博物馆吴晨烨又有中译本，名为《万国商团 85 周年纪念册》，连载于该馆馆刊《都会遗踪》2011 年第 2 期至 2015 年第 1 期，共计 16 篇。本人在开展万国商团课题研究中发现，吴晨烨之译本对军事史、上海史了解尚浅，谬误不少，故而决定重译，于是有此版本。仍需说明的是，本书版本并非 *Eighty-Five Years of the Shanghai Volunteer Corps* 一书原封不动的全译。英文原书设定读者为 20 世纪三四十年代对外侨寓沪生活有兴趣之人，故而插入些许零星短文介绍上海，与万国商团关系其实不深，本人决定不复录入。另外，万国商团白俄武装的介绍文字，英文原书分为两节，放置两地，本人将之并列一处，以求译本结构更趋合理。最后，万国商团历经数次枯荣，结构多次变动，据不完全统计曾有超过 50 支分属作战单位组建，成员涉及多个民族、国家与地区，相应中文译名繁杂，不易厘清。为求读者阅读便利起见，本书结尾列有“万国商团重要机构译名表”，以求统一，特此说明。

万国商团虽说是脱胎于英国的商团运动（Volunteer Movement)，却并非一成不变的组织，在近代上海激烈交错的多元文化共同作用之下，生出许多独一无二的本土变化形态。其中最为突出的一例变形是在 1927 年，为应付逼近上海之国民革命军，工部局决议吸纳流亡至沪滨的白俄哥萨克兵勇进入万国商团。万国商团白俄武装在危机过后不仅未被解散，反而日渐壮大，从俄国队扩充为白俄团，成为一支拥有 4 个连队的雇佣常备军，由沪上纳税人支付薪俸。此一武力设置，不仅导致万国商团完全背离其义勇性质，更是有违国际法的强权做法，使公共租界俨然成一个小国。近 20 年间，这批哥萨克兵勇服务过工部局万国商团，外国租界覆灭后又效力于汪伪傀儡政权，抗日战争胜利后继续当过国民党政府的上海警察。不少著述都曾注意到这群人，但相关学术研究仍很薄弱。《上海白俄团（1927—1945）》是该团高级军官叶甫根尼·米哈伊洛维奇·克拉斯诺乌索夫（E. M. Красноусов）流亡澳大利亚后，在朋僚帮助下完成的兼具个人回忆录与史料集属性的一份文献。全书用俄文写成，采取编年体例，凡 18 章 367 页，其中正文 332 页，另附图片 33 页，于 1984 年由美国加利福尼亚州旧金山市的 Globus 出版社发行面市，较为完整地呈现了这支白俄部队从 1927 年创建到 1945 年解散的历史过程，对我们深入了解近代上海城市史乃至白俄难民史有独特的史料价值。必须应指出的是，本书作者克拉斯诺乌索夫是典型的“上海脑筋”(Shanghai Mind)，将一切美好归功于沪上外侨的共同努力，对同在一城生活的中国人则几乎全是负面评价。尤其是书中关于四行孤军的历史叙事，身为“敌对”一方，他对中国军队的英雄事迹不以为然之处颇多，语带轻蔑，许多表述甚至包含明显的史实谬误。此类情况亦适用于对苏联政权的评点之中，文中多处可见“赤”与“白”的肃杀分野。译者在直言不讳标明其错误的同时，一律保证照原文全译，相信读者一眼即可辨识出原书作者个人身份、政治立场对该文献应用的限度所在。

以上两书原文中存有的日期、拼写、人物混淆等错误，编译者发现后即在书中予以修订，另加以注明。中译过程中组织机构、军事术语、武器名称、人物地点、职务军衔等翻译，参考采用已有翻译词典与学术研究通行之译法，遵从中文表达习惯，重要者附有原文，不得已处才用音译，冀望此举或将“巴别塔”之窒碍降至最低。

本书得以出版，得益于国家社会科学基金和上海市教育委员会、上海市教育发展基金会“曙光计划”项目的大力支持，离不开导师熊月之与本人所在上海社会科学院创新团队首席专家王敏的悉心指导，在此一并表示感谢！书中仍不免有缺漏之处，皆因编译者水平所限，恳请各位方家批评指正，以待日后继续完善。

是为跋语。

徐涛

于上海茶花园中